Jesko Bender
9/11 erzählen

Lettre

Jesko Bender (Dr. phil.), geb. 1980, ist wissenschaftlicher Mitarbeiter am Deutschen Exilarchiv 1933-1945 der Deutschen Nationalbibliothek. Zuvor war er wissenschaftlicher Mitarbeiter am Institut für deutsche Literatur und ihre Didaktik der Goethe-Universität Frankfurt.

Jesko Bender

9/11 erzählen

Terror als Diskurs- und Textphänomen

[transcript]

Bibliografische Information der Deutschen Nationalbibliothek
Die Deutsche Nationalbibliothek verzeichnet diese Publikation in der Deutschen Nationalbibliografie; detaillierte bibliografische Daten sind im Internet über http://dnb.d-nb.de abrufbar.

D.30

Umschlaggestaltung: Maria Arndt, Bielefeld
Umschlagabbildung: Künstler: Dirk Krecker, Titel: Kandahar,
Material: Schreibmaschine auf Papier/typewriter drawings.
© VG Bild-Kunst, Bonn 2017.
Druck: Majuskel Medienproduktion GmbH, Wetzlar
Print-ISBN 978-3-8376-4014-4
PDF-ISBN 978-3-8394-4014-8

Gedruckt auf alterungsbeständigem Papier mit chlorfrei gebleichtem Zellstoff.
Besuchen Sie uns im Internet: *http://www.transcript-verlag.de*
Bitte fordern Sie unser Gesamtverzeichnis und andere Broschüren an unter: *info@transcript-verlag.de*

Inhalt

1. Einleitung

Nichts werde mehr sein wie zuvor. Alles werde anders nach diesen Anschlägen. Solche Sätze sind es, die zum Topos in der Auseinandersetzung mit ›9/11‹ geworden sind – sie zeugen davon, dass das Denkmuster einer umfassenden globalen ›Zäsur‹ ein wirkmächtiges Dispositiv im politischen und kulturellen Diskurs nach dem 11. September 2001 ist.[1] Will man über ›9/11‹ sprechen, kommt man an ihnen nicht vorbei, auch wenn sie inzwischen wie ein Klischee erscheinen mögen.

Von der umfassenden ›Zäsur‹, die die Anschläge markierten, werde auch die Literatur erfasst werden, so die Befürchtung damals, in den Wochen nach den Anschlägen: »Kein literarisches Werk eines ernst zu nehmenden Schriftstellers« werde »von den Ereignissen des 11. September unbeeinflusst bleiben«. So zitierte Volker Hage im *Spiegel* den US-amerikanischen Schriftsteller Alan Lightman und ergänzte im Hinblick auf die deutschsprachige Literatur: »Kaum hatte sich, gerade bei Autoren deutscher Sprache, das unbeschwerte, lustvolle Erzählen aus dem Liebes- und sonstigem Alltag unserer Zivilisation ein wenig durchgesetzt, da könnte es schon wieder in Frage stehen.«[2] Der ›Terror‹ unterbricht und (ver-)stört also das unbeschwerte Erzählen aus dem Alltag unserer Zivilisation, so Hages mit (kultur-)pessimistischem Unterton formulierter sorgenvoller Befund. Bemerkenswert an Hages Äußerung ist zudem, dass sie bereits den deutschen Kontext akzentuiert: gerade habe die deutsche Literatur das unbeschwerte Erzählen entdeckt (was hat das Erzählen vorher so beschwert – die deutsche Geschich-

1 Zur politischen Kultur nach den Anschlägen: Bernd Greiner: 9/11 – Der Tag, die Angst, die Folgen. München: Beck 2011.; Michael Butter / Birte Christ / Patrick Keller (Hg.): 9/11. Kein Tag, der die Welt veränderte. Paderborn: Schöningh 2011.

2 Volker Hage: Literatur: Vorbeben der Angst. In: Der Spiegel 41/2001. Abrufbar unter: http://www.spiegel.de/spiegel/print/d-20289368.html, zuletzt abgerufen am 9. Februar 2016.

te des 20. Jahrhunderts?), müsse sie diese Unbeschwertheit wieder verwerfen. An diesem kleinen Beispiel wird deutlich, dass die Auseinandersetzung mit dem ›Terror‹ im deutschen Kontext auch ein Stück Mentalitätsgeschichte ist. Ob Hages Sorge begründet war, sei übrigens einmal dahingestellt. Formuliert wurde sie schließlich in einer Situation, in der die Rede von der allumfassenden ›Zäsur‹ diskursprägend war.

Eines ist jedoch klar: Die Anschläge vom 11. September 2001 haben auf die unterschiedlichste Art und Weise Eingang in die deutschsprachige Literatur gefunden. Dementsprechend folgte auch ein regelrechter Boom der literaturwissenschaftlichen Forschung zu ›9/11‹.[3] Jetzt, fünfzehn Jahre nach den Anschlägen, liegt ein weites Feld an literarischen Texten sowie an literatur- und kulturwissenschaftlichen Arbeiten zu ›9/11‹ vor. Und obwohl die vorliegende Forschungsliteratur sehr disparat ist, so lassen sich doch zwei argumentative Grundlinien herausarbeiten. Die erste folgt der Sichtweise, dass die Anschläge auf vielen Ebenen eine fundamentale Verstörung erzeugt hätten. Um diese umfassende Verstörung zu erfassen bzw. zu erklären, werden kulturelle Deutungsmuster herangezogen, die eng mit Topoi der Unsagbarkeit verbunden sind. Die Anschläge stellten demnach ein ›Ereignis‹, eine ›Zäsur‹, ein ›Trauma‹ dar und forderten das Konzept der ›Zeugenschaft‹ heraus; vier Deutungsmuster für den ›Terror‹ vom 11. September 2001, die um das Phänomen der Unsagbarkeit kreisen. Die Arbeiten, die dieser ersten Argumentationslinie folgen, widmen sich beispielsweise *9/11 als Bildereignis*, den *Narrativen des Entsetzens*, den *Traumatischen Texturen*, *9/11 als kultureller Zäsur* oder – gleich ganz fundamental die kulturkritischen und zeugenschaftstheoretischen Debatten *nach Auschwitz* aufrufend – der *Kunst nach Ground-Zero*.[4]

---

3 Eine sehr umfangreiche Übersicht über literarische, literaturwissenschaftliche und journalistische Veröffentlichungen liefert die von Michael König verantwortete Seite: https://poetikdesterrors.wordpress.com/911-literatur, zuletzt abgerufen am 9. Februar 2016.

4 Anne Becker: 9/11 als Bildereignis. Zur visuellen Bewältigung des Anschlags. Bielefeld: transcript 2013; Sandra Poppe / Thorsten Schüller / Sascha Seiler (Hg.): 9/11 als kulturelle Zäsur. Repräsentationen des 11. September 2001 in kulturellen Diskursen, Literatur und visuellen Medien. Bielefeld: transcript 2009; Matthias N. Lorenz (Hg.): Narrative des Entsetzens. Künstlerische, mediale und intellektuelle Deutungen des 11. September 2001. Würzburg: Königshausen & Neumann 2004; Heide Reinhäckel: Traumatische Texturen. Der 11. September in der deutschen Gegenwartsliteratur. Bielefeld: transcript 2012; Heinz Peter Schwerfel (Hg.): Kunst nach Ground-Zero. Köln: Dumont 2002.

Die zweite Argumentationslinie geht davon aus, dass mit zunehmendem zeitlichen Abstand der Schock durch die Anschläge einer relativierenden ›Distanz‹ gewichen sei – einer ›Distanz‹, die nicht die Anschläge relativierte, sondern vielmehr darauf abzielte, deren Auswirkungen zu kontextualisieren und zunehmend auch zu historisieren. Konstatierte Jörg Plath zum ersten Jahrestag der Anschläge noch, dass die »Schockwirkung« der Anschläge zwar nachgelassen habe, es für »anspruchsvolle Romane« jedoch noch »zu früh« sei[5], so spricht Heide Reinhäckel im Jahr 2012 bereits von einer »Buchwerdung der Twin Towers«.[6] Diese ›Buchwerdung‹ habe in drei Phasen stattgefunden: Die Texte der ersten Phase (die Reinhäckel auf den Zeitraum 2001-2002 festlegt) arbeiteten sich in einer Mischform von Journalismus und Literatur am Schock des ›Ereignisses‹ ab; die Romane der zweiten Phase (2002-2008) zeichneten sich aufgrund des zeitlichen Abstands durch deutlich ausgestellte Fiktionalisierungen und eine intertextuelle Einbindung der Anschläge aus, sie treten Reinhäckel zufolge aus der »Tagesaktualität der ersten Phase heraus«[7]; die dritte Phase kontextualisiere ›9/11‹ nun auch im »europäischen Erfahrungsraum«.[8] Ein Jahr später nimmt ein Sammelband die *Distanznahmen zur Katastrophe* in den Blick und fragt nach einem *Abschied von 9/11*[9]. Christoph Deupmann ordnet, ebenfalls 2013, den 11. September 2001 in eine lange Reihe von zeitgeschichtlichen Ereignissen nach 1945 ein: in seiner Studie über *Ereignisgeschichten* werden die Anschläge historisiert, sie stehen nun neben ›1968/Vietnam‹, ›1977/Deutscher Herbst‹,

5 Jörg Plath: Nun trifft es auch dich und dein Buch. Nine-eleven und die deutschen Schriftsteller: Warum es so schwer ist, aus dem Trauma Literatur zu machen. In: Der Tagesspiegel, 11.9.2002, S. 31. Volker Mergenthaler arbeitet in diesem Zusammenhang überzeugend heraus, in welchem Maße die (damals noch weitgehend ausstehenden) literarischen Auseinandersetzungen mit 9/11 durch die feuilletonistische Literaturkritik schon direkt nach den Anschlägen in ihrem ästhetischen Spielraum enorm eingeschränkt worden sei. Den in der Folge der Anschläge erschienenen literarischen Texten gelinge dennoch der Balance-Akt, »sich vordergründig regelkonform auf Nine-Eleven zu beziehen, ohne dabei ihre Literarizität zu verspielen«. Volker Mergenthaler: Warum die Frage »Wie reagieren Schriftsteller auf die Terroranschläge?« auf dem Feld der deutschsprachigen Literatur die falsche Frage ist. In: Ursula Hennigfeld (Hg.): Poetiken des Terrors. Narrative des 11. September 2001 im interkulturellen Vergleich. Heidelberg: Winter 2014, S. 179-196, hier: S. 186.

6 Reinhäckel: Traumatische Texturen, a.a.O., S. 220.

7 Reinhäckel: Traumatische Texturen, a.a.O., S. 221.

8 Reinhäckel: Traumatische Texturen, a.a.O., S. 223.

9 Ursula Hennigfeld / Stephan Packard (Hg.): Abschied von 9/11? Distanznahmen zur Katastrophe. Berlin: Frank & Timme 2013.

›1986/Tschernobyl‹, ›1989/Mauerfall‹ und ›1992-1999/Postjugoslawische Kriege‹.[10] Spätestens mit der Einordnung durch Deupmanns materialreiche und überaus reflektiert argumentierende Studie drängt sich der Eindruck auf: ›9/11‹ ist abgehakt.

Und jetzt? Noch einmal ›9/11‹? Ja, genau: noch einmal ›9/11‹, noch einmal ›Ereignis‹, ›Zäsur‹, ›Trauma‹ und ›Zeugenschaft‹. Es ist ein guter Zeitpunkt, sich genau diesem Zusammenhang noch einmal zu widmen – und zwar nicht, um erneut das Verblassen des Diskurses zu postulieren. Der These, der zufolge nach einem anfänglichen Schock (auch für die Literatur) mit zeitlichem Abstand eine zunehmende Distanz und damit ein höherer Reflexionsgrad (sowohl der Literatur als auch der Forschung) möglich wurde, kann ich mich nicht anschließen. Denn schon Texte ›der ersten Stunde‹ zeichnen sich durch außerordentlich reflektierte poetische Verfahrensweisen aus, wie ich im Verlauf der Arbeit zeigen werde.

Es geht mir auch nicht darum, ›9/11‹ ein weiteres Mal wahlweise als ›Ereignis‹, ›Zäsur‹ oder ›Trauma‹ zu lesen. Dass diese Deutungsmuster für eine Beschäftigung mit dem Phänomen des ›Terrors‹ sehr aufschlussreich sind, darin stimme ich mit den bereits vorliegen Studien überein. Allerdings sehe ich die Schwäche dieser Studien darin, dass sie sich die Frage, was denn ›Terror‹ eigentlich ist, gar nicht stellen. Doch diese Frage *muss* man sich meines Erachtens stellen. Denn der Begriff ›Terror‹ beschreibt nicht eine klar definierbare Erscheinungsform politischer Gewalt – ›Terror‹ ist vielmehr als ein leerer Signifikant zu verstehen, der über politische und kulturelle Aushandlungsprozesse mit den unterschiedlichsten Bedeutungen gefüllt wird.

Von der Frage, was das Phänomen ›Terror‹ aus kulturtheoretischer Perspektive ausmacht, nimmt meine Arbeit daher ihren Ausgang. Darauf aufbauend widmet sie sich dem spezifischen Reflexionspotential literarischer Texte. Mein Anliegen ist es, ›Terror‹ auf diese Weise als ein Diskurs- und Textphänomen lesbar zu machen. Den Begriff des ›Terrors‹ begreift meine Studie nicht einfach als einen historisch, soziologisch oder politikwissenschaftlich fundierten Begriff zur Beschreibung spezifischer Gewalttaten, vielmehr richtet sie den Blick darauf, wie sich eine Vorstellung von ›Terror‹ in einem diskursiven, kulturellen und textuellen Feld konstituiert. Dies leistet sie zum einen über eine kulturtheoretische Auseinandersetzung mit dem Phänomen des ›Terrors‹ und den damit verbundenen Deutungsmustern von ›Zäsur‹, ›Ereignis‹, ›Trauma‹ und ›Zeugenschaft‹, zum anderen durch ein *close reading* zentraler literarischer Texte zu ›9/11‹. Durch das Zusammenspiel von kulturtheoretischer und literaturwissenschaftlicher Herangehensweise skizziert die Arbeit eine Semiologie des ›Terrors‹ und

10 Christoph Deupmann: Ereignisgeschichten. Zeitgeschichte in literarischen Texten von 1968 bis zum 11. September 2001. Göttingen: V&R Unipress 2013.

arbeitet drei Typologien des Erzählens über ›9/11‹ in der deutschsprachigen Literatur heraus. ›Terror‹ als ein Textphänomen zu verstehen, ist die Konsequenz aus einem dezidiert textorientierten Ansatz: jeder Text entwickelt seinen eigenen, spezifischen ›Terror‹. ›Terror‹ ist in dieser Hinsicht kein außertextliches Phänomen.

Die Arbeit leistet damit einen Beitrag zur Erforschung eines Problemzusammenhangs, der an der Schnittstelle von Kulturtheorie, Politik und Literatur verortet ist und der in den bislang vorliegenden Studien nicht systematisiert in den Blick genommen wurde: Den Ausgangspunkt bildet die Erörterung der kulturtheoretischen Dimension des Begriffs ›Terror‹ – einer Gewaltform, die offenbar ›mehr‹ ist, als kriminelle Gewalt, die aber gerade aufgrund dieses Bedeutungsüberschusses stets unlesbar bleibt. Mit dem Phänomen der Unlesbarkeit des ›Terrors‹ sind die Deutungsmuster ›Zäsur‹, ›Ereignis‹, ›Trauma‹ und ›Zeugenschaft‹ aufgerufen, die jeweils auf paradoxe Art versuchen, das Unlesbare lesbar zu machen. Die literarischen Texte zum ›Terror‹ vom 11. September 2001 schreiben sich nun genau in dieses paradoxe Feld ein, in dem es darum geht, einerseits ein Phänomen der Unlesbarkeit lesbar zu machen, es aber zugleich in seiner Unlesbarkeit zu halten.

Betrachtet man die bisherige Forschungslage, dann finden sich zwar einige klug argumentierende Studien und Aufsätze zu ›9/11‹ in der deutschsprachigen Literatur, diese Studien zeichnen sich jedoch durch zwei Herangehensweisen aus, die meines Erachtens kritisch zu hinterfragen sind. Zum einen übernehmen sie den Begriff des ›Terrors‹ aus der historischen bzw. politikwissenschaftlichen Forschungsliteratur und nehmen ihn somit als gegeben für die Beschreibung des Phänomens hin. Auf dieser Grundlage analysieren sie dann die Literatur über den ›Terror‹ vor allem im Hinblick auf die *histoire*.[11] Terror wird dabei nicht als Textphänomen verstanden.

Zum anderen erkennen viele Studien, dass der Begriff ›Terror‹ für die Auseinandersetzung mit dem Phänomen unzureichend ist, nicht zuletzt auch, weil er immer auch politisch motiviert verwendet wird. Die verstörende Dimension dieser Form von politischer Gewalt erfolgt dann durch den Rückgriff auf die kulturtheoretischen Konzepte ›Ereignis‹, ›Zäsur‹, ›Trauma‹ und ›Zeugenschaft‹. Ne-

11 Zu nennen sind hier insbesondere: Christian de Simoni: »Es war aber auch ein Angriff auf uns selbst.« Betroffenheitsgesten in der Literatur nach 9/11. Marburg: Tectum 2009; Michael König: Poetik des Terrors. Politisch motivierte Gewalt in der deutschen Gegenwartsliteratur. Bielefeld: transcript 2015. Zur systematischen Unterscheidung von Geschichte/*histoire* und Erzählung/*discours* vgl.: Gérard Genette: Die Erzählung. München: Fink 1998.; Matías Martínez / Michael Scheffel: Einführung in die Erzähltheorie. 9., erweiterte und aktualisierte Auflage. München: Beck 2012.

ben allem Erkenntnisgewinn, den diese Arbeiten bringen, liegt ihr systematisches Problem darin, dass sie die Auseinandersetzung mit dem Begriff des ›Terrors‹ in vertraute Denkmuster zur Beschreibung verstörender Gewaltphänomene verschieben: ›Ereignis‹, ›Zäsur‹, ›Trauma‹ und ›Zeugenschaft‹ kreisen um das Unsagbare und erscheinen deshalb auch erst einmal überaus geeignet, um den ›Terror‹ in den Griff zu bekommen. Das Problem liegt, wie ich im Folgenden in einem kursorischen Überblick zeigen möchte, darin, dass diese Ansätze Gefahr laufen, tautologisch zu argumentieren. Denn begreift man ›Terror‹ als ›Trauma‹, dann liegt es nahe, ›Terror‹ ausschließlich eben in diesen einen Deutungsrahmen ›Trauma‹ einzubetten. Dieses tautologische Verfahren hat zwei Effekte: Erstens geraten andere Deutungsmuster aus dem Blick und zweitens tritt auch die Frage, was denn nun eigentlich unter ›Terror‹ zu verstehen ist, deutlich in den Hintergrund.

Der Sammelband *9/11 als kulturelle Zäsur* postuliert bereits im Titel, dass ›9/11‹ als eine ›Zäsur‹ zu verstehen sei. Im Vorwort heißt es: »Die Terroranschläge des 11. September provozieren einen weltweit entscheidenden Einschnitt in ästhetischen und literarischen Diskursen«[12]. Die Setzung der Anschläge als ›Terror‹ bildet die Basis ihrer Argumentation, das Phänomen ›Terror‹ nehmen sie daher nicht eigens in den Blick. Ihnen geht es um die Art und Weise, in der ›Terror‹ verhandelt wurde – in ihrer Perspektive eben als kulturelle ›Zäsur‹.

> Die sozio-politische Umbruchsituation, die durch die Anschläge provoziert wurde, spiegelt sich in verschiedenster Form in Kunst und Theoriebildung wider. Nicht nur die künstlerische Darstellung von Gewaltphänomenen wird durch die allgegenwärtigen Bilder und die traumatische Erfahrung der terroristischen Handlungen herausgefordert, auch theoretische Denkmodalitäten werden neu verhandelt. [...] Gemeinsam ist den direkten und codierten Auseinandersetzungen mit 9/11, dass sie für künstlerische wie theoretische Diskurse eine Zäsur bedeuten.[13]

Diese ›Zäsur‹ begreifen sie dabei als umfassend und weiten das Deutungsmuster der Zäsur auch auf die künstlerischen Auseinandersetzungen aus, die ihrerseits eine Zäsur im künstlerischen Feld darstellten. Die ›Zäsur‹ ist bei Poppe, Schüller und Seiler das argumentative Dach, unter dem sich dann beispielsweise auch »Trauma-Diskurse«[14] versammeln.

---

12 Poppe / Schüller / Seiler: Vorwort. In: Dies. (Hg.): 9/11 als kulturelle Zäsur, a.a.O., S. 7.

13 Poppe / Schüller / Seiler: Vorwort, a.a.O., S. 7.

14 So schreibt Sandra Poppe in der Einleitung des Bandes: »Gerade diese wiederkehrenden Aspekte wie der Rückbezug auf Trauma-Diskurse, Allegorisierung und Symboli-

In Heide Reinhäckels Studie *Traumatische Texturen* steht, wie der Titel schon andeutet, das Deutungsmuster ›Trauma‹ an erster Stelle. Ihre Studie geht davon aus, dass ›Terror‹ als ›Trauma‹ verarbeitet werde. Reinhäckel zeichnet darauf aufbauend das ›Trauma‹ als ein kulturelles Deutungsmuster. Unter dieser Perspektive nimmt sie zahlreiche prominente literarische Auseinandersetzungen mit ›9/11‹ in den Blick, darunter Ulrich Peltzers *Bryant Park*, Kathrin Rögglas *really ground zero*, Katharina Hackers *Die Habenichtse* und Thomas Lehrs *September Fata Morgana.* Während Reinhäckel über weite Strecken ihrer Studie vom »Deutungsmuster des Traumas« spricht und damit eine theoretische Konstruktion des (kollektiven) Traumas nahelegt, schließt sie sich grundsätzlich aber der Sichtweise an, dass ›Terror‹ als ›Trauma‹ zu verstehen sei:

> Bezogen auf das Medienereignis 11. September bildet die Live-Übertragung vom Einflug des zweiten entführten Flugzeuges in den Südturm des World Trade Center die mediale Urszene des kulturellen Traumas, die ein globales Publikum unfreiwillig zu Zeugen des terroristischen Massenmords erhob.[15]

Konsequenterweise lautet der Titel ihrer Studie dann nicht etwa ›Zur textuellen Inszenierung des Traumas‹ sondern *Traumatische Texturen.* ›Terror‹ und ›Trauma‹ auf diese Weise kurzzuschließen, ist für ein Verständnis des Phänomens fatal, weil damit impliziert wird, dass ›Terror‹ und ›Trauma‹ ineinander aufgehen, letztlich also austauschbare Deutungsmuster sind.

Auch für Christoph Deupmann ist der Begriff des ›Terrors‹ gesetzt. Davon ausgehend legt Deupmann in seiner hochgradig anregenden Studie den Deutungsrahmen für den 11. September 2001 durch die Fokussierung auf das Denkmuster des ›Ereignisses‹ fest – weil er die Anschläge vom 11. September 2001 als ein ›Ereignis‹ deutet, liest er auch die literarischen Auseinandersetzungen als Auseinandersetzungen mit dem ›Ereignis‹:

> Das Geschichtszeichen *Nine/eleven* ist als Zäsur in die Chronologie der Zeitgeschichte des beginnenden einundzwanzigsten Jahrhunderts eingetragen worden, die es von der Geschichte des zwanzigsten Jahrhunderts grundsätzlich trennt. [...] Der politische Ausnah-

---

sierung, der Einbruch des Realen in die Fiktion, Selbstreferentialität, die Verbindung des persönlichen Schicksals mit der Weltgeschichte, u.a. weisen auf eine ästhetische und kulturelle Zäsur, ausgelöst durch die Reaktion auf die Ereignisse des 11. September, hin.« Poppe: Einleitung. In: Dies. / Schüller / Seiler (Hg.): 9/11 als kulturelle Zäsur, a.a.O., S. 9-17, hier: S. 17.

15 Reinhäckel: Traumatische Texturen, a.a.O., S. 62.

mezustand, der vom Ereignis eingesetzt worden ist, affiziert das Erzählen auch als ästhetischer.[16]

Das ›Ereignis‹ der Anschläge führe neben dem politischen auch zu einem ästhetischen Ausnahmezustand. Eine durchaus gewagte These, die nicht so recht zur Textauswahl von Deupmanns Studie passen will (auch zum übergreifenden Textkorpus zu ›9/11‹ fällt einem nicht unbedingt als erstes das Schlagwort ›ästhetischer Ausnahmezustand‹ ein): Die von Deupmann behandelten Texte zu ›9/11‹ zeichnen sich durch realistische Erzählverfahren aus, eine Ästhetik des Ausnahmezustands lässt sich in ihnen nicht erkennen.[17]

Ein tautologischer Kurzschluss unterläuft Thomas Schmidtgall, wenn er in der Einleitung zu seiner Studie innerhalb von einem Absatz von der Frage, »*ob* der 11. September als Trauma im Sinne einer kollektiven Schockwirkung auf den westlichen Kulturkreis«[18] verstanden werden könne, zu der daran anschließenden Frage kommt: »*Wie* können Begriffe Gedächtnis, Trauma und Identität aus psychologischer und kulturwissenschaftlicher Sicht im Kontext des 11. September auf Kollektive und – in diesem Fall – auf den häufig so bezeichneten westlichen Kulturkreis übertragen werden?«[19] Es ist genau dieser nuancierte Übergang vom *Ob* zum *Wie*, in dem aus der analytischen Fragestellung eine *selbsterfüllende Prophezeiung* wird. Dieser Übergang ist für Schmidtgalls Studie notwendig, um die Kategorie des kollektiven Traumas mit den erinnerungskulturellen Konzepten der Zeugenschaft zu verknüpfen.

Welche weitreichenden Konsequenzen es hat, wenn literarische Texte ausschließlich dazu herangezogen werden, um übergreifende Thesen zu belegen, führt in drastischer Weise Christian de Simonis Studie vor. De Simoni lässt die behandelten literarischen Texte restlos im politischen und journalistischen Diskurs aufgehen: »Die Literatur ist mit offiziellen Reaktionen und journalistischen Kommentaren sehr konform und scheint genauso von einem hegemonialen Dis-

16 Deupmann: Ereignisgeschichten, a.a.O., S. 411 f.

17 Deupmanns Einzellektüren widmen sich folgenden Texten: Frédéric Beigbeders *Windows on the World*, Jonathan Safran Foers *Extremly loud & incredibly close*, Ulrich Peltzers *Bryant Park* und Durs Grünbeins *September-Elegien*.

18 Thomas Schmidtgall: Traumatische Erfahrung im Mediengedächtnis. Zur Struktur und interkulturellen Rezeption fiktionaler Darstellungen des 11. September 2001 in Deutschland, Frankreich und Spanien. Würzburg: Königshausen & Neumann 2014, S. 18.

19 Schmidtgall: Traumatische Erfahrung im Mediengedächtnis, a.a.O., S. 18.

kurs bestimmt zu sein wie die offiziellen Reaktionen.«[20] Der systematische Rahmen seiner literaturwissenschaftlichen Dissertation begreift den einzelnen literarischen Text »als Teil eines Diskurses und weniger als Einzelprodukt [...]. Es interessiert hier die Frage, wie die Kohärenz zwischen literarischen und journalistischen Äußerungen zustande kommt, inwiefern Literatur Teil des hegemonialen Diskurses ist.«[21] De Simonis Literaturbegriff spricht dem literarischen Text jedes spezifische Reflexionspotential ab und kann daher die Literarizität der Texte gar nicht in den Blick bekommen.

Und sieht man von dem eigenwilligen Literaturverständnis einmal ab, dann vermag auch die These von der Übereinstimmung von Literatur und politischem Diskurs nicht einleuchten. Denn wie deutlich sich die literarischen Auseinandersetzungen mit dem 11. September 2001 vom politischen und journalistischen Diskurs unterscheiden, dass sie mitnichten in ihm aufgehen, zeigt ein exemplarischer Blick auf einen Sammelband mit zeitgeschichtlichem Schwerpunkt, der sich den Auswirkungen des 11. September 2001 auf den politischen Diskurs in Europa zuwendet. Die Herausgeberinnen Margit Reiter und Helga Embacher begreifen die Anschläge als ein »traumatisches Ereignis«[22], unter dessen Eindruck zunächst eine enge Verbundenheit zwischen den USA und Europa entstanden sei. Doch nur kurze Zeit später, spätestens, als sich die Anzeichen für einen Angriff gegen den Irak verstärkten, habe eine deutliche Distanzierung eingesetzt. In Europa haben sich den Herausgeberinnen zufolge daraufhin zwei dominierende Diskursstränge im politischen Diskurs herausgebildet: »der über die USA und Antiamerikanismus einerseits und jener über ›die Muslime‹ und Islam(feindlichkeit) andererseits«[23]. Insbesondere in Deutschland sei ein grundlegender Wandel des politischen Diskurses zu beobachten gewesen. Diese Diagnose lässt sich nun bestens mit dem Blick auf die literarischen Texte zum 11. September 2001 kontrastieren: USA, Antiamerikanismus, Islam und Islamfeindlichkeit spielen in ihnen eine marginale bis gar keine Rolle. Sie tauchen – wenn überhaupt – als thematische Anspielung auf, beispielsweise in Katharina Hackers *Die Habenichtse*, in Thomas Hettches *Woraus wir gemacht sind* und in Thomas Lehrs *September Fata Morgana*. Es kann jedoch keine Rede davon sein, dass die deutschsprachige Literatur einfach nur ein Teil bzw. eine Abbildung dieser Diskurse wäre.

---

20 Christian de Simoni: »Es war aber auch ein Angriff auf uns selbst.« Betroffenheitsgesten in der Literatur nach 9/11. Marburg: Tectum 2009, S. 8.

21 De Simoni: »Es war aber auch ein Angriff auf uns selbst«, a.a.O., S. 11.

22 Margit Reiter / Helga Embacher (Hg.): Europa und der 11. September 2001. Köln / Weimar / Wien: Böhlau 2011, S. 7.

23 Reiter / Embacher (Hg.): Europa und der 11. September 2001, a.a.O., S. 9.

Vor dem Hintergrund der eben skizzierten methodischen Schwachstellen möchte ich in meiner Arbeit für ein grundlegend anderes Verständnis von ›Terror‹ plädieren. Ich gehe dabei von drei systematischen Grundüberlegungen aus: Erstens müssen Begriff und Phänomen des ›Terrors‹ aus kulturtheoretischer Perspektive in den Blick genommen werden. Nur so lässt es sich vermeiden, diesen hochgradig aufgeladenen Begriff zur unhinterfragten Basis der literaturwissenschaftlichen Argumentation zu machen. Es geht bei dieser kulturtheoretischen Auseinandersetzung grundsätzlich um die Frage, mit welchen kulturellen Dimensionen man es beim ›Terror‹ zu tun hat. Zweitens erfordern die so eng mit ›9/11‹ verknüpften kulturellen Deutungsmuster ›Zäsur‹, ›Ereignis‹, ›Trauma‹ und ›Zeugenschaft‹ eine auf den ›Terror‹ bezogene Rekapitulation. Fraglos stehen sie in Verbindung mit dem Phänomen des ›Terrors‹ – allerdings ist zu klären, wie sich diese Verbindung darstellt und wie sich im Zusammenspiel dieser Deutungsmuster eine Vorstellung von ›Terror‹ überhaupt erst konstituiert. Drittens sind literarische Texte keine Belegspender für übergreifende politische oder kulturelle Thesen. Nur durch ein *close reading* literarischer Texte ist es möglich, eine Semiologie des ›Terrors‹ herauszuarbeiten – dann lässt sich auch erkennen, wie Texte Diskursmuster aufnehmen, affirmieren, dekonstruieren und subvertieren. Der Arbeit liegt ein durchaus emphatisches Literaturverständnis zugrunde, dem es mit Peter Szondi um »philologische Erkenntnis« geht: »Texte geben sich als Individuen, nicht als Exemplare. Ihre Deutung hat zunächst auf Grund des konkreten Vorgangs zu erfolgen, dessen Ergebnis sie sind, und nicht auf Grund einer abstrakten Regel«[24].

Aus diesen systematischen Überlegungen begründet sich auch der Aufbau der Arbeit. Im *ersten Teil der Systematik* werde ich Aspekte einer Kulturtheorie des ›Terrors‹ formulieren. ›Terror‹ begreife ich dabei als eine Form der Gewalt dar, die in enger Verbindung zu Vorstellungen von politischer Souveränität steht: Politische Souveränität begründet sich über einen ›gründenden‹ Gewaltakt, von dem die durch ihn begründete Ordnung jedoch im Nachhinein nichts wissen will. Der ›Terror‹ trägt die Spuren eines solchen Gewaltaktes – er kann aufgrund dieser Beziehung als ein *Phänomen der Unlesbarkeit* systematisiert werden: ›Terror‹ konfrontiert eine Gesellschaft, eine politische Kultur mit einer unlesbaren Gründungsgewalt, einer Gewalt, die zudem an die Spuren der ›eigenen‹ Gründungsgewalt erinnert. ›Terror‹ charakterisiert sich demnach weniger durch eine spezifische Form der Gewaltausübung – vielmehr wird Gewalt zu ›Terror‹, wenn sie Spuren der (verdrängten) Gründungsgewalt trägt bzw. aufruft (aus die-

---

24 Peter Szondi: Über philologische Erkenntnis. In: Ders.: Schriften, Band 1, hg. von Jean Bollack u.a. Berlin: Suhrkamp 2011, S. 263-286, hier: S. 274 f.

sem Grund wird in der vorliegenden Arbeit der Begriff ›Terror‹ stets in Anführungszeichen verwendet).

Angesichts der Unlesbarkeit des ›Terrors‹ verwundert es nicht, dass ›terroristische‹ Gewalt maßgeblich im Rahmen von vier kulturellen Deutungsmustern, die um das Phänomen des Unlesbaren kreisen, gedeutet, eingeordnet und ›lesbar‹ gemacht wird: ›Ereignis‹, ›Zäsur‹, ›Trauma‹ und ›Zeugenschaft‹ – oben habe ich schon darauf hingewiesen, dass diese Deutungsmuster zentral für den ›9/11‹-Diskurs sind. Daher werden sie auch im Mittelpunkt des *zweiten Teils der Systematik* stehen. In diesem Teil werden die vier genannten Deutungsmuster auf ihren Erkenntniswert für ein Verständnis des Phänomens ›Terror‹ befragt. Dabei liegt der Fokus auf dem paradoxen Charakter, der diese Deutungsmuster im Hinblick auf das ›Unlesbare‹ auszeichnet: Das ›Unlesbare‹ übersetzen sie ja nicht einfach in die Lesbarkeit, sondern sie *beschreiben* ›Unlesbarkeit‹ mit je unterschiedlichen Begriffen und Denkfiguren. Das ›Unlesbare‹ bleibt aber unlesbar. Insofern müssen die Semiologie der Begriffe ›Zäsur‹, ›Ereignis‹, ›Trauma‹ und ›Zeugenschaft‹ sowie ihre spezifische diskursive Ausformung im Blick behalten und reflektiert werden (daher werden auch sie stets in Anführungszeichen geführt). Allerdings lässt sich die kulturelle Dimension des ›Terrors‹ nicht begreifen, wenn man ›Terror‹ lediglich im Rahmen *eines* der genannten Deutungsmuster ›liest‹. Der ›Terror‹ vom 11. September 2001 konstituiert sich in der *Überlagerung* aller vier Deutungsmuster – die in dieser Arbeit behandelten Texte arbeiten sich an dieser Überlagerung der Deutungsmuster ab, *erzählen* sie jedoch auf unterschiedliche Weise. Der ›Terror‹ als Diskurs- und Textphänomen konstituiert sich gerade in der Konstellation der Deutungsmuster.

Es handelt sich bei diesen Mustern um weitgehend ahistorische, die in jedem politischen und historischen Zusammenhang je eigen ausbuchstabiert werden. Die vier Deutungsmuster bieten sich womöglich gerade aufgrund ihres ahistorischen Charakters als Bausteine an, um in der deutschen Literatur den 11. September 2001 als ein ›deutsches Datum‹ zu erzählen. Über diese Muster werden, so meine These, die Verbindungslinien für eine Migration von Erfahrung gelegt: Die Anschläge werden zu einem *Phänomen des Eigenen* und damit anschlussfähig an den spezifischen Kontext deutscher Geschichte.

Literatur ist das prädestinierte Medium, um das paradoxe Verhältnis von Unlesbarem und Lesbarem zu verhandeln. Eva Horn bringt dies auf den Punkt, wenn sie schreibt, dass Literatur aufgrund ihrer Textualität und »als narratives Medium par excellence dazu geeignet ist, die Mechanismen des Erzählens und Verschweigens, des Zu-Lesen-Gebens und Unlesbar-Machens transparent werden zu lassen«[25]. Dennoch sieht sich Literatur, die vom ›Terror‹ erzählt, immer auch mit dem Verdacht konfrontiert, den ›Terror‹ zu mythisieren und popkulturell zu verklären. Es gilt daher, das Verhältnis von Erzählen und dem Vorwurf der Mythisierung zu klären. Für diese Klärung erscheint es mir sinnvoll, den Begriff des *Mythos* mit den unverstandenen Dimensionen einer Gesellschaft in Verbindung zu bringen, von denen Literatur auf spezifische Weise erzählen kann. Mit den Möglichkeiten dieses Erzählens wird sich der *dritte Teil der Systematik* befassen.

Die drei Hauptkapitel der Arbeit stellen dann jeweils die Einzellektüre von drei literarischen Texten in ihren Mittelpunkt: Ulrich Peltzers *Bryant Park*, Katharina Hackers *Die Habenichtse* und Paulus Hochgatterers *Eine kurze Geschichte vom Fliegenfischen*. Diesen Einzellektüren geht es um eine akribische Auseinandersetzung mit den Verfahrensweisen der einzelnen Texte. Die ausgewählten Texte lassen sich alle im realistischen Verfahrensmodus verorten, sie entwerfen keine Poetik des Extremen.[26] Zugrunde liegt den Lektüren die narratologische Erkenntnis, dass das *Wie* des Erzählens das *Was* erst konstituiert. Es ist daher nicht sinnvoll, eine Chronologie des Verblassens, der Distanzierung und des Abschiednehmens von ›9/11‹ zu behaupten; ebenso überzeugt es wenig, die Texte einzelnen Deutungsmustern zuzuordnen (und sie als Trauma-Texte, Ereignis-Texte etc. zu kategorisieren). Solche Einteilungen tragen ein Ordnungsinteresse an die Texte heran, das sich kaum aus den Verfahrensweisen der Texte heraus erklären lässt. Distanzierende und das Ereignis dekonstruierende Verfahrensweisen lassen sich, wie gesagt, schon in den frühesten Texten zum 11. September 2001 finden, und das nicht allein aufgrund ihrer Textualität (die ja per se *auf Distanz* zum Ereignis ist).

Diese Arbeit widmet sich insgesamt 13 Romanen und Erzählungen, die zwischen 2001 und 2014 erschienen sind. Vor dem skizzierten systematischen Hin-

---

25 Eva Horn: Der geheime Krieg. Verrat, Spionage und moderne Fiktion. Frankfurt am Main: Fischer 2007, S. 35 f.

26 Zur ›Konjunktur‹ und zur Systematik realistischen Erzählens vgl.: Moritz Baßler: Die Unendlichkeit des realistischen Erzählens. Eine kurze Geschichte moderner Textverfahren und die narrativen Optionen der Gegenwart. In: Carsten Rohde / Hansgeorg Schmidt-Bergmann (Hg.): Die Unendlichkeit des Erzählens. Der Roman in der deutschsprachigen Gegenwartsliteratur seit 1989. Bielefeld: Aisthesis 2013, S. 27-45; Zur Systematik und Literaturgeschichte einer Poetik des Extremen vgl. Uwe Schütte: Die Poetik des Extremen. Ausschreitungen einer Sprache des Radikalen. Göttingen: Vandenhoeck & Ruprecht 2006.

tergrund lassen sich aus diesen Texten *Typologien des Erzählens* herausarbeiten – Typologien, die unabhängig vom Erscheinungsdatum der Texte zu finden sind und die sich durch eine spezifische Art, mit der Konstellation der Deutungsmuster zu verfahren, auszeichnen. In den einzelnen Kapiteln wird jeweils ein Text im Zentrum der Analyse stehen, in vignettenhaften Betrachtungen werden zum Abschluss eines jeden Kapitels weitere Texte vorgestellt, die auf ähnliche Weise verfahren. So ergeben sich drei Typologien des Erzählens: *Im Angesicht des Ereignisses* formulieren die Texte bereits kurz nach den Anschlägen Verfahrensweisen der Distanzierung. Ulrich Peltzers *Bryant Park*, 2002 als eine der ersten literarischen Auseinandersetzungen – aber eben nicht als *die* erste – erschienen, spielt dies auf profunde Weise durch. Kathrin Rögglas *really ground zero*, Max Goldts *Wenn man einen weißen Anzug anhat*, Thomas Lehrs *September. Fata Morgana* und Michael Kleebergs *Vaterjahre* schreiben ebenfalls (teilweise über zehn Jahre nach ›9/11‹) im *Angesicht des Ereignisses* und spielen Positionen des Erzählens zwischen der Eindrücklichkeit des Geschehens und Verfahren der Distanzierung durch.

Eine andere Form der Konstellation erzählen die Texte, die das *Unheimliche des Terrors* ausloten. Diese Texte machen ›Terror‹ als ein Phänomen der Verdrängung und der Verschiebung lesbar. Das Denkmuster der ›Ereignishaftigkeit‹ wird hier beispielsweise als eine drohende Insistenz des ›Ereignisses‹ erzählt. Katharina Hackers 2006 erschienener Roman *Die Habenichtse* spielt dieses Modell programmatisch durch, daher wird dieser Roman im Zentrum des Kapitels stehen. Ähnliche Verfahrensweisen lassen sich bei Thomas Hettches *Woraus wir gemacht sind*, Marlene Streeruwitz' *Entfernung* und Christoph Peters' *Ein Zimmer im Haus des Krieges* finden.

Bereits 2003 erschien mit Paulus Hochgatterers *Eine kurze Geschichte vom Fliegenfischen*, ein Text, der *Terror ohne Terror* erzählt. Lediglich ein knapper und vager Hinweis auf die Anschläge vom 11. September 2001 findet sich in der Erzählung – und dieser Hinweis reicht doch aus, ein umfassendes Spiel von Andeutungen auszulösen, in dem der ›Terror‹ mit der Kulturtechnik des Lesens verschränkt wird. Ähnlich setzen sich auch Peter Glasers *Geschichte von Nichts*, Olga Flors *Kollateralschaden* und Rainald Goetz' *elfter september 2010* ins Verhältnis zum 11. September 2001.

In den Sozial- und Geschichtswissenschaften hat sich die Erkenntnis durchgesetzt, dass es keine eindeutige Definition von ›Terror‹ geben kann. Zugleich mangelt es nicht an fundierten Definitionsversuchen. Dort, wo diese an ihre Grenzen stoßen, wird es aus einer kulturtheoretischen und literaturwissenschaftlichen Perspektive interessant, weil die kulturelle Dimension des Phänomens sichtbar wird. Und diese kulturelle Dimension ist semiologisch organisiert, sie ist ein Ort der Aporien und Widersprüche. Für die hier behandelten literarischen Texte sind diese Aporien und Widersprüche der Ausgangspunkt, um Terror zu *erzählen*.

2. Systematik

2.1 Zu einer Kulturtheorie des Terrors

Es gibt keine Definition des Begriffs *Terrorismus*, die nicht umstritten wäre – zu diesem Ergebnis kommt man, wenn man sich mit sozial- und geschichtswissenschaftlichen Studien zum Thema befasst.[1] Diese Schwierigkeiten bei der Definition sind in den Sozial- und Geschichtswissenschaften bekannt. Walter Laqueur schreibt etwa: »Eine allgemeine Theorie des Terrorismus zu entwickeln ist ein unerreichbares Ziel.«[2] Zugleich prognostiziert er, dass sich »der Streit um eine umfassende, detaillierte Definition des Terrorismus noch lange Zeit hinziehen, zu keinem Konsens führen und nichts Nennenswertes zum Verständnis des Terrorismus beitragen«[3] werde. Ähnlich klingt die Aussage Kai Hirschmanns, »dass es eine allgemein verbindliche weltweite Definition von Terrorismus nie geben kann und wird«[4]. Auch Herfried Münkler, der zwar nicht in diesen pauschalen

1 Einen Überblick über die einschlägige Forschungsliteratur bieten: Bruce Hoffman: Terrorismus – der unerklärte Krieg. Neue Gefahren politischer Gewalt. Frankfurt am Main: S. Fischer 2006; Wolfgang Kraushaar (Hg.): Die RAF und der linke Terrorismus. Hamburg: Hamburger Edition 2006; Herfried Münkler: Die neuen Kriege. Reinbek bei Hamburg 2004; Charles Townshend: Terrorismus. Eine kurze Einführung. Stuttgart: Reclam 2005.

2 Walter Laqueur: Freiheitskämpfer oder Terrorist? Seit dem 11. September wird beständig vom Terror gesprochen. Was Terrorismus ist, weiß aber kaum einer verlässlich zu sagen. In: Die Welt, 22.7.2002. Abrufbar unter: http://www.welt.de/print-welt/article401342/Freiheitskaempfer-oder-Terrorist.html, zuletzt abgerufen am 9. Februar 2016.

3 Walter Laqueur: Terrorismus. Die globale Herausforderung. Frankfurt am Main / Berlin: Ullstein 1987, S. 95.

4 Kai Hirschmann: Terrorismus. Hamburg: Europäische Verlagsanstalt 2003, S. 12.

Abgesang auf die Definitionsversuche einstimmt, schreibt, dass es »Probleme im Umgang mit dem Begriff des Terrorismus« gebe, die »nicht nur aus sachlichen Schwierigkeiten bei einer verbindlichen Grenzziehung zwischen Terrorismus, Verbrechen und Partisanenkrieg« resultierten, sondern auch aus den »semantische[n] Verwirrspiele[n] der politischen Akteure«[5].

Trotz solcher offensichtlichen Schwierigkeiten bei der Klärung des Begriffs Terrorismus kommen die einschlägigen politik- und geschichtswissenschaftlichen Ansätze zu einer weitgehenden Einigkeit; einer Einigkeit, an der sich aus einer kulturwissenschaftlichen Perspektive jedoch gerade ihre analytischen Defizite ablesen lassen: ›Terrorismus‹ funktioniert, so die Übereinkunft, vor allem über seine Wirkung auf die ›Zuschauer‹. So schreibt Charles Townshend: »Terrorismus hat etwas an sich, das, wie durch Zauberhand, die durch ihn bewirkte Bedrohung aufbläst, weit über sein tatsächliches physisches Maß hinaus.«[6] Der Soziologe Peter Waldmann meint das Gleiche, formuliert es aber etwas anders: »Gewalt wird insoweit nicht wegen ihres Zerstörungseffekts, sondern als Signal verwendet, um eine psychologische Breitenwirkung zu erzielen.«[7] Henner Hess zufolge ist Terrorismus »ja eine Art Sprache«[8]. Und auch Münkler sieht, ähnlich wie Waldmann, den Terrorismus als eine »Kommunikationsstrategie«[9]. Jeder terroristische Anschlag sei doppelt adressiert, indem er sich zum einen direkt an die Angegriffenen wende, um sie deren Verwundbarkeit spüren zu lassen; zudem enthalte jeder Anschlag aber auch eine Botschaft an einen Dritten, denjenigen »für dessen Interessen die Terroristen zu kämpfen behaupten«[10].

In beispielhafter Verdichtung fasst Kai Hirschmann die Analysen von Hoffmann, Waldmann und Laqueur zusammen:

> Erstens ist sie [die terroristische Gewalt, J.B.] vorsätzlich, systematisch geplant und zielt auf *extreme Emotionen wie Angst und Verunsicherung* in der Bevölkerung. Zweitens verfolgt sie eine *psychologische Wirkung* und richtet sich an eine breite Öffentlichkeit. Drit-

---

5 Münkler: Die neuen Kriege, a.a.O., S. 175.

6 Charles Townshend: Terrorismus, a.a.O., S. 9 und S. 26.

7 Peter Waldmann: Terrorismus. Provokation der Macht. München 1998, S. 17.

8 Henner Hess: Terrorismus und Terrorismus-Diskurs. In: Henner Hess / Martin Moerings / Dieter Paas / Sebastian Scheerer / Heinz Steinert (Hg.): Angriff auf das Herz des Staates. Soziale Entwicklung und Terrorismus, Band 1, Frankfurt am Main: Suhrkamp 1988, S. 55-74, hier: S. 62.

9 Münkler: Die neuen Kriege, a.a.O., S. 175.

10 Münkler: Die neuen Kriege, a.a.O., S. 180.

tens verübt sie Angriffe auf willkürlich gewählte *symbolische Ziele und Personen*. Viertens bricht der terroristische Gewaltakt *soziale Normen*.[11]

Extreme Emotionen, psychologische Wirkung, symbolische Ziele und soziale Normen – all diese Kategorisierungen zeigen, dass Terrorismus hochgradig kulturell codiert ist, dass ›Terror‹ *mehr* ist, als eine politische Gewalttat.[12]

Nun geht es hier nicht darum, sozial- und geschichtswissenschaftlichen Ansätzen die Schwierigkeiten bei der Definition des Phänomens *Terror* anzukreiden. Im Gegenteil: *Dass* es einen Bedeutungsüberschuss des Terrorismus gibt, entgeht diesen Ansätzen keineswegs, davon zeugen die vielfältigen Umschreibungen, die sie für dieses *Mehr* finden; *wie* die ›Zauberhand‹, die ›psychologische Breitenwirkung‹, das ›Signal‹ oder ›Angst und Schrecken‹ funktionieren (und was man sich darunter vorzustellen hat) – dies zu klären, ist die Aufgabe einer Kulturtheorie des Terrors. Offensichtlich wollen diese Umschreibungen ja etwas benennen, was als die kulturelle Dimension des ›Terrorismus‹ bezeichnet werden kann, und was zugleich die *Conditio sine qua non* des Terrors ist. Gerade diese kulturelle Dimension, so meine These, ist es, die aus Gewalt ›Terror‹ macht.

2.1.1 Das Ende der Kommunikation?

Heißt es nicht immer, ›Terrorismus‹ sei das Ende der Kommunikation; mit ›Terroristen‹ sei kein Dialog möglich? Herfried Münkler hatte den ›Terrorismus‹ als eine ›Kommunikationsstrategie‹ bezeichnet – er betrachtet den ›Terrorismus‹ dementsprechend als einen strategischen, geplant und bewusst ausgeübten und durchaus pragmatischen Akt. Die Kommunikation laufe auf zwei Ebenen, jeder ›terroristische‹ Akt sei doppelt adressiert: Er richte sich zum einen an die Angegriffenen, um sie deren Verwundbarkeit spüren zu lassen; zum anderen enthalte jeder Anschlag aber auch eine Botschaft an einen Dritten, denjenigen »für dessen Interessen die Terroristen zu kämpfen behaupten«[13]. Die Tat führt demnach zwei Mitteilungen mit sich: Zum einen soll sie Verwundbarkeit signalisieren,

11 Hirschmann: Terrorismus, a.a.O., S. 9. (Hervorhebung von mir)

12 Vgl. zum Terror als Code: Peter Fuchs: Das System »Terror«. Versuch über eine kommunikative Eskalation der Moderne. Bielefeld: transcript 2004, S. 53 ff.; Zu den Anschlägen vom 11. September 2001 als »ungewiß codiertes Phänomen«: Helmuth Lethen: Bildarchiv und Traumaphilie. Schrecksekunden der Kulturwissenschaften nach dem 11.9.2001. In: Klaus R. Scherpe / Thomas Weitin (Hg.): Eskalationen. Die Gewalt von Kultur, Recht und Politik. Tübingen / Basel: Francke 2003, S. 3-14.

13 Münkler: Die neuen Kriege, a.a.O., S. 180.

zum anderen aber offenbar auch eine Ermutigung zum politischen Kampf formulieren. In beiden Fällen setzt dies voraus, dass sie entschlüsselt und verstanden werden kann – dass sich also zum einen die Angegriffenen (über die tatsächlichen Opfer hinaus) als ›Kollektiv‹ angegriffen fühlen, die Opfer demnach *pars pro toto* für potentielle weitere Opfer stehen und dass sich zum anderen eine diffuse Menge (ebenfalls als ›Kollektiv‹) als von der Todesdrohung nicht gemeint begreift und demnach die Gewalttaten potentiell unterstützt.

Münklers Überlegungen zur ›terroristischen‹ Gewalttat folgen der Vorstellung eines hermeneutischen Ideals: Die einzelne Tat ist im Hinblick auf das Ganze entschlüssel- und verstehbar, so, wie die Analyse des Ganzen auf die einzelne Tat hinführt. Innerhalb dieses Rahmens funktioniert der Verstehensprozess ohne einen Rest: Diejenigen, die sich vom ›Terrorismus‹ bedroht fühlen müssen, werden dies schon verstehen, und diejenigen, die sich nicht fürchten müssen (die also nicht gemeint sind), werden dies ebenso verstehen. Der ›Terror‹ als Phänomen der Unlesbarkeit kommt hier allerdings nicht vor – und das, obwohl die Rede über ›Terror‹ doch permanent Missverständnisse produziert.[14]

Auch Peter Fuchs stellt die Kommunikation in seiner systemtheoretischen Auseinandersetzung mit dem Phänomen des ›Terrors‹ ins Zentrum. Er nimmt allerdings eine wichtige Verschiebung der Perspektive vor, wenn er bei seiner Analyse nicht auf die *gelingende* Kommunikation abzielt, sondern im Terror eine »kommunikative Eskalation der Moderne« sieht. Die Operation des ›Terrorisierens‹ besteht Fuchs zufolge im

> Zusammenziehen von (gewaltsamer) Kommunikationsbeendigung und der dadurch installierten Erzwingung weiterer Kommunikationen, die mit dem Ende fertigwerden müssen, obwohl sie (als Fortsetzung von Kommunikation) das Ende gerade verhindern.[15]

Versteht man ›Terrorismus‹ auf diese Weise, dann vollzieht man einen *linguistic turn* – das Zusammendenken von Ende-Erzeugung und Ende-Verweigerung führt nämlich das Denkmuster der *différance* ein: Ein Ende von Kommunikation ist schlicht unmöglich, da die Idee eines Kommunikationsabbruchs einen letzten (und einen ersten), mit sich selbst identischen, eben nicht durchstrichenen Signi-

---

14 Erinnert sei hier beispielsweise an die Äußerungen des Komponisten Karl-Heinz Stockhausen, der die Anschläge als »das größte Kunstwerk, das es überhaupt gibt für den ganzen Kosmos« bezeichnete und damit für Empörung sorgte. Vgl. zu diesem und anderen Missverständnissen: Klaus Theweleit: Der Knall. 11. September, das Verschwinden der Realität und ein Kriegsmodell. Frankfurt am Main: Stroemfeld / Roter Stern 2002.

15 Fuchs: Das System Terror, a.a.O., S. 18 f.

fikanten voraussetzte. Terror kann demnach nicht auf die einzelne Gewalttat reduziert werden, mit einbezogen werden müssen die kommunikativen Anschlüsse »durch Massenmedien, aber auch die Anschlüsse, die der Abwehr von Terror dienen, die Kontrollen auf Flugplätzen, sogar Antiterrorkriege«[16]. Die einzelne Tat ist demnach nicht maßgeblich für das System Terror: »Sie wird Moment der kommunikativen Operation, wenn sie sozial verstanden wird, wenn also weitere Ereignisse (die genauso beobachtet werden) die terroristische Tat aufnehmen als etwas, wozu sozial (das heißt: kommunikativ) ein Verhältnis gewonnen werden muß.«[17] ›Terror‹ ist demnach ein paradoxes Phänomen: Kommunikation wird durch die Gewalttat zum einen beendet, zum anderen aber gerade dadurch provoziert.

Was Herfried Münkler eher auf der pragmatischen Ebene der Politik als von den Intentionen der Akteure geleitete Kommunikationsstrategie bezeichnet hat, wird durch die systemtheoretische Brille betrachtet zu einer *Funktion* der modernen Gesellschaft. Dementsprechend lässt sich die kommunikative Dimension des ›Terrorismus‹ weiter ausbuchstabieren: Wenn Terror ein System ist, dann muss dieses System sowohl über einen *Code* als auch über ein *symbolisch generalisiertes Kommunikationsmedium* verfügen. Der binäre Code des ›Terrorismus‹ besteht Fuchs zufolge in der fundamentalen Unterscheidung von *Schuld* und *Unschuld*. Fuchs greift zur Plausibilisierung dieses Codes auf eine Argumentationsfigur zurück, die später auch im Hinblick auf das Verhältnis von Imaginärem und Realem der Politik wichtig wird: die Ungreifbarkeit der gesellschaftlichen Machtverhältnisse. Die Unmöglichkeit des Zugriffs auf politische Machtverhältnisse – also sämtliche Versuche, Macht zu personalisieren oder zu verorten – bringt den oszillierenden Code Schuld/Unschuld hervor. »Das System des Terrors attackiert die Schuldseite (es geht um *die* Gesellschaft), aber der Angriff, der das im genauen Sinne ›Leere‹ der Gesellschaft anpeilt, erreicht immer nur die Seite der Unschuld, also Leute und Dinge, die gerade nicht *die* Gesellschaft sind.«[18] Es handelt sich bei dieser Bewegung um einen Prozess des permanenten, systemisch angelegten Verfehlens: Die Attacke auf die ›Schuldigen‹ ist immer eine auf Unschuldige. Mit diesem Verfehlen geht aber auch eine Verfehlung der Mitteilung des ›Terrors‹ einher, sie kann nicht ankommen und die richtigen Adressaten erreichen. Die Annahme der Mitteilung des ›Terrors‹ ist demnach als unwahrscheinlich zu bezeichnen; wobei sich sofort die Frage stellt, wie die Annahme ›verwahrscheinlicht‹ wird, ob ›Terror‹ also über ein symbolisch generalisiertes Kommunikationsmedium verfügt. Fuchs schlägt die *Eskala-*

16 Fuchs: Das System Terror, a.a.O., S. 24.

17 Fuchs: Das System Terror, a.a.O., S. 20.

18 Fuchs: Das System Terror, a.a.O., S. 56.

tion als das Kommunikationsmedium des ›Terrorismus‹ vor, weil die permanente Steigerung der Imposanz der angewendeten Gewalt die Unwahrscheinlichkeit der Anschlüsse weniger unwahrscheinlich macht. Allerdings kommt auch hier wieder die mit der Unerreichbarkeit der Gesellschaft und dem oszillierenden Code Schuld/Unschuld verbundene Paradoxie ins Spiel, dass ›Terror‹ immer sein Ziel verfehlt. Fuchs bezeichnet deshalb die Eskalation als ein »perverse[s] Medium«: pervers, weil

> es um ein selektionsverstärkendes und -motivierendes Medium geht, das die Unwahrscheinlichkeit der Akzeptanz der terroristischen Sinnzumutung ›verwahrscheinlichen‹ soll, aber sie tatsächlich ›verunwahrscheinlicht‹, um ein Medium, das (und hierin liegt die Begründung der Wortwahl ›pervers‹) sich in gewisser Weise nur selbst verstärkt, nur selbst motiviert, weil es dort, wo es motivieren soll, niemand Motivierbaren antrifft.[19]

In der Logik und der Form der Eskalation liegt Fuchs zufolge die Spezifität des ›Terrors‹: Die Eskalation symbolisiert die Unerreichbarkeit (oder die phantasmatische Übermacht) des Feindes und funktioniert zugleich nach dem Prinzip der potentiell unendlichen Steigerung. Die Logik der Eskalation verfehlt prinzipiell ihr Ziel, und zwar strukturell im gleichen Maße, wie der Angriff auf ›Schuldige‹ – beides treibt auf die wahllose, massenhafte Ermordung von Menschen hin. Fuchs formuliert dies so: »Es eskaliert, also ist es Terror.«[20]

Die ›terroristische‹ Tat ist nicht das Ende der Kommunikation. Die systemtheoretische Konzeptualisierung des Terrors wechselt die Vorzeichen: Weil aus systemtheoretischer Sicht der Abbruch von Kommunikation auch durch eine ›terroristische‹ Tat schlichtweg nicht möglich ist, verschiebt sie den Blick auf den ›Terror‹ von der Tat zur kulturellen Codierung. Fuchs macht somit deutlich, dass man ›Terror‹ theoretisch nicht erklären kann, wenn man an Denkmustern festhält, die ihn als eine einzelne Tat begreifen, die von außen eine Gesellschaft angreift. Es ist nicht die Tat, die für Fuchs den ›Terror‹ ausmacht, es sind die kommunikativen Anschlüsse.

Wenn Fuchs davon spricht, dass ›Terror‹ letztlich immer nur die ›Seite der Unschuld, also Leute und Dinge, die gerade nicht *die* Gesellschaft sind‹ trifft, dann liegt die Frage nahe, *wer* sich die Gesellschaft eigentlich *wie* vorstellt. Wie kommt es, dass sich Individuen als eine ›Nation‹ oder ›Kultur‹ begreifen, die von einer Gewalttat ›gemeint‹ sein könnte? Diese Fragen rufen kulturwissenschaftliche Konzepte des politisch Imaginären auf.

---

19 Fuchs: Das System Terror, a.a.O., S. 66.

20 Fuchs: Das System Terror, a.a.O., S. 68.

Genau diese Schnittstelle von Systemtheorie und Kulturwissenschaft nimmt Albrecht Koschorke in den Blick. Ausgangspunkt seines Entwurfs einer »Kulturalisierung der Systemtheorie«[21] ist die Problematisierung der systemtheoretischen Setzung, derzufolge Systeme zu ihrer Umwelt »nur insoweit ein Verhältnis [haben], als sie sich von ihm *unterscheiden*«[22]. Die Systemtheorie setze das, was sie zu beschreiben beansprucht, immer schon voraus: die Ausdifferenzierung und Unterscheidbarkeit der abgeschlossenen Systeme. Aus kulturtheoretischer Perspektive, so Koschorke, gebe es einen Ort *zwischen* den Systemen, den man auch als den chaotischen Raum *vor* der Ausdifferenzierung einzelner Funktionssysteme beschreiben kann. An diesem Ort werden »die Zuständigkeitsgrenzen überhaupt erst gezogen, weil zwischen Ökonomie, Politik, Recht, Kunst usw. gleichsam die *terms of trade* ermittelt werden müssen und folglich systembezogene binäre Codierungen noch gar nicht verwendbar sind«[23]. Koschorke geht also davon aus, dass es eine Ressource gibt, aus der alle Systemrationalitäten schöpfen, um ihren ›Normalbetrieb‹ überhaupt erst zu schaffen und aufrechtzuerhalten. Diese Ressource ist die Kultur. Sie ist Koschorke zufolge semiologisch organisiert und dementsprechend fällt die Auseinandersetzung mit diesem Feld in den Zuständigkeitsbereich einer kulturwissenschaftlich orientierten Literaturwissenschaft. Jedes System habe seine »kulturellen Weichstellen«[24], die sich den Funktionsroutinen der Systemrationalitäten entziehen. Die kulturellen Weichstellen markieren gerade die »alltägliche[n] Grenzfälle, in denen die Funktionsroutinen lückenhaft werden und ausdrücklich oder stillschweigend eine Ressource in Anspruch nehmen, über die sie sich kaum Rechenschaft leisten: nämlich das soziale Imaginäre«[25].

Terroristische Aktionen stehen in Beziehung zum politisch Imaginären einer Gesellschaft, weil sie *innerhalb* dieser operieren und sich das Verunsicherungspotential und letztlich die Instabilität des politisch Imaginären zu Nutze machen; ihre Wirksamkeit entfalten sie, wenn die Gewalttat die imaginäre Dimension des Politischen sichtbar macht. Insofern erfordert das Phänomen ›Terror‹ eine kulturtheoretische Fundierung, die sich aus einer Ausweitung des Begriffs begründet. Eine solche Ausweitung sollte den Blick auf das komplexe Verhältnis von

21 Albrecht Koschorke: Codes und Narrative. Überlegungen zur Poetik der funktionalen Differenzierung. In: Walter Erhart (Hg.): Grenzen der Germanistik – Rephilologisierung oder Erweiterung? Stuttgart / Weimar: Metzler 2004, S. 174-185, hier: S. 179.

22 Koschorke: Codes und Narrative, a.a.O., S. 178.

23 Koschorke: Codes und Narrative, a.a.O., S. 178.

24 Koschorke: Codes und Narrative, a.a.O., S. 182.

25 Koschorke: Codes und Narrative, a.a.O., S. 183.

›Terror‹ und Staatsgewalt und die darin erkennbar werdenden Aporien politischer Souveränität richten.

2.1.2 Wechselnde Gewalten

Die Reflexion und Ausweitung des ›Terror‹-Begriffs lässt sich ausgehend von den Überlegungen des Historikers Rudolph Walther zum Verhältnis von ›Terror‹, Gewalt und politischer/rechtlicher Ordnung umreißen. In seinem Beitrag schreibt Walther über das Verhältnis von ›Terror‹ und politischer bzw. rechtlicher Ordnung folgendes: »Der Schein, daß Terror Gewalt in die Welt setzt, entsteht, wenn Gewaltpotentiale nur noch affirmativ gefaßt werden als ›Recht‹, ›Ordnung‹ oder ›Staat‹ und ihr Gewaltkern verleugnet oder übersehen wird.«[26] Diese kurze, aber präzise und deutliche Formulierung führt eine entscheidende Differenzierung in den Terror-Diskurs ein, indem sie betont, dass in politischen Ordnungen ›Terror‹ nicht die einzige Form der politischen Gewalt ist. ›Terror‹ ist demnach nicht der Einbruch von Gewalt in einen friedlichen Normalzustand, sondern eine Form der politischen Gewalt, die in einem von Gewaltpotentialen strukturierten Ordnungssystem ihren Ort hat. Es scheint nur so, dass mit dem ›Terror‹ die Gewalt in die Welt komme.

Was mit den Gewaltpotentialen gemeint ist, von denen Walther spricht, wird nicht zuletzt deutlich, wenn man sich die Ideen- und Begriffsgeschichte des ›Terrors‹ vergegenwärtigt: Der Begriff ist in der politischen Philosophie bis ins 19. Jahrhundert fast ausschließlich auf die Sphäre des Staates bezogen – in diesem Zusammenhang wurden ›terroristische‹ Handlungen als ›Regierungsmaxime‹ zur Gewährleistung staatlicher Stabilität legitimiert. Die Ausweitung des Begriffs auf Gewalthandlungen, die von nicht-staatlichen Akteuren ausgeübt werden, erfolgte im Zuge der Revolution von 1848; es handelt sich beim ›Terror‹ um einen Begriff, der gewissermaßen zwischen staatlicher und antistaatlicher Gewalt oszilliert, also eine Form der Gewaltausübung beschreibt, die sowohl zur Gewährleistung/Stabilisierung einer bestehenden politischen Ordnung als auch zur (Zer-)Störung einer solchen Ordnung angewendet werden kann.[27] Die politi-

26 Walther: Terrorismus. In: Geschichtliche Grundbegriffe. Historisches Lexikon zur politisch-sozialen Sprache in Deutschland, Band 6, hg. von Otto Brunner, Werner Conze, Reinhart Koselleck. Stuttgart: Klett-Cotta 1990, S. 323-444, hier: S. 323.

27 Das könnte mit ein Grund dafür sein, dass es eigentlich keinen terroristischen Anschlag gibt, der nicht Stoff für Verschwörungstheorien bietet – und zwar sowohl im Sinne einer Verschwörungstheorie, die von einer Verschwörung *gegen* die Ordnung ausgeht, als auch von Verschwörungstheorien, die die Ordnungsmacht/den Staat hinter Anschlägen vermuteten. Zu Verschwörungstheorien rund um die Anschläge vom

sche Ordnung und ihre Zerstörung sind über den ›Terror‹ auf grundlegende Weise miteinander verstrickt.[28]

Es ist im Anschluss an Walther plausibel, davon zu sprechen, dass die Wahrnehmung von politischer Gewalt als ›Terror‹ eine Verleugnung des Gewaltkerns der jeweils bestehenden politischen Ordnung mit sich bringt. Walthers griffiger Satz deutet an, dass die Grenzziehung zwischen Gewalt und ›Terror‹ im Raum des Politischen so einfach nicht ist – er provoziert zugleich die Frage, welche Effekte der Versuch einer Grenzziehung für die Vorstellungen von politischer Ordnung hat. Die oben formulierte These vom kulturellen Bedeutungsüberschuss des ›Terrors‹ lässt sich hier daher wieder aufgreifen: Akzentuiert man den aus einer historischen Perspektive formulierten Befund Walthers etwas anders, so lässt er sich kultur- bzw. souveränitätstheoretisch produktiv machen. Slavoj Žižek sieht eine der Grundlagen der politischen Kultur darin, dass ein gewaltsam strukturiertes und gewaltsam hervorgebrachtes Feld als nicht-gewaltsam gesetzt werde:

> […] when we perceive something as an act of violence, we measure it by a presupposed standard of what the ›normal‹ non-violent situation is – and the highest form of violence is the imposition of this standard with reference to which some events appear as ›violent‹. This is why language itself, the very medium of non-violence, of mutual recognition, involves unconditional violence.[29]

Žižek kommt zu diesem Schluss, nachdem er sich ausführlich mit einem Konzeptpapier der UNICEF auseinandergesetzt hat, in dem eine eindeutige Abgrenzung zwischen friedlicher Sprache und gewaltsamer Handlung gezogen wird.

11. September 2001: Michael Butter / Maurus Reinkowski (Hg.): Conspiracy Theories in the United States and the Middle East – A Comparative Approach. New York: de Gruyter 2014; Karsten Wind Meyhoff: Kontrafaktische Kartierungen. Verschwörungstheorien und der 11. September. In: Poppe / Schüller / Seiler (Hg.): 9/11 als kulturelle Zäsur, a.a.O., S. 61-79; Tobias Jaecker: Antisemitische Verschwörungstheorien nach dem 11. September. Neue Varianten eines alten Deutungsmusters. Münster: LIT Verlag 2004.

28 Jean-Paul Sartre hat im Zusammenhang mit dem Konzept der *fraternité* beschrieben, dass die politischen Modelle von Brüderlichkeit und Terror gleichen Ursprungs sind und dies auf den Begriff der *fraternité-terreur* gebracht. Ausführlich dazu: Albrecht Koschorke / Susanne Lüdemann / Thomas Frank / Ethel Matala de Mazza: Der fiktive Staat. Konstruktionen des politischen Körpers in der Geschichte Europas. Frankfurt am Main: Fischer 2007, S. 280 ff.

29 Slavoj Žižek: Violence. Six sideway reflections. New York: Picandor 2008, S. 64 f.

Sprache wird darin prinzipiell als eine gewaltfreie Form der Kommunikation begriffen. Žižek führt dagegen an, dass es eine symbolische Gewalt gebe, die in der Sprache angelegt sei, die von der Sprache verkörpert werde: »a more fundamental form of violence still that pertains to language as such, to its imposition of certain universe of meaning«[30].

›Terror‹ ist demnach nicht der Einbruch von Gewalt, ›Terror‹ ist der Einbruch von Gewalt in Gewalt. Von dieser kulturtheoretischen Systematisierung der Gewalt lässt sich der Bogen zu Jacques Derridas souveränitätstheoretisch ausgerichteten Lektüre von Walter Benjamins Essay *Zur Kritik der Gewalt* schlagen. Hier wird die Gewalt als integraler Bestandteil des Rechts skizziert. Derridas Benjamin-Lektüre kreist aus einer dekonstruktivistischen Perspektive um die Aporien der staatlichen Souveränität und die Frage, woher eine Ordnung ihre *Gesetzeskraft* bezieht. Zentral ist dabei das Verhältnis von Gewalt und Recht, das Derrida entlang der englischen Formulierung *to enforce the law* entwickelt:

> Die Anwendbarkeit, die ›enforceability‹ ist keine äußere oder sekundäre Möglichkeit, die zusätzlich, als Supplement zu dem Recht hinzukommen mag. Sie ist die Gewalt, die wesentlich in dem Begriff der *Gerechtigkeit als Recht* inbegriffen ist […]. Das Wort ›enforceability‹ erinnert daran, daß es kein Recht gibt, das nicht *in sich selbst, a priori, in der analytischen Struktur seines Begriffs die Möglichkeit einschließt*, ›enforced‹, also mit oder aufgrund von Gewalt angewendet zu werden. Sicherlich gibt es Gesetze, die nicht angewendet werden, es gibt aber kein Gesetz ohne Anwendbarkeit und keine Anwendbarkeit oder ›enforceability‹ des Gesetzes ohne Gewalt – mag diese Gewalt unmittelbare Gewalt sein oder nicht, mag sie physische oder symbolische, äußere oder innere, zwingende oder regulative Gewalt sein, brutal oder auf subtile Weise diskursiv und hermeneutisch usw.[31]

Die Dimension des Rechts ist also an die Möglichkeit der Ausübung von Macht/Gewalt gebunden, um sich *zu erhalten*.

Ein zweiter, daran anschließender Aspekt von Derridas Überlegungen stellt die Frage nach den Fundamenten der Souveränität – wie ist diese Souveränität, die das Gesetz in Kraft setzt, in die Position gekommen, über diese Macht, Autorität und Gewalt zu verfügen? Derrida zufolge kann der Akt der Rechtsbegründung (das, was Benjamin die »rechtssetzende Gewalt« nennt) sich nie im Rahmen einer bestehenden legalen Ordnung vollziehen.

---

30 Žižek: Violence, a.a.O., S. 2.

31 Jacques Derrida: Gesetzeskraft. Der ›mystische Grund der Autorität‹. Frankfurt am Main: Suhrkamp 1991, S. 12. (Hervorhebung im Original)

> Das Moment ihrer Stiftung [der Gerechtigkeit als Recht, J.B.] oder ihrer Institutionalisierung […], das Vorgehen, das das Recht stiftet, (be)gründet, eröffnet, rechtfertigt, das das Gesetz diktiert, wäre […] eine Gewalt, die ihrer eigenen Definition gemäß von keiner vorgängigen Justiz, von keinem vorgängigen Recht, von keinem im Vorhinein stiftenden Recht, von keiner bereits bestehenden Stiftung oder Gründung verbürgt, in Abrede gestellt oder für ungültig erklärt werden könnte.[32]

Diese Feststellung lässt sich mit Walthers Befund verkoppeln. Derrida macht klar, dass jede staatliche Gewalt, die in Walthers Diktion den Status des scheinbaren Friedens erreicht hat, sich nur aus einem ›terroristischen‹ Akt gegen eine zuvor bestehende Ordnung begründet. Die bestehende/legitimierte staatliche Gewalt trägt immer Spuren des ›Terrors‹ in sich.

Derrida gibt dieser Denkfigur nun noch einen weiteren Dreh, der für eine Kulturtheorie und Sichtbarmachung des ›Terrors‹ in der erhaltenden Gewalt wichtig ist: Er setzt dabei an der Trennung von rechtsetzender und rechtserhaltender Gewalt an. Derrida zufolge sind beide nur invertiert denkbar, da im gewaltsamen Akt der Gründung dessen Iterabilität als rechtserhaltende Gewalt bereits angelegt sei. Insofern gebe es nur die selbst*erhaltende* Wiederholung/Wiederholbarkeit der *setzenden* Gewalt. Setzende und erhaltende Gewalt stehen Derrida zufolge in einem Verhältnis der »*differantiellen Kontamination*«[33] zueinander. Die setzende Gewalt trägt als wiederholbare *a priori* die Spuren der erhaltenden Gewalt; das heißt auch, dass die erhaltende in einem Bedingungsverhältnis zur setzenden Gewalt steht. Ihr Ineinander ist, folgt man Derrida, konstitutiv für jedes Rechts- und Souveränitätsverhältnis. Daraus folgt: ›Terroristische‹ Zerstörungsgewalt trägt immer schon Spuren einer beständigen, staatlichen Gewalt in sich. Das ist die Konsequenz aus Derridas dekonstruktivem Blick auf das Verhältnis von rechtssetzender und rechtserhaltender Gewalt.

2.1.3 Vor dem Gesetz: die (Un-)Lesbarkeit des Terrors

Das bis hierhin entworfene Wechselspiel provoziert die im Zusammenhang mit Münklers und Fuchs' Überlegungen bereits aufgeworfene Frage, wie die Gewalten im Rahmen bestehender Ordnungen gelesen und gedeutet werden. In Anlehnung an die Terminologie Jacques Lacans spricht Derrida davon, dass die Lesbarkeit bzw. die Unlesbarkeit einer Gewalt mit dem zusammenhängt, »was andere die symbolische Ordnung des Rechts nennen würden«[34].

32 Derrida: Gesetzeskraft, a.a.O., S. 28.

33 Derrida: Gesetzeskraft, a.a.O., S. 84.

34 Derrida: Gesetzeskraft, a.a.O., S. 80.

Die Anspielung auf Lacans symbolische Ordnung ist im Hinblick auf die Frage der Lesbarkeit von Gewalt durchaus aufschlussreich: Über die symbolische Ordnung konstituiert sich ja erst das, was innerhalb der gesellschaftlichen Realität überhaupt lesbar und sinnhaft artikulierbar ist, die symbolische Ordnung kommt einem »Vertrag« gleich, in dem die »Sprache als Gesetz« fungiert.[35] Die Verklammerung von Sprache und Gesetz bedeutet für jede zeichenhafte Artikulation, dass sie nicht nur einen Inhalt ausdrückt, sondern immer zugleich die Art und Weise, in der sich die Äußerung auf den Inhalt und, untrennbar damit verbunden, auf die symbolische Ordnung bezieht.[36]

In symbolischen Ordnungen sind beim Erscheinen von Gewalt zwei Deutungen möglich. Die erste deutet die Zeichen der Gewalt als Verbrechen, die zweite als ›terroristische‹ Gewalt. Die verbrecherische Gewalt ist innerhalb der symbolischen Ordnung immer lesbar, und zwar als eine (begrenzte) Übertretung des herrschenden Gesetzes als Störung. Das gilt Derrida zufolge selbst für das organisierte Verbrechen, die Mafia oder den internationalen Drogenhandel, deren Gewaltakte im Rahmen der symbolischen Ordnung des Gesetzes nur eine partikulare Rechtsverletzung darstellen, die die symbolische Ordnung nicht grundsätzlich in Frage stellen.[37] Eine symbolische Ordnung muss sich vor dieser Störung nicht fürchten, kann sich mit ihr mitunter sogar gut arrangieren.

Ganz anders verhält es sich mit einer Gewalt, die als begründende fungiert und damit das Gesetz nicht partikular, sondern fundamental überschreitet: die sich in den Parametern des Bestehenden nicht begreifen lässt, weil sie zum einen als eine verdrängte Gewalt fungiert und zum zweiten ihre Legitimität aus einer noch zu installierenden Rechtsordnung bezieht. Da es keine Unterscheidung zwischen einem friedlichen Innen und einem gewalttätigen Äußeren mehr gibt, sondern beide von Spuren der Gewalt gezeichnet sind, behauptet Derrida im Hinblick auf die begründende Gewalt zurecht: »Sie ist eine Anomalie *im Inneren* der Rechtsverhältnisse, mit denen sie zu brechen scheint. Der Abbruch der Beziehungen stellt hier die Beziehung dar. Der Übertritt steht weiterhin vor dem Gesetz.«[38]

Dass der Übertritt weiterhin ›vor dem Gesetz‹ steht, verleiht ihm jenen Doppelcharakter, der ihn unlesbar macht. Vor dem Gesetz bedeutet zum einen, dass die Gewalt ›vor‹ dem Gesetz der geltenden Rechtsordnung steht, zur Verhandlung gebracht wird, diese Rechtsordnung aber eben nicht in der Lage ist, die

35 Jacques Lacan: Schriften 1. Weinheim / Berlin: Quadriga 1991, S. 112.

36 Vgl. dazu auch: Slavoj Žižek: Lacan. Eine Einführung. Frankfurt am Main: Fischer 2008, S. 27 ff.

37 Vgl. Derrida: Gesetzeskraft, a.a.O., S. 76.

38 Derrida: Gesetzeskraft, a.a.O., S. 85.

Gewalt, die ›vor‹ ihr erscheint, zu lesen. Diese Gewalt ist der blinde Fleck der Rechtsordnung, der ihre Fähigkeit zu lesen erst konstituiert. Diese Unlesbarkeit rührt von dem zweiten Aspekt der Formulierung ›vor dem Gesetz‹: Die ›rechtssetzende‹ Gewalt steht nämlich noch ›vor‹ ihrem eigenen Gesetz, also ›vor dem Gesetz‹, das als Kommendes in ihr angelegt ist, aus dessen Realisierung sie aber erst ihre Lesbarkeit beziehen könnte.

Dass die rechtsetzende Gewalt in diesem doppelten Sinne ›vor dem Gesetz‹ steht, macht es umso schwieriger, ein Verhältnis zu der Gewalt herzustellen, die als begründende auftritt. Einerseits lässt sie sich als das ›Andere‹ der politischen Ordnung verwerfen und diskursiv ausschließen, weil sie über keinerlei rechtliche oder politische Legitimation verfügt. Andererseits kann sie aber nicht wie eine Gesetzesverletzung geahndet werden; sie ist – als eine Gewalt, die in dem Moment, in dem sie auftritt, das bestehende Recht nicht anerkennt, sondern auf eine andere erhaltende Gewalt vorgreift, gleichzeitig aber die dem Bestehenden inhärente Aporie reproduziert – nicht entzifferbar, nicht lesbar.[39] Diese Unlesbarkeit einer jeden begründenden Gewalt erzeugt die *Affekte der Furcht und des Schreckens*; sie erzeugt *Terror*.

Alle revolutionären Situationen [...] rechtfertigen die Gewaltanwendung, indem sie sich auf die Einrichtung eines neuen Rechts berufen, die gerade stattfindet oder die noch aussteht. [...] Alle Staaten werden in einer Situation gegründet, die man in dem angeführten Sinne revolutionär nennen kann. Die Staatsgründung markiert das Aufkommen eines neuen Rechts, sie tut es immer unter Anwendung von Gewalt. Immer: selbst dann, wenn sich nicht jene spektakulären Völkermorde, Ausstöße, Ausweisungen, Deportationen ereignen, die häufig die Gründung von Staaten begleiten. [...] Diese Augenblicke (vorausgesetzt, man kann sie absondern und für sich betrachten) versetzen uns in Schrecken. Sicherlich aufgrund des Leidens, der Verbrechen, der Foltern, mit denen sie fast immer einhergehen, aber auch, weil sie in sich selbst, *weil sie in ihren gewaltsamen Zügen sich nicht deuten oder entziffern lassen.*[40]

---

39 Im Zusammenhang mit dieser Überlegung wird die Distanz Derridas zum Lacan'schen Vokabular plausibel. Bliebe man in dessen Rastern, dann wäre auch die begründende Gewalt restlos in die symbolische Ordnung verfangen und auf diese Weise auch lesbar (der Titel eines Textes von Slavoj Žižek bringt diese Denkfigur präzise auf den Punkt: *Resistance is Surrender.* In: London Review of Books, Vol. 29, Nr. 22, 15. November 2007. Abrufbar unter: http://www.lrb.co.uk/v29/n22/slavoj-zizek/resistance-is-surrender, zuletzt abgerufen am 9. Februar 2016.

40 Derrida: Gesetzeskraft, a.a.O., S. 76 ff. (Hervorhebung von mir.) Auch der *war on terror* mit seiner Titulierung von Staaten als *Schurkenstaaten*, in denen militärisch ein *regime change* erzwungen werden müsse, kann demnach nicht als ein Kampf zwi-

Die begründende Gewalttat erzeugt demnach wegen ihrer Unlesbarkeit die Terror-Affekte *Furcht und Schrecken* – allerdings resultiert diese Unlesbarkeit nur aus der Lesbarkeit anderer Gewaltformen innerhalb des hermeneutischen Rahmens der bestehenden Rechtsordnung.

Jeder Ordnung liegt also ein Gewaltakt zugrunde, der in seiner Gegenwart aber nicht entzifferbar ist, weil die Realisierung seines Sinns in die Zukunft aufgeschoben ist. Das souveränitätstheoretische Bedingungsverhältnis von Gewalt und Recht ist also von einer Bewegung analog der *différance* strukturiert. Die entzogene/aufgeschobene Gegenwärtigkeit kann nicht einfach als eine *Verzögerung* des Gegenwärtig-Seins der Gegenwärtigkeit gedacht werden, so, als würde sich die Bedeutung irgendwann vollständig und ohne Verlust realisieren, sondern als *Spur*, »die nie anweste und nie anwesen wird, deren ›An-kunft‹ nie die Produktion oder Reproduktion in der Form der Anwesenheit sein wird«[41]. Szenen der Staatsgründung sind keine historisch konkreten Daten, die sich vollständig erschließen ließen; sie werden erst nachträglich zur Urszene, sind also immer schon durchstrichen und niemals selbstpräsent gewesen.[42] Als Spur zeitigen sie aber permanent *Effekte*. Die nachträgliche Legitimation, das nachträgliche, prekäre Verstehen der Gründungsgewalt wird die unverstandenen Dimensionen nicht bannen können; sie sind es, die als Spur der unverstandenen Gründungs-

schen zwei Antipoden, Demokratie und Schurkenstaaten, betrachtet werden, vielmehr sind die vermeintlichen Gegenspieler analog strukturiert; diejenigen Staaten, die den *war on terror* führen, unterlaufen, so Derrida, die ›reine‹ Idee der Demokratie in deren Namen sie kämpfen, und handeln aus souveränitätstheoretischer Perspektive selbst ›schurkisch‹, indem sie eine Politik der »Autoimmunisierung«, also der Abschaffung demokratischer Prinzipien zur Aufrechterhaltung der Demokratie begründen. Jacques Derrida: Schurken. Zwei Essays über die Vernunft. Frankfurt am Main: Suhrkamp 2003, S. 57. Später heißt es: »Um wirksam zu werden, um einem Recht zur Verwirklichung zu verhelfen, das ihrer Idee Geltung verschafft, um also zu einer wirklichen Macht zu werden, verlangt die Demokratie die *kratie* eines *demos*, in diesem Fall eines *demos* im Weltmaßstab. Sie erfordert demnach eine Souveränität, und das heißt: eine Macht, die stärker ist als alle anderen Mächte auf der Welt. Wenn nun aber die Schaffung dieser Macht tatsächlich und grundsätzlich dazu dient, die weltweite Demokratie zu repräsentieren und zu schützen, übt sie faktischbereits Verrat an ihr und bedroht sie, indem sie sich [...] stumm und heimlich gegen jene immunisiert.« (S. 141)

41 Derrida: Die *différance*, a.a.O., S. 46.

42 Derrida formuliert es so: »Dieser Augenblick ereignet sich stets und ereignet sich nie in einer Gegenwart.« Derrida: Gesetzeskraft, a.a.O., S. 78; vgl. auch: Žižek: Liebe dein Symptom, a.a.O., S. 128 f.

gewalt jede Gegenwart politischer Ordnung durchziehen. Das hat einen weitreichenden Effekt, wird doch die Bewegung der *différance* dadurch zu einem politischen Faktor: Die politische Ordnung zielt darauf ab, die Bewegung der *différance* stillzustellen; *zugleich* destabilisiert die *différance* die politische Ordnung – die politische Ordnung wird semiotisiert.

Auf diese Weise entsteht innerhalb des semiotisch organisierten Feldes des Politischen ein Widerstreit zwischen Setzung und Subversion des Sinns – ein Widerstreit, den Derrida in einem weiter gesetzten Rahmen in den Wirkungsbereich der Bedrohung und der Furcht einrückt: »So wird sie [die *différance*, J.B.] *offensichtlich bedrohlich*, und all das muß sie *unvermeidlich fürchten*, was in uns das Reich, die vergangene oder künftige Gegenwart eines Reiches wünscht.«[43] Es ist eine Bedrohung in zwei Richtungen: Der Wunsch nach einer selbstpräsenten Ordnung muss das Wirken der *différance* fürchten. Zugleich muss die *différance* aber auch diesen Wunsch, der ein Angriff auf sie darstellt, fürchten. Furcht und Bedrohung sind hier die Stichwörter: Die Affekte, die mit ›Terror‹ verbunden sind, werden also durch die Spur der zugleich anwesenden und abwesenden Gründungsgewalt erzeugt, und zwar gerade dann, wenn Gewalttaten die Anwesenheit dieser Spur aufrufen.

Im Angesicht des ›Terrors‹ müssen politische Ordnungen auf die Spuren ihrer Gründungsgewalt hin befragt werden, denn sie ordnen/›befrieden‹ ja nicht einen ungeordneten, gewalttätigen (und ohnehin immer fiktiven) Naturzustand, sondern müssen sich zuallererst selber mittels Gewalt ins Recht setzen. Diese Wechselbewegung zwischen grund-loser, unverstandener, schrecklicher Gewaltausübung und nachträglicher Legitimität ist nicht zu unterschätzen: Denn die politische Ordnung wird durch einen Akt der bedingungs- und kompromisslosen Gewaltausübung installiert, von der der spätere Souverän dann nichts mehr wissen will. Mehr noch: die der spätere Souverän nicht mehr erinnert, weil er sie auch nicht rechtlich ahnden kann. So schreibt Albrecht Koschorke, dass sich der Souverän konstituiert, »indem er sozusagen über die Schwelle der Indifferenz zwischen Räubergewalt und Staatsgewalt tritt. Sobald er dies tut, ›vergisst‹ er, dass er auch einmal Räuber, nämlich Usurpator der Macht, war.«[44]

Der Akt des Vergessens ist hier von Bedeutung, deutet er doch bereits darauf hin, dass sich ›Terror‹ auch über eine erinnerungskulturelle Dimension konstitu-

43 Derrida: Die *différance*, a.a.O., S. 47. (Hervorhebungen von mir)

44 Albrecht Koschorke: Staaten und ihre Feinde. Ein Versuch über das Imaginäre der Politik. In: Jörg Huber: Einbildungen. Wien / New York: Springer 2005, S. 93-115, hier: S. 112 [= Interventionen 14]; vgl. in diesem Zusammenhang auch Paul Ricœur: Critique and Conviction. Conversations with François Azouvi and Marc de Launay. London: Politiy Press 1998, S. 97 ff.

iert: Im Zusammenhang mit dem ›Terror‹ wird die *vergessene* Gründungsgewalt (im demokratischen Deutungsrahmen) dem ›Terror‹ als dem Anderen der demokratischen Ordnung zugeschrieben und dadurch externalisiert.[45] Die nicht-demokratische Gewalt, die der Demokratie unterlegt ist, wird auf diese Weise *verdrängt*.[46]

2.1.4 Vertraute und verdrängte Gewalt

Hängen die unverstandenen, furchteinflößenden und unheimlichen Dimensionen des ›Terrors‹ und die Verdrängung der ›eigenen‹ Gründungsgewalt miteinander zusammen? *Erinnert* der ›Terror‹ an die verdrängte Gewalt, die der legalen Ordnung zu Grunde liegt? Wird politische Gewalt gerade dann zu ›Terror‹, wenn sie diese Verdrängung aufruft?

Wenn im politischen Diskurs die Spuren der Gründungsgewalt geleugnet werden, kommt es zu folgenreichen Fehllektüren. Alain Badiou hat darauf aufmerksam gemacht, welche Konsequenzen schon marginal erscheinende Verschiebungen wie die vom Adjektiv ›terroristisch‹ zum Substantiv ›Terrorismus‹ in diesem Diskurs haben: Badiou zufolge findet darin eine Verschiebung von der Charakterisierung einer Gewalttat hin zur (vermeintlichen) Substanz statt. »Ein Moment, in dem drei Effekte möglich wurden: ein Subjektseffekt (dem ›Terrorismus‹ steht ein ›wir‹ gegenüber, das Rache nimmt), ein Alteritätseffekt (dieser Terrorismus ist das Andere der Zivilisation, der ›islamistische‹ Barbar) und schließlich ein Periodisierungseffekt (es beginnt der lange ›Krieg gegen den Terrorismus‹).«[47] Diese Fehllektüren sind in ihrer sprachpolitischen Wirkung so folgenreich, weil sie genau in jenem sprachlichen Feld stattfinden, in dem Žižek die (gewaltsame) Setzung eines angeblich gewaltfreien Normalzustands (hier: eines nicht-terroristischen, friedliebenden ›Wir‹) sieht.

Drei jeweils unterschiedlich akzentuierte Beispiele können verdeutlichen, welche fatalen Auswirkungen diese Verschiebungen haben, welch exzessives

---

45 In diesem Zusammenhang ist es eine Fußnote wert, dass Giorgio Agamben zufolge die Theorie des Ausnahmezustandes aus der demokratischen Staatstheorie stammt, und nicht aus der absolutistischen. Giorgio Agamben: Ausnahmezustand. Frankfurt am Main: Suhrkamp 2004, S. 12.

46 Zur Verdrängung und der Wiederkehr des Verdrängten als *einer* Bewegung: Slavoj Žižek: Liebe dein Symptom wie dich selbst! Jacques Lacans Psychoanalyse und die Medien. Berlin: Merve 1991, S. 30 ff.

47 Alain Badiou: Philosophische Überlegungen zu einigen jüngsten Ereignissen. In: Dirk Baecker / Peter Krieg / Fritz B. Simon (Hg.): Terror im System. Der 11. September und die Folgen. Heidelberg: Carl-Auer-Systeme Verlag 2002, S. 61 - 81, hier: S. 66.

Gewaltpotential im vermeintlich friedlichen, nicht-terroristischen Normalzustand steckt. Dieses wird ›wie durch Zauberhand‹ im Angesicht von ›terroristischen‹ Gewaltakten geweckt und artikuliert sich als Wiederkehr des Verdrängten maßgeblich über Phantasien. Am 11. September 2001 wurde auf CNN immer wieder eine Passantin eingeblendet, die folgende Worte äußerte: »Whatever we have to do to eradicate the country or the world of this- of this vermin, I just hope Bush will do whatever is necessary to get rid of them.«[48] In den in dieser Äußerung vorgetragenen Reinigungsphantasmen (egal welche Mittel, Hauptsache, die Welt werde von diesen Parasiten gereinigt) artikuliert sich symptomatisch eine Gewalt- und Reinigungsphantasie, die auf den Raum ›vor dem Gesetz‹ verweist. Folgt man der Linguistin Sandra Silberstein, dann ist es kein Zufall, dass die Worte der Zeugin nicht im Medienaufruhr des 11. September untergingen, sondern als Bindeglied zwischen den Affekten der Betroffenen und den ›dokumentarischen‹ Bildern der Flugzeuge, die in die Twin Towers rasten, fungierten. Silberstein hat akribisch herausgearbeitet, wie diese Zeugenaussage unmittelbar nach den Anschlägen zu einem die Bilder ergänzenden »voice over« arrangiert wurde und damit die Funktion erlangte, »to conform to the entertainment conventions of documentaries«[49]. Und so sei im vermeintlich objektiven Nachrichtenbeitrag die auf ›9/11‹ folgende Zuspitzung des *War on Terror* bereits präfiguriert.[50] Der *War on Terror* ist das Stichwort für das zweite Beispiel für ›vor dem Gesetz‹: Im Januar 2002 begann die US-Regierung, den Marinestützpunkt Guantánamo auf Kuba um ein Gefangenenlager zu erweitern. Das besondere an dem Häftlingslager ist, dass dort sogenannte »ungesetzliche Kombattanten« inhaftiert werden. Die Gefangenen haben demnach keinen Status als Kriegsgefangene, die damit verbundenen Rechte bleiben ihnen verwehrt. Obwohl der Oberste Gerichtshof der USA im Juni 2006 urteilte, dass die Militärtribunale in Guantánamo rechtswidrig seien und gegen die Genfer Konvention, das US-Militärrecht und die amerikanische Verfassung verstießen, wird das Lager bis heute aufrecht erhalten.

48 Zitiert nach: Sandra Silberstein: War of Words. Language, Politics and 9/11. London, New York: Routledge 2004, S. 61.

49 Silberstein: War of Words, a.a.O., S. 71.

50 Auf eine andere ebenso symptomatische Form der Medialisierung der Anschläge weist Klaus Theweleit hin. CNN zeigte bereits wenige Tage nach dem Einsturz des World Trade Center eine Art Videoclip, in dem die Bilder der Anschläge mit dem Song ›New York‹ der Band U2 unterlegt waren. Auch daran, so Theweleit, lasse sich die »Ambivalenz der Kamerablicke Amerikas« ablesen, »die das Ereignis verurteilten und zugleich aussaugten«. Klaus Theweleit: Der Knall, a.a.O., S. 133 und 154.

Die Fotografien, die aus einem anderen Gefängnis stammen, stellen schließlich das dritte Beispiel dar: 2004 und 2006 wurden von der US-amerikanischen Presse Aufnahmen veröffentlicht, die zeigen, wie Häftlinge in Abu Ghraib von US-Soldaten gefoltert und auf eine meist in hohem Maße sexualisierte Art und Weise gedemütigt wurden. Insbesondere das Bild des sogenannten ›Kapuzenmannes‹ ist zu einer Ikone des ›Krieg gegen den Terror‹ geworden. W. J. T. Mitchell geht in seiner Studie *Das Klonen und der Terror* unter anderem der Frage nach, warum ausgerechnet diese Aufnahme zum Bild »einer ganzen Epoche« wurde – seine Antwort: Sie zeichne sich durch »etwas zutiefst Archaisches und auf unheimliche Weise Vertrautes«[51] aus. Dieses auf unheimliche Weise Vertraute komme zustande, weil das Bild das »gesamte Repertoire der Ikonographie des Leidens Christi«[52] aufrufe. Der ›Kapuzenmann‹ produziere eine Gemengelage, in der sich der mit christlichen Denkmustern begründete und auf einen demokratisierenden ›regime change‹ abzielende *War on Terror* mit Folterbildern verbinde, in denen just diejenigen Soldaten, die diesen *War on Terror* im Namen der Zivilisation und Demokratie führen, fürchterliche Folterungen begehen und sich damit brüsten, indem sie trophäenartige Fotografien davon anfertigen.

Mitchell weist auf eine weitere ikonografische Assoziation hin, die für den hier diskutierten Zusammenhang besonders wichtig ist: Die schwarze Kapuze und der schwarze Umhang erinnerten auch an »die unheimliche Ähnlichkeit zwischen Figuren des Folterers oder Henkers und des Opfers«[53] – also an jenen ambivalenten Umschlagpunkt zwischen staatlicher und ›terroristischer‹ Gewalt, den ich oben souveränitätstheoretisch diskutiert habe.

›Terror‹ sollte auch als eine Erinnerungsfigur begriffen werden, eine Erinnerungsfigur, welche die Affekte von Furcht und Schrecken erregt, weil sie auf *unheimliche* Weise das verdrängte Eigene aufruft. »Kein Zweifel« besteht für Sigmund Freud daran, dass die affektiven Dimensionen des »Schreckhaften, Angst- und Grauenerregenden« in Beziehung zum Unheimlichen stehen.[54] Über diese offensichtliche Beziehung hinaus schreibt er dem Unheimlichen jedoch eine besondere Qualität zu: Das Unheimliche ist »jene Art des Schreckhaften, welche auf das Altbekannte, Längstvertraute zurückgeht«[55]. Das *Heimliche* ist mit zwei

51 W. J. T. Mitchell: Das Klonen und der Terror. Der Krieg der Bilder seit 9/11. Frankfurt am Main: Suhrkamp 2011, S. 162.

52 Mitchell: Das Klonen und der Terror, a.a.O., S. 167.

53 Mitchell: Das Klonen und der Terror, a.a.O., S. 168.

54 Sigmund Freud: Das Unheimliche. In: ders.: Studienausgabe, Band IV, hg. von Alexander Mitscherlich u.a. Frankfurt am Main: Fischer 1982, S. 241-274, hier: S. 243.

55 Freud: Das Unheimliche, a.a.O., S. 244.

Bedeutungsdimensionen verbunden: dem Heimeligen, Vertrauten, Heimischen und dem Geheimnisvollen, Versteckten, Verborgengehaltenen. Wichtig für Freuds Überlegungen zum Unheimlichen ist, dass er diese semantische Ambivalenz nicht in eine Richtung auflöst, sondern sie vielmehr für seine Konzeptualisierung produktiv macht, indem er feststellt, dass das Wort *heimlich* »endlich mit seinem Gegensatz unheimlich zusammenfällt«[56]. Was zunächst merkwürdig anmutet – heimlich und unheimlich verschmelzen miteinander –, plausibilisiert Freud, indem er die Verwandlung des Vertrauten ins Unheimliche mit dem Prozess der Verdrängung und der Wiederkehr des Verdrängten in Beziehung setzt, »denn dies Unheimliche ist wirklich nichts Neues oder Fremdes, sondern etwas dem Seelenleben von alters her Vertrautes, das ihm nur durch den Prozess der Verdrängung entfremdet worden ist«. Weiter heißt es: Das Unheimliche, Schrecken- und Grauenerregende verweise auf etwas, »was im Verborgenen hätte bleiben sollen und hervorgetreten ist«[57]. Die Vorsilbe *un* sei »die Marke der Verdrängung«[58]. Im Anschluss an dieses Verdikt kann man ›Terror‹ nicht nur als souveränitätstheoretisches, sondern auch als gedächtnistheoretisches Phänomen begreifen; dies bedeutet zweierlei: Erstens muss ›Terror‹ – neben all seinen sozio-politischen Dimensionen – mit dem Imaginären der Politik, mit kollektiven Phantasmen des Politischen verknüpft werden, zweitens muss beachtet werden, dass sich dieses Imaginäre – und damit verknüpft ja auch das schreckenerregende Unheimliche – in unterschiedlichen kulturellen und historischen Kontexten auch unterschiedlich ausbuchstabiert, mit unterschiedlichen Vorstellungs*inhalten* verknüpft ist; es muss demnach historisch, politisch und kulturell kontextualisiert werden. ›Terror‹, so kann man festhalten, ist immer *homegrown*.

2.2 Das Unlesbare verhandeln: Zäsur, Ereignis, Zeugenschaft, Trauma

Im vorangegangenen Abschnitt habe ich herausgearbeitet, dass ›Terror‹ als ein Phänomen der Unlesbarkeit verstanden werden kann. ›Terror‹ bezeichnet eine Gewalttat, die zum einen zwar immer ins Leere geht, die im gleichen Moment jedoch auf das aporetische Verhältnis der angegriffenen Gesellschaft zu ihrer eigenen Gründungsgewalt, mit anderen Worten: auf die Leerstelle der Politik verweist. ›Terroristische‹ Gewalttaten erzeugen daher eine grundlegende Verstö-

56 Freud: Das Unheimliche, a.a.O., S. 250.

57 Freud: Das Unheimliche, a.a.O., S. 264.

58 Freud: Das Unheimliche, a.a.O., S. 267.

rung, weshalb sie in einem anderen diskursiven Raster verhandelt werden als etwa kriminelle Gewalttaten.

In diesem Abschnitt werde ich den Blick auf vier fundamentale Kategorien richten, in denen die ›terroristische‹ Gewalt von ›9/11‹ lesbar gemacht wurde: ›Ereignis‹, ›Zäsur‹, ›Zeugenschaft‹ und ›Trauma‹. Diese vier Deutungsmuster spielen eine zentrale Rolle sowohl im öffentlichen politischen und kulturellen Diskurs nach ›9/11‹ als auch in den literaturwissenschaftlichen Arbeiten, die sich mit literarischen Texten zu ›9/11‹ befassen.[59] Zunächst erscheinen sie als eingeübte, verfügbare Deutungsmuster: Über die (routinierte) Wiederholung konstituiert sich eine Vorstellung des ›Terrors‹.

Die Besonderheit dieser Deutungsmuster besteht nun aber darin, dass sie es erlauben, das Phänomen der Unlesbarkeit paradoxal zu verhandeln. Sie reagieren einerseits auf eine tatsächliche Verstörung – auf die Konfrontation mit einer Gewalt, die unverstanden bleibt, zu der jedoch ein Verhältnis gewonnen werden muss –, und zielen zugleich darauf ab, eine schlüssige Narration wiederherzustellen. Diese Deutungsmuster stellen also einen Referenzrahmen zur Verfügung, um die (Zer-)Störung verfügbarer Referenzrahmen begreifbar zu machen – ihnen ist somit eine Paradoxie eingeschrieben: denn sie bezeugen ja gerade die Störung von Referenzrahmen, müssen diese Störung also lesbar halten, um sie nicht zu verleugnen.

›Ereignis‹, ›Zäsur‹, ›Zeugenschaft‹ und ›Trauma‹ arbeiten *mit* der Unlesbarkeit *gegen* die Unlesbarkeit – sie bleiben damit immer in einem aporetischen Verhältnis zum Phänomen der Unlesbarkeit, verhandeln das, was sie lesbar machen, also zugleich auch immer im Register des Unlesbaren. Daraus begründet sich ihre Komplexität und genau deshalb verspricht die Auseinandersetzung mit ihnen einen besonderen Erkenntnisgewinn. Die folgende Skizze der Deutungsmuster ›Zäsur‹, ›Ereignis‹, ›Trauma‹ und ›Zeugenschaft‹ nimmt ihren Ausgangsunkt bei diesem aporetischen Verhältnis von Unlesbarkeit und Lesbarkeit.

2.2.1 Zäsur

Als Denkmuster des Einschnitts eignet sich die ›Zäsur‹ zur Deutung eines ›terroristischen‹ Akts: Das Denkmuster der ›Zäsur‹ konstituiert den Nullpunkt, den *Ground Zero*, an dem die Anschläge vom 11. September 2001 den Ablauf der

59 Ich nehme demnach den inzwischen etablierten Diskurs in den Blick. Für folgende Studien wäre eine Ausweitung der Deutungsmuster denkbar und zu diskutieren, ob ›Terror‹ auch im Register des ›Erhabenen‹, der ›Unschärfe‹ und der ›Authentizität‹ lesbar wäre.

Zeit in ein Vorher und ein Nachher zerschneiden und sie ein aus dem zeitlichen Kontinuum ausgegrenzter Punkt werden, der als ein politischer und kultureller Paradigmenwechsel gedeutet werden kann.[60]

Wer aber einen Paradigmenwechsel, eine ›Zäsur‹, postulieren kann, hat (weiterhin) die Deutungsmacht über die Geschichte. Die Lücke zwischen Vorher und Nachher muss zwar narrativ ausgefüllt werden, um über den Bruch des Kontinuums hinwegzukommen – wer dabei von einer ›Zäsur‹ sprechen kann, behauptet und beweist letztlich jedoch seine diskursive Hoheit. Die so eng mit den Anschlägen vom 11. September 2001 verbundenen Formulierungen stehen beispielhaft dafür: In den Sätzen ›Nichts wird mehr so sein wie zuvor‹, ›Alles wird anders‹, ›Der Tag, der die Welt veränderte‹ wird schon durch die Sprecherposition deutlich, dass sich in der Postulierung einer ›Zäsur‹ eine Form der Deutungshoheit artikuliert, die durchaus beansprucht, global zu gelten (und die mit der entsprechenden politischen/militärischen Macht diesem Geltungsanspruch Nachdruck verleiht: ›Achse des Bösen‹, ›regime change‹, Guantánamo). Martin Sabrow leitet aus diesem Zusammenhang den Begriff der orthodoxen ›Zäsur‹ ab:

> Trotz seiner verheerenden Gewalt und seiner weitreichenden politischen Wirkung stellt ›9/11‹ insofern eine orthodoxe Zäsur dar, als sie die Basisnormen und -vorstellungen unserer Zeit eher bestätigt als in Frage stellt. Anders als ›1989‹ schuf er keine neuen Sichtachsen und Denkhorizonte, sondern bestätigte bereits vorher bekannte.[61]

Ob Sabrows Definition von ›9/11‹ als einer orthodoxen ›Zäsur‹ im Detail auf die nachhaltige Verschiebung politischer Kräfteverhältnisse und politischer Werte in der Folge der Anschläge zutrifft, sei einmal dahingestellt. Wichtig für den hier zu diskutierenden Zusammenhang ist, dass das Deutungsmuster der Zäsur bestehende (Macht-)Verhältnisse bestätigen und festigen kann.

60 Die Zäsur ist das wirkungsmächtigste Deutungsangebot für ›9/11‹, davon zeugen nicht zuletzt auch die zahlreichen Artikel und Bücher, die sich mit ›9/11‹ als Zäsur auseinandersetzen: Poppe / Schüller / Seiler (Hg.): 9/11 als kulturelle Zäsur, a.a.O.; Schüller / Seiler (Hg.): Von Zäsuren und Ereignissen, a.a.O.; Greiner: 9/11, a.a.O.; Butter / Christ / Keller (Hg.): 9/11. Kein Tag, der die Welt veränderte, a.a.O.

61 Sabrow: Zäsuren in der Zeitgeschichte. In: Docupedia-Zeitgeschichte. Abrufbar unter: http://docupedia.de/zg/Zaesuren, zuletzt abgerufen am 9. Februar 2016. Neben der orthodoxen Zäsur gibt es laut Sabrow auch heterodoxe Zäsuren: »Heterodoxe Zäsuren dagegen erzwingen Neuinterpretationen, stellen Zeitgenossen vor Anpassungsprobleme, die den Gegensatz von biografischer Kontinuität und politischer oder sinnweltlicher Diskontinuität zu bewältigen verlangen.«

Zäsuren, so ist hier bereits deutlich geworden, sind keine Gegebenheiten der Geschichte bzw. historischer oder politischer Prozesse, ›Zäsuren‹ werden ›gemacht‹. Die ›Zäsur‹ ist eine Kategorie, die dazu dient, »im gleichförmigen Zeitverlauf der Vergangenheit unterschiedliche Zeitabschnitte voneinander abzugrenzen«[62]. Eine historische ›Zäsur‹ bezeichnet »verschiedenste Fugen und Einschnitte innerhalb eines historischen Kontinuums; sie bildet den markanten Punkt, den sichtbaren Einschnitt in einer geschichtlichen Entwicklung«[63]. Der Erkenntniswert, den eine solche Einteilung bzw. Abgrenzung haben soll, besteht darin, abgeschlossene Sinnzusammenhänge bzw. -einheiten zu konstituieren. Die Vorstellung eines zeitlichen Kontinuums und die Vorstellung einer ›Zäsur‹, eines ›Ereignisses‹, das von »der Unendlichkeit des Geschehens«[64] abgegrenzt werden kann, bedingen sich demnach gegenseitig. Darauf macht Reinhart Koselleck aufmerksam, wenn er schreibt: »Erst ein Minimum von Vorher und Nachher konstituiert die Sinneinheit, die aus Begebenheiten ein Ereignis macht.«[65] ›Zäsur‹ und ›Ereignis‹ werden hier miteinander verknüpft, ein ›Ereignis‹ hat den Charakter einer ›Zäsur‹, wenn es im Zusammenhang mit den vorangehenden und nachfolgenden Strukturen steht, diese Strukturen aber zugleich verändert. Doch was drückt der Begriff ›Zäsur‹ – etwa im Unterschied zum Begriff des ›Ereignisses‹ – aus?

›Zäsur‹ bedeutet Hauen, Fällen, Einschneiden.[66] Die ›Zäsur‹ ist das Denkmuster eines Einschnitts in das Kontinuum, eines Einschnitts, der zugleich auch als ein paradigmatischer Wendepunkt in politischer, moralischer oder kultureller Hinsicht verstanden wird. Darin unterscheidet sich das Deutungsmuster der ›Zäsur‹ von dem des ›Ereignisses‹. Spricht man von einem ›Ereignis‹, bedeutet das nicht zwangsläufig, dass sich die Haltung zur Welt grundlegend ändert/geändert hat. Wenn ›Zäsuren‹ postuliert werden, kommt darin immer auch ein Ordnungsinteresse zum Ausdruck – auch wenn die ›Zäsur‹ zunächst einen Einschnitt und damit auch eine Lücke markiert. Einschnitt und Lücke deuten darauf hin, dass mit der ›Zäsur‹ auch etwas Unverstandenes, zumindest aber Erklärungsbedürfti-

62 Sabrow: Zäsuren in der Zeitgeschichte, a.a.O.

63 Sabrow: Zäsuren in der Zeitgeschichte, a.a.O.

64 Reinhart Koselleck: Vergangene Zukunft. Zur Semantik geschichtlicher Zeiten. Frankfurt am Main: Suhrkamp 1988, S. 144.

65 Koselleck: Vergangene Zukunft, a.a.O., S. 145; vgl. dazu auch: Thorsten Schüller: Modern Talking – Die Konjunktur der Krise in anderen und neuen Modernen. In: Ders. / Sascha Seiler (Hg.): Von Zäsuren und Ereignissen. Historische Einschnitte und ihre mediale Verarbeitung. Bielefeld: transcript 2010, S. 13-27.

66 Vgl. Eintrag Zäsur in: Das Digitale Wörterbuch der deutschen Sprache. Abrufbar unter: http://www.dwds.de/?qu=Z%C3%A4sur (zuletzt abgerufen: 9. Februar 2016).

ges verbunden ist. ›Zäsuren‹, so schreibt Martin Sabrow in Anlehnung an Reinhart Koselleck, *sprengen etwas auf*, indem sie »den zeitgenössischen Erfahrungsraum gänzlich auf den Kopf« stellen und »den gesellschaftlichen Erwartungshorizont [...] in einer vordem unvorstellbaren Weise« verschieben. Sabrow versieht die ›Zäsur‹ mit weiteren Metaphern wie »Kerbe«, das »historisch Unerhörte«, »Frische«, »ein Moment, an dem die Weltgeschichte ihren Atem« anhalte, »überschlagende Wucht und Beschleunigung des historischen Ereignisstroms«.[67] In dieser Metaphorik wird der Zusammenhang von ›Zäsur‹ und Topoi des Unsagbaren/Unlesbaren erkennbar.

›Zäsuren‹ müssen also stets doppelt gelesen werden. Zum einen markieren sie Ereignisse, die im Moment ihres Auftretens als Bedrohung und/oder als schlagartige Veränderung wahrgenommen werden und damit die bestehende geschichtliche und/oder politische Ordnung grundlegend stören und verunsichern – hier liegt ihre Verbindung zur Phänomenologie des ›Ereignisses‹, die ich im folgenden Kapitel behandeln werde –; zum anderen bringen sie Vorher und Nachher miteinander in Beziehung, bekräftigen mitunter sogar in der rückblickenden Deutung als ›Zäsur‹ die Vorstellungen von historischer, politischer und kultureller Kontinuität. Die Rede von der ›Zäsur‹ reduziert dann den komplexen, verdichteten und unverstandenen Charakter des Einschnitts auf eine Semantik der Wende und des Paradigmenwechsels – so hat sie eine stabilisierende Funktion im politischen Diskurs.

Ich möchte hier nun einen Aspekt aufgreifen, den ich bereits oben angesprochen habe: die Unlesbarkeit des ›Terrors‹. Das Denkmuster der ›Zäsur‹ bietet sich als ein Baustein an, um ›Terror‹ lesbar zu machen. Der Akt der Benennung der Anschläge als ›9/11‹ ist dabei wichtig, weil er symptomatisch für den Doppelcharakter der ›Zäsur‹ ist. Derrida hat am Beispiel des 11. September 2001 auf die Dimension des Unverstandenen aufmerksam gemacht, die aus dem Akt der Benennung der Anschläge als 11. September 2001, einem Akt des *faire date*[68], spricht:

67 Sabrow: Zäsuren in der Zeitgeschichte, a.a.O.

68 »Jedenfalls unterstellt ›*faire date*‹, daß ›etwas‹ zum ersten und zum letzten Mal eintritt, was man noch nicht richtig ausmachen, bestimmen, erkennen, analysieren kann, was aber ab sofort unvergesslich bleiben dürfte: als unauslöschliches Ereignis im allgemeinen Archiv eines universellen Kalenders – eines *unterstellt* universellen Kalenders [...].« Jacques Derrida: Autoimmunisierungen, wirkliche und symbolische Selbstmorde. Ein Gespräch mit Jacques Derrida. In: Jürgen Habermas / Jacques Derrida: Philosophie in Zeiten des Terrors. Zwei Gespräche, geführt, eingeleitet und kommentiert von Giovanna Borradori. Hamburg: Europäische Verlagsanstalt 2006, S. 117-178, hier: S. 117.

Tatsächlich weiß man nicht genau, was man damit sagt oder benennt: der 11. September, *september eleventh, le 11 septembre.* Die Kürze der Bezeichnung (*september eleventh, 9/11*) zielt also nicht nur auf die ökonomische oder rhetorische Notwendigkeit. Das Telegramm einer Metonymie – ein Name, eine Chiffre – klagt das Unbewertbare an und erkennt, daß man nicht erkennt: Man kennt es nicht einmal, man weiß es noch nicht zu bewerten, man weiß nicht, wovon man spricht.[69]

Derrida richtet mit seiner Wendung des *faire date* den Blick auf den Doppelcharakter der ›Zäsur‹. Die Benennung eines ›Ereignisses‹ mit der bloßen Angabe eines Datums ist das Symptom dafür, dass etwas geschehen ist, das unverstanden und nicht einzuordnen ist. Das Datum, an dem etwas Unverstandenes passiert, ist der einzige Haltepunkt für die Benennung, *dass* etwas geschehen ist. Die vermeintliche Konkretion des Datums samt der ungemein wirkmächtigen politischen Konsequenzen, die aus dieser vermeintlichen Konkretion gezogen werde täuschen darüber hinweg, dass man gar nicht sagen, benennen und verstehen kann, was eigentlich geschehen ist und was das Geschehene zu bedeuten hat. Der Akt der Benennung ist demnach von besonderer Bedeutung: Denn der Festlegung von vermeintlichen historischen Wendepunkten/›Zäsuren‹ auf einzelne Daten, Tage (8. Mai 1945, 2. Juni 1967, 9. November 1989, 11. September 2001) liegt die Vorstellung einer momenthaften, extremen Verdichtung historischer Komplexität zugrunde. Es scheint, als seien in diesem einen Moment alle Ungleichzeitigkeiten geschichtlicher und gesellschaftlicher Prozesse miteinander synchronisiert. Die ›Zäsur‹ ist ein Modus der Vergleichzeitigung des Ungleichzeitigen. Gerade darin offenbart sich die ›Zäsur‹ als eine Kippfigur. Daten, die als ›Zäsur‹ verhandelt werden, zeugen von der fundamentalen Verunsicherung, die sie zu bannen beabsichtigen. Die im Sinne Freuds *unheimliche* Komplexität von Geschichte und Politik schnurrt im Denkmuster der ›Zäsur‹ auf einen Augenblick zusammen, und insofern zeugen ›Zäsuren‹ vom Ineinandergreifen von Verdrängung und der Wiederkehr des Verdrängten – sie verdrängen die Geschichtlichkeit und erinnern just in diesem Moment an sie.

Diese unheimliche Dimension der ›Zäsuren‹ versucht der hegemoniale politische Diskurs der ›Zäsur‹ zu bannen und so das unverstandene ›Ereignis‹ als Wendepunkt der Geschichte in eine eindeutige Lesart einzubinden. Beispielhaft dafür steht etwa die Rede, die George W. Bush nur neun Tage nach den Anschlägen vom 11. September 2001 hielt:

---

69 Derrida: Autoimmunisierungen, wirkliche und symbolische Selbstmorde, a.a.O., S. 118.

Tonight we are a country awakened to danger and called to defend freedom. Our grief has turned to anger and anger to resolution. Whether we bring our enemies to justice or bring justice to our enemies, justice will be done.[70]

Trauer, ein psychischer Zustand größter Verunsicherung, ist in Wut und Entschlossenheit überführt und der ›Feind‹ und die nötigen Konsequenzen zu dessen Bekämpfung können nun klar und eindeutig benannt werden.

Naomi Klein arbeitet den Stellenwert von Denkmustern der ›Zäsur‹ angesichts von Katastrophen bei der Durchsetzung politisch-ökonomischer Interessen in ihrem Buch *Die Schocktherapie* heraus. Ihre Grundthese lautet, dass die durch Naturkatastrophen oder politische Katastrophen ausgelöste Verunsicherung in einer Gesellschaft punktgenau ausgenutzt werde, um auf radikale Weise neoliberale Projekte durchzusetzen; Projekte, die unter ›normalen‹ Umständen politisch nicht durchsetzbar wären. Das Denkmuster der ›Zäsur‹, einer ›Stunde Null‹, einer ›Tabula rasa‹ spielt dabei für sie eine zentrale Rolle, auch im Hinblick auf die politischen Entwicklungen nach dem 11. September 2001 in den USA.[71] Diese Politik des Ausnahmezustands nutzt das Denkmuster der ›Zäsur‹, um politische Macht weiter auszubauen, und knüpft, so Klein, dabei an ›Träume‹ an, deren Realisierung im Zeichen der ›Zäsur‹ erst möglich werde. Zugespitzt kann man sagen, dass in Kleins Lesart die ›Zäsur‹ zur Aufrechterhaltung, Stabilisierung und Absicherung des Bestehenden dient. Ihre Argumentation baut zwar ge-

70 Zitiert nach: A nation challenged; President Bush's Address on Terrorism Before a Joint Meeting of Congress. New York Times vom 21. September 2001. Abrufbar unter: http://www.nytimes.com/2001/09/21/us/nation-challenged-president-bush-s-address-terrorism-before-joint-meeting.html, zuletzt abgerufen am 9. Februar 2016). Eine ausführliche Auseinandersetzung mit der rhetorischen Strategie der Rede leistet Sandra Silberstein: War of Words. Language, Politics and 9/11. London / New York: Routledge 2004, S. 11 ff.

71 »Plötzlich lebten wir in so etwas wie einem Jahr null, in dem alles, was wir zuvor über die Welt wussten, als das ›Denken vor dem 11.9.‹ verworfen werden konnte. Wir Nordamerikaner, die noch nie viel von Geschichte verstanden, wurden zu einer Tabula rasa, einem weißen Stück Papier. [...] Sofort materialisierte sich eine neue Expertenarmee, die neue und wunderschöne Worte auf die weiße Leinwand unseres posttraumatischen Bewusstseins pinselte: ›Kampf der Kulturen‹, schrieben sie, ›Achse des Bösen‹ [...]. Da die Gedanken aller nur noch um tödliche neue Kulturkriege kreisten, konnte die Regierung Bush durchziehen, wovon sie vor dem 11. September nur hatte träumen können: im Ausland privatisierte Kriege führen und zu Hause einen korporatistischen Sicherheitskomplex aufbauen.« Naomi Klein: Die Schock-Strategie. Der Aufstieg des Katastrophen-Kapitalismus. Frankfurt am Main: Fischer 2009, S. 31.

rade auf dem Vorhandensein eines katastrophischen Geschehens auf, der damit verbundene Ausnahmezustand kommt allerdings als einer in den Blick, der die bestehende kapitalistische Vergesellschaftung bestätigt, ausbaut und verschärft.

Das Denkmuster der ›Zäsur‹ ist demnach als ein überaus machtvolles, strukturell sogar gewaltsames zu verstehen, dessen Nähe zum politischen Ausnahmezustand von Klein betont wird. Neben der politischen liegt darin aber auch eine geschichtsphilosophische Dimension. Als Herrschaftsdiskurs bedeutet die Setzung einer ›Zäsur‹ immer auch einen Zugriff auf die unterdrückten, marginalisierten Dimensionen der Geschichte, denen das Recht genommen wird, weiterhin – vielleicht auch ungebrochen – Gültigkeit zu besitzen.

Greift man das Zusammenspiel von ›Zäsur‹ und einer Politik des Ausnahmezustands auf, dann liegt es nahe, Walter Benjamins Sicht auf den Ausnahmezustand ins Spiel zu bringen. Nicht, um dem Denkmuster der ›Zäsur‹ einen weiteren Aspekt hinzuzufügen, sondern um die Lektürehaltung dieser Arbeit zu skizzieren. »Die Tradition der Unterdrückten«, so schreibt Benjamin, »belehrt uns darüber, daß der Ausnahmezustand in dem wir leben, die Regel ist.«[72] Eine Intervention in diesen regelhaften Ausnahmezustand müsse die »Herbeiführung des wirklichen Ausnahmezustands«[73] zum Ziel haben.

Diese Herbeiführung kann auch auf der Ebene des *close reading* stattfinden: Eine geschichtsphilosophische und politische Kritik der Zäsur schließt das *Datum* der Zäsur mitsamt seinen Vorstellungen eines historischen Nullpunkts mit den marginalisierten und verdrängten Dimensionen der Vergangenheit kurz, um das »Noch-nicht-bewusste-Wissen vom Gewesenen«[74], die verdrängte Geschichtlichkeit aufblitzen zu lassen. In Benjamins Geschichtsphilosophie ist das die Aufgabe des historischen Materialisten: »Die materialistische Geschichtsdarstellung führt die Vergangenheit dazu, die Gegenwart in eine kritische Lage zu bringen.«[75] Das so erzeugte Spannungsfeld steht demnach »im Zeichen des diskontinuierlichen Augenblicks«[76]. In diesem Spannungsfeld, gedacht als eine dekonstruktive Intervention in die Idee eines historischen Kontinuums, kann die

72 Walter Benjamin: Über den Begriff der Geschichte. In: Ders.: Gesammelte Schriften, Band 1.2., hg. von Rolf Tiedemann und Hermann Schweppenhäuser. Frankfurt am Main: Suhrkamp 1991, S. 691-704, hier: S. 697.

73 Benjamin: Über den Begriff der Geschichte, a.a.O., S. 697.

74 Walter Benjamin: Das Passagen-Werk. In: Ders.: Gesammelte Schriften, Band 5.1., hg. von Rolf Tiedemann. Frankfurt am Main: Suhrkamp 1991, S. 491.

75 Benjamin: Das Passagen-Werk, a.a.O., S. 588.

76 Susanne Komfort-Hein: »Flaschenposten und kein Ende des Endes.« 1968: kritische Korrespondenzen um den Nullpunkt von Geschichte und Literatur. Freiburg i. Br.: Rombach 2001, S. 153.

»unterdrückte Vergangenheit«[77] zu ihrem Recht kommen. Das Denkmuster der ›Zäsur‹ wird auf seine verdrängten Dimensionen – das sind im Kontext des ›Terrors‹ immer auch die verdrängten Dimensionen der politischen Souveränität, der Vorstellung eines ›Nullpunkts‹ der geltenden Ordnung – befragt und darauf, inwiefern sich in ihm Räume einer »Gleichzeitigkeiten des Ungleichzeitigen«[78] eröffnen.

›Zäsuren‹ sind nicht notwendigerweise an ›Ereignisse‹ gebunden, sie können sich durchaus auch über einen längeren Zeitraum entwickeln.[79] Nicht immer muss die Vorstellung einer historischen ›Zäsur‹ also mit den Deutungsmustern ›Ereignis‹, ›Schock‹ und ›Trauma‹ verbunden sein. In der Deutung der Anschläge vom 11. September 2001 als ›Zäsur‹ spielt der Ereignis-Begriff jedoch eine zentrale Rolle, dieser wird im folgenden Abschnitt näher beleuchtet.

2.2.2 Ereignis

Am 12. September 2001, einen Tag nach den Anschlägen, sendete das ZDF die Sendung *Nachtstudio* – ein Sendeformat, das auf eine Idee von Rainald Goetz zurückgeht: Nach dem Vorbild des *Literarischen Quartetts* werden im *Nachtstudio* statt Literatur ausgewählte Fernsehsendungen diskutiert. An diesem Abend nahmen an der Gesprächsrunde Klaudia Brunst, Rainald Goetz, Volker Panzer und Moritz von Uslar teil. Die Sendung stand unter dem Eindruck der Anschläge vom Vortag, die Teilnehmer hatten daher beschlossen, die ersten zwanzig Minuten der Sendung über die Anschläge zu sprechen und sich erst dann der Diskussion der verabredeten Sendungen zu widmen. Der Moderator Volker Panzer eröffnete sie mit den folgenden Worten:

›Seit gestern 8:55 New Yorker Ortszeit hat sich die Welt verändert – und die Art, wie wir sie sehen.‹ So überschrieb Harald Martenstein seinen Artikel im *Tagesspiegel.* ›Und die Art, wie wir sie sehen‹ – aber, wie sehen wir die Welt? Mit den Augen von Fernsehkameras, in Echtzeit und global zusammengeschlossen. Eine visuelle Datenflut, wie ich sie noch nie erlebt habe, hat meine eigene Wahrnehmung verändert.[80]

77 Benjamin: Über den Begriff der Geschichte, a.a.O., S. 703.

78 Komfort-Hein: Flaschenposten, a.a.O., S. 14.

79 Siehe dazu beispielsweise die Ausführungen von Martin Sabrow zur Wende 1989/1990: Sabrow: Zäsuren in der Zeitgeschichte, a.a.O.

80 Abrufbar ist die Sendung unter: https://www.youtube.com/watch?v=UoNcIZA5Jlw, zuletzt abgerufen am 9. Februar 2016).

Die Welt und die eigene Wahrnehmung hat sich um 8:55 New Yorker Ortszeit verändert: Die Denkmuster von ›Zäsur‹ und ›Ereignis‹ greifen hier ineinander. Und so konnte auch die Sendung *Nachtstudio* nicht einfach das geplante Programm abspulen: Zu dem, was im Fernsehen zu sehen war, kann man nicht schweigen, man muss sich dazu ins Verhältnis setzen – auch wenn es nur zwanzig Minuten sind. Diese ersten zwanzig Minuten sind überaus interessant: erstens, weil sie durch die zeitliche Begrenzung (danach wird mit der Sendung fortgefahren, wie geplant) schon eine distanzierende Haltung zu den Denkmustern von ›Ereignis‹ und ›Zäsur‹ einnimmt; zweitens, weil Brunst, Goetz, Panzer und von Uslar überaus reflektiert über das sprechen, was sie am Tag zuvor im Fernsehen gesehen haben. Die Teilnehmer beschreiben dabei ihre Überwältigung angesichts der Bilder der Anschläge, machen aber zugleich immer auch darauf aufmerksam, dass das »globale Ereignis« (Brunst) der Anschläge ein Medien-Ereignis war, »Ereignis-Fernsehen« (Brunst). Und so entspinnt sich ein Gespräch, in dem die Aporien des Deutungsmusters ›Ereignis‹ deutlich formuliert werden. Einerseits sei das alles »komplett neu« und »noch nie erlebt« worden, ein »Hammer-Live-Nachrichten-Ich-bin-dabei-Gefühl« (von Uslar); der »überwältigende Eindruck« sei der »des Dramas der Aktualität« (Goetz); »in der Sekunde [hat] mein Auge [...] etwas gesehen, was der Intellekt noch nicht verarbeiten konnte«, erst langsam entstehen aus »Buchstaben erstmal überhaupt nur so etwas wie Worte, die man noch gar nicht richtig begreift, die etwas mit Angst, mit Entsetzen, mit Chaos zu tun haben« (Brunst); die Bilder »haben einen fassungslos gemacht, ich konnte sie nicht einordnen« (Panzer). Andererseits müsse die »Anmutung von Bekanntheit, die von den Bildern ausgelöst wird« (Goetz) berücksichtigt werden, die »Regie« (alle) des Fernsehens spiele eine zentrale Rolle, Panzer und Brunst sprechen von der »Grammatik der Bilder«, die sich nach und nach erkennen lasse, die Anschläge seien eine »Katastrophe«, die »sich absolut chaotisch *darstellt* und das war hier live auf den Bildern zu sehen« (von Uslar). Goetz registriert offenbar, dass die Gesprächsrunde zwischen der Formulierung von Überwältigungsformeln und Medienanalyse schwankt und appelliert, dass wir »uns wirklich zurückhalten sollten mit dem Versuch von Einschätzungen, weil uns das absolut überfordert«, Panzer beendet kurz darauf das Thema mit den Worten: »Lassen wir jetzt die Aktualität, mehr können wir auch nicht sagen im Moment«.

Im Zusammenhang mit den Anschlägen vom 11. September 2001 sind die Deutungsmuster ›Ereignis‹ und ›Zäsur‹ die prominentesten und diskursiv wirkmächtigsten. Sie sind nicht immer voneinander zu trennen, überlagern und bedingen sich vielmehr gegenseitig. Diese Überlagerung hat auch einen Grund, denn ›Ereignis‹ und ›Zäsur‹ stellen beide eine besondere »Kategorie der Zeiterfahrung«[81] dar: Ist die ›Zäsur‹ als Wendepunkt mit historischer Zeitlichkeit verbunden, steht das ›Ereignis‹ wie kein anderes Denkmuster für eine radikale Vorstellung von Plötzlichkeit. Allerdings gilt für das ›Ereignis‹, was auch für die ›Zäsur‹ festgestellt wurde: Es ist ein paradoxes Denkmuster. Im *Nachtstudio* wird anschaulich, dass beide Denkmuster über ein dekonstruktives Potential verfügen, das ihre aporetischen Aussagebedingungen lesbar macht. Die Aporien des Ereignis-Begriffs sollen im Folgenden näher skizziert werden.

Von Anfang an wurde das ›Ereignis‹ im Zusammenhang seiner Medialität diskutiert.[82] Die Medialität des ›Ereignisses‹ hat dabei sogar spezifische Effekte auf den ›Terror‹. Paul Virilio sieht die historisch unterschiedlichen Ausprägungen des ›Terrors‹ im Zusammenwirken von Medialität und ›Ereignis‹:

> Jedesmal wenn sich der Terrorismus weiterentwickelte, entwickelte er sich auf die Medien hin, das heißt in Entsprechung zum Bildschirm der Medien. [...] Mit der Zerstörung der beiden Türme des World Trade Center wohnen wir tatsächlich einem gewaltigen Ereignis bei, das nichts mehr mit dem ›kleinen‹ traditionellen Terrorismus zu tun hat.[83]

Die technische Möglichkeit der Live-Berichterstattung ist in seinen Augen die Bedingung für die besondere Qualität des ›Terrors‹ geworden. Das ›Ereignis‹ des ›Terrors‹ ist im Umkehrschluss nicht ohne dessen Medialität denkbar.

Auch Martin Seel zufolge verbinden sich in ›9/11‹ Medialität und ›Ereignis‹ in dem Moment zu einem »weltweiten ästhetischen Ereignis, als die Nachrichtensender mit den Bildern des brennenden Südturms auf Sendung gingen.«[84] Mit dem Hinweis auf die weltweite Sichtbarkeit der Anschläge greift Seel einen As-

---

81 So der Titel des von Nikolaus Müller-Schöll herausgegebenen Sammelbandes: Ereignis. Eine fundamentale Kategorie der Zeiterfahrung. Anspruch und Aporien. Bielefeld: transcript 2003.

82 Siehe dazu auch: Theweleit: Der Knall, a.a.O.; Jean Baudrillard: Der Geist des Terrorismus. Herausforderung des Systems durch die symbolische Gabe des Todes. Wien: Passagen 2003, S. 11-35. Ein kursorischer Überblick zum Medienereignis findet sich bei Schmidtgall: Traumatische Erfahrung im Mediengedächtnis, a.a.O., S. 66 ff.

83 Paul Virilio: Vom Terror zur Apokalypse? Der erste Krieg der Globalisierung und der Krach der Netzstrategie – ein Gespräch mit Frank Berberich. In: Der Schock des 11. September und das Geheimnis des Anderen – Eine Dokumentation, hg. von Haus am Lützowplatz und Lettre International. Köln: Walther König 2002, S. 44-53, hier: S. 44.

84 Martin Seel schreibt dies in impliziter Übereinstimmungen mit den Feststellungen der Gesprächsrunde im *Nachtstudio*. Martin Seel: Ereignis. Eine kleine Phänomenologie. In: Müller-Schöll (Hg.): Ereignis, a.a.O., S. 37-47, hier: S. 44.

pekt auf, der auch wortgeschichtlich mit dem ›Ereignis‹ verbunden ist: ›Ereignis/ereignen‹ geht etymologisch auf das mittelhochdeutsche ›erougenen‹ zurück und bezeichnet folglich ein Phänomen des Vor-dem-Auge-Erscheinens; etwas ›zeigt sich‹ oder ›wird offenbar‹.[85]

Seel macht aber zugleich darauf aufmerksam, dass das Deutungsmuster ›Ereignis‹ immer auch in Verbindung zur Struktur stehe, und somit als eine relative Kategorie aufgefasst werden müsse. Ob eine Begebenheit als ein ›Ereignis‹ wahrgenommen wird, ist Seel zufolge grundsätzlich davon abhängig, wie sich etwas »innerhalb von Verhältnissen bemerkbar macht, die selber nicht – oder jedenfalls nicht insgesamt – als ereignishaft wahrgenommen werden«[86]. Das ›Ereignis‹ ist demnach das, was die ereignislosen Verhältnisse nicht sind. Das bedeutet aber auch, dass das ›Ereignis‹ nicht ohne seinen Bezug zu den Verhältnissen gedacht werden kann, in denen es dann als ein ›Ereignis‹ figuriert. Für Seel sind solche Verhältnisse beispielsweise Vorstellungen von Geschichte als Kontinuum: Geschehnisse werden dann zu einem kulturellen ›Ereignis‹, wenn sie »als eine Unterbrechung des Kontinuums der historischen Zeit erfahren werden«[87]. Das Kontinuum der historischen Zeit versteht Seel dabei als einen Horizont der *Möglichkeiten*, innerhalb dessen Kultur/Gesellschaft stattfindet. Das ›Ereignis‹ überschreite diesen Rahmen, insofern es »Unmögliches möglich und Mögliches unmöglich« mache.[88] Das ›Ereignis‹ ist also einerseits vermittelt durch die Struktur, andererseits verfügt es aber über eine Dimension, die nicht in der Struktur aufgeht und insofern etwas Neues bzw. bis dahin für ›unmöglich‹ Gehaltenes enthalte.[89] Dass sich Deutungsmuster der ›Zäsur‹ und des ›Ereignisses‹ häufig überlagern, wird hier deutlich sichtbar.

Wie soll man sich aber dieses ›Unmögliche‹, von dem Seel spricht, vorstellen? In welchem Verhältnis steht das ›Unmögliche‹ zu Vorstel-

---

85 EREIGNEN, in: Deutsches Wörterbuch von Jacob und Wilhelm Grimm, hg. von der Berlin-Brandenburgischen Akademie der Wissenschaften und der Akademie der Wissenschaften zu Göttingen. Online abrufbar unter: http://woerterbuchnetz.de/DWB/. Die seltenere mittelhochdeutsche Form ›erougenen‹ (›vor augen führen‹) verweist noch deutlicher auf die Augen.; Christoph Deupmann nimmt diese etymologische Dimension zum Ausgangspunkt für seine unter dem Ereignis-Begriff stehende Bryant Park-Lektüre: Deupmann: Ereignisgeschichten, a.a.O., S. 407 ff.

86 Seel: Ereignis, a.a.O., S. 38.

87 Seel: Ereignis, a.a.O., S. 41.

88 Seel: Ereignis, a.a.O., S. 42.

89 Ähnlich argumentiert für die Historiografie auch Reinhart Koselleck: Vergangene Zukunft, a.a.O., S. 144 ff.

lungen von historischer Kontinuität? Und wie kann das ›Unmögliche‹ erfasst, benannt und in ein Narrativ der (Zeit-)Geschichte eingebunden werden?

Was wie ›aus dem Nichts‹ einbricht, ist ›Ereignis‹. Das Ereignis, so schreibt Jacques Derrida, ist das, »was vertikal über mich hereinbricht, ohne dass ich es kommen sehen kann«[90]. Das Ereignis ist demnach klar vom Horizontalen, also auch vom historischen »Erwartungshorizont«[91], von dem Koselleck im Hinblick auf das Verhältnis von Ereignis und Struktur spricht, abgetrennt. Wenn es ein Ereignis gibt, dann ist es nur unter der Bedingung von dessen »Unmöglichkeit möglich«[92]. Für Derrida wird das zum Ereignis, was in der »Struktur des Feldes«[93] unmöglich ist: Die Erfahrung »des Unmöglichen ist Bedingung für die Ereignishaftigkeit des Ereignisses. Was als Ereignis eintritt, kann nur da eintreten, wo es unmöglich ist. Wenn es möglich oder vorhersehbar wäre, könnte es nicht eintreten.«[94]

Die Herauslösung des Ereignisses aus dem Erwartungshorizont ist bedeutsam, liegt doch für Derrida im *Erscheinen* des Ereignisses bereits der Verlust von dessen Einzigartigkeit. »Ebenso kann das Ereignis, wenn es erscheint, nur um den Preis erscheinen, dass es bereits in seiner Einzigartigkeit selbst wiederholbar ist.«[95] Was wiederholbar ist, ist aber kein Ereignis. Das Ereignis ist in Derridas Lesart radikal inkommensurabel, es markiert einen Ort außerhalb der Geschichte. Gerade deshalb provoziert es aber Versuche, es sinnhaft zu machen.[96] Diese können das ›Ereignis‹ jedoch immer nur verfehlen, das ›Ereignis‹ bleibt in seiner Ereignishaftigkeit unzugänglich – diese Aporie ist die Voraussetzung des Sprechens vom ›Ereignis‹.

Auch wenn Derrida das Sprechen über das ›Ereignis‹ als eine »unmögliche Möglichkeit« betrachtet, bleibt die Vorstellung des ›Ereignisses‹ doch als – wenn auch sprachlich uneinholbarer – Bezugspunkt erhalten. Derrida geht es ja nicht darum, Ereignishaftes zu leugnen, sondern vielmehr um die Frage, ob ›man das Ereignis sagen kann‹ (der Originaltitel seines Textes lautet: *Une certaine possibilité impossible de dire l'événement.*).

Eine Aporie des Ereignisbegriffs (die Derrida zeichentheoretisch ausführt) spielt auch in den geschichtstheoretischen Überlegungen Reinhart Kosellecks ei-

90 Derrida: Eine gewisse unmögliche Möglichkeit, a.a.O., S. 35.

91 Koselleck: Vergangene Zukunft, a.a.O., S. 145.

92 Derrida: Eine gewisse unmögliche Möglichkeit, a.a.O., S. 33.

93 Derrida: Eine gewisse unmögliche Möglichkeit, a.a.O., S. 32.

94 Derrida: Eine gewisse unmögliche Möglichkeit, a.a.O., S. 33.

95 Derrida: Eine gewisse unmögliche Möglichkeit, a.a.O., S. 36.

96 Christoph Deupmann arbeitet die damit verbundenen Paradoxien des Ereignisbegriffs überzeugend heraus: Deupmann: Ereignisgeschichten, a.a.O., S. 31 ff.

ne wichtige Rolle. Zwar begreift Koselleck das ›Ereignis‹ nicht als inkommensurabel, weist aber darauf hin, dass sich das Ereignis unter bestimmten Bedingungen auflöse: Es gebe »im Sinne der geschichtlichen Zeitfolge eine *Schwelle der Zerkleinerung* (Simmel), unterhalb derer sich ein Ereignis auflöst«[97]. Als einzelner, kleinstmöglicher Punkt einer historischen Erzählung sei ein Ereignis demnach nicht mehr zu erfassen: »Erst ein Minimum von Vorher und Nachher« konstituiere »ein Ereignis«[98]. Ein Sinnzusammenhang muss also unter Bezugnahme auf ein Vorher und ein Nachher überhaupt erst konstituiert werden, um von einem Ereignis zu sprechen.[99] Im Hinblick auf ›9/11‹ provoziert der Bezug auf ein Vorher und ein Nachher die Frage, ob es nicht vorlaufende Zeichen der Anschläge vom 11. September 2001 gegeben hat.[100]

Wie kann man nun vom Ereignis sprechen? Kann man ein Ereignis *sagen*? Die Rede vom Ereignis kommt von vornherein zu spät. Aber es ist nicht nur die Verspätung der Rede, die das Ereignis in seiner Präsenz und Singularität nicht einfangen kann, es ist die Sprache als Zeichensystem, die die Präsenz des Ereignisses unterläuft. Sprache ist strukturell »einer gewissen Allgemeinheit, einer gewissen Iterierbarkeit, einer gewissen Wiederholbarkeit unterworfen und muss schon deswegen die Singularität des Ereignisses verfehlen.« Man kann also sagen, so Derrida weiter, »dass das Sprechen vom Ereignis die Singularität des Ereignisses [...] immer schon verfehlt – durch die einfache Tatsache, dass das Sprechen zu spät kommt und die Singularität in der Generalität verliert«[101]. Vom ›Ereignis‹ zu sprechen, bedeutet immer, es im gleichen Moment zu verfehlen bzw. seine Ereignishaftigkeit zu bannen – zugleich muss aber vom ›Ereignis‹ gesprochen werden, um sein Stattfinden zu bezeugen. Die *unmögliche Möglichkeit* formuliert daher eine Aporie und eine Herausforderung, die für eine Auseinandersetzung mit dem Ereignis »irreduzibel notwendig«[102] ist.

---

97 Koselleck: Vergangene Zukunft, a.a.O., S. 145.

98 Koselleck: Vergangene Zukunft, a.a.O., S. 145.

99 In diesem Argumentationsmuster Kosellecks scheint Edmund Husserls Phänomenologie des Ereignisses durch. In Husserls Phänomenologie zeichnet sich der gegenwärtige Moment durch die Modelle von *Protention* und *Retention* aus: Im gegenwärtigen Moment wird das Vergangene noch behalten und auf das Künftige schon vorweggegriffen. Edmund Husserl: Zur Phänomenologie des inneren Zeitbewußtseins. Husserliana, Band 10, hg. von Rudolf Boehm. Dordrecht: Springer 1966.

100 Derrida weist in seiner Erörterung der Frage, ob ›9/11‹ ein ›Ereignis‹ sei, dezidiert auf diese vorlaufenden Zeichen hin. Derrida: Autoimmunisierungen, wirkliche und symbolische Selbstmorde, a.a.O.

101 Derrida: Eine gewisse unmögliche Möglichkeit, a.a.O., S. 21.

102 Derrida: Eine gewisse unmögliche Möglichkeit, a.a.O., S. 33.

Ein ›Ereignis‹ ist unter kulturtheoretischer Perspektive daher immer als ein ›ästhetisches Ereignis‹ zu verstehen. Das ›ästhetische Ereignis‹ befindet sich im Spannungsverhältnis zu dem unbenennbaren ›Etwas, das sich ereignet‹. Wie lässt sich dieses Spannungsfeld näher bestimmen?

Mit einer bloßen Kritik des Logozentrismus und den Denkfiguren der *différance*, der Schrift und der Spur lässt sich Dieter Mersch zufolge das der Schrift ›Zuvorkommende‹ nicht denken: das ›Etwas‹, von dem »keine Spur kündet«, dem es aber »allererst ihre Möglichkeit verdankt.«[103] Mit dem ›Etwas‹ meint Mersch eben nicht eine emphatisch gedachte, bezeichenbare Präsenz, sondern das, was als die Bedingung der Möglichkeit der Markierung selber nicht markiert werden kann und gerade dadurch auf die »Fülle eines Überschusses« verweist, »von dem der Diskurs bestenfalls paradoxal zu sprechen vermag: ›Spur‹ jenseits der Spur, auf die weder zurückgekommen werden kann noch auf die sich verweisen ließe.«104 Deshalb formuliert Mersch einen dezidierten »Vorwurf an die Adresse Derridas«, der folgendermaßen lautet: »Ereignisvergessenheit«[105]. Ihm geht es in der Kritik an Derridas Konzeption des Ereignisses nicht darum, einen emphatischen Ereignis-Begriff und damit eine Vorstellung der anwesenden Präsenz zu retten – vielmehr entwickelt er seine Intervention im Anschluss an Derrida. Derrida denke das Ereignis im Raster der Präsenz, die er aber zugleich angreife. »So verstrickt er sich in den Widerspruch, im Diskurs der Nicht-Präsenz einen logozentristisch vorentschiedenen Präsenz-Begriff zu wahren, der ihn auf eigentümliche Weise in Komplizenschaft zu dem bringt, was er zu verabschieden trachtet.«[106] Mersch geht es darum, das Ereignis in seiner Materialität zu denken, ohne in eine Präsenzmetaphysik abzugleiten. Das solcherart formulierte Festhalten daran, dass etwas geschah, führt ihn dazu, Walter Benjamins Begriff der Aura in die Diskussion über das ›Ereignis‹ einzuführen.

Walter Benjamin verklammert Spur und Aura dialektisch miteinander als eine paradoxale Konstellation von Nähe und Ferne. So schreibt er im Passagenwerk:

> Spur und Aura. Die Spur ist Erscheinung einer Nähe, so fern das sein mag, was sie hinterließ. Die Aura ist die Erscheinung einer Ferne, so nah das sein mag, was sie hervorruft. In der Spur werden wir der Sache habhaft; in der Aura bemächtigt sie sich unser.[107]

---

103 Dieter Mersch: Was sich zeigt. Materialität, Präsenz, Ereignis. München: Fink 2002, S. 380.

104 Mersch: Was sich zeigt, a.a.O., S. 380.

105 Mersch: Was sich zeigt, a.a.O., S. 379.

106 Mersch: Was sich zeigt, a.a.O., S. 378.

107 Walter Benjamin: Das Passagenwerk, a.a.O., S. 560.

Benjamin markiert hier eine Dialektik von Spur und Aura, in der Ferne durch Nähe, Nähe durch Ferne erscheint – die Aura beschreibt dabei einen Übergriff der Sache auf das Subjekt; ›Das‹, ›was‹ die Erfahrung der Aura auslöst, ist ein *Phänomen der Ferne in der Nähe.* Dieses paradoxale Ineinander von Nähe und Ferne in der Aura bedeutet zugleich, dass man dieses ›Etwas‹ eben nicht habhaft werden kann; es ist entzogen, aber da – ›es‹ bemächtigt sich unser. Benjamin bezeichnet die Aura in seiner *Kleinen Geschichte der Photographie* als ein »sonderbares Gespinst aus Zeit und Raum: einmalige Erscheinung einer Ferne, so nah sie sein mag«[108]. Die Sache bemächtigt sich als Gespenst unser, wir sind ihr gegenüber machtlos – es klingt in dieser Formulierung deutlich an, was Benjamin im gleichen Aufsatz an anderer Stelle mit dem der Aura eng verknüpften Begriff des ›magischen Werts‹ ins Spiel bringt: Die Kamera verfüge als technische Apparatur über die Möglichkeit, einen »Sekundenbruchteil« eines Geschehens, und damit das »Optisch-Unbewußte« festzuhalten, von dem der Mensch erst durch die Fotografie erfahre, »wie von dem Triebhaft-Unbewußten durch die Psychoanalyse«[109].

Wenn Benjamin den auratischen Augenblick als eine an die psychoanalytische Kategorie des Unbewussten angelehnte Erfahrung einer *Nähe aus/in der Ferne* verbindet, dann liegen hier durchaus Anknüpfungspunkte an die Konzeption des Ereignisses als ›Heimsuchung‹ bei Derrida.[110] Die Einzigartigkeit als Wiederholung, die im selben Moment die Wiederholung als Einzigartigkeit ist, beschreibt Derrida als die gespenstische Grundstruktur des Ereignisses. Dass es in der »absoluten Singularität, in der absoluten Einzigartigkeit, sofort, von [...] dem ersten Auftauchen des Ereignisses an, Iterabilität und Wiederkehr gibt – das macht, dass [...] das Eintreten des inauguralen Ereignisses – nur als Wiederkehr, Heimsuchung und Spuk erlebt werden kann. [...] Diese Heimsuchung ist die gespenstische Struktur der Erfahrung des Ereignisses, und sie ist absolut wesentlich.«[111]

In der Heimsuchung klingt eine Dimension des Ereignisses an, die es in den Zusammenhang sowohl zu Freuds Überlegungen zur traumatischen Erfahrung

108 Walter Benjamin: Kleine Geschichte der Photographie. In: ders.: Gesammelte Schriften, Band II.1, hg. von Rolf Tiedemann und Hermann Schweppenhäuser. Frankfurt am Main: Suhrkamp 1991, S. 368-385, hier: S. 378.

109 Benjamin: Kleine Geschichte der Photographie, a.a.O., S. 371.

110 Und an diesem Punkt zeigt sich schließlich auch, dass Merschs Kritik an Derrida viel eher mit diesem kompatibel ist, als jener zugestehen möchte.

111 Derrida: Eine gewisse unmögliche Möglichkeit, a.a.O., S. 36 ff.

und dem mit ihr verbundenen »dämonischen Charakter«[112] des Wiederholungszwangs als auch zum Unheimlichen – »was im Verborgenen hätte bleiben sollen [ist] hervorgetreten«[113] – stellen.

Die Verbindung von Ereignis und einer als (unheimliche) Heimsuchung erlebten Wiederkehr bringt Derrida dazu, dem Ereignis den Charakter des Symptoms zuzuschreiben, was zur Folge hat, die Position des Sprechens über ein Ereignis immer zu unterminieren: »Jenseits aller Verifikationen und aller Diskurse der Wahrheit und des Wissens ist das Symptom eine Zustellung des Ereignisses, die niemand beherrscht, die kein Bewusstsein, kein bewusstes Subjekt sich aneignen oder bemeistern kann.«[114]

Als dasjenige Element eines Bildes, das »verletzt«[115], beschreibt Roland Barthes das *punctum*, und versucht mit diesem Begriff die Dimension eines Bildes zu beschreiben, die sich nicht über das *studium* erfassen lässt. Das *studium* kommt dabei einem »durchschnittlichen Affekt, fast könnte man sagen, einer Dressur«[116] gleich, also einer Lesart des Bildes, die sich auf das konventionelle, durch die Zugehörigkeit zu einer bestimmten Kultur bereitgestellte Wissens- und Deutungsrepertoire stützt – es ist all das, was der Betrachter eines Bildes an dieses an Wissen heranträgt; das *studium* erzeugt »nie meine Lust oder meinen Schmerz«[117]. Das *punctum* hingegen fasst Barthes in einem Vokabular der Verletzung: Es »durchbricht« das *studium*, es »schießt wie ein Pfeil aus seinem Zusammenhang hervor, um mich zu durchbohren« – das *punctum* ist »Verletzung«, »Stich«, »Mal«, »Schnitt«, es »verwundet« und »trifft« den Betrachter.[118] Das *punctum* ist nicht etwas, das an das Bild herangetragen wird, sondern ein Element des Bildes, das ›mich betrifft‹. Das klingt zunächst einmal nach einer sehr emphatischen Vorstellung von Plötzlichkeit – Barthes, und das ist an dieser Stelle ein zentraler Punkt, zeichnet das *punctum* jedoch *gleichzeitig* als eine Erinnerungsfigur, die die Frage provoziert: »[…] an welche Zeit erinnert es mich?«[119]

112 Sigmund Freud: Jenseits des Lustprinzips. In: ders.: Studienausgabe, Band III, hg. von Alexander Mitscherlich u.a. Frankfurt am Main: Fischer 1982, S. 213-272, hier: S. 245.

113 Freud: Das Unheimliche, a.a.O., S. 264. Auf Freuds Konzeption des Unheimlichen komme ich später ausführlich zurück.

114 Derrida: Eine gewisse unmögliche Möglichkeit, a.a.O., S. 49.

115 Roland Barthes: Die helle Kammer. Bemerkungen zur Photographie, übersetzt von Dietrich Leube. Frankfurt am Main: Suhrkamp 1985, S. 51.

116 Barthes: Die helle Kammer, a.a.O., S. 35.

117 Barthes: Die helle Kammer, a.a.O., S. 37.

118 Alle Zitate: Barthes: Die helle Kammer, a.a.O., S. 35 f..

119 Barthes: Die helle Kammer, a.a.O., S. 53.

Das *punctum* funktioniert demnach als eine unwillkürliche Erinnerung (Barthes zieht selbst die Parallele zu Marcel Proust), die den Charakter der Plötzlichkeit dadurch jedoch auch unterläuft. Barthes fasst dies in der paradox anmutenden Formulierung, der zufolge das *punctum* ein »dahintreibender Blitz«[120] sei. Der heftige Affekt des Schmerzes wird nur möglich, weil das Bild den Betrachter unwillkürlich an etwas *erinnert*. Der Betrachter bleibt Betrachter, er ist nicht in das abgebildete Geschehen verwickelt.

Und darin liegt die Besonderheit des ›Terror-Ereignisses‹ vom 11. September 2001: Bis zu ›9/11‹ hatte ›Terror‹ seinen Ort vor allem in den aufbereiteten Beiträgen der Nachrichten und Zeitungen. ›Terror ereignete‹ sich nicht *live*. ›9/11‹ hat das ›Hier und Jetzt‹ aufgespalten in ein ›Jetzt aber nicht hier‹ vor dem Fernseher und ein ›Hier und Jetzt‹ vor Ort. Und damit, so möchte ich im folgenden Abschnitt argumentieren, kommt dem Deutungsmuster der ›Zeugenschaft‹ ein besonderer Stellenwert zu.

2.2.3 Zeugenschaft

Die Auseinandersetzung mit den Anschlägen vom 11. September 2001 ist aus mehreren Gründen auf eine Beschäftigung mit dem Konzept der Zeugenschaft angewiesen: erstens, weil der Terror, wie oben bereits beschrieben, die Zuschauer, also die Zeugen des Geschehens, fest einrechnet; zweitens, weil Zeugenschaft um die Möglichkeiten und Unmöglichkeiten kreist, ein unzugängliches Ereignis in Worte zu fassen und das Wissen um dieses ›Ereignis‹ mit anderen zu teilen; drittens, weil mit der Live-Übertragung der Anschläge zur Debatte steht, ob *jeder* Fernsehzuschauer zum Zeugen der Anschläge wurde; an diesen dritten Aspekt schließt sich, viertens, die Frage an, was die Zeugen eines ›Ereignisses‹ eigentlich bezeugen. Diese vier Aspekte sollen im Folgenden näher beleuchtet werden.

Es bietet sich an, hier noch einmal auf Martin Seels Überlegungen zum 11. September zurückzukommen: »Im terroristischen Anschlag [...] wird Gewalt *getan, um gezeigt* zu werden«, schreibt er.[121] Der 11. September wurde erst in dem Moment zu einem weltweiten ästhetischen Ereignis, als die Nachrichtensender auf Sendung gingen.[122] Das ›Ereignis‹ des 11. September zeichnet sich Seel zufolge durch die »Abwesenheit der Betroffenen« sowie die »Spurlosigkeit der Täter« aus.[123] Durch die Abwesenheit der Betroffenen und der Täter rückt Seel die

120 Barthes: Die helle Kammer, a.a.O., S. 62.

121 Martin Seel: Ästhetik des Erscheinens. Frankfurt am Main: Suhrkamp 2003, S. 316.

122 Martin Seel: Ereignis, a.a.O., S. 44.

123 Seel: Ereignis, a.a.O., S. 44.

Zuschauer bzw. die Zeugen nochmals deutlicher ins Zentrum der Aufmerksamkeit. Er spricht von einem ›ästhetischen Ereignis‹. Auf den Begriff des ästhetischen Ereignisses werde ich weiter unten eingehen, zunächst soll es erst einmal um die Position des Zuschauers als Zeugen gehen.

Ein Zeuge ist bei einem Geschehen dabei gewesen, hat es mit eigenen Augen gesehen, wobei im Lateinischen eine wichtige Unterscheidung zwischen zwei Arten des Zeugen gemacht wird: dem *testis* und dem *superstes*. Ersterer Begriff bezeichnet denjenigen, der als ›Dritter‹ bei einer Angelegenheit, einem Streit anwesend ist, die zwei Parteien betrifft, während *superstes* denjenigen bezeichnet, der ein Ereignis nicht nur beobachtet, sondern zugleich auch erlitten und überlebt hat.[124]

Ein Zeuge, so schreibt Sybille Krämer im Hinblick auf den Begriff des Zeugen vor Gericht, also den Zeugen im juristischen Sinne, zeugt »von einer unmittelbaren Wahrnehmung, von einer Erfahrung, die er selbst *gemacht* hat«[125]. Notwendig wird die Figur des Zeugen in einer Situation epistemischer Ungewissheit, einer Situation, die von Nicht-Wissen geprägt ist. In dieser kommt dem Zeugen/dem Zeugnis die Aufgabe zu, die Lücke des Wissens zu schließen (oder zumindest zu verkleinern), um den Hergang eines Geschehens rekonstruierbar zu machen: »Zeugenschaft findet […] ihren Fluchtpunkt in einem Akt der Wiederherstellung.«[126] Dabei kommt dem Zeugen von vornherein eine doppelte Rolle zu: Zum einen soll er neutral von diesem Geschehen berichten, ohne dabei irgendwelche Meinungen oder Einschätzungen zu formulieren – er muss als Person demnach völlig hinter seine Funktion zurücktreten; zum anderen muss er als Person glaubwürdig, authentisch und verlässlich erscheinen, um als Zeuge anerkannt zu werden – nur so kann er seine Funktion erfüllen.[127]

Krämer konstatiert daher, dass das Konzept der Zeugenschaft von vornherein durch eine aporetische Struktur geprägt ist:

> Der Zeuge ist zugleich ›Sache‹, und er ist ›Person‹; er fungiert als Mittel zum Zweck und ist auch ›Zweck an sich selbst‹. *Der Zeuge ist existenziell betrachtet eine Person, funktio-*

124 Giorgio Agamben: Was von Auschwitz bleibt. Das Archiv und der Zeuge. Frankfurt am Main 2003, S. 14 f.

125 Sybille Krämer: Medium, Bote, Übertragung. Kleine Metaphysik der Medialität. Frankfurt am Main: Suhrkamp 2008, S. 229.

126 Krämer: Medium, Bote, Übertragung, a.a.O., S. 229.

127 Die Projektskizze des von Sybille Krämer und Sigrid Weigel geleiteten Forschungsprojekts *Zeugenschaft* formuliert diese doppelte Rolle prägnant. Abrufbar unter: http://userpage.fu-berlin.de/~zeugenschaft/?page_id=63, zuletzt abgerufen am 9. Februar 2016.

nell betrachtet jedoch ein Objekt und ein Mittel. Darin besteht, in medientheoretischer Perspektive, die Ambivalenz der Zeugenschaft.[128]

Ein Zeuge steht also vor der schwierigen Aufgabe, eine Erfahrung, die er gemacht hat, »in öffentliche, anderen zugängliche Rede zu übertragen«[129], diese Rede aber so zu gestalten, dass sie als eine bloße Übermittlung von Informationen aufgenommen werden kann. Die Schilderung muss so wirken, als habe der Zeuge die Erfahrung, von der er berichtet, »weniger *gemacht* als vielmehr passiv *aufgenommen*«[130]. Zugleich muss er als ein integres und zuverlässiges Subjekt erscheinen, das über seine Beobachtungen auf eine Weise distanziert reden kann, dass diese Rede als zuverlässige Beschreibung anerkannt wird. Diese Aporie ist auch dann wirksam, wenn der Zeuge von dem Geschehen, das er beobachtet hat und das er bezeugen soll, keinen Schaden genommen hat. Mit anderen Worten: Auch das Zeugnis eines integren Zeugen ist aporetisch.[131]

In einer verschärften Weise wird diese Aporie im Zusammenhang mit Zeugen sichtbar, die einen Hergang nicht nur beobachtet, sondern ihn auch überlebt haben, dabei aber körperliche und/oder psychische Verwundungen erlitten haben. Überlebende einer Katastrophe, die als Zeugen auftreten, können aus ihrer Involviertheit in das Geschehen nicht heraustreten, es ist für sie unmöglich, eine ›neutrale‹ Position einzunehmen. Diese Stellung des Zeugen als Beobachter, Beteiligter *und* Überlebender (superstes) führt das Zeugnis bereits über die Kategorien des juristischen Begriffs von Zeuge bzw. Zeugenschaft hinaus. Zeugenschaft wird dann zu einer geschichtsphilosophischen Kategorie.

Während Sybille Krämer aus medientheoretischer Perspektive auf die aporetische Struktur des Zeugen hinweist, beleuchtet Sigrid Weigel die Position des Zeugen im Hinblick auf dessen geschichtsphilosophische Bedeutung.[132] Juristische und historiografische Zugriffe unterwerfen Zeugenaussagen den »Normen von Faktizität, Objektivität und Überprüfbarkeit«; dem geschichtsphilosophischen Begriff von Zeugnis geht es hingegen um etwas gänzlich anderes: »Das Zeugnis nämlich liegt immer jenseits der Form der Aussagen oder Mitteilung eines Inhaltes, weil es um das Bezeugen einer dem Anderen (dem Gegenüber oder

128 Krämer: Medium, Bote, Übertragung, a.a.O., S. 237 f.

129 Krämer: Medium, Bote, Übertragung, a.a.O., S. 239.

130 Krämer: Medium, Bote, Übertragung, a.a.O., S. 239.

131 Dieser Aspekt kommt in Ulrich Peltzers Erzählung *Bryant Park* auf besondere Weise zum Tragen, vgl. Kapitel 3.

132 Sigrid Weigel: Zeugnis und Zeugenschaft, Klage und Anklage. In: Jürgen Zill (Red.): Zeugnis und Zeugenschaft. Jahrbuch des Einstein-Forums 1999. Berlin: Akademie-Verlag 2000, S. 111-135.

dem Leser) gerade unzugänglichen Erfahrung geht.«[133] Der Gestus des Bezeugens unterscheide sich grundlegend vom Zeugnis als Beweismittel. Weigel führt dies unter Verweis auf die Zeugnisse der Shoah aus: Weil diese Zeugnisse immer auch eine Klage oder Totenklage ausdrückten, beraube man sie ihrer Bedeutung, wenn man sie den Regeln der Beweisführung unterstelle.[134] Für die Zeugen bedeute dies häufig sogar eine Form der Retraumatisierung.

Mit Walter Benjamins sprachtheoretischen Überlegungen zur Sprache der Klage (die eine geschichtsphilosophische Bedeutung habe) und zur Sprache der Anklage (die gewissermaßen eine historiografische und juristische Bedeutung habe) formuliert sie einen Begriff des ethisch-moralischen Zeugnisses:

> Jenes Moment des Zeugnisses jedoch, das nicht in die Reduktion zum Beweis aufgeht und das die Differenz zwischen Zeugnis und Zeugenschaft ausmacht, korrespondiert mit der Sprache der Klage. Insofern wird mit der Indienstnahme des Zeugnisses für eine Behauptung oder einen Zweck dieses immer auch seines verschwiegenen Momentes, der (Toten-) Klage, beraubt.[135]

Das Zeugnis im geschichtsphilosophischen Sinne zeugt für diejenigen Erfahrungen, die im historiografischen und juristischen Diskurs nicht erfasst werden können, ja, nicht einmal anerkannt werden. Das Zeugnis/die Klage rückt das Trauma und die Verletzung als die letztlich unbezeugbaren Dimensionen der Geschichte in den Mittelpunkt und insistiert auf deren Bedeutsamkeit.

Was bedeutet das nun für den Zusammenhang von Zeugenschaft und ›Terror‹? Wenn es sich beim ›Terror‹, wie Seel schreibt, um ein *ästhetisches Ereignis* handelt, dann werden die Positionen des Zuschauers und die des Zeugen in ein neues Verhältnis zueinander gesetzt. Die Zuschauer werden ›terrorisiert‹, ohne aber Überlebenszeugen zu sein. Der ›Terror‹ entsteht also, wenn das bezeugt wird/bezeugt werden muss, was bislang unvorstellbar und unaussprechbar war; damit wird der ›Terror‹ vom realen Opfer (das in diesem Sinne nicht ›terrorisiert‹ wird) auf die Zuschauer verschoben. Im Terror buchstabiert sich ›Zeugenschaft‹ demnach auf eine spezifische Weise aus: *Terrorisiert* werden gerade die-

133 Beide Zitate: Weigel: Zeugnis und Zeugenschaft, a.a.O., S. 116.

134 Die Shoah ist für Entwürfe von Zeugenschaft nach 1945 der zentrale Bezugspunkt. Hervorzuheben sind in diesem Zusammenhang die Ansätze, die die Shoah aufgrund der Singularität der Verbrechen als einen Geschehenszusammenhang diskutieren, an dem das Konzept der Zeugenschaft in eine fundamentale Krise gerät. Vgl. dazu grundlegend: Shoshana Felman / Dori Laub: Testimony. Crises of Witnessing in Literature, Psychoanalysis, and History. New York: Routledge 1992.

135 Weigel: Zeugnis und Zeugenschaft, a.a.O., S. 131.

jenigen, die nicht getroffen werden.[136] Hinzu kommt ein weiterer Aspekt: ›Terror‹ ist ohne Zeugenschaft nicht denkbar, weil ›Terror‹ an die (mediale) Übertragung gekoppelt ist.

Wenn die Zuschauer durch das, was sie am Fernseher sehen, ›terrorisiert‹ werden, werden sie dann auch gleichzeitig verwundet oder gar traumatisiert? Was sehen sie? Was affiziert sie? In seiner Abhandlung *Vom Erhabenen und Schönen* stellt Edmund Burke explizit die Verbindung von Erhabenem und den Terror-Affekten Schrecken und Furcht her:

> Alles, was auf irgendeine Weise geeignet ist, die Ideen von Schmerz und Gefahr zu erregen, das heißt alles, was irgendwie schrecklich ist oder mit schrecklichen Objekten in Beziehung steht oder in einer dem Schrecken ähnlichen Weise wirkt [im Original: analogous to terror, J.B.], ist eine Quelle des *Erhabenen.*[137]

Die Verknüpfung von ›Terror‹ und ›Erhabenem‹ durch Burke akzentuiert den paradoxen Charakter des ›Erhabenen‹: »daß das Schreckliche schön erscheint und das Abstoßende anziehend wirkt.«[138] Ausgelöst wird dieses ›Erhabene‹ durch den Anblick von Szenen des Schreckens. Das Erhabene steht in einer engen Beziehung zu ›Ideen von Schmerz und Gefahr‹ und es klingt in der zitierten Passage bereits an, dass die Erfahrung des Erhabenen eine Form der ästhetischen Wahrnehmung ist, die zur Bedingung hat, dass man nicht direkt verwickelt ist,

---

136 Hier liegt auch eine Verbindungslinie zu den souveränitätstheoretischen Aspekten des Terrors. Der Terror affiziert eine zentrale Position im demokratischen Rechtsstaat: den ›neutralen‹ Zeugen und damit die Vorstellung, über die Zusammenschau verschiedener Versionen eines Geschehens zu einer objektivierbaren Wahrheit zu gelangen (und Gerechtigkeit walten zu lassen). An der Popularität von Denkmustern des ›Wer nicht für uns ist, ist gegen uns‹ lässt sich ablesen, welche Auswirkungen es hat, wenn die Position des ›neutralen‹ Zeugen terrorisiert wird: Sie kommt abhanden, es gibt keine Neutralität mehr, es gibt keine Instanz mehr, die durch die unvoreingenommene Beschreibung ihrer Beobachtungen zur Aufklärung der Wahrheit beitragen könnte.

137 Edmund Burke: Philosophische Untersuchung über den Ursprung unserer Ideen vom Erhabenen und Schönen, übersetzt von Friedrich Bassenge, neu eingeleitet und herausgegeben von Werner Strube. 2. Auflage. Hamburg: Meiner 1989, S. 72. Das Originalzitat findet sich hier: Edmund Burke: A Philosophical Enquiry into the Origin of our Ideas of the Sublime and Beautiful. South Bend: University of Notre Dame Press 1968, S. 29.

138 Carsten Zelle: Die doppelte Ästhetik der Moderne. Revisionen des Schönen von Boileau bis Nietzsche. Stuttgart, Weimar: Metzler 1995, S. 124.

sondern dass man etwas *betrachtet.*[139] Auf die für die Auseinandersetzung mit dem Terror bedeutsame Unterscheidung von Schmerz und Schrecken kommt Burke in einer anderen Passage noch einmal zu sprechen:

> Der einzige Unterschied zwischen Schmerz und Furcht besteht darin, daß Dinge, die Schmerz verursachen, unter Vermittlung des Körpers auf das Gemüt wirken, während Dinge, die Schrecken [im Original: terror, J.B.] verursachen, die körperlichen Organe im allgemeinen *durch eine Tätigkeit des Gemüts affizieren, die auf die Gefahr hindeutet.*[140]

Der Schmerz ist eine körperliche Erfahrung, die auf das Gemüt wirkt, während der Schrecken seine (körperliche) Wirkung durch die Affizierung der Wahrnehmung entfaltet. Mit anderen Worten: Schmerz ist eine körperliche Erfahrung, Schrecken eine der Wahrnehmung, die aber gleichsam den Körper affiziert. Das Gefühl des Erhabenen ist in gewisser Weise eine körperliche Antwort auf eine ästhetische Erfahrung, in der sich das Subjekt in ein Verhältnis zur gewaltvollen Dimension der Welt gesetzt fühlt, die es umgibt. Die Erfahrung des Erhabenen ist dabei aber an eine sichere Beobachterposition gebunden, das Gefühl des Erhabenen kann nur dort entstehen, wo nicht die Gefahr der direkten körperlichen Verletzung besteht. Die reizvolle, wenngleich auch paradoxe Qualität (der Schrecken gefällt) lässt »das Erhabene zu einer Art Katastrophentraining und -immunisierung«[141] werden.

Für die Zuschauer vor den Fernsehern mögen die Anschläge zwar wie aus dem Nichts hereinbrechen[142] – sie befinden sich dabei aber zugleich in Distanz zum Geschehen. Sie nehmen aus einer Position der sicheren Beobachtung heraus ein Geschehen war, das die durchaus lustvolle Vorstellung von gefahrvoller ›Ereignishaftigkeit‹ erzeugt. Sie erfahren den *Terror auf Distanz.* Slavoj Žižek macht auf den fundamentalen Unterschied zwischen den Zeugen, die in New York vor Ort die Anschläge erlebten, und denen, die vor dem Fernseher saßen, aufmerksam:

139 Dieser Aspekt steht auch im Zentrum des italienischen Begriffs der ›Terribilità‹. Vgl.: Birgit Bressa: Terribilità. In: Historisches Wörterbuch der Rhetorik, hg. von Gerd Ueding. Band 9. Tübingen: Niemeyer 2009, Sp. 477-489.

140 Burke: Philosophische Untersuchung, a.a.O., S. 173 f. (Hervorhebung von mir)

141 Zelle: Die doppelte Ästhetik der Moderne, a.a.O., S. 126.

142 Immer wieder wird auch auf den Unterschied zwischen den Zuschauern, die *live* den Einschlag des zweiten Flugzeugs verfolgen konnten, und denen, die später am Tag eine Zusammenfassung in den Nachrichten gesehen haben, hingewiesen; Moritz von Uslar hebt diesen Unterschied beispielsweise gleich zu Beginn seines Statements in der Sendung *Nachtstudio* hervor.

Den Einwohnern der Stadt ist ›die Wüste des Realen‹ vor Augen geführt worden – wir hingegen, von Hollywood verdorben, vermochten in den Bildern der zusammenklappenden Türme nichts anderes als Reminiszenzen an die atemberaubendsten Szenen der Katastrophenfilme zu sehen.[143]

Er sieht darin eine Entrealisierung des ›Terrors‹: » [...] während die Zahl der Opfer – 3000 – ständig wiederholt wird, verwundert es, wie wenig wir vom Blutbad sehen – keine zerrissenen Körper, kein Blut, nicht die Verzweiflung in den Gesichtern der Sterbenden«[144], schreibt er. Die Fernsehzuschauer werden somit Zeugen der Entzogenheit des Ereignisses, sie erfahren die Affekte des ›Terrors‹, und zwar *gerade weil sie nicht getroffen* werden. Die Anschläge stellen sich als ein hochgradig vermitteltes Geschehen dar, das in erster Linie ein bereits vorhandenes Bilderrepertoire aufruft.

Auf die Mediatisierung der Anschläge weist auch Derrida hin. Ihm zufolge ist es kaum möglich, den Eindruck, den die Anschläge hinterließen, vom vorherrschenden Informationsdispositiv zu trennen. Der Eindruck, den die Anschläge bei den Zuschauern hinterließen, ist demnach ein immer bereits ›informierter‹: »Ein vorherrschendes System hat ihm Form gegeben, und diese Form wird weitergegeben durch eine Maschine der organisierten Information (Sprache, Kommunikation, Rhetorik, Bild, Medien etc.).«[145] Insofern bezeugen die Fernsehzuschauer die *Artefaktualität* des Terrors.[146]

2.2.4 Trauma

Das durch ›9/11‹ verursachte ›kollektive Trauma‹ ist inzwischen zum geflügelten Wort geworden. Die Vorstellung einer ›globalen Zeugenschaft‹ und die Deu-

143 Žižek: Willkommen in der Wüste des Realen. Wien: Passagen 2004, S. 23.

144 Žižek: Willkommen in der Wüste des Realen, a.a.O., S. 21.

145 Derrida: Autoimmunisierungen, wirkliche und symbolische Selbstmorde, a.a.O., S. 118.

146 Den Begriff der Artefaktualität verwendet Derrida, um darin die Begriffe Artefakt, Fakt und Aktualität zusammenzuführen. Artefaktualität bedeutet, dass »es Aktualität – im Sinne von ›das, was aktuell ist‹ oder eher ›das, was unter dem Titel Nachrichten [actualités] von den Radio- und Fernsehsendern ausgestrahlt wird‹ – nur in dem Maße gibt, wie ein Ensemble technischer und politischer Dispositive zusammentrifft, um gleichsam aus einer unbegrenzten Masse von Ereignissen ›Tatsachen‹ auszuwählen, die die Aktualität ausmachen sollen: das, was man die ›Fakten‹ nennt, aus denen sich die ›Informationen‹ speisen«. Jacques Derrida / Bernard Stiegler: Echographien. Fernsehgespräche, hg. von Peter Engelmann. Wien: Passagen 2006, S. 56.

tung der Anschläge als kollektives ›Trauma‹ bedingen sich dabei gegenseitig. So wie ›Zäsur‹ und ›Ereignis‹ sind auch diese beiden Deutungsmodelle im 9/11-Diskurs eine überaus produktive Verbindung eingegangen, was sicherlich nicht zuletzt daran liegt, dass die Auseinandersetzungen mit Konzepten des ›Traumas‹ und der ›Zeugenschaft‹ Anfang der Nullerjahre kulturtheoretische Hochkonjunktur hatten.

Aber können Fernsehbilder ›traumatisierend‹ wirken? Kann man davon sprechen, dass die abermillionen von Menschen, die die Bilder der Anschläge im Fernsehen verfolgten, ein ›Trauma‹ erlitten haben? Haben die Anschläge gar ein ›kollektives Trauma‹ erzeugt? Kann ein Kollektiv ›traumatisiert‹ werden? Und welches Kollektiv wäre das?

Das Konzept des ›Traumas‹ stellt die Vorstellung des Unsagbaren in sein Zentrum. Sigmund Freud zufolge bildet die menschliche Psyche in ihrer Entwicklung einen Reizschutz aus, um die ständig von außen einströmenden Reize abzuschirmen bzw. abzufedern. Das ›Trauma‹ konzeptualisiert er in diesem Modell als das Einströmen von Reizen »die stark genug sind, den Reizschutz zu durchbrechen«[147]. Das ›Trauma‹ erzeugt dabei – entsprechend der griechischen Bedeutung des Wortes – eine Wunde bzw. Verwundung. Die Wunde, die das ›Trauma‹ verursacht, ist keine direkte körperliche Verwundung, sondern sie schlägt sich auf die »seelische Bedeutungsstruktur des Menschen«[148] aus. Werner Bohleber zufolge liegt die spezifische Qualität des ›Traumas‹ »in der Struktur der Wahrnehmungsprozesse und der Affekte sowie der Erfahrung, daß der psychische Raum durchbrochen und die Symbolisierung zerstört wird. Das ›traumatische‹ Erleben ist im Kern das eines ›Zuviel‹.«[149] Ein ›Trauma‹ widersetzt sich demnach der Überführung in Sprache, Reflexion und Erinnerung.[150] Mit dem Hinweis auf die Zerstörung der Symbolisierungsfähigkeit der Psyche und des Erlebens eines ›Zuviel‹ wird die Verbindung zu Topoi der Unsagbarkeit und der Lücke offensichtlich.[151]

---

147 Sigmund Freud: Freud: Jenseits des Lustprinzips, a.a.O., S. 239.

148 Werner Bohleber: Die Entwicklung der Traumatheorie in der Psychoanalyse. In: Psyche 54, Heft 9/10, September / Oktober 2000, S. 797-839, hier: S. 798.

149 Bohleber: Die Entwicklung der Traumatheorie, a.a.O., S. 798.

150 Man kann das ›Trauma‹ daher auch als die Kehrseite zum Unheimlichen sehen: Das Unheimliche findet stets eine Sprache.

151 Vgl. dazu auch: Daniel Libeskind: trauma/void. In: Elisabeth Bronfen / Brigit R. Erdle / Sigrid Weigel (Hg.): Trauma. Zwischen Psychoanalyse und kulturellem Deutungsmuster. Köln, Weimar, Wien: Böhlau 1999., S. 3-26; Birgit R. Erdle: Die Verführung der Parallelen. Zu Übertragungsverhältnissen zwischen Ereignis, Ort und Zitat. In: Bronfen / Erdle / Weigel (Hg.): Trauma, a.a.O., S. 27-50; Cathy Caruth:

Werner Bohlebers eben zitierte Ausführungen stammen aus dem Sonderheft *Trauma, Gewalt und kollektives Gedächtnis* der Zeitschrift *Psyche* aus dem Herbst 2000. Das Erscheinen dieses Sonderhefts fällt in eine Zeit, in der der Traumabegriff eine enorme kulturwissenschaftliche Aufmerksamkeit erhielt. Diese Aufmerksamkeit ging mit einer kulturwissenschaftlich bzw. kulturtheoretisch begründeten Ausweitung des Traumabegriffs einher, in der das Konzept des ›Traumas‹ als ein kulturelles Deutungsmuster verstanden wird. In den Topoi des Unsagbaren, der Lücke und des Risses (insbesondere im Zusammenhang mit der Shoah, aber auch mit anderen Gewaltverbrechen und tiefgreifenden gesellschaftspolitischen Krisen wie HIV/AIDS) wurde ein kultureller Erkenntniswert erkannt, der weit über den auf das einzelne Individuum konzentrierten therapeutischen Rahmen der Psychoanalyse hinausgeht.[152] So widmet sich ein einflussreicher Sammelband, der diese Ausweitung durchaus kritisch diskutiert, dem Begriff des Traumas *Zwischen Psychoanalyse und kulturellem Deutungsmuster.*[153]

Die Ausweitung des psychoanalytischen Begriffs des Traumas auf kulturelle Prozesse und gesellschaftliche Gruppen bzw. ›Kollektive‹ verlief in enger Verbindung mit den Debatten um den Stellenwert von Konzepten der Zeugenschaft für die Erinnerung der Shoah. Diese Ausweitung ist zunächst einmal als eine kritische Intervention in die Debatten um die Historisierung des Nationalsozialismus und der Shoah zu begreifen, die insbesondere in Deutschland seit dem *Historikerstreit* virulent waren.[154] Während das Anliegen einer Historisierung implizit und explizit darauf abzielte, die ›traumatischen‹ Dimension der Shoah auszublenden (und beispielsweise Überlebens-Zeugen als unglaubwürdige bzw. hochgradig subjektive und unzuverlässige Stimmen aus dem historischen Diskurs

Trauma als historische Erfahrung. Die Vergangenheit einholen. In: Ulrich Baer (Hg.): »Niemand zeugt für den Zeugen«. Erinnerungskultur nach der Shoah. Frankfurt am Main: Suhrkamp 2000, S. 84-98.

152 In Naomi Kleins bereits zitiertem Buch *Die Schock-Strategie* steht das Konzept des Traumas im Mittelpunkt einer Bestandsaufnahme des Kapitalismus an der Wende vom 20. zum 21. Jahrhundert.

153 Bronfen / Erdle / Weigel (Hg.): Trauma, a.a.O.

154 Überaus instruktiv für die theoretischen Hintergründe der Zeugenschaft, das Konzept der Zeugenschaft im Kontext historischer Deutungskonkurrenzen nach 1945 und den Zeugen als mediale Figur ist der von Norbert Frei und Martin Sabrow herausgegebene Sammelband: Die Geburt des Zeitzeugen nach 1945. Göttingen: Wallstein 2012.

auszuklammern[155]), stellte die Trauma- und Zeugenschaftstheorie die ›traumatischen‹, nicht repräsentierbaren Dimensionen der Shoah in den Mittelpunkt, also gerade diejenigen Dimensionen der Geschichte, die sich jeder Referenzialisierung entziehen.[156] Den unsagbaren, nicht referenzialisierbaren Dimensionen der Geschichte wurde somit ein zentraler Stellenwert auch für historiografische Diskurse zugeschrieben, weil sich aus diesen die *gesellschaftliche* Aufgabe ableitet, »historische Verantwortung« zu übernehmen – und genau hier liegt der Dreh- und Angelpunkt für die Ausweitung des ›Traumas‹ von einer psychoanalytischen zu einer historischen und kulturellen Kategorie.

An diesem Punkt lassen sich die überaus problematischen Implikationen der kulturtheoretischen Ausweitung des Trauma-Konzepts erkennen. Die Ausweitung ermöglicht nämlich Interpretationen, die dem eben skizzierten Anliegen, die Singularität ›traumatischer‹ Erfahrung gegen einen historisierenden Diskurses zu behaupten, mitunter diametral entgegenstehen. Mit der Ausweitung des ›Traumas‹ auf kulturelle, historische und gesellschaftliche Zusammenhänge wird nämlich ein Narrativ zur Verfügung gestellt, das es ermöglicht, disparate (Gewalt-)Ereignisse unter dem Schlagwort des ›Traumas‹ zu subsumieren, zu parallelisieren und damit letztlich die Singularität ›traumatischer‹ Erfahrung implizit zu verleugnen.[157] Und so stellt das Schlagwort ›Trauma‹ ein Deutungskonzept zur generellen Beschreibung von Gewaltverbrechen (und sogar historischen Umbruchsituationen) bereit. Exemplarisch lässt sich das am *Nachbilder*-Projekt von Inge Stephan und Alexandra Tacke ablesen, das den »Nachbildern« des Holocaust, der RAF und der Wende jeweils einen eigenen Sammelband widmet. In der Einleitung zum ersten Band schreiben sie, dass »Holocaust, RAF und Wende [...] nach wie vor die drei großen traumatischen Ereignisse«[158] der deutschen Ge-

155 Martin Broszat / Saul Friedländer: Um die ‚Historisierung des Nationalsozialismus'. Ein Briefwechsel. In: Vierteljahreshefte für Zeitgeschichte 36 (1988), S. 339-372; Saul Friedländer: Überlegungen zur Historisierung des Nationalsozialismus. In: Dan Diner (Hg.): Ist der Nationalsozialismus Geschichte? Zu Historisierung und Historikerstreit. Frankfurt a. M.: Fischer 1987, S. 34-50.

156 Die Ausarbeitung von Theorien der Zeugenschaft bzw. deren Verknüpfung mit psychoanalytischen Traumakonzepten wurde in erster Linie von US-amerikanischen Literaturwissenschaftlern und Psychoanalytikern angestoßen. Vgl. dazu den von Ulrich Baer herausgegebenen Sammelband, der die Schlüsseltexte versammelt: Ulrich Baer (Hg.): »Niemand zeugt für den Zeugen«, a.a.O.

157 Vgl. dazu den prägnant argumentierenden Aufsatz von Birgit Erdle: Die Verführung der Parallelen, a.a.O.

158 Inge Stephan / Alexandra Tacke: Einleitung. In: Dies. (Hg.): NachBilder des Holocaust. Köln / Weimar / Wien: Böhlau 2007, S. 7-17, hier: S. 15.

schichte seien. Drei ›Daten‹ der deutschen Geschichte, die unterschiedlicher kaum sein könnten, werden auf diese Weise in eine Reihung gebracht, mit dem Effekt, dass ihre jeweilige Spezifik aus dem Blick gerät. Es wird nicht einmal in Frage gestellt, ob RAF und Wende eine ›traumatische‹ Qualität haben (für wen?) und ob diese ›traumatische‹ Qualität mit dem Extremtrauma der Shoah in Verbindung gebracht werden könnte. Der Begriff des ›Traumas‹ wird in diesem Rahmen zu einer diffusen Chiffre für das Unsagbare, die aber auch zur Beschreibung komplexer, verdichteter und unverstandener Ereignisse verwendet wird.

In diesem Zusammenhang sei auf einen weiteren Aspekt der Debatte hingewiesen, der dezidiert auf die Frage abzielt, ob eine Traumatisierung durch Bilder möglich sei. Aleida Assmann und Ute Frevert diskutieren in ihrem gemeinsam verfassten Buch *Geschichtsvergessenheit – Geschichtsversessenheit* die Möglichkeit eines aus der Geschichte des Nationalsozialismus resultierenden ›deutschen Traumas‹. Assmann sieht in der ›Kollektivschuldthese‹ eine grundsätzlich traumatisierende Wirkung auf die deutsche Nachkriegsgesellschaft. Sie betont dabei insbesondere die Wirkung der Bilder aus den Konzentrationslagern, die die US-Alliierten öffentlich zeigten, und beschreibt diese mit dem Begriffsrepertoire des Traumas und des Ereignisses: Die erste Veröffentlichung der Bilder hatte Assmann zufolge die »Wucht des Schocks«, mit »einem Schlag« seien die Deutschen mit den Verbrechen der Shoah konfrontiert worden und so habe sich das »deutsche Trauma«[159] herausgebildet.

Aus dieser Diskurslage um den Begriff des ›Traumas‹ erklärt sich meines Erachtens auch, weshalb die Deutung der Anschläge des 11. September 2001 als ›Trauma‹ so weit verbreitet ist.[160] Beispielhaft für diesen vorschnell gezogenen

159 Beide Zitate: Aleida Assmann / Ute Frevert: Geschichtsvergessenheit – Geschichtsversessenheit. Vom Umgang mit deutschen Vergangenheiten nach 1945. Stuttgart: DVA 1999, S. 122 ff. Ole Frahm argumentiert überzeugend gegen Assmanns These, wenn er darauf hinweist, dass bspw. Bilder von Leichenbergen zum festen Bilderrepertoire der NS-Propaganda gehörten und demnach von einer ›plötzlichen‹ Konfrontation mit schockierenden Bildern nicht die Rede sein könne. Ole Frahm: ›Ein deutsches Trauma?‹ Zur Schamlosigkeit deutscher Opferidentifikation. In: German Life and Letters 57 (2004), H. 4, S. 372-390. Zur überaus kontrovers diskutierten Kollektivschuldthese vgl.: Norbert Frei: Deutsche Lernprozesse. NS-Vergangenheit und Generationenfolge. In: Ders.: 1945 und wir. Das Dritte Reich im Bewusstsein der Deutschen. München: Beck 2005, S. 23-40.

160 In Abgrenzung zu dieser schnellen Deutung als Trauma geht Helmuth Lethen, wenn er bereits 2003 schreibt: »Das ›Ereignis‹ blieb in eine Schrecksekunde eingekapselt, von der man sich so schnell erholte, daß sich heute gut, wenn auch mit Einspreng-

Schluss beschreibt Heide Reinhäckel den Moment der ›Traumatisierung‹ auf eine Art und Weise, die nahelegt, ein Kollektiv könne ähnlich wie ein Individuum ›traumatisiert‹ werden: »Bezogen auf das Medienereignis 11. September bildet die Live-Übertragung vom Einflug des zweiten entführten Flugzeugs in den Südturm des World Trade Center die mediale Urszene des kulturellen Traumas, die ein globales Publikum unfreiwillig zu Zeugen des terroristischen Massenmords erhob.«[161] Auch aus psychoanalytischer Perspektive wurde der 11. September 2001 in fast schon tautologischer Weise als kollektives ›Trauma‹ beschrieben.[162] Das Deutungsmuster verfügt über eine derartige Offenheit, dass sich die Verknüpfung von ›Terror‹ und ›Trauma‹ im Zeichen des Unsagbaren förmlich anbietet – oder, wie es Thomas Elsaesser ausdrückt: »Terror und Trauma [...] sind die siamesischen Zwillinge eines aktuellen politisch-medialen Diskurses.«[163]

Zwei Linien können bei der Interpretation des 11. September als ›Trauma‹ trotz aller eben formulierten Einwände produktiv weiterverfolgt werden. Sie beschreiben die Auswirkungen des 11. September als eine massive Störung gesellschaftlicher/kultureller Bedeutungssysteme, ohne aber nahezulegen, eine Gesell-

seln einiger Unaussprechlichkeitstopoi, davon erzählen lässt.« Helmut Lethen: Bildarchiv und Traumaphilie. Schrecksekunden der Kulturwissenschaften nach dem 11.9.2001. In: Klaus R. Scherpe / Thomas Weitin (Hg.): Eskalationen. Die Gewalt von Kultur, Recht und Politik. Tübingen / Basel: Francke 2003, S. 3-14, hier: S. 3.

161 Reinhäckel: Traumatische Texturen, a.a.O., S. 62.

162 »A trauma is an experience of such intensity that it overwhelms the mind's capability for dealing with it. [...] If this happens to a large group of people at once, it is called ›collective trauma‹. Undoubtedly, the destruction of the World Trade Center in New York and the partial destruction of the Pentagon represent a collective traumatization of the American nation [...].« Hans-Jürgen Wirth: 9/11 as a Collective Trauma. And other Essays on Psychoanalysis and Society. Gießen: Psychosozial-Verlag 2004, S. 37. Kritisch setzt sich Angela Kühner mit dem Begriff des kollektiven Traumas im Zusammenhang mit dem 11. September 2001 auseinander und plädiert dafür, den Begriff des »kollektiven symbolvermittelten Traumas« zu verwenden. Vgl. Angela Kühner: Kollektive Traumata – Annahmen, Argumente, Konzepte. Eine Bestandsaufnahme nach dem 11. September. Berlin: Berghof-Forschungszentrum für Konstruktive Konfliktbearbeitung 2003.

163 Thomas Elsaesser: Terror und Trauma. Zur Gewalt des Vergangenen in der BRD. Berlin: Kadmos 2007, S. 7. Zur Verschaltung von Terror und (kollektivem) Trauma in der US-amerikanischen Literatur vgl. Michael C. Frank: Terror- und Trauma-Romane. Zwei Perspektiven auf die Welt nach 9/11. In: Hennigfeld (Hg.): Poetiken des Terrors, a.a.O., S. 93-114.

schaft/ein Kollektiv könne auf ähnliche Weise ›traumatisiert‹ werden, wie ein Individuum.

Jacques Derrida verwendet in seiner Betrachtung des 11. September den Begriff des ›Traumas‹, um ein Phänomen der Zeitlichkeit zu formulieren. Dabei versteht er das ›Trauma‹ nicht in erster Linie als das Symptom eines in der Vergangenheit liegenden Ereignisses, vielmehr ergibt sich die traumatische Qualität der Anschläge daraus, dass sie die Zukunft unverständlich und drohend erscheinen lassen.[164] Die Anschläge müssten als »eine offene Wunde im Angesicht der Zukunft« verstanden werden: »Der Beweis des Ereignisses hat als tragisches Korrelat nicht etwa das, was derzeit passiert oder was in der Vergangenheit passiert ist, sondern das vor-laufende Zeichen dessen, was zu passieren droht.«[165] Die ›traumatische‹ Dimension des Ereignisses liegt demnach vor allem in der von seinem schieren Stattfinden ausgehenden, völlig unbestimmten und deshalb umso wirkmächtigeren bzw. terrorisierenden Drohung, dass in der Zukunft etwas eintreten könnte, was schlimmer als das bisher Gewesene sein wird. Das ›terroristische‹ Ereignis entwickelt seine furchterregende und beängstigende Qualität nicht so sehr durch die zukünftige Erinnerung an das Gewesene, sondern »ausgehend von einer nicht darstellbaren Zukunft, von einer offenen Bedrohung durch eine Aggression, die eines Tages, später, vielleicht nie, den Kopf des souveränen Nationalstaats par excellence treffen kann«[166].

Dieses aus der Zukunft herrührende ›Trauma‹ hat durchaus eine historische Signatur: Es steht eine Weltordnung auf dem Spiel, die nach dem Ende des Kalten Krieges durch eine Globalisierung der US-amerikanischen Hegemonie geprägt war. Nun drohe aus der Zukunft eine politische Gewalt, die anonym ausgeübt werde und sich daher jeder Kalkulierbarkeit entziehe. Es steht dadurch, so Derrida, die »Existenz der Welt des Mondialen«[167] auf dem Spiel. Von dieser Furcht zeugen Derrida zufolge die Maßnahmen, die von der Bush-Administration unmittelbar nach den Anschlägen getroffen wurden, um die

164 Psychoanalytisch ist das Konzept des Traumas auf die Vergangenheit gerichtet. Daher spielt der Begriff der Nachträglichkeit eine so große Rolle. Ilka Quindeau: Spur und Umschrift. Die konstitutive Bedeutung von Erinnerung in der Psychoanalyse. München: Fink 2004.

165 Jacques Derrida: Autoimmunisierungen, wirkliche und symbolische Selbstmorde. Ein Gespräch mit Jacques Derrida. In: Jürgen Habermas / Jacques Derrida: Philosophie in Zeiten des Terrors. Zwei Gespräche, geführt, eingeleitet und kommentiert von Giovanna Borradori. Hamburg: Europäische Verlagsanstalt 2006, S. 117-178, hier: S. 130.

166 Derrida: Autoimmunisierungen, a.a.O., S. 132.

167 Derrida: Autoimmunisierungen, a.a.O., S. 133.

Funktionsfähigkeit des Rechtsstaats auch im Falle eines nuklearen Angriffs aufrechtzuerhalten und die »Köpfe des Staates«[168] nicht mehr zur gleichen Zeit am gleichen Ort zu versammeln.[169] Das ›Trauma‹ affiziert auf diese Weise das Symbolsystem des demokratischen Staates und die damit verbundenen Vorstellungen von Souveränität und Repräsentation.

Dies führt zur zweiten bedeutsamen Linie: dem politisch Imaginären und einer damit verbundenen Politik des ›Traumas‹. Es geht also um die Frage, wie es dazu kommt, dass sich eine ganze Gesellschaft von einer Gewalttat angegriffen, adressiert, ›gemeint‹ fühlt. Wie ist es möglich, dass ein Gewaltakt als ein Angriff auf ein politisches oder kulturelles Kollektiv begriffen werden kann, als ein Angriff auf ›den Staat‹, die ›Zivilisation‹, auf ›uns‹?

Eine politische Ordnung wird überhaupt nur wirksam, wenn sie über eine wirkmächtige Fiktion von Gemeinschaft, also von *sich selbst*, verfügt:

> Denn keine Gesellschaft existiert ohne Institutionen, und Institutionen sind [...] fiktiv. Allein damit sich eine Ansammlung von Individuen als kollektiver Agent begreifen kann, um sich überhaupt institutionsfähig zu machen, ist eine Reihe von schöpferischen ästhetischen Prozeduren erforderlich. Es müssen Vorstellungen von Einheit und Ganzheit geschaffen werden, über deren Vermittlung die Beteiligten erst rückwirkend zu einem Selbstverhältnis, zu einem Eigenbild finden.[170]

168 Derrida: Autoimmunisierungen, a.a.O., S. 132.

169 Philipp Sarasin weist darüber hinaus darauf hin, dass die Administration des Weißen Hauses und wohl auch George W. Bush unmittelbar nach den Anschlägen ein Antibiotikum gegen Milzbranderreger einnahmen – auch dies ein regelrecht lebensweltliches Zeichen dafür, dass die Anschläge ihren Schrecken nicht nur aus ihrem Stattfinden entwickeln, sondern auch aus dem, was noch geschehen könnte. Philipp Sarasin: »Anthrax« – Bioterror als Phantasma. Frankfurt am Main: Suhrkamp 2004, S. 13.

170 Albrecht Koschorke / Susanne Lüdemann / Thomas Frank / Ethel Matala de Mazza: Der fiktive Staat. Konstruktionen des politischen Körpers in der Geschichte Europas. Frankfurt am Main: Fischer 2007, S. 11. Die Frage nach der ›Verkörperung‹ der Souveränität zieht sich durch die Geschichte der Staatstheorie seit dem Mittelalter, vgl. dazu: Ernst Kantorowicz: Die zwei Körper des Königs. Eine Studie zur politischen Theologie des Mittelalters, übersetzt von Walter Theimer. München: dtv 1990, S. 21.; Horst Bredekamp: Politische Zeit. Die zwei Körper von Thomas Hobbes‘ ›Leviathan‹. In: Wolfgang Ernst / Cornelia Vismann (Hg.): Geschichtskörper. Zur Aktualität von Ernst H. Kantorowicz. München: Fink 1998, S. 105-118, hier: S. 106.

Die Möglichkeit von politischer Ordnung hat demnach ein Repertoire des politisch Imaginären zur Voraussetzung, das über die Kraft verfügt, einer völlig abstrakten und unerfahrbaren Größe (imaginäre) Konkretion zu verleihen, sie vorstellbar und sichtbar zu machen – sie damit aber eben auch zu *verkennen*. Über das politisch Imaginäre wird das Individuum mit einem (imaginären) Kollektiv verwoben und somit das denkbar gemacht, was gerne mit der Formel des *Mehr-als-die-Summe-der-Einzelteile* umschrieben wird.[171] »Gesellschaftliche Organisation [...] ist praktisch gewordene Metaphorik.«[172] Hinter diese Metaphorik gibt es kein zurück, Gesellschaft ist gar nicht anders denkbar, als über dieses imaginäre Verhältnis, das in der sozialen Realität *wirkt*.[173] Die Zurechenbarkeit von Macht ist im Rahmen des Imaginären der politischen/wirtschaftlichen Ordnung zwar kontingent, zugleich aber immer auch konstitutiv. Das damit verbundene Doppelspiel von Erkennen und Verkennen der Politik ist in seiner Bedeutung für eine politisch-kulturelle Verortung von Terror nicht zu unterschätzen, basiert doch politische Gewalt auf der Vorstellung, Macht verorten, personalisieren und *treffen* zu können.

Hier liegt in gewisser Weise das Drama politischer Gewalt: Ein Anschlag trifft immer auf zweierlei Ebenen und diese muss man differenzieren. Er zielt einerseits auf die Metaphern der Gesellschaft, auf den metaphorischen Körper der politischen Macht bzw. ›des Systems‹, trifft aber andererseits reale Menschen. Wenn Terroristen nun diese materialisierten Metaphern der gesellschaftlichen

171 Vgl. zu diesem Aspekt Benedict Anderson, der in seinem grundlegenden Buch *Die Erfindung der Nation* schreibt: Die Nation sei eine »vorgestellte politische Gemeinschaft – vorgestellt als begrenzt und souverän. [...] Vorgestellt ist sie deswegen, weil die Mitglieder selbst der kleinsten Nation die meisten anderen niemals kennen, ihnen begegnen oder auch nur von ihnen hören werden, aber im Kopf eines jeden die Vorstellung ihrer Gemeinschaft existiert. [...] Die Nation wird als begrenzt vorgestellt, weil selbst die größte von ihnen mit vielleicht einer Milliarde Menschen in genau bestimmten, wenn auch variablen Grenzen lebt, jenseits derer andere Nationen liegen. [...] Die Nation wird als souverän vorgestellt, weil ihr Begriff in einer Zeit geboren wurde, als Aufklärung und Revolution die Legitimität der als von Gottes Gnaden gedachten hierarchisch-dynastischen Reiche zerstörte.« Benedict Anderson: Die Erfindung der Nation. Zur Karriere eines erfolgreichen Konzepts. Frankfurt am Main / New York: Campus 1988, S. 15 ff.; instruktiv sind auch die Ausführungen von Wolfgang Müller-Funk: Die Kultur und ihre Narrative. Eine Einführung. Wien / New York: Springer 2008, S. 103 ff.

172 Koschorke / Lüdemann / Frank / de Mazza: Der fiktive Staat, a.a.O., S. 57.

173 Dieses darf aber eben nicht mit dem Realen im Sinne Lacans verwechselt werden; das Reale der Politik bleibt entzogen.

Ordnung angreifen, dann greifen sie eben nicht wahllos irgendetwas an, sondern Orte und Personen, die im Rahmen des politisch Imaginären mit Macht ausgestattet sind. So schreibt Ulrich Baer im Hinblick auf die RAF, dass

> the kind of terrorism practiced by the RAF targets a state in its forms of symbolic representation, and thus challenges the state as the locus where truth and meaning originate. Much of the RAF's strategies, and much of the considerable pathos found in accounts of its practices, etc., *results from the illusory yet powerful equation of the state with the symbolic source of, and control over all meaning and significance.*[174]

In der Konsequenz bedeutet dies, dass die Terroristen an der symbolischen Ordnung und dem politisch Imaginären der ›Gesellschaft‹ partizipieren. Anders gesagt: Sie sind völlig in die ideologische Konstellation der Gesellschaft verstrickt, die sie angreifen.

In dem Moment, in dem die Kugel bzw. die (Flugzeug-)Bombe, die, angetrieben von der Imagination, auf das Zentrum des Welthandels abgefeuert wird und das Gebäude mit den in ihm arbeitenden Menschen trifft, blitzt im Imaginären das völlig entzogene Reale auf. Die Kugel/Bombe durchschlägt gewissermaßen den kulturellen Text, der zugleich Voraussetzung dafür ist, dass überhaupt gefeuert wird. Vom World Trade Center bleiben Schutt und tausende von realen Toten – und dennoch (oder zynischerweise: gerade deshalb) geht es weiter wie bisher – heute steht an gleicher Stelle ein neues World Trade Center.

Insofern handelt es sich beim Angriff auf Repräsentationen der Macht aufgrund der Signifikanz des Imaginären für alle politischen Ordnungen immer um eine (todbringende) Verwechslung: Verwechselt wird der Stellenwert, den das Ziel in der Ordnung des politisch Imaginären hat, mit dem rein kontingenten Charakter dessen, welche Person, welcher Ort, welches Gebäude mit der symbolischen Bedeutung ausgestattet wird.[175]

---

174 Ulrich Baer: The Afterlife of Terrorism in Photography. Astrid Proll's Baader Meinhof – Pictures on the Run 1967-1977. In: Ders. (Hg.): Enden der Fotografie / Ends of photography. Köln / Weimar / Wien: Böhlau 2006, S. 53-70, hier: S. 54. [= Figurationen. Gender, Literatur, Kultur 7 (2006), Heft 2] (Hervorhebung von mir.)

175 Slavoj Žižek hat diesen Kurzschluss in einem anderen Zusammenhang treffend formuliert: »[...] *wer auch immer* sich auf dieser Position einfindet, ist der Adressat, weil ja den Adressaten gerade der Umstand definiert, daß er sich auf dieser Stelle eingefunden hat, und nicht etwa seine Eigenschaften, nicht der Umstand, daß dies ›ausgerechnet er‹ war.« Slavoj Žižek: Liebe Dein Symptom wie dich selbst! Jacques Lacans Psychoanalyse und die Medien. Berlin: Merve 1991, S. 29. Eine ähnliche Denkfigur formuliert auch Peter Fuchs in systemtheoretischem Vokabular, nachdem

Die Anschläge des 11. September zielten *auf metaphorischer Ebene* auf eine Totalvernichtung des politischen Körpers der USA. Und auf dieser metaphorischen Ebene wurden sie auch genauso verstanden. Zugleich haben sie auf drastische Weise die Entzogenheit des Realen der Politik spürbar gemacht. Es sind dann nicht die Skrupellosigkeit der Attentäter, die eindrücklichen Bilder der Anschläge oder die Masse der Toten, die die Verstörung erzeugen. Vielmehr spielt sich die Verstörung durch die Anschläge im Imaginären der Gesellschaft ab und dies vermag die überaus starken Emotionen zu erklären, die die Anschläge erzeugten. Ein ›Trauma‹ im klinischen Sinne dürfte das kaum sein, aber es reicht aus, um die *Vorstellung des Traumas* virulent werden zu lassen.

2.3 MYTHOS, ›TERROR‹, ERZÄHLEN

›Terror‹ ist ein Teil des kulturellen Zeichensystems, er ist im imaginären Raum verankert – und damit im Bereich der Fiktion und der Erzählungen. Er ist nicht das Ende der Kommunikation, sondern erlangt seine Bedeutung gerade über die unüberschaubare Masse an kommunikativen Prozessen, mit denen er verknüpft ist und die er provoziert. Mit anderen Worten: ›Terror‹ als ein Phänomen der Unlesbarkeit zu verstehen, bedeutet zugleich, den Blick auf die kulturellen, textuellen und symbolischen Aushandlungsprozesse zu richten, innerhalb derer der Begriff lesbar wird und seine Konturen bzw. Bedeutungen überhaupt erst erlangt.

Für die Auseinandersetzung mit dem Phänomen des ›Terrors‹ kommt dem Hinweis auf die kulturellen Aushandlungsprozesse, also auf die Teilhabe des ›Terrors‹ an unserem kulturellen Zeichensystem insofern eine wichtige Bedeutung zu, als es gerade im politischen Diskurs eine deutliche Abwehr gegen eine solche kultursemiotische Sichtweise gibt. ›Terror‹ ist im politischen Diskurs ein Fall für die kriminologische und die juristische Aufklärung, es geht darum, Täter

er die Leitunterscheidung Schuld/Unschuld als den Code der Terrors hergeleitet hat: »Man könnte auch sagen, das Schuld/Unschuld-Schema oszilliert in sich zwischen seinen Werten, und auch dies ist eine der hervorragendsten Merkmale der Codes, wie wir sie von den prominenten Funktionssystemen her kennen. Der operative Ausdruck für dieses Oszillieren ist, daß ein ›never ending game‹ entsteht. Das System des Terrors attackiert die Schuldseite (es geht um *die* Gesellschaft), aber der Angriff, der das im genaueren Sinne ›Leere‹ der Gesellschaft anpeilt, erreicht immer nur die Seite der Unschuld, also Leute und Dinge, die gerade nicht *die* Gesellschaft sind.« Fuchs: Das System Terror, a.a.O., S. 56.

aufzuspüren und zu verurteilen, sowie darum, Tathergänge zu rekonstruieren, um die Verantwortlichen vor Gericht zu stellen. Der kulturelle Überschuss des ›Terrors‹ wird dabei nicht gesehen oder aber als ›Mythisierung‹ des Terrors problematisiert.

Und so stehen auch künstlerische Auseinandersetzungen mit ›Terror‹ unter dem Verdacht, die Gewalt zu ›ästhetisieren‹ und damit zu verharmlosen. Im schlimmsten Fall sehen sie sich dem Vorwurf ausgesetzt, mit dem ›Terror‹ zu sympathisieren, am ›Mythos Terror‹ mitzustricken, anstatt ihn aufzulösen.[176] Solche Debatten, die Mythos gegen Aufklärung auszuspielen versuchen, gehen

176 In Deutschland gab es nach dem 11. September 2001 zwei wichtige Debatten über den künstlerischen Umgang mit Terror, sie arbeiteten sich am Umgang mit der RAF ab: Als die Berliner Kunst-Werke im Jahr 2003 eine Ausstellung mit dem Arbeitstitel Mythos RAF ankündigten, entzündete sich eine heftig geführte Diskussion über die Legitimität einer solchen Ausstellung. Wichtige Beiträge zu dieser Debatte finden sich auch im zweibändigen Ausstellungskatalog zur Ausstellung: Klaus Biesenbach (Hg.): Zur Vorstellung des Terrors. Göttingen: Steidl 2005.
Im Frühjahr des Jahres 2007 wurde anlässlich der bevorstehenden Entlassung der früheren RAF-Mitglieder Christian Klar und Brigitte Mohnhaupt eine kontroverse Debatte um den Umgang mit der Geschichte der RAF in Deutschland geführt. Insbesondere die kriminologisch bislang nicht aufgeklärten Taten der sogenannten dritten Generation der RAF waren der Anlass, um darüber zu streiten, ob angesichts der herrschenden Ungewissheit über einzelne Taten der RAF eine künstlerische Auseinandersetzung mit dem Terror legitim sei. Pointiert zusammengefasst ging es in beiden Debatten darum, Aufklärung und Mythisierung gegeneinander auszuspielen. Exemplarisch formulierte das der damalige stellvertretende Vorsitzende der CDU/CSU-Bundestagsfraktion für Außen-, Sicherheits- und Europapolitik und spätere Innenminister Wolfgang Schäuble: »[...] allgemein versteht man unter ›Entmythologisierung‹ die Säuberung mythischer Reste durch Erkenntnisse der Realität. Was immer an der RAF mythisch gewesen sein soll, zunächst müsste man also Taten und Täter wenigstens kennen.« Und weiter: »Der freiheitliche Rechtsstaat erwies sich diesmal als stärker. Dabei muss es bleiben. Daran sollten wir erinnern, aber nicht mit falscher Mystifizierung, sondern vor allem mit vollständiger Aufklärung.« Wolfgang Schäuble zur Diskussion um RAF-Ausstellung. Pressemitteilung. Abrufbar unter: http://www.presseportal.de/pm/2790/478591, zuletzt abgerufen am 09. Februar 2016. Weitere, die Debatte um ›Mythisierung‹ prägende Beiträge kamen von Nils Minkmar: Sektenlogik. Warum die Rede über die RAF immer wieder in moralisch unterbelichtete Sackgassen führt. In: Frankfurter Allgemeine Sonntagszeitung, 28. Januar 2007, S. 27; Butz Peters: Die Legenden der RAF. In: Frankfurter Allgemeine Sonntagszeitung, 7. Mai 2007, S. 57.

allerdings am Kern des Phänomens vorbei, mehr noch: sie sind geprägt von einem grundsätzlichen Vorbehalt gegenüber dem Erzählen. In den Denkmustern, die diese Debatten prägen, gibt es auf der einen Seite die Welt der Fakten, deren (kriminologische) Aufklärung Eindeutigkeit im Hinblick auf den Terror herstellen und mit dem Mythos aufräumen soll, und es gibt auf der anderen Seite die Welt der Fiktion, der künstlerischen Auseinandersetzung, die Uneindeutigkeit produziert und die damit im Verdacht steht, die Gewalttaten (popkulturell) zu verklären, zu verharmlosen und somit zu mythisieren. Auch im Zusammenhang mit den Anschlägen vom 11. September 2001 waren seitens der Literaturkritik schnell die Grenzen gezogen, die definieren sollten, was Literatur nun zu leisten und nicht zu leisten habe.[177]

Neben der Einsicht, dass in den eben beschriebenen Debatten der Mythos als ein politischer Kampfbegriff verwendet wird, stellt sich aber die grundlegendere Frage nach dem Verhältnis von Mythos und ›Terror‹. Auf diesen Zusammenhang möchte ich an dieser Stelle näher eingehen, weil sich daraus letztlich die spezifische textuelle Dimension des ›Terrors‹ ableiten lässt.

Roland Barthes zufolge handelt es sich beim Mythos um ein »sekundäres semiologisches System«[178]. Mit dieser Beschreibung begreift Barthes den Mythos strukturalistisch als eine Form des Aussagens, unabhängig von seinem Inhalt: Der Mythos sei »ein Mitteilungssystem, [...] eine Weise des Bedeutens, eine Form. [...] Der Mythos wird nicht durch das Objekt seiner Botschaft definiert, sondern durch die Art und Weise, wie er diese ausspricht.«[179] Auf dieser formalen Grundlage betrachtet Barthes den Mythos als ein sekundäres semiologisches System, das auf einer bereits bestehenden semiologischen Kette aufbaut: »Was im ersten System Zeichen ist (das heißt assoziatives Ganzes eines Begriffs und eines Bildes), ist einfaches Bedeutendes im zweiten.«[180] Mit dem Übergang in die zweite semiologische Verkettung entsteht eine Leerstelle in der Bedeutung, diese wird mit imaginärem Inhalt gefüllt, das Zeichen wird ideologisch/imaginär aufgeladen.

Wenn ein Gewaltakt nun auf das World Trade Center zielt, dann zielt er nicht auf die Bedeutung, die das Gebäude im ersten semiologischen System hat (dort könnte man die Bedeutung folgendermaßen formulieren: großes Gebäude,

177 Vgl. dazu den aufschlussreichen Text von Volker Mergenthaler: Warum die Frage »Wie reagieren Schriftsteller auf die Terroranschläge?« auf dem Feld der deutschsprachigen Literatur die falsche Frage ist, a.a.O.

178 Roland Barthes: Mythen des Alltags, übersetzt von Helmut Scheffel. Frankfurt am Main: Suhrkamp 1964, S. 93.

179 Barthes: Mythen des Alltags, a.a.O., S. 85.

180 Barthes: Mythen des Alltags, a.a.O., S. 92.

in dem viele internationale Firmen ihre Büros haben), sondern auf die Bedeutung innerhalb eines zweiten semiologischen Systems, in dem das Gebäude des World Trade Center für das *reale Zentrum* einer hegemonialen kapitalistischen/westlichen/liberalen/US-amerikanischen Kultur und Politik steht. Das Gebäude erhält auf diese Weise eine Sinntiefe, die sich bezogen auf den 11. September 2001 noch verfestigt, wenn man die weiteren Ziele (Capitol, Weißes Haus, Pentagon) in diese semiologische Verkettung mit aufnimmt. Die Anschläge des 11. September 2001 stricken auf diese Weise am Mythos mit, dass hochkomplexe, ausdifferenzierte, moderne Gesellschaften noch systemrelevante ›Orte‹, ›Zentren‹ oder ›Organe‹ hätten. ›Terror‹ *wird* nicht mythisiert, er *operiert selbst innerhalb einer mythischen Struktur*. Je schlüssiger dieses sekundäre semiologische System funktioniert, desto umfassender verschleiert es sein Gewordensein, seine Geschichtlichkeit.[181]

Bezogen auf die Auseinandersetzung mit ›Terror‹ überzeugt es daher, wenn Heinz-Peter Preußer den *Mythos Terror* in Verbindung mit den unverstandenen, unbewältigten Dimensionen komplexer Gesellschaften in Verbindung bringt:

> Die ›Profiltiefe‹ eines Mythos bemisst sich genau daran, ob und wie weit die Rede über ihn sich zu Bildern, zu *einem* Bild gar verdichtet hat. Dann wird dieses Bild wiederum Projektionsfläche der gesellschaftlichen Verhältnisse, ihrer widerstreitenden Interessen, ihrer unausgetragenen Widersprüche. Der *Mythos* Terrorismus ist also nicht eine Mystifizierung von Verbrechen, sondern Signal für das Unbewältigte der Zeitgeschichte.[182]

Womöglich entfaltet ›Terror‹ eine besondere Wirkung, wenn er zielgenau an die sekundären semiologischen Systeme der angegriffenen Gesellschaften andockt. Mit *Mythos Terror* steht einerseits ein semiologisches und narratives Modell zur Verfügung, das die unausgetragenen Widersprüche und unbewältigten Dimensionen überdeckt. Im Umkehrschluss bedeutete das aber andererseits, dass die Existenz des *Mythos* gerade auf die Virulenz dieser unbewältigten Dimensionen verweist – Preußer zufolge liegt deshalb in der Auseinandersetzung mit dem Mythos die Möglichkeit begründet, Fragen aufzuwerfen, die »analytisch noch nicht gedacht werden können«[183].

Es ist sinnvoll, hier die obigen Ausführungen zur Souveränität aufzugreifen: Eine Gewalttat ist nicht an sich ›terroristisch‹. Der Kontext, in dem sie stattfin-

---

181 Vgl. dazu: Barthes: Mythen des Alltags, a.a.O., S. 103.

182 Heinz-Peter Preußer: Warum *Mythos* Terrorismus? Versuch einer Begriffsklärung. In: Matteo Galli / Ders. (Hg.): Mythos Terrorismus. Vom Deutschen Herbst zum 11. September. Heidelberg: Winter 2006, S. 69-83, hier, S. 82 f.

183 Preußer: Warum *Mythos* Terrorismus?, a.a.O., S. 79.

det, entscheidet darüber, ob sie als ›Terror‹ *gelesen* werden kann. Zunächst einmal ist eine Gewalttat mit 3.000 Toten eine Gewalttat mit 3.000 Toten. Wenn diese Gewalttat als ›Terror‹ bezeichnet wird, weil sie als ein ›Angriff auf uns‹, ›die westliche Welt‹ gelesen wird, dann ist die Bezeichnung als ›Terror‹ schon das sekundäre semiologische System. Das Gewordensein der politischen Souveränität (und ihre verdrängte Gründungsgewalt) lassen sich (weiter) verschweigen, wenn es sich um ›Terror‹ handelt. Strukturell muss die Rede vom ›Terror‹ daher als ein Mythos begriffen werden. Keineswegs geht es dabei aber darum, die Realität der Gewalt in Abrede zu stellen. Den Zusammenhang von Realität und der narrativen Verfasstheit von Kultur formuliert Wolfgang Müller-Funk präzise:

> Die Pointe liegt nicht darin, zu sagen, daß es keine ›Realität‹ gibt – Schmerz, Tod, Krieg, Hunger, Ausbeutung –, sondern daß diese Realität nur durch die spezifischen Narrative und durch ihre Auftritte in ganz spezifischen Medien und Genres zu begreifen ist.[184]

Allerdings wäre es angesichts der Realitäten konstituierenden Funktion des Mythos ein Trugschluss, zu denken, man könne ihn einfach entmythisieren, indem man ihm ›die Wirklichkeit‹ entgegenhält. Die Dekonstruktion des Mythos findet nicht von einer als ihm äußerlich gedachten Wirklichkeit statt, sondern vielmehr aus seinem Inneren heraus.[185] Barthes geht davon aus, dass man sich seine Struktur zu Eigen machen kann, um gegen ihn zu intervenieren: »Der Mythos kann in letzter Instanz immer auch den Widerstand bedeuten, den man ihm entgegensetzt. Die beste Waffe gegen den Mythos ist in Wirklichkeit vielleicht, ihn selbst zu mythifizieren, d. h. einen *künstlichen Mythos* zu schaffen.«[186]

Die Produktivität/den kulturellen Stellenwert einer (poetischen) Arbeit am Mythos hebt auch Hans Blumenberg hervor. Er skizziert in seiner Auseinandersetzung mit dem Begriff und der Rezeption des Mythos zunächst einmal eine Vorstellung des Mythos, die ihn in zwei antithetischen Kategorien zu fassen versucht: »als *Terror* und als *Poesie* – und das heißt: als reiner Ausdruck passiver dämonischer Gebanntheit *oder* als imaginative Ausschweifung anthropomorpher

---

184 Müller-Funk: Die Kultur und ihre Narrative, a.a.O., S. 253.

185 In diesem Zusammenhang ist auch die besondere Bedeutung des ästhetischen Urteils zu sehen, auf die Müller-Funkt hinweist: Weil sich die Realität nur durch spezifische Narrative zu begreifen sei, könne »das ästhetische Urteil als ein Teil einer kritischen Theorie begriffen und in diese reintegriert werden, die davon ausgeht, daß eine Lücke zwischen dem memorierten Ereignis und dem allgemeinen kulturellen Muster der Erinnerung besteht.« Müller-Funk: Die Kultur und ihre Narrative, a.a.O., S. 253.

186 Barthes: Mythen des Alltags, a.a.O., S. 121.

Aneignung der Welt«[187]. Blumenbergs Argumentation überwindet das antithetische Modell und zielt gerade darauf ab, über ein dialektisches Denkmodell »die antithetischen Kategorien der Interpretation des Mythos in ein fundierendes Verhältnis zueinander zu setzen«[188]. Er schlägt vor, den Mythos nicht als eine vorgängige, anfängliche Größe zu begreifen, die das Leben in ihrem Bann hält, sondern als ein sekundäres Phänomen, das zuallererst und vor allem durch seine sprachliche und narrative Form »Distanz« zum Schrecklichen und Verängstigenden der Wirklichkeit schafft.[189] Dem Mythos kommt die Bedeutung zu, die Schrecken zu »depotenzieren, aufzudecken, aufzulösen, ins Spiel umzusetzen«[190]. In dieser Distanziertheit durchziehen den Mythos aber dennoch die Spuren des Schrecklichen, weil dessen bloße Existenz davon zeugt, dass es etwas gibt, das zur Distanzierung zwingt.[191] Mit Blumenbergs Begriff des Mythos wird deutlich, dass die Poetik gerade der Ort ist, an dem das mit Topoi der Unsagbarkeit belegte Schreckliche in sprachliches ›Spiel‹ überführt wird, dass mithin Sprechen in einer mythischen Struktur eine produktive Form ist, um ›Terror‹ zu verhandeln.

Zugespitzt kann man sagen, dass es zwei Modi der Lektüre ›terroristischer‹ Gewalt gibt: zum einen die Aufklärung der Fakten, mit der die Hoffnung verbunden ist, dem ›Terror‹ seine beunruhigenden Dimensionen zu nehmen und ihn zugleich zu entmythisieren; zum anderen eine Auseinandersetzung, die gerade

187 Hans Blumenberg: Wirklichkeitsbegriff und Wirkungspotential des Mythos. In: Manfred Fuhrmann (Hg.): Terror und Spiel. Probleme der Mythenrezeption. München: Fink 1971, S. 11-66, hier: S. 13. In diesen Entgegensetzungen sind die Debatten um den Mythos Terror verfangen: In diesen ist die imaginative Ausschweifung über ein so brutales Phänomen wie den Terror der Skandal. Zugleich wird der Mythos über den Terrorismus, um bei der Entgegensetzung von Terror und Poesie zu bleiben, als Terror wahrgenommen: Weil der Terror als Mythos im kulturellen Gedächtnis herumgeistert, hält er uns in seinem Bann und deshalb können wir ihm nicht entkommen, solange die (Pop-)Kultur weiterhin ihre Mythisierung betreibt – der Terror lebt demnach im Mythos weiter.

188 Blumenberg: Wirklichkeitsbegriff und Wirkungspotential des Mythos, a.a.O., S. 15.

189 Blumenberg: Wirklichkeitsbegriff und Wirkungspotential des Mythos, a.a.O., S. 23.

190 Blumenberg: Wirklichkeitsbegriff und Wirkungspotential des Mythos, a.a.O., S. 24.

191 Blumenberg: Wirklichkeitsbegriff und Wirkungspotential des Mythos, a.a.O., S. 24 ff. Vgl. dazu auch die Diskussion zu Blumenbergs Beitrag: Erste Diskussion. Mythos und Dogma. In: Fuhrmann (Hg.): Terror und Spiel, a.a.O., S. 527-548.

die beunruhigenden Dimensionen in ihr Zentrum stellt und auf die Unlesbarkeit des ›Terrors‹ ausgerichtet ist. Der ›Mythos Terror‹ verstellt dann nicht den Blick auf das Phänomen, sondern eröffnet überhaupt erst die Möglichkeit, es zu erfassen.

Wenn ›Terror‹ also auf diese Weise als ein Phänomen der kulturellen und sozialen Semiosis unserer Gesellschaft verstanden werden kann, in dem sich unverstandene und unbewältigte Dimensionen des Politischen artikulieren, dann stellen literarische Texte den Schauplatz zur Verfügung, um diese Dimensionen *in ihrer Unlesbarkeit lesbar* zu machen – oder, mit etwas weniger Emphase ausgedrückt: ein Verhältnis zu ihnen zu gewinnen. Die kulturpoetische Funktion literarischer Texte besteht ja gerade darin, dass sie, so Stephen Greenblatt, »nicht bloß dadurch auf die Kultur bezogen [sind], daß sie auf die Welt jenseits ihrer selbst referieren; sie sind kulturbezogen vermöge der sozialen Werte und Kontexte, die sie selbst erfolgreich in sich aufgenommen haben«[192]. Die Literatur hat dadurch an den kulturellen Austausch- und Aushandlungsprozessen teil, darin liegt ihre gesellschaftliche Funktion. Literarische Texte, können »ein Wissen von sich selbst ›mitlaufen‹ lassen [...], ohne sich darum gleich paradoxal zu blockieren. Sie sind imstande, Fiktionen als Realität erscheinen [zu] lassen, Wirklichkeit beziehungsweise Gültigkeit [zu] stiften und gleichzeitig lesbar zu halten, dass es sich so einfach doch nicht verhält.«[193] Literarische Texte können ihre Verfahrensweisen ausstellen, sie können Diskurse aufnehmen, ohne dass es eine Notwendigkeit nach Abschluss, Schlüssigkeit oder *closure* im Sinne einer Nutzbarmachung für einen bestimmten (politischen) Zweck gibt. Sie sind aufgrund ihrer *Textualität* in dem Bereich angesiedelt, der vor bzw. zwischen der Ausdifferenzierung von Systemlogiken liegt und können gerade daher »die kulturelle Improvisation im Vorfeld und an den Rändern systemischer Ausdifferenzierung«[194] in den Blick bekommen.

Aus diesen Überlegungen heraus begründet sich auch die Auswahl der Texte, die in der vorliegenden Arbeit behandelt werden. Ich stelle die literarischen Texte in den Kontext zeitgenössischer Diskurse, lese sie darin aber zugleich als Texte, die jeweils ein eigenständiges poetisches Verfahren entwickeln. Es handelt sich um Texte, die alle im Bereich des realistischen Erzählens verortet werden

192 Stephen Greenblatt: Kultur. In: Moritz Baßler (Hg.): New Historicism. Literaturgeschichte als Poetik der Kultur. Tübingen / Basel: Francke 2001, S. 48-59, hier: S. 50.

193 Albrecht Koschorke: Codes und Narrative. Überlegungen zur Poetik der funktionalen Differenzierung. In: Walter Erhart (Hg.): Grenzen der Germanistik. Rephilologisierung oder Erweiterung? DFG-Symposion 2003. Stuttgart: Metzler 2004, S. 174-185, hier: S. 181.

194 Koschorke: Codes und Narrative, a.a.O., S. 180.

können.[195] Texte also, die darum bemüht sind, eine wiedererkennbare Welt zu schaffen: Realistische Erzählverfahren erschaffen klare Bilder, sie verorten sich in einer Welt, in der auch der ›Terror‹ stattfindet. In diesem Rahmen entwirft jeder Text eine eigene Verfahrensweise, ein spezifisches Ordnungsmodell und begibt sich auf je eigene Weise in den Austausch mit anderen Textualitäten. Mit anderen Worten: Jeder Text hat seine eigene Literarizität.

Realistisches Erzählen bedeutet nicht, dass sich die Texte über ›Terror‹ daran messen lassen müssten, ob das, was sie schreiben, auch ›wahr‹ ist. ›Terror‹ ist in den Texten einzig und allein ein *Texteffekt*: wie jeder literarische Text seine eigene, spezifische Ordnung entwirft, so entwirft jeder Text seinen eigenen, spezifischen ›Terror‹.

Daraus ergibt sich auch das methodische Vorgehen der Arbeit: Geleitet von einem kultursemiotischen Interesse erfolgen die Textlektüren in einer Verbindung von *close reading* und *wide reading;* dem *close reading* liegt die Überzeugung zu Grunde, dass jeder literarische Text seine eigenen sprachlichen, narrativen, ästhetischen und intertextuellen Verfahrensweisen entwickelt. Diese Verfahrensweisen werden über semiotische und narratologische Lektüren beschreibbar, wobei der Fokus auf der Ebene des Erzähldiskurses/des Signifikanten liegt. Um jedoch die kulturelle Bedeutung der Verfahrensweisen zu erfassen, ist eine Ausweitung des Blicks erforderlich – die mikrologische Lektüre muss an die kulturelle, soziale, aber auch textuelle Sphäre angebunden werden, innerhalb derer der Text entsteht.

Mit diesem methodischen Verfahren lassen sich drei unterschiedliche Typologien einer Poetik und Semiotik des Terrors herausarbeiten. Diese drei Typologien zeichnen sich dadurch aus, dass sie die oben beschriebenen Deutungsmodelle ›Zäsur‹, ›Ereignis‹, ›Zeugenschaft‹, ›Trauma‹ gemeinsam verhandeln, sie aber jeweils in eine spezifische erzählerische Konstellation bringen. In den zurückliegenden fünfzehn Jahren haben sich daraus drei typologische Erzählweisen etabliert: Textverfahren, die sich *Im Angesicht des Ereignisses* mit dem 11. September 2001 beschäftigen; Textverfahren, in denen sich ›Terror‹ durch eine *Poetik des Unheimlichen* konstituiert; und schließlich Textverfahren, die *Terror ohne Terror* erzählen.

195 Zum Begriff des realistischen Erzählens in der Gegenwart vgl.: Moritz Baßler: Die Unendlichkeit des realistischen Erzählens. Eine kurze Geschichte moderner Textverfahren und die narrativen Optionen der Gegenwart. In: Carsten Rohde / Hansgeorg Schmidt-Bergmann (Hg.): Die Unendlichkeit des Erzählens. Der Roman in der deutschsprachigen Gegenwartsliteratur seit 1989. Bielefeld: Aisthesis 2013, S. 27-45.

3. Im Angesicht von ›9/11‹. Zur Dekonstruktion des Ereignisses und zur Poetik der Zeugenschaft in Ulrich Peltzers *Bryant Park*

3.1 Vom ›Terror‹ erfasst

Subtil werden die Anschläge des 11. September 2001 nicht gerade in die Erzählung *Bryant Park* eingeflochten.[1] Der Text inszeniert die Anschläge so, wie sie im politischen und kulturellen Diskurs wahrgenommen wurden: als Einbruch aus dem Nichts, als ›Ereignis‹, als ›Zäsur‹. Nachdem der Text über fast zwei Drittel seines Umfangs vom erinnerungsgesättigten Nachmittag seines Protagonisten Stefan Matenaar in New York erzählt hat, bricht er abrupt ab und setzt mit einer neuen, bis dahin völlig unbekannten Erzählstimme ein, die von den Anschlägen des 11. September berichtet. Der Einschlag der Flugzeuge ins World Trade Center wird somit geradezu mimetisch als Einschlag einer neuen Erzählinstanz im Text abgebildet. So, wie man im hegemonialen politischen Diskurs die Welt in eine Welt ›vor‹ und ›nach 9/11‹ einteilt, so kann man auch Peltzers Text in eine Erzählung *vor* und *nach* ›9/11‹ einteilen. So, wie man die Anschläge als eine aus dem Nichts kommende Gewalttat verstanden hat, so bricht in *Bryant Park* aus dem Nichts eine völlig unbekannte Erzählstimme in den Text herein. Ulrich Peltzers Text übersetzt die Wahrnehmungsweisen der Anschläge also stringent in ein erzählerisches Modell, er sucht geradezu die Nähe zur ›terroristischen‹ Gewalttat.

1 Ulrich Peltzer: Bryant Park. Erzählung. Berlin: Berliner Taschenbuch Verlag 2004. Im Folgenden wird aus dieser Ausgabe direkt im Text mit der Angabe (BP, Seitenzahl) zitiert.

Im gleichen Moment, so möchte ich in diesem Kapitel zeigen, arbeitet Peltzers Text jedoch gegen die ›terroristische‹ Gewalt und gegen die machtvollen und gewaltförmigen politischen Diskurse, die sich mit ihr verbinden. *Bryant Park* entwickelt ein besonderes poetisches Verfahren, indem der Text das ›Ereignis‹ des 11. September in ein komplexes Textverfahren einwebt. Der Bruch, den die Anschläge in der Erzählung zunächst ganz offensichtlich darstellen, wird durch das Textverfahren so umfassend unterlaufen, dass das Deutungsmuster der historischen Zäsur in seiner Legitimität in Frage gestellt und stattdessen die Möglichkeit eines Erzählens in einer Zeit des ›Terrors‹ ausgelotet wird – eines Erzählens, das zum einen die verstörende Wucht der Gewalt bezeugt, sich den politischen Herrschaftsdiskursen aber im gleichen Moment zu entziehen versucht. Peltzers Erzählung führt die Gratwanderung vor, die damit verbunden ist: einerseits die Wucht eines ›Ereignisses‹ aufzunehmen, andererseits aber den damit verbundenen, vermeintlich klaren Deutungsmustern zu widerstehen, diese zu reflektieren und sie schließlich zugunsten einer erzählerischen Ethik zu verwerfen. In der poetischen Feinfühligkeit, mit der Peltzer diese Gratwanderung unternimmt, liegt die Besonderheit seiner politischen Ästhetik. Dabei wendet er sich in *Bryant Park* buchstäblich einem grundlegenden Problem des Erzählens zu: dem Spannungsfeld von Autorschaft, Gewalt und Zeugenschaft.

Der Einschlag von ›9/11‹ in den Text ist derart offensichtlich, dass es nicht weiter verwundern sollte, dass die Literaturkritik in der Erzählung schnell den paradigmatischen ›9/11‹-Text entdeckte. Am pointiertesten formulierte dies wohl Ursula März in der Frankfurter Rundschau: »Bryant Park ist kein Buch über den 11. September, sondern ein Buch, das in den 11. September hineingeraten ist.«[2] Als ein Buch, das ›in den 11. September hineingeraten ist‹, verspricht *Bryant Park* für März eine unmittelbare und unverstellte Nähe zu den Anschlägen, gleichsam das Vermögen, das ›Ereignis‹ in sich aufzunehmen, weil der Schreibprozess selbst in das ›Ereignis‹ hineingeraten ist.

Auch die literaturwissenschaftlichen Arbeiten zu Peltzers Erzählung kommen nicht um die Frage herum, ob bzw. wie Peltzer das ›Ereignis 9/11‹ verhandelt. Heide Reinhäckel bewertet *Bryant Park* als den ersten literarischen Text zu ›9/11‹. Er zeichne sich dadurch aus, dass er »den Bruch mittels einer Textzäsur«[3]

2 Ursula März: 5 vor 12. Ulrich Peltzer schreibt über New York und gerät in den 11. September – ein Glücksfall für die Literatur. In: Frankfurter Rundschau, 20. März 2002. Beilage: LiteraturRundschau, S. 2. Zu einer ausführlichen Auseinandersetzung mit der Rezeption in der Literaturkritik siehe Volker Mergenthaler: Katastrophenpoetik. Max Goldts und Ulrich Peltzers literarische Auseinandersetzungen mit ›Nine-Eleven‹. In: Wirkendes Wort 2 (2005), S. 281 - 294.

3 Reinhäckel: Traumatische Texturen, a.a.O., S. 111.

markiere. Den Bruch sieht sie dabei als Indiz für den Schock, den die Anschläge auch für den Autor Ulrich Peltzer bedeutet haben müssen.[4] Dass Peltzers New-York-Erzählung jedoch ein avanciertes Textverfahren entwickelt, dem man mit der Vorstellung eines tatsächlichen Einschlags von ›9/11‹ in den Text nicht gerecht werden kann, darauf wurde ebenfalls bereits in einigen Beiträgen hingewiesen.[5] So hebt Volker Mergenthaler dezidiert hervor, dass das Buch weniger den 11. September abbilde, als vielmehr »poetologisch aussagekräftig« sei, weil es »das mit *Nine-Eleven* verbundene literarische Darstellungsproblem offensiv zum Thema macht«[6]. Peltzer habe eine Form der Auseinandersetzung mit den Anschlägen gefunden, die sich in erster Linie als eine hochgradig inszenierte »Überforderung von Autorschaft«[7] angesichts der Bilder von ›9/11‹ lesen lasse, wobei der Riss, den ›9/11‹ in dem Buch markiert, bereits vor der Thematisierung der Anschläge durch das Textverfahren als »poetische Komposition liert«[8] sei. Auch Christoph Deupmann sieht die Vorstellung, dass ›9/11‹ *wirklich* in Peltzers Text hereingebrochen sei, kritisch. Er beschreibt *Bryant Park* treffend als eine Erzählung, deren »Wirklichkeitsbeschreibung [...] sich selbst

4 Reinhäckel zieht Interviewäußerungen von Ulrich Peltzer als Beleg für diese These heran, setzt damit aber leider den Autor mit der Erzählinstanz gleich. »Nach einem anfänglichen *writer's block*, der in diesem Fall wohl auch ein *writer's shock* darstellt, entscheidet sich Peltzer, den Schreibprozess wieder aufzunehmen – jedoch unter der Maßgabe, das Ereignis der Anschläge in den Mikrokosmos des Textes aufzunehmen.« Reinhäckel: Traumatische Texturen, a.a.O., S. 106.

5 Vgl. Mergenthaler: Katastrophenpoetik, a.a.O.; Jesko Bender: »Umschmeichelt von so viel Schrift.« Zum Denkmuster der ›Zäsur‹ im deutschen Terrorismus-Diskurs nach dem 11. September 2001 – Ulrich Peltzers *Bryant Park*. In: Inge Stephan / Alexandra Tacke (Hg.): NachBilder der RAF. Köln / Weimar / Wien: Böhlau 2008, S. 268-286; Christoph Deupmann: Versuchte Nähe. Vom Ereignis des 11. September zum Ereignis des Textes. In: Poppe / Schüller / Seiler (Hg.): 9/11 als kulturelle Zäsur, a.a.O., S. 139-161.

6 Mergenthaler: Katastrophenpoetik, a.a.O., S. 288.

7 Mergenthaler: Katastrophenpoetik, a.a.O., S. 288.

8 Mergenthaler: Katastrophenpoetik, a.a.O., S. 290. Christoph Deupmann hebt die Inszenierung des ›Ereignisses 9/11‹ in *Bryant Park* hervor, wenn er darauf hinweist, dass das »thematische Ereignis zugleich als Text-Ereignis« gelesen werden müsse, das sich jedoch aufgrund seiner Schriftlichkeit der »symbolischen Stillstellung« entziehe. Christoph Deupmann: Versuchte Nähe. Vom Ereignis des 11. September zum Ereignis des Textes. In: Sandra Poppe/Thorsten Schüller/Sascha Seiler (Hg.): 9/11 als kulturelle Zäsur. Repräsentationen des 11. September 2001 in kulturellen Diskursen, Literatur und visuellen Medien. Bielefeld: transcript 2009, S. 139-161, hier: S. 156 f.

immer schon von Geschichten unterbrochen sieht«[9]. Der Text entfalte seine poetische Komplexität, weil ihm die Anschläge zwar als disruptiver Moment eingeschrieben seien, sie aber dennoch nicht den völligen Abbruch der Narration zur Folge haben. So markierten die Anschläge »gewissermaßen einen Rand des Erzählens in der Mitte des Erzählens«[10].

Peltzers Text lässt keinen Zweifel daran, dass es ihm an zentraler Stelle um die Auseinandersetzung mit dem Begriff des ›Ereignisses‹ in Verbindung mit den Anschlägen vom 11. September 2001 geht. Er steht damit nicht alleine: es liegt inzwischen eine Reihe literarischer Texte vor, die sich dem ›Ereignis‹ verschrieben haben. Drei dieser Texte, die meines Erachtens eine je eigene poetische Verfahrensweise im Blick auf das ›Ereignis‹ entwickeln, werde ich am Ende dieses Kapitels vorstellen: Kathrin Rögglas *really ground zero*, Max Goldts *Wenn man einen weißen Anzug anhat* und Michael Kleebergs *Vaterjahre*. *Bryant Park* macht die Matrix des Erzählens unter den Bedingungen des ›Ereignisses‹ am pointiertesten lesbar: Der Text rückt den Begriff des Ereignisses in den Mittelpunkt der poetischen Auseinandersetzung mit den Anschlägen vom 11. September 2001 und stellt die Frage nach den Möglichkeiten, das Ereignis unter den Vorzeichen der (Post-)Moderne erzählen zu können.

3.2 DIE DEKONSTRUKTION DES EREIGNISSES ALS KRITIK DER HERRSCHAFTSGESCHICHTE

3.2.1 Erste Sätze

Man träfe den Clou von Peltzers Erzählung nicht, reduzierte man die komplexe Reflexion des Ereignisses lediglich auf die einschlägige Seite 134 – Peltzers Text ist geradezu gerahmt von der Auseinandersetzung mit dem Ereignis als Textphänomen. Schon ein Blick auf den letzten Satz der Erzählung vermag das zu illustrieren: »Ein erster Satz aus dem Nichts.« (BP, 172) Der *letzte* Satz der Erzählung stellt also einen *ersten* Satz in Aussicht. Dieser letzte Satz von *Bryant Park* ist an die Perspektive des Protagonisten Stefan Matenaar gebunden, der sich in New York für ein biografisches Recherche- und Schreibprojekt aufhält

9 Christoph Deupmann: Ausnahmezustand des Erzählens. Zeit und Ereignis in Ulrich Peltzers *Bryant Park* und anderen Texten über den 11. September 2001. In: Ingo Irsigler / Christoph Jürgensen (Hg.): Nine Eleven. Ästhetische Verarbeitungen des 11. September 2001. Heidelberg: Winter 2008, S. 17-28, hier: S. 27.

10 Deupmann: Ausnahmezustand des Erzählens, a.a.O., S. 27.

und dem es bis zum Ende der Erzählung nicht gelungen ist, einen solchen ersten Satz zu formulieren. Es bleibt bei Schreibversuchen: »Etwas hinschreiben, an den oberen Rand eines Blattes, etwas wegstreichen, die Gliederung des Textes ergänzen, Strichmännchen zeichnen, rauchen. [...] gelegentlich tippte man ein paar Sätze in seinen Laptop.« (BP, 75/171) Der dezidiert ›erste Satz‹ seiner Studie steht also noch aus, von ihm kann die Erzählung nicht mehr berichten, anders gesagt: Er steht als Versprechen, vielleicht auch als Drohung noch aus.

Was wäre ein ›erster Satz aus dem Nichts‹ anderes als ein ›Ereignis‹? Wer könnte ihn sprechen und woher bezöge diese Aussageinstanz die Fähigkeit zu sprechen? Wer könnte ihn verstehen? Ulrich Peltzers Text kreist um die Möglichkeitsbedingungen eines solchen, ereignishaften ›ersten Satzes‹ und er hat mit ›9/11‹ ein historisches Geschehen gefunden, an dem er diese Suche auf ihre historischen, geschichtsphilosophischen und politischen Implikationen befragen kann. Ein ›erster Satz aus dem Nichts‹, gesprochen im Angesicht des Nullpunktes, im Angesicht von *Ground Zero* – das steht bei Peltzer zur Verhandlung.

Irgendwie muss die Erzählung ja aber begonnen haben, um dort anzukommen, wo sie mit der Aussicht auf einen ›ersten Satz‹ endet: Und mit diesem Anfang tut sie sich tatsächlich etwas schwer. Dem ersten der extradiegetische Instanz zuzuordnenden Satz ist auf paratextueller Ebene das Gedicht *Tatooed City* von Charles Simic vorangestellt, das schon auf das schwierige Verhältnis von ›Ich‹ und ›Schrift‹ hinweist: »I, who am only an incomprehensible / Bit of scribble«. (BP, 5) Und auch das Umschlagfoto sowie die dazugehörige Erläuterung im Impressum kann man dem Auftakt des Textes zurechnen (dazu später mehr). Hier soll es zunächst nur um den ersten Satz der Diegese gehen: »Von zahlreichen Fenstern in rechtwinkligen Mustern durchbrochene Fassaden aus Granit und Sandstein und Marmor, die steil aufragend die Rasenfläche hinter der Public Library an der fünften Avenue umschließen.« (BP, 7) Dieser Satz fügt sich insofern in das Problemfeld ›erster Satz‹ ein, als ihm sowohl eine zeitliche Markierung als auch ein sprechendes Subjekt (›Ich sehe‹ kann man ihm in Gedanken voranstellen) fehlen. Gestaltet ist der Auftakt der Erzählung durch einen vier Zeilen nach unten gerückten Textbeginn mit einer Majuskel, dem Textbeginn geht eine Ellipse voraus. Es gibt etwas ›vor‹ dem ersten Satz, doch dieses ›etwas‹ ist zunächst einmal weißes Papier.

Der erste Satz beginnt mit einer Leerstelle, einer Leerstelle der Souveränität, des souveränen Sprechens. Diesen ersten Satz kann man programmatisch verstehen: Er konstituiert einen Textraum ohne souveränes Ich, gewissermaßen einen herrschaftsfreien Raum. Im weiteren Verlauf der Erzählung wird dieser Raum von einer polyphonen Gleichzeitigkeit von Gegenwart und Erinnerung ausgefüllt.

Bryant Park verfügt aber nicht nur über *einen* ›ersten Satz‹, sondern gleich über *zwei* ›erste‹ Sätze. Denn der Satz, der von ›9/11‹ berichtet, erinnert an den Auftaktsatz der Erzählung: ein vier Zeilen nach unten gerückter, mit einer Majuskel beginnender Satz. Über diese formale Analogie zum ersten Satz der Erzählung hinaus beginnt auf Seite 134 aber auch eine neue, scheinbar aus dem Nichts kommende Erzählung: Eine bis dahin völlig unbekannte Erzählinstanz bricht schlagartig in die Erzählung ein und berichtet davon, wie sie in Berlin – die von ihr abrupt abgebrochene Erzählung hatte ihren Schauplatz in New York, und zwar zur Zeit der Präsidentschaft von Bill Clinton[11] – die Anschläge vom 11. September 2001 erlebt. Es handelt sich um einen zweiten ›ersten Satz‹.

Im Gegensatz zum Auftakt der Erzählung formuliert diese Erzählinstanz, Ulrich, nun allerdings einen vollständigen Satz: »Als ich gegen siebzehn Uhr aus der Staatsbibliothek nach Hause komme, ist die Stimme Janas auf dem Anrufbeantworter, bestürzt sagt sie, es sei Krieg jetzt, es sei nicht zu fassen.« (BP, 134) Der Einbruch von Ulrich provoziert die Frage: Wieso wird eine Erzählung, die deutlich *vor* dem 11. September angesiedelt ist, abgebrochen, um eine neue Stimme (die den gleichen Namen trägt wie der Autor des Buches) über den 11. September sprechen zu lassen? Ulrich Peltzer begründet diesen Einbruch von ›9/11‹ als eine Entscheidung für eine erzählerische Ethik:

> Die Anschläge ereigneten sich während meiner Arbeit an dem Buch. Das ist letztlich eine sehr traurige Geschichte von jemandem, der versucht, sich in New York wieder einzusammeln; in einer Stadt, in der er nicht mehr zu Hause ist. Mit den Attentaten vom 11. September 2001 ergaben sich dann für mich zwei Möglichkeiten: entweder das Buch abzubrechen oder mir zu überlegen, wie ich den Bogen wieder zu der Geschichte zurückziehen kann.[12]

Vor diesem Hintergrund wird auch verständlich, warum die Erzählstimme, die mit dem 11. September in den Text einbricht, Ulrich heißt. Produktionsethisch gesprochen inszeniert Peltzer mit dem Einbruch von ›9/11‹ den Schreibprozess im Buch selbst: Während er die Geschichte von Stefan Matenaar schreibt, ereig-

---

11 Einen Hinweis auf die Zeit, in der die Handlung angesiedelt ist, geben die Fernsehbilder von Bill Clinton, wie er eine Ehrenmedaille an besonders engagierte Bürger verleiht (BP, 39 f.); die Fassbinder-Werkschau »letzten Februar« (BP, 98) im Museum of Modern Art, von der Matenaar berichtet, fand 1997 statt (vgl.: www.moma.org/interactives/exhibitions/1997/fassbinder/, zuletzt abgerufen am 9. Februar 2016).

12 Warum sind Gefühle nicht das Wahre, Herr Peltzer? Ein Gespräch mit Ulrich Peltzer. In: Frankfurter Allgemeine Zeitung, 26. März 2011, S. Z6.

nen sich in den USA die Anschläge vom 11. September.[13] Über diese Anschläge muss man sprechen, man darf sie nicht ignorieren, nicht beschweigen. Die Erzählinstanz Ulrich bezeugt auf diese Weise in Echtzeit die Anschläge. *Nichts wird mehr so sein wie zuvor* – der Topos der Zäsur, der den US-amerikanischen und europäischen politischen 9/11-Diskurs prägte, spricht auch aus Peltzers Entscheidung, nicht einfach weiterzuerzählen, als wäre nichts passiert. Und in der Tat: *nach* dem Einbruch von Ulrich ist der Text irreversibel ein anderer.

Diese auf Peltzers Äußerung gestützte produktionsethische Dimension des Textes beschreibt jedoch nur die eine Seite des Effekts, den das Auftreten von Ulrich im Text hat. Der Einbruch von ›9/11‹ ist hier zugleich eine Realisierung des Gewaltpotentials eines souveränen Erzähler-Ichs. Diese Ethik ist zugleich höchst ambivalent, hat sie doch auch eine Kehrseite: Ulrich bezeugt mit seinem Auftreten ja nicht nur die Anschläge, sondern verübt *zugleich* seinerseits durch die *Form seines Auftretens* einen Anschlag auf die bisherige Erzählung. Neben einer Ethik des Erzählens lässt sich in *Bryant Park* also auch eine Strategie terroristischen Erzählens finden, und zwar in ein und demselben Textphänomen. Die poetische Konsequenz daraus ist, dass sich jedes Narrativ aus Gewaltpotentialen konstituiert. Während Gewalt in der Politik – gerade angesichts des ›Terrors‹ – als selbstverständlicher Bestandteil des Handelns hingenommen wird, wird Literatur gemeinhin nicht mit Gewaltsamkeit assoziiert. *Bryant Park* zeigt auf, dass jedes Narrativ von Gewaltpotentialen grundiert ist und dass eine Erzählung diese Potentiale im Gleichgewicht halten oder aber drastisch sichtbar machen kann. Politisch gewendet, ist das ›gewaltfreie‹ Erzählen nichts anderes als ein Gleichgewicht der Gewalten, eine *balance of power*. Wer ist also dieser Ulrich, Zeuge oder ›Terrorist‹?

Spätestens hier sollte klar sein, dass Peltzer es einem mit dem *Ereignis des ›Terrors‹* doch nicht so einfach macht, wie es zunächst den Anschein hat. Er hätte ja auch einfach den 11. September beschweigen und sein Buch wie ursprünglich geplant fertig schreiben können (oder er hätte eine andere Form finden kön-

13 Wie die Anschläge vom 11. September in ein völlig anders geplantes Projekt einbrechen, lässt sich nicht nur bei Peltzer lesen, sondern im Dokumentarfilm *11. September. Die letzten Stunden im World Trade Center* auch sehen. Die beiden Brüder Jules und Gédéon Naudet, die einen Dokumentarfilm über eine Feuerwehreinheit in New York City drehen wollten, befinden sich gerade bei einem völlig unspektakulären Routineeinsatz in Manhattan, als über sie das erste Flugzeug hinwegfliegt. Sie schwenken mit der Kamera auf das Flugzeug und filmen auf diese Weise den Einschlag des ersten Flugzeugs in das World Trade Center. So erhielt das Filmprojekt eine historische Signatur: Aus dem Dokumentarfilm über die Feuerwehr wurde ein Film über den Feuerwehreinsatz am World Trade Center.

nen, den mit ›9/11‹ kollidierenden Schreibprozess zu reflektieren). Indem sich Peltzer aber für diese Art der Umsetzung von ›9/11‹ entschied, setzte er ein Textverfahren in Gang, in dem diese beiden Ebenen in derselben Passage zusammenfallen. Und so stellt der Text auf radikale Weise die Frage nach den Bedingungen und Möglichkeiten des Erzählens im Angesicht des ›Terrors‹ und damit auch die Frage nach den problematischen Implikationen von Konzepten der ›Zeugenschaft‹. Er stellt aus, dass die Souveränität des Erzählens/Erzählers unablässig zwischen einer Position der ›Zeugenschaft‹ und einer gewaltsamen Attacke oszilliert, und zeichnet die erzählerische Souveränität als eine Kippfigur, in der die Wirkmacht des ›Terrors‹ angelegt ist. Ein ›erster Satz aus dem Nichts‹ kann beides sein: ein Zeugnis im Sinne der Wiedererlangung einer Sprache nach der Zerstörung aller Referenzrahmen *und zugleich* ein Anschlag aus dem Nichts.

3.2.2 Ereignis/Geschichte

Ich möchte an dieser Stelle auf die Dekonstruktion des Ereignisses durch Derrida zurückkommen, wie sie im ersten Kapitel erläutert wurde. Derrida weist darauf hin, dass die Präsenz des Ereignisses nicht eingefangen werden kann, dass es in seiner Singularität nicht erfasst werden kann. Dies begründet er über die Struktur der Sprache: Die Sprache ist strukturell »einer gewissen Allgemeinheit, einer gewissen Iterierbarkeit, einer gewissen Wiederholbarkeit unterworfen und muss schon deswegen die Singularität des Ereignisses verfehlen«. Man könne also sagen, so Derrida weiter, »dass das Sprechen vom Ereignis die Singularität des Ereignisses […] immer schon verfehlt – durch die einfache Tatsache, dass das Sprechen zu spät kommt und die Singularität in der Generalität verliert«[14].

Bryant Park schreibt sich genau in das aporetische Feld ein, das Derrida mit der ›unmöglichen Möglichkeit‹ des Ereignisses absteckt. Innerhalb dieses Feldes entwickelt Peltzers Text die spezifisch politische und geschichtsphilosophische Dimension einer Dekonstruktion des Ereignisses. Denn er erzählt den 11. September auf eine Art und Weise, die zum einen den hegemonialen Diskurs von den Anschlägen als ›Ereignis‹ und ›Zäsur‹ affirmiert, indem die Anschläge deutlich als Bruch markiert werden; zum anderen entwickelt diese Geste der Affirmation eine subversive, dekonstruktive Kraft, weil sie in einen Textzusammenhang eingebettet ist, der Vorstellungen von ereignishafter Präsenz unterwandert. Peltzers Text geht es darum, im Medium der Sprache – also einem Medium, das Derrida zufolge das ›Ereignis‹ nicht sagen kann – nach Spuren von ›Ereignishaftigkeit‹ zu forschen.

14 Jacques Derrida: Eine gewisse unmögliche Möglichkeit, vom Ereignis zu sprechen. Aus dem Französischen von Susanne Lüdemann. Berlin: Merve 2003, S. 21.

Um diese Spurensuche nachzuzeichnen, lohnt ein genauer Blick auf die Erzählung *vor* dem Einschnitt auf Seite 134. Auf diesen Seiten beschreibt der Erzähler Stefan Matenaar seinen Aufenthalt in New York, dessen Zweck Recherchen »in den auf Mikrofiches und CD-Roms gespeicherten Archiven, Taufregistern und Pfarreichroniken« (BP, 75) für ein nicht näher bezeichnetes Buchprojekt sind. Die Arbeit an diesem Projekt gestaltet sich schwierig, und diese Schwierigkeiten sind im Gegensatz zum genauen Anliegen des Buchprojektes recht deutlich formuliert. Die Arbeit mit Chroniken wirft die Frage auf, wie man Geschichte erzählen kann, wie eine Aneinanderreihung von Daten in einen sinnhaften Zusammenhang gebracht werden kann und welche Bedeutung dabei der Chronist einnimmt: »berührten ihn die Schicksale überhaupt, die er in seinem Buch protokollierte, oder ließen sie ihn kalt als ein Werk der Vorsehung, nur Chiffren eines prädestinierten Geschehens, von dem er der Nachwelt pflichtbewusst Zeugnis ablegte.« (BP, 28)

Was der Autor der Matenaar vorliegenden Chronik gedacht haben mag, lässt sich nicht sagen, es bleibt bei der bloßen Frage danach; aber auch Matenaar versteht sich ja als ein Geschichtsschreiber, verfolgt jedoch einen völlig eigenständigen historiografischen Ansatz, er ist, so sagt er über sich selbst »im Prinzip der Erste [...], der sich dem Thema auf diese Weise nähert.« (BP, 32) Was man sich unter ›dieser Weise‹ vorzustellen hat, wird nicht explizit ausgeführt, es wird jedoch deutlich, dass das Projekt um die Frage kreist, wie Geschichte *gelesen* und *geschrieben* werden kann und wie ein Geschichtsbegriff aussähe, der die Schicksale eben nicht ›kalt‹ in eine objektivierbare Struktur einer mutmaßlich linear und chronologisch verlaufenden und strengen Gesetzmäßigkeiten folgenden Geschichte einbettete, sondern der eine Position der Zeugenschaft für diejenigen Dimensionen der Geschichte entwickelt, die nicht in diesen (angenommenen) Strukturen aufgehen.

Matenaar interessieren gerade die Aspekte, die sich bestenfalls an den Rändern der ihm vorliegenden Dokumente erahnen lassen und die gerade durch ihre Randständigkeit seine Phantasie anregen: »immer wieder«, so heißt es über die Lektüre der Chroniken, »schweifen die Gedanken ab, entzündet sich die Fantasie an einem Schnörkel auf den oft rissigen, von Falzspuren gezeichneten Seiten, die der Bildschirm vergrößert zur Schau stellt.« (BP, 28) Ihn interessiert weniger der Inhalt der Chroniken als vielmehr deren Form, das Material und nicht sinnhafte Marginalien wie beispielsweise Verzierungen der Schrift – die Momente, die darauf hindeuten, dass auch der strenge Chronist in seiner Arbeit abschweifte, wecken Matenaars Interesse und affizieren ihn: »man glaubt, die Hand sehen zu können, die diese Bögen zog, zu beobachten, wie sie ausstrich, Majuskeln verzierte oder Sternchen und Kreuze in eigenwilliger Form aufs Papier setzte.« (BP,

28) Dieses ›eigenwillige‹ Erscheinungsbild der Chroniken scheint ein Zeichen dafür zu sein, dass es neben der strengen Chronik noch eine virulente Dimension der Geschichte gibt, die sich hier artikuliert. Sowohl die *Randgänge des Lesens*, in denen sich die Gedanken an Schnörkeln entzünden, als auch die *Randgänge des Schreibens*, interessieren Matenaar, weil sie ihm zu versteckten Hinweisen und zu Symptomen einer vergessenen Geschichte werden, aber dennoch (oder gerade deshalb) die Phantasie des Lesers, der zugleich Schreiber ist, anregen. »Man möchte Geschichten dazu erfinden, das Gerippe der Daten, einzelner Worte, kryptischer Bemerkungen auffüllen mit den Kapiteln des Dramas, das man dahinter vermutet, nachhallend bis heute durch die dürren Angaben hindurch.« (BP, 28)

Eine solcherart auf die Ränder konzentrierte Rekonstruktion von Geschichte misstraut der Chronologie als »Herrschaftszeugnis« (BP, 31), sie erachtet vielmehr diejenigen Momente für bedeutsam, in denen sich unwillkürlich etwas ›entzündet‹, in denen der Eindruck eines (womöglich rätselhaften) Nachhalls der Geschichte entsteht. Funkt es, oder in Walter Benjamins Begriffen, dessen Geschichtsphilosophie hier immer wieder durchscheint: ›blitzt etwas auf‹, dann treten Vergangenheit und Gegenwart in ein Verhältnis zueinander, dann wird die Gegenwart von der Vergangenheit affiziert, es wird lesbar, was anders nicht lesbar wäre – darin besteht laut Benjamin der »Funken der Hoffnung«[15], den nur ein materialistischer Geschichtsbegriff entfachen kann. Die Hoffnung, die dieser Funke entzündet, besteht darin, zu retten, was im Herrschaftsnarrativ vergessen und verdrängt ist. Es liegt im unvorhersehbaren, unwillkürlich eintretenden Ereignis also durchaus etwas Hoffnungsvolles – und diese Hoffnung gilt es gewissermaßen gegen ein Herrschaftsnarrativ, welches das Ereignis machtpolitisch instrumentalisiert und damit gerade der hoffnungsvollen Dimensionen beraubt, zu verteidigen.

Soweit die Theorie. Diese muss sich jedoch im Leben beweisen, auch hier verfährt *Bryant Park* materialistisch und treibt Matenaar gleich zu Beginn der Erzählung aus der Bibliothek (in der es eben nicht ›funkt‹) hinaus auf die Straßen New Yorks.

Markiert die Public Library einen Ort, der es als Archiv ermöglicht, auf die gespeicherte und durch technische Apparaturen abrufbare Geschichte zuzugreifen, so wird Matenaar auf seinem Weg durch Manhattan zum Flaneur und die Stadt zum Erinnerungsraum einer *mémoire involontaire*: »Den Flanierenden leitet die Straße in eine entschwundene Zeit«, schreibt Benjamin im Passagen-

15 Benjamin: Über den Begriff der Geschichte, a.a.O., S. 695.

Werk und fragt: »Warum aber die seines gelebten Lebens? Im Asphalt, über den er hingeht, wecken seine Schritte eine erstaunliche Resonanz.«[16]

Es ist dieser Resonanzraum der Vergangenheit, den *Bryant Park* erzählt – im Gegensatz zu der Geschichte, die Matenaar in der Bibliothek zu recherchieren versucht, aber nicht erzählt. Der Weg durch New York wird zu einem Weg in die Vergangenheit, eine Vergangenheit allerdings, die sich der chronologischen Ordnung (ihrer Festlegung auf das *Vergangensein*) sowie der kontrollierten Verfügbarkeit widersetzt: Sie bricht *unwillkürlich* in die Schilderungen der Gegenwart und damit mitten in die Sätze ein – lauter kleine ›Ereignisse‹ durchziehen also die Erzählung, schon lange vor dem großen ›Ereignis‹ der Anschläge.

Das Verhältnis von Vergangenheit und Gegenwart wird in Matenaars Erzählung zum Verhältnis von ›Gewesenem‹ und ›Jetzt‹ im Sinne Benjamins: »Denn während die Beziehung der Gegenwart zur Vergangenheit eine rein zeitliche, kontinuierliche ist, ist die des Gewesnen zum Jetzt dialektisch: ist nicht Verlauf sondern Bild, sprunghaft. – Nur dialektische Bilder sind echte [...] Bilder; und der Ort, an dem man sie antrifft, ist die Sprache.«[17] Die Verfahrensweise von Matenaars Erzählstrang zeichnet den Versuch, die Gegenwart zu erzählen, letztlich als ein Erinnerungsprojekt, das nicht bewusst gesteuert und kontrolliert werden kann, sondern das seine ›Sprunghaftigkeit‹ aus den Assoziationsräumen bezieht, die der Weg durch die Stadt eröffnet.[18] Jenseits kausaler oder chronologischer Gesetzmäßigkeiten drängen sich mehrere Erzählstränge in die New Yorker Gegenwart, die einen gescheiterten Drogendeal in Italien und die Zeit unmittelbar vor dem Tod des Vaters erinnern. Diese Erinnerungsstränge provozieren zumeist einen Übergang mitten im Satz, sie werden lediglich durch den Wechsel in kursiv gesetzte Schrift angezeigt, ansonsten aber nicht (inhaltlich) plausibilisiert. In die New Yorker Gegenwart drängt sich so unweigerlich des Gewesene als »die andere Geschichte«, die »sich einfach in den Text der Gedanken hineinschiebt, als sei es ein ihr unveräußerliches Recht«. (BP, 144)

Indem die Vergangenheit auf diese Weise ihr Recht behauptet und klar macht, dass sie eben nicht vergangen ist, wird die New Yorker Gegenwart zur

16 Walter Benjamin: Das Passagenwerk. In: Ders.: Gesammelte Schriften, Band V.1, hg. von Rolf Tiedemann. Frankfurt am Main: Suhrkamp 1982, S. 524.

17 Benjamin: Das Passagenwerk, a.a.O., S. 577.

18 Auf den assoziativen Charakter der Erinnerungen weist auch Christoph Deupmann hin: »Ohne auf absichtlichen Abruf zu warten, melden sich die Erinnerungen selbst zu Wort und reichern die wahrgenommene Wirklichkeit assoziativ an.« Christoph Deupmann: Ausnahmezustand des Erzählens. Zeit und Ereignis in Ulrich Peltzers *Bryant Park* und anderen Texten über den 11. September 2001. In: Irsigler / Jürgensen (Hg.): Nine Eleven, a.a.O., S. 17-28, hier: S. 23.

Gegenwärtigkeit. Hier maßt sich nicht ein souveränes Subjekt an, zu entscheiden, was Vergangenheit und was Gegenwart, was relevant und was irrelevant, was erzählenswert und was nicht erzählenswert ist, sondern der Text überlässt Matenaar den Erinnerungsspuren seiner Geschichte.

3.2.3 Der Anschlag als eine Politik des Performativen

Diese in einer materialistischen Geschichtsphilosophie verankerte, um den Begriff der Gegenwärtigkeit als Kritik an Herrschaftsnarrativen ringende Erzählung, bricht auf Seite 133 abrupt ab. In das mäandernde Netzwerk der Assoziationen, Sprünge und Erinnerungsspuren, die sich allesamt den Ansprüchen des historiografischen (Herrschafts-)Diskurses nach Kausalität, Chronologie und Objektivierbarkeit widersetzen, bricht die Erzählinstanz Ulrich ein und bringt den Matenaar-Strang mit einem (An-)Schlag zum Verstummen.

Das ganze Ringen um einen progressiven Geschichtsbegriff scheint mit dem Auftritt des Ich-Erzählers Ulrich und den Einschlägen der Flugzeuge ins WTC und Pentagon ein Ende zu haben, Die Erzählinstanz Ulrich inszeniert sich als selbstidentisch sprechende, ihre Erzählung besteht aus um Authentizität bemühten Schilderungen von Telefonaten mit Freunden, von den eigenen Reaktionen auf die Fernsehbilder und von E-Mail-Wechseln mit der Freundin Kathrin in New York.[19] Zumeist handelt es sich um die Wiedergabe von Gesprächen ohne erzählerische Distanz oder um die Beschreibung der Fernsehbilder. An die Stelle der literarischen Stilisierung, welche die Erzählebene Matenaars auszeichnet, tritt nun das ›authentische‹ Sprechen von Ulrich und diese Ersetzung wird als kategorialer narrativer und inhaltlicher Bruch eingeführt. ›Das hier ist wirklich‹, wollen die Sätze Ulrichs sagen.

Die Anschläge sind durch die Erzählinstanz Ulrich im doppelten Sinne als einbrechende Geschichte in den Text eingeschrieben – sie bricht kommentarlos in den bisherigen Verlauf des Geschehens herein und bringt die Narration damit zum Einbrechen. Dieser Einschnitt ist besonders interessant, weil er doch selbst einem ›terroristischen‹ Akt der einen gegen die andere Erzählinstanz gleichkommt; Ulrich bricht als völlig unbekannte, geschichtslose Stimme aus dem Nichts in den Erzählfluss Matenaars ein und verfügt ganz offensichtlich über die Macht, diesen Gewaltakt auszuführen. Die Art und Weise, wie *Bryant Park* das Auftreten Ulrichs in Szene setzt, wie Ulrichs Stimme mit Macht ausgestattet ist, macht deutlich, dass die Lesbarkeit der Anschläge als Zäsur/Ereignis der Effekt einer spezifischen *Form der Rede* ist. Die Form, in der über den Anschlag gesprochen wird, *macht* den Terror, man könnte auch anders sprechen. Über diese

19 Vgl. dazu auch: Mergenthaler: Katastrophenpoetik, a.a.O.

Form werden spezifische Vorstellungen der Gewalt konstituiert: Sie ist geschichtslos, selbstidentisch und hat rein gar nichts mit dem zu tun, wogegen sie sich richtet. Eine andere Form der Rede erzeugte notwendigerweise auch eine andere (bzw. gar keine) Vorstellung von ›Terror‹.[20]

Auf den ersten Blick scheint es also, als affirmiere und reproduziere *Bryant Park* in dieser Passage das Masternarrativ von ›9/11‹ als umfassender ›Zäsur‹. Indem der Text aber das Diskursmuster als ›terroristisch‹ lesbar macht, buchstabiert er zugleich den *Terror als Diskursmuster* aus und öffnet ihn damit für die Dekonstruktion.

An dieser Stelle bieten Judith Butlers Überlegungen zur *Politik des Performativen* grundsätzliche Anknüpfungspunkte, um politische und kulturelle Diskurse im Spannungsfeld von Kultur, Text, Gedächtnis, Zäsur und Autorschaft zu untersuchen. Butler zufolge ist das (sprachpolitische) Ursprungsdenken charakterisiert durch eine Doppelbewegung zwischen der intendierten Setzung des Ursprungs und dem damit (und darin) verborgenen Zitatcharakter des Sprechens. Sie beschreibt diesen Vorgang als ein nachträgliches metaleptisches Verfahren: Das Subjekt, das einen (als unmittelbar wirksam beabsichtigten, also illokutionären) Sprechakt tätigt, um sich somit als autonomes (Autor-)Subjekt dieses Sprechens zu setzen, spricht letztendlich *innerhalb* einer sprachlichen Matrix und ist aus diesem Grund eben nicht als ein autonomes Subjekt zu verstehen. Ein Sprechakt, der sich als souverän und autonom inszeniert (also vorgibt, einen ›Satz aus dem Nichts‹ zu sprechen), versucht, die geschichtliche Dimension der Sprache zu verbergen. Die Funktion dieser latent gewalttätigen Setzung besteht Butler zufolge darin, die sprachliche und diskursive Matrix, aus welcher das Subjekt überhaupt erst hervorgeht, unsichtbar zu machen:

> Das heißt, dass eine performative Äußerung nur soweit funktioniert, wie sie aus ermöglichenden Konventionen, durch die sie mobilisiert wird, schöpft und diese zugleich verdeckt. In diesem Sinne kann ein Begriff oder eine Äußerung nicht performativ funktionieren, wenn ihre Kraft nicht geschichtlich aufgebaut und zugleich verborgen ist.[21]

Die subjekt- und sprachtheoretischen Überlegungen Butlers sind im Zusammenhang mit Denkmustern der Zäsur erhellend, weil sie das Verhältnis zwischen

20 Was als weltgeschichtliche Zäsur wahrgenommen wird hängt davon ab, wie über politisches Geschehen gesprochen wird – das wird auch in Matenaars Erzählstrang deutlich. Dieser ist teilweise noch vor der Wende 1989 angesiedelt, über diese ›Zäsur‹ verliert die Erzählung allerdings kein Wort.

21 Judith Butler: Haß spricht. Zur Politik des Performativen. Frankfurt am Main: Suhrkamp 2006, S. 84.

sprachpolitischen Konzepten des ›Ursprungs‹ und der geschichtlichen Dimension des Sprechens ausleuchten. Mit Butler lässt sich also die Theorie vom kulturellen Gedächtnis als Text auf die Ebene von Autorschafts- und Subjektdiskursen übertragen. So werden historiografische und gesellschaftspolitische Modelle der Zäsur lesbar als sprachpolitische Setzungen, die ihre Autorschaft entwerfen, indem sie sich ihres historischen Vermächtnisses (zu) entledigen (versuchen). Auf *Bryant Park* gewendet kann man also sagen, dass ›Ulrich‹ nicht aus dem Nichts kommen kann, auch wenn sich die Instanz so inszeniert. Die Anschläge in *Bryant Park* lassen sich somit als ein sprachpolitisch-diskursiver Akt bezeichnen, der darauf verweist, dass in der Rede vom Terror immer auch diskursive Hegemonie, also der Anspruch auf historische, gesellschaftliche und kulturelle Autorschaft und Deutungshoheit ausgehandelt wird. Versuchen die Denkmuster der Zäsur ihrerseits das diskursives Feld, aus dem sie sich speisen, zu verleugnen, dann werden die Akte der Setzung einer Zäsur als Inszenierungen von autonomer Autorschaft lesbar – diese Setzung legt *Bryant Park* in seiner Gewalttätigkeit offen. Dass sich ›Ulrich‹ im weiteren Verlauf des Textes als der Autor des Matenaar-Stranges zu erkennen gibt, bindet ihn unter dieser Perspektive nochmals deutlicher an den Terror-Diskurs an, wird er doch dadurch regelrecht zum Schläfer, der stetig anwesend, aber niemandem aufgefallen war – bis er ›erwacht‹ und im gleichen Moment zum Terroristen wird.[22]

3.2.4 *Mit* der Zäsur *gegen* die Zäsur

Hat man dies im Hinterkopf, dann lassen sich die ›ermöglichenden Konventionen‹ des Masternarrativs aufspüren. Bei genauerem Hinsehen wird dann auch deutlich, dass der Text dieses Masternarrativ unterläuft. Denn der Einbruch der Erzählstimme mit dem Namen Ulrich bricht zwar die bisherige Erzählung ab, ›aus dem Nichts‹ kommt sie allerdings nicht. Das wird spätestens dann deutlich, wenn sie sich als Autor des Matenaar-Stranges zu erkennen gibt und darüber sinniert, wie denn dessen Erzählstrang wieder aufgenommen werden könne:

> und vorher wäre die Erzählung auch nicht zu Ende, als bräuchte sie, die der Anschlag unterbrochen hat wie man beim Lesen eine Seite verschlägt, die man auf Anhieb nicht wie-

22 Auch hier wird deutlich, dass eine andere Form der Rede eine andere Vorstellung des ›Terrors‹ erzeugen würde bzw. eine andere Form der Rede gar keine Vorstellung von ›Terror‹ mehr erzeugen würde: Wenn beispielsweise die Figur/Erzählinstanz Ulrich schon vorher eingeführt wäre, gäbe es keine Zäsur, kein Ereignis, keinen ›Terror‹ aus dem Nichts. Ulrich wäre bereits in die Geschichte eingeführt, wäre uns als Akteur bekannt.

derfindet, noch genau so viele Tage, um bis zu ihrem Schlusspunkt sich fortzusetzen, jener Stelle [...], an der sie unweigerlich abbräche [...]. (BP, 145)

Mit ihrem Auftreten setzt sie eine Wiederholungsstruktur in Gang, die das ›Ereignis‹ 9/11 und das damit verbundene Diskursmuster einer Zäsur (*Nichts* wird mehr so sein, wie zuvor) unterläuft. Denn der Einbruch von Ulrich erinnert, wie ich oben bereits angedeutet habe, an den Anfang der Erzählung, und zwar zunächst einmal deshalb, weil die Passage auf Seite 134 genau so gesetzt ist wie die erste Seite der Erzählung. Der Einbruch von Ulrich lässt sich daher nur als Nullpunkt lesen, weil die Erzählung bereits zu Beginn eine Vorstellung dieses Nullpunktes geschaffen hat. Das von Ulrich geschaffene ›Ereignis‹ ist in eine iterative Struktur eingefasst und insofern im Moment seines Erscheinens bereits dezentriert.

Der Einbruch Ulrichs ist aber nicht nur grafisch in eine Wiederholungsstruktur eingelassen, bereits in die Passagen des ›authentischen‹ Sprechens Ulrichs fluten Zitate aus der Erzählung Matenaars regelrecht hinein. Das beginnt schon auf formaler Ebene, wenn bereits zwei Seiten nach dem Auftreten von Ulrich Passagen wieder kursiv gesetzt sind. Besonders stechen die Wiederholungsstrukturen auf motivischer Ebene ins Auge. Beginnt die Erzählung Matenaars mit seinem nachmittäglichen Verlassen der Public Library (BP, 7), kommt Ulrich »gegen siebzehn Uhr aus der Staatsbibliothek nach Hause« (BP, 134); Matenaar sieht sich mit einem Verkehrschaos in Manhattan konfrontiert, Ulrich bekommt von einem solchen berichtet. Der Grund sind in beiden Fällen Ereignisse, die der unmittelbaren Wahrnehmung der beiden Protagonisten entzogen sind. Kaum hat Matenaar die Public Library in Manhattan verlassen, ist er mit einem Geschehen konfrontiert, das sich massiv auf das dortige Leben auswirkt, von dem er aber nur vermittelt erfährt; die Straßen und U-Bahn-Linien rund um das Geschehen sind von der Polizei gesperrt. Matenaar erfährt zunächst von einem Passanten, dass ein Lastenaufzug eingeknickt sei und dass nun »die Gefahr bestehe, dass Tonnen von Stahl, die ganze Einrüstung des Gebäudes zusammenbreche« (BP, 8).

Dieser eingeknickte Aufzug und die deshalb gesperrten Straßen und U-Bahnen in Manhattan sind ihrerseits die Wiederholung eines ähnlichen Unglücks wenige Wochen zuvor und Matenaar begreift sie folgerichtig auch als Zitate eines nur medial vermittelten vorangegangenen Ereignisses, indem er sich sofort an die damaligen Fernsehbilder erinnert (»beständig wiederholt im lokalen Fernsehen« (BP, 8)). Das Unglück, das Manhattan teilweise lahmlegt, wird zum bestimmenden Ereignis während Matenaars Nachmittag.[23]

Vor diesem Hintergrund lässt sich schon auf den ersten Seiten der Erzählung ihr poetisches Verfahren erkennen: Die Fernsehbilder des ersten Kranunglücks wirken auf Matenaar, »als sei das Programm in eine sich selbst erzeugende Schlaufe geraten« (BP, 9). Die Wahrnehmung von Wirklichkeit wird als eine Schleife von (medialisierten) Zitaten vorgeführt, welche sich folglich auch um die im Zentrum des Textes stehende Zäsur herum gruppieren. Die Motive vom Hochbau über den Unfall und das Verkehrschaos bis hin zum Einsturz und dessen ausschließlich medialen Erfahrbarkeit beherrschen auch diese Ebene.

Im Text ist die Störung der narrativen Ordnung bis zum Ende virulent, es zeigt sich aber ebenso, dass ein *Nach* dem 11. September 2001 nur im Bezug auf das *Vorher* beschreibbar ist. Und so unterläuft der Text das Denkmuster des Bruchs, indem die Verfahrensweise im Paradigma von »Wiederholung und Modulation *Echo*« (BP, 87) lesbar wird – diese spezifische Reihung der Worte beschreibt aber nicht nur ein Paradigma der Wiederholung, sie verweist dezidiert auch auf die *poetische Funktion* und damit auf die Notwendigkeit, aus dem verfügbaren Zeichenrepertoire auszuwählen: drei Worte aus dem *gleichen* Paradigma werden ausgewählt und auf der Achse der Kombination aneinandergereiht.[24]

Die Zäsur wird durch die Doppelbewegung von formalem Bruch und dem Verweis auf die poetische Funktion der Sprache *weder* als solche anerkannt, *noch* verworfen. In den Begriffen der Modulation und des Echos steckt immer auch die *verschobene* Wiederholung, die immer vom nicht verfügbaren ›Original‹ abweicht. Just in dem Moment, in dem die Polizei die Sperrung in Manhattan aufhebt (BP, 133), der Unglücksort für Matenaar also zugänglich und gewissermaßen erfahrbar wäre, bricht mit den Anschlägen vom 11. September das nächste Ereignis herein, zu dem es keinen unmittelbaren Zugang gibt: Denn die Erzählinstanz Ulrich lebt in Berlin und ist auf verschiedene Informationsmedien angewiesen, um sich eine Vorstellung vom Geschehen im rund 7.000 Kilometer entfernten New York machen zu können. Wenn auf diese Weise aber das ›Original‹, das ursprüngliche Ereignis nie zugänglich wird, wo lässt es sich dann finden? Lässt es sich überhaupt finden?

---

23 Auf folgenden Seiten geht es um das Unglück bzw. um dessen Folgen: 8, 9, 10, 22, 23, 34, 36, 41, 42, 43, 49, 50, 60, 65, 81, 133.

24 Zur poetischen Funktion: Roman Jakobson: Linguistik und Poetik. In: Ders.: Poetik. Ausgewählte Aufsätze 1921-1971, hg. von Elmar Hohenstein und Tarcisius Schelbert. Frankfurt am Main: Suhrkamp 1979, S. 83-121.

3.2.5 Die Urszene des ›Terrors‹

Als Matenaars Erzählstrang abbricht und plötzlich von ›9/11‹ die Rede ist, hat die erzählte Zeit das Jahr 2001 noch gar nicht erreicht – er ist während der Präsidentschaft von Bill Clinton angesiedelt (BP, 39 f.), die im Januar 2001 endete. Das ist bemerkenswert, weil es bedeutet, dass der 11. September in *Bryant Park* aus der Zukunft einbricht.

Insofern durchkreuzt das Auftreten der neuen Erzählinstanz Ulrich im narratologischen Sinne nicht nur den *Ort des Erzählens*, sondern auch die *Zeitstruktur*. Zum einen wird auf diese Weise schlagartig der Zeitpunkt des Erzählens offensichtlich, der am Ende des Buches mit der Zeitangabe »Dezember 2000/November 2001« (BP, 172) als prozessuale Zeitspanne ausgestellt wird – man könnte dies als eine weitere Dimension der oben bereits angesprochenen Ethik des Erzählens begreifen, als eine Form der extradiegetischen Kommunikation über das Erzählen in einer Zeit des ›Terrors‹, als Beglaubigung der Zeitzeugenschaft des Textes. Zum anderen bindet diese Verstörung der Zeitstruktur *innerhalb* der Erzählung aber den ›Terror‹ mit der geschichtsphilosophischen Dimension des Erzähldiskurses zusammen.

Zielten die obigen Ausführungen zur Dekonstruktion der Zäsur darauf ab, das Denkmuster der Zäsur durch den Verweis auf die geschichtlichen Dimensionen des Sprechens in die Richtung der Vergangenheit zu dekonstruieren, so lässt sich nun eine andere Richtung einschlagen. Wendet man sich der Konstellation von Erzählungs-Anfang und dem Einbruch von ›9/11‹ zu, dann lässt sich der *Anfang der Erzählung* (BP, 7) auch lesen als die Etablierung eines Musters, das die Zukunft eröffnet: Jede iterative Struktur ist ja nicht nur durch die Vergangenheit ermöglicht, sondern immer auch auf die Zukunft gerichtet, das heißt, ein ›Anfang‹, ein vermeintlich ›erster Satz aus dem Nichts‹ spricht nicht nur seine ihn ermöglichenden Bedingungen immer mit (auch wenn er sie zu verschweigen versucht), sondern er ist auch durch die in ihm angelegte Notwendigkeit zur Iteration in die Zukunft gerichtet. Diese notwendige Wiederholung stiftet allerdings nicht Kohärenz und festigt nicht die Bedeutung des Anfangs, sondern verschiebt den Sinn des Anfangs permanent.

Damit kommt neben dem offensichtlichen Charakter des Textes als Erinnerungstext eine zweite Zeitbewegung ins Spiel: die auf die Zukunft gerichtete. Diese Ausrichtung auf die Zukunft ist durch das Textverfahren angelegt. Nicht nur drängen sich in den Erzählfluss des Matenaar-Stranges permanent kursiviert gesetzte Analepsen: jedes Ende einer Analepse markiert von ihr aus gesehen zugleich einen Sprung in die Zukunft. In dem Textverfahren ist somit nicht alleine die Bedingtheit der Gegenwart durch die Vergangenheit ausbuchstabiert, sondern ebenso das Verhältnis von Vergangenheit und Zukunft. Anhand einer etwas längeren Passage möchte ich die daraus resultierenden Effekte nachzeichnen:

> *Watch out*, brüllt ein Mann mit einem Teller Rippchen auf den yogaartig gekreuzten Beinen, während die zu seinen Füßen lagernde Frau, die gemeinsame Kühltasche als Kopfstütze nutzend, den dann wirbelnden Sturz der geteerten und gefederten Comicfigur lauthals belacht. Noch einmal gut gegangen, die nächste Episode des Vorfilms, Wiederholung und Modulation *Echo, zurückhallend aus entfernteren Tälern (eine beschwerliche Wanderung durchs Salzburger Land, nach der ich ihm sagte, dass er in Zukunft allein in Ferien fahren müsse), nachklingend als zerrissene Kadenz ursprünglicher Töne, ausgerufener Worte, welche die Felswände* der Häuser ringsum *in klarer Luft* wie warm es noch ist *reflektieren.* (BP, 87)

In Peltzers Text werden die Zeitsprünge jeweils durch Kursivierungen angezeigt. Der auf die Zukunft gerichtete Ausruf ›*Watch out*‹, mit dem die zitierte Passage beginnt, scheint auf den ersten Blick eindeutig der Szenerie im Bryant Park, also Matenaars Gegenwart, zugehörig; zugleich wird es durch die Kursivierung formal in die Vergangenheit eingeschrieben, tritt in ein Verhältnis zu den ›*ausgerufenen Worten*‹ im Salzburger Land, was im Zusammenhang mit dem Thema der Wiederholung und des Echos durchaus von Bedeutung ist. Denn der warnende Ausruf des Mannes, der um das Bevorstehende weiß (es läuft Tom und Jerry, und eine der beiden Figuren ist wieder kurz davor, in eine Falle zu tappen), ist (auch) aufgrund seiner Kursivierung auch die Modulation eines Rufes aus der Vergangenheit, dessen ›*zurückhallendes*‹ Echo: ein Echo, nicht nur über die Erzählstränge hinweg, sondern ein Echo aus ›*entfernteren*‹ Tälern (der Komparativ verstärkt den Zusammenhang von New York und dem Alpental), in dem Vergangenheit und Zukunft zusammenfallen, ein Echo *zurück in die Zukunft*. Das als Warnung in die Zukunft gerichtete ›*Watch out*‹ führt somit eine zeitliche Paradoxie ein: Es ist auf das Bevorstehende gerichtet (Tom und Jerry), kommt aber (als Echo der im Salzburger Land ausgerufenen Worte) aus der Vergangenheit und führt zugleich in die Vergangenheit.

Das ermöglicht nun aber eine andere Perspektive auf das Verhältnis von Vergangenheit und Zukunft. Wenn das ›*Watch out*‹ die Wiederholung, Modulation und das Echo der ›ursprünglichen Töne‹ ist, dann werden diese ›*ursprünglichen Töne*‹ erst in der Wiederholung zu ›*Worten*‹ (»*ursprünglicher Töne, ausgerufener Worte*«, diese Reihenfolge ist wichtig) – die ›*Töne*‹ sind auf die in der Zukunft liegende Wiederholung angewiesen, um sich als ›*Worte*‹ erst zu realisieren.

Dieses komplexe Verhältnis von Vergangenheit und Zukunft wird in *Bryant Park* schließlich auch im Zusammenhang mit dem Bruch durch ›9/11‹ thematisiert. Nachdem sich Ulrich als der ›Autor‹ des Matenaar-Stranges zu erkennen gegeben hat, reflektiert er die Möglichkeit, wieder an diesen Strang anzuknüpfen, um die Geschichte »zu Ende« (BP, 145) zu erzählen:

> und vorher wäre die Erzählung auch nicht zu Ende, als bräuchte sie, die der Anschlag unterbrochen hat wie man beim Lesen eine Seite verschlägt, die man auf Anhieb nicht wiederfindet, noch genau so viele Tage, um bis zu ihrem Schlusspunkt sich fortzusetzen, jener Stelle (dem Laden des Psychic Reader & Advisor ein paar Häuser neben der Nummer vierhundertneunundzwanzig), an der sie unweigerlich abbräche, weil das Folgende in einen anderen Zusammenhang gehörte (ein anderes Buch mit einer anderen Geschichte), als sich kreuzende Spuren aus einer bestimmten Vergangenheit und einer bestimmten Gegenwart, im Kopf herumvagabundierendes Material, Fetzen von Bildern, Empfindungen: was sich abspielt während eines Nachmittags und Abends zwischen Public Library und East Village, zwischen einer schon seit Wochen dauernden Suche nach Namen und Begebenheiten in Taufregistern und Pfarreichroniken des frühen neunzehnten Jahrhunderts. (BP, 145 f.)

Hier sei nochmals an die unterschiedlichen Zeitpunkte der beiden Stränge erinnert: Die Erzählinstanz Ulrich spricht (von Matenaars Strang aus gesehen) in der Zukunft, Ulrichs Überlegungen beziehen sich demnach auf die Fortführung einer Erzählung an ihr Ende, die in der Vergangenheit angesiedelt ist. Aufgrund dieser Struktur gewinnt in der eben zitierten Passage der Begriff des ›Folgenden‹ eine besondere Bedeutung. Zum einen geht es darum, die Geschichte, die durch ›9/11‹ unterbrochen wurde, weiterzuerzählen und an das Ende zu bringen, das sie auch ohne den Einbruch der Anschläge hätte nehmen sollen – Stefan Matenaar also vor das Schaufenster des Psychic Reader & Advisor zu führen (wo er am Ende auch tatsächlich stehen wird). ›Das Folgende‹ ist aus dieser Perspektive der noch zu Ende zu erzählenden Geschichte u.a. der 11. September 2001 – dieser ist aber durch den Erzähldiskurs bereits in den Text eingeschrieben. Das, was als das ›Folgende‹ in einen anderen Zusammenhang (ein anderes Buch!, eine andere Geschichte!) gehörte, ist durch den Erzähldiskurs schon im Text anwesend (auch wenn es chronologisch ›nach dem Ende‹ der Erzählung folgt) und damit als etwas markiert, das ebenso in den Bereich der ›sich kreuzenden Spuren aus einer bestimmten Vergangenheit und einer bestimmten Gegenwart‹ gehört. ›Das Folgende‹ tritt somit in eine Konstellation zum Vergangenen, es scheint determiniert, eben ›bestimmt‹ zu sein – die konjunktivische Form von ›gehören‹ fällt hier sogar mit der Vergangenheitsform zusammen (›das Folgende gehörte‹).

Peltzers Text, so zeigen diese zwei Textpassagen, durchkreuzt die Vorstellung von chronologischer Zeit auf fundamentale Art und Weise, indem er ein Textverfahren entwirft, das historische Zeit nicht als kontinuierlich fortschreitende erzählt. Indem mit den Anschlägen vom 11. September so prominent die Zukunft in den Textfluss einbricht, stellt *Bryant Park* auch die Frage nach der *Zeit des Terrors*.

Wenn Vergangenheit, Gegenwart und Zukunft invertiert und auf diese Weise mit dem Topos des Ereignisses zusammengeschlossen werden, dann liegt es nahe, den Begriff der *Nachträglichkeit* ins Spiel zu bringen. Denn der Kern des Konzepts der Nachträglichkeit besteht gerade darin, auf das *Ineinander der Zeitschichten* aufmerksam zu machen.[25] *Nachträglichkeit* bedeutet dann, »dass zu verschiedenen Zeitpunkten [...] vergangene Erlebnisse einen jeweils veränderten, neuen Sinn entfalten. In diese Sinnbildung gehen die jeweils aktuellen psychischen Konflikte ein«[26]. Es ist somit nicht ein in der Vergangenheit liegendes Ereignis, dem rückwirkend Bedeutung zugeschrieben wird, sondern die konflikthafte Dimension des (unzugänglichen) Ereignisses drängt in der Gegenwart und aufgrund gegenwärtigen Geschehens zu »fortwährend neuen Umschriften«[27].

Dieses Verständnis hat Auswirkungen auf die Vorstellung des Ereignisses als Urszene oder als ›erstes‹ traumatisches Ereignis. Freud weist in seiner Schrift *Zur Ätiologie der Hysterie* darauf hin, dass »kein hysterisches Symptom aus einem realen Erlebnis allein hervorgehen kann, sondern daß alle Male die assoziativ geweckte Erinnerung an frühere Erlebnisse zur Verursachung des Symptoms mitwirkt«[28]. Die ›Urszene‹ wird mit dieser Argumentation in einen Bereich der Konstellation von (mindestens) zwei Szenen verschoben. Die ›Urszene‹ und das

---

25 So schreibt Sigmund Freud in einem Brief an Wilhelm Fließ: »Du weißt, ich arbeite mir der Annahme, daß unser psychischer Mechanismus durch Aufeinanderschichtung entstanden ist, indem von Zeit zu Zeit das vorhandene Material von Erinnerungsspuren eine Umordnung nach neuen Beziehungen, eine Umschrift erfährt. Das wesentlich Neue an meiner Theorie ist also die Behauptung, daß das Gedächtnis nicht einfach, sondern mehrfach vorhanden ist, in verschiedenen Arten von Zeichen niedergelegt.« Sigmund Freud: Briefe an Wilhelm Fließ 1887-1904. Frankfurt am Main: S. Fischer 1986, S. 217.

26 Ilka Quindeau: Spur und Umschrift. Die konstitutive Bedeutung von Erinnerung in der Psychoanalyse. München: Fink 2004, S. 36.

27 Quindeau: Spur und Umschrift, a.a.O., S. 36.

28 Sigmund Freud: Zur Ätiologie der Hysterie. In: ders.: Studienausgabe, Band VI, hg. von Alexander Mitscherlich u.a. Frankfurt am Main: S. Fischer 1982, S. 51-81, hier: S. 58.

Konzept der Nachträglichkeit sind daher nicht zu trennen – die ›reale‹ Urszene (die ja nie zugänglich ist, also immer einen fiktionalen Charakter hat) wird als ›Urszene‹ erst lesbar, wenn sie in die Konstellation zu einem zweiten Ereignis tritt, das in irgendeiner Form an diese ›Urszene‹ erinnert, sie über diese Erinnerung aber zuallererst hervorbringt. Die ›Urszene‹ ist also auf eine zweite Szene angewiesen, die *nachträglich* in eine Konstellation zur ersten tritt; daraus ergibt sich, dass nicht nur die zweite Szene in die Vergangenheit weist, sondern auch, dass die erste Szene auf eine Realisierung in der Zukunft angewiesen ist.[29] Die Konsequenz daraus ist, dass die Vorstellung einer ›Urszene‹ »zu einem infiniten Regress [führt], da jede Szene erst durch eine vorhergehende eine [...] Bedeutung entfalten kann«[30].

Liest man vor diesen Hintergrund den Beginn von *Bryant Park* und den an diesen erinnernden Einbruch von ›9/11‹, dann ist nicht ›9/11‹ der unvermittelte Einbruch des Ereignisses, sondern erinnert an den ersten Satz des Textes, der unter dem Eindruck von ›9/11‹ als eine ›Urszene des Textes‹ und aufgrund der Konstellation mit dem Einbruch der Erzählinstanz Ulrich als eine ›Urszene des Terrors‹ lesbar wird. Aber diese ›Urszene des Textes‹ ist nicht als reale ›erste Szene‹ zu verstehen, auch sie eröffnet den infiniten Regress, auf den Ilka Quindeua zufolge die Suche nach einer ›ersten‹ Szene hinausläuft: sowohl durch den paratextuellen Rahmen der Erzählung (dazu später mehr) als auch durch die *histoire* der Erzählung.

Der von Ulrich repräsentierte Einbruch von ›9/11‹ affiziert den ersten Satz der Erzählung, der doch eigentlich so herrschaftsfrei, mit einer unausgefüllt bleibenden Stelle der Souveränität erzählt wird. Unter dem Eindruck von Ulrichs Auftreten entfaltet der erste Satz eine andere Bedeutung: Wenn die Erzählung von Matenaar schon im ersten Satz ›aus dem Nichts‹ von »durchbrochene[n] Fassaden« (BP, 7) zu erzählen weiß – eine Seite später wird es schon ein eingeknickter Lastenaufzug sein, der droht, »Tonnen von Stahl, die ganze Einrüstung« eines Gebäudes zum Zusammenbruch zu bringen, was wiederum die Erinnerung daran lostritt, dass »vor wenigen Wochen erst« ein Kran »das ebene Dach einer Seniorenresidenz durchschlagen hatte« (BP, 8/9) – dann verweisen diese Worte nicht nur auf ›Ereignisse‹, die in die Vergangenheit liegen, sondern sie deuten

29 »Erst die zweite Szene [...] führt zu einem traumatischen Anstieg der Erregung, obwohl sie häufig nicht aus einem sexuellen, sondern aus einem eigentlich banalen, alltäglichen Ergebnis besteht. Traumatisch wirksam wird sie durch eine Assoziation mit der ersten Szene – als Erinnerung. Diese Verknüpfung kommt jedoch erst durch erweiterte kognitive, affektive und somatische Reaktionsmöglichkeiten zustande.« Quindeau: Spur und Umschrift, a.a.O., S. 30.

30 Quindeau: Spur und Umschrift, a.a.O., S. 31.

zugleich auch in die Zukunft: »*oh my god, oh my god* schreit eine Frau« (BP, 136) im Fernsehen, als Ulrich von den Bildern der Anschläge vom 11. September berichtet. Auch hier ist durch die Kursivierung eine Verunsicherung in den Text eingeschrieben: kommt diese Stimme etwa auch aus der Vergangenheit, als die »Frauenstimme aus dem Off« (BP, 9), von der zu Beginn der Erzählung berichtet wurde? Wird das vergangene, zu Beginn des Romans beschriebene Unglück, dadurch nicht auch als Anzeichen und Vorausdeutung des kommenden Terrors lesbar? Ich denke, es spricht einiges dafür, diese Fragen mit ›ja‹ zu beantworten. Wenn man auf diese Weise den Terror immer auch als den kommenden Terror liest, dann impliziert die Zeitkonstruktion der Erzählung eine repetitive Struktur des ›Terrors‹: Für Stefan Matenaar steht der 11. September noch aus, er droht sich also *zu wiederholen*.[31]

Ulrich Peltzers Text buchstabiert ein Phänomen der Zeitlichkeit aus, das Jacques Derrida später in seinen Überlegungen zum 11. September 2001 als die »Temporalisierung« des Traumas bezeichnet hat, das die Anschläge verursachten. Als *major event* erzeuge der Terror seine beängstigende Dimension nicht nur durch seine Gegenwart und die in ihr gegenwärtige Vergangenheit, er bleibe zugleich »eine offene Wunde im Angesicht der Zukunft [...]. Der Beweis des Ereignisses hat als tragisches Korrelat nicht etwa das, was derzeit passiert oder was in der Vergangenheit passiert ist, sondern das vor-laufende Zeichen dessen, was zu passieren droht.«[32] Die traumatische Dimension des Ereignisses liegt demnach vor allem in der von seinem schieren Stattfinden ausgehenden, völlig unbestimmten und deshalb umso wirkmächtigeren Drohung, dass in der Zukunft etwas eintreten könnte, was schlimmer als alles bisher Gewesene sein wird. Das terroristische Ereignis entwickelt seine furchterregende und beängstigende Qualität nicht so sehr durch die zukünftige Erinnerung an das Gewesene, sondern »ausgehend von einer nicht darstellbaren Zukunft«[33].

---

31 Auch hier schimmert Benjamins Geschichtsphilosophie durch: Ein linearer, chronologischer Geschichtsbegriff ist verklammert mit der katastrophischen Geschichte. *Bryant Park* erzählt nicht nur vom Trümmerhaufen des World Trade Centers, sondern auch vom Trümmerhaufen der Geschichte. »Ein winziger Klee« (BP, 120).

32 Derrida: Autoimmunisierungen, wirkliche und symbolische Selbstmorde, a.a.O., S. 130.

33 Derrida: Autoimmunisierungen, wirkliche und symbolische Selbstmorde, a.a.O., S. 132.

3.2.6 *Psychogeographical Associations*, oder: Vom East Village über den East River nach Westen

Der zeitlichen Verweisungsstruktur, mit der *Bryant Park* das Ereignis dekonstruiert, unterlegt der Text ein intertextuelles Verweissystem, das neben den zeitlichen auch die politischen Räume von ›9/11‹ dekonstruiert. New York als »Zentrum der westlichen Welt« (BP, 170) ist eingespannt in ein widerstreitendes Verhältnis von Ost und West, von ›altem Europa‹ und ›neuer Welt‹, um es im Duktus des 9/11-Diskurses zu formulieren.

Stefan Matenaar macht sich nach dem Verlassen der Bibliothek auf den Weg zum Meow Mix, einer Bar, in der seine Ex-Freundin arbeitet. Der Fußweg dorthin dauert etwa eineinhalb Stunden, »aber es ist schön, spätabends im Sommer durch die sich langsam leerende Stadt zu laufen« (BP, 124). Den Fußweg hat er sich bereits in Gedanken zurechtgelegt: »den Broadway und dann die Bowery hinunter« (BP, 124) und bei dieser Gelegenheit, so denkt Matenaar, noch einen Abstecher zu Saint Marks Books, um dort nicht nur die Neuerscheinungen zu durchstöbern, sondern auch, um die Übersetzungen bekannter Bücher aus den Regalen zu ziehen – einen

> ersten Satz, den man kennt, mit dem Klang seines Gegenübers vergleichen, ob man auch auf Englisch weitergelesen hätte, was einem auf Deutsch mal wichtig gewesen ist, die Geschichte einer Verleumdung, einer unrechtmäßigen Verhaftung durch die Beamten einer mysteriösen Behörde, die morgens gegen acht plötzlich im Zimmer stehen. (BP, 126)

So denkt Matenaar, während er durch die Stadt läuft. Und die Anspielung auf den ersten Satz von Kafkas *Proceß* setzt sogleich einen weiteren Gedankengang in Bewegung – die Erinnerung daran, dass »nichts« bildhafter die Empfindungen des jungen Schülers Matenaar auszudrücken schien als Kafkas Roman: »Schuldlos gefangen zu sein« (BP, 136). In einem US-amerikanischen Buchladen, nicht irgendeinem Buchladen, sondern »einem der besten Buchläden der westlichen Welt« (BP, 125) die Übersetzung von Kafka zu lesen (also eines Textes, der von Osten kommt), setzt bei Matenaar eine Erinnerungsbewegung in Gang, die nicht nur in die Vergangenheit, sondern auch nach Osten führt: die Erinnerungen an die Schulzeit und an den Stellenwert der Literatur im Elternhaus, die die nächsten Seiten der Erzählung einnehmen und in die wiederum Erinnerungen an die Zeit in Italien einfließen.

Dies ist just die Bewegung durch Nordamerika, die Karl Roßmann in *Der Verschollene* durchmacht: Er durchquert ein Nordamerika, in dem San Francisco von der Ostküste aus gesehen merkwürdigerweise »im Osten«[34] liegt und in dem die Freiheitsstatue nicht die Fackel der Freiheit, sondern ein Schwert in die Höhe streckt – der Weg westwärts, weg von Europa, führt demnach auch *zurück nach Osten*. Die Bewegung nach Westen ist grundiert von einem letztlich rätselhaften, verschütteten und unerreichbaren Ereignis im Osten (im *Verschollenen*: Sexualität, Gewalt), das durch die Unerreichbarkeit als Latenz und Symptom wirkmächtig bleibt. Kafkas Roman kann aber nicht auf dieses Ereignis *zurück*kommen, weil er von ihm seinen Antrieb erhält.[35] In dieses lebensweltlich unmögliche Modell schreibt auch Peltzer das New York Matenaars als einen Raum ›psychogeographischer Assoziation‹ ein.[36]

Bryant Park bietet im Unterschied zu Kafkas Roman allerdings ein Ereignis an, das auf explizite Weise (auch) die geografischen Verhältnisse von Osten und Westen aufruft: Der Anschlag in New York wird von Berlin aus nach New York übermittelt, man kann auch sagen, der Anschlag wird im Text von Berlin aus verübt. Als geografischer Assoziationsraum ist das New York Matenaars gleich mehrfach als ein aus dem Osten heimgesuchter Ort lesbar. Heimgesucht von einer ›terroristischen‹ Erzählinstanz, die ihm einen ›ersten Satz‹ vor die Füße knallt und ihn erst einmal zum Schweigen bringt, von seiner eigenen Vergangenheit im Osten, die den Weg durch die Stadt völlig in Beschlag nimmt und von einer New Yorker Zukunft, die ebenfalls von Berlin aus einbricht.

---

34 Franz Kafka: Der Verschollene, hg. von Jost Schillemeit. Frankfurt am Main: Fischer 1983. In: Ders.: Schriften, Tagebücher, Briefe. Kritische Ausgabe, hg. von Jürgen Born, Gerhard Neumann, Malcolm Pasley und Jost Schillemeit. Frankfurt am Main: Fischer 1983, S. 124. Zum Ineinander der geschichtlich so aufgeladenen Himmelsrichtungen in Kafkas Roman *Der Verschollene*: Bernhard Greiner: San Francisco im Osten und Ramses im Westen. Deterritorialisierung exilischer Existenz in Kafkas *Verschollenem*. In: Doerte Bischoff/Susanne Komfort-Hein (Hg.): Literatur und Exil. Neue Perspektiven. Berlin, Boston: DeGruyter 2013, S. 129-146.

35 Diese Struktur der Gewalttätigkeit sieht Joseph Vogl als ein Grundmodell in Kafkas Texten. Vgl. Joseph Vogl: Ort der Gewalt. Kafkas literarische Ethik. München: Fink 1990, insbes. S. 63 ff.

36 Die »Psychogeographical Association« (BP, 117) ist eine politische Aktivistengruppe, die sich gegen die Gentrifizierung von Brooklyn/Williamsburg wehrt und Williamsburg dabei als die Kehrseite (wenn auch eine symbiotische) von Manhattan beschreibt. Matenaar zitiert aus deren Flugblatt: »And so Williamsburg has long been a place in which poor and working-class people have been able to find affordable housing, precisely because the members of the bourgeoisie have traditionally been loathe to live among ›their‹ factories and the pollution ›their‹ factories produce.« (BP, 117)

Ebenfalls im Unterschied zu Roßmann hat Matenaar freiwillig den Weg nach Westen angetreten, scheint sich aber nicht genauer dessen bewusst zu sein, was im Osten vor sich gegangen ist. Jedenfalls sträubt er sich gegen die Bewegung nach Osten: etwa wenn der anvisierte Umzug ins (von seinem bisherigen Wohnsitz im East Village von Manhattan aus gesehen) östlich gelegene Brooklyn zum Umzug ins »westliche Brooklyn« (BP, 113) wird. Jenseits des East River ist Europa aber nicht zu entkommen, auch wenn es das westliche Brooklyn ist: Eine »steinalte Frau« antwortet Matenaar und seiner Freundin auf deren Frage nach dem richtigen Weg »in melodischen Brocken einer slawischen Sprache (Sarah: polnisch, ich: oder russisch, Sarah: *czech?)*«[37] (BP, 115) und kann ihnen keine verlässliche Auskunft geben. Und so bleibt in dieser Situation nur, den eingeschlagenen Weg in der unbekannten Gegend planlos noch ein wenig fortzusetzen, um dann nach Manhattan zurückzukehren und den Umzug zu verwerfen.

Matenaars Weg »nach Hause« (BP, 171) führt ihn auch auf den letzten Seiten der Erzählung noch durch das in Manhattan gelegene East Village. Und obwohl er im ›Ost-Dorf‹ wohnt, vermeidet er den Weg nach Osten. Den Fußweg nach Hause gestaltet er als einen Weg nach Westen: Er biegt von der nach Norden führenden ersten Avenue nicht auf direktem Wege nach rechts, also in Richtung Osten in die neunte Straße ein, sondern geht »bis zur zehnten weiter, sich erst dann Richtung Osten wenden, Süden und Westen, um schließlich vor der Nummer vierhundertneunundzwanzig zu landen« (BP, 170). Das Ziel erreicht er also aus dem Osten kommend, sich in westliche Richtung bewegend.

Auf dem Weg Richtung Osten durch die zehnte Straße sieht er in der Entfernung den »Sonnenaufgang über dem East River«, ein für ihn enorm aufgeladener Blick: »es wäre der Geschichte, der Gegenwart direkt ins Gesicht zu blicken, keine Vorwände mehr« (BP, 171). Diesen Blick ins Gesicht der offenbar im Osten liegenden *Geschichte und Gegenwart* wagt er aber nicht, sondern dreht in Richtung Westen in die neunte Straße ein, wo die Erzählung mit dem in Aussicht gestellten ersten Satz endet. Was aber liegt im Osten? Welcher Geschichte, welcher Gegenwart könnte man dort direkt ins Gesicht blicken?

37 Czech ist im Text kursiv gesetzt: Vergangenheit, Kafka, Prag.

3.3 WEITERERZÄHLEN – ZEUGENSCHAFT UND TERROR

3.3.1 Aporien der Zeugenschaft

›Im Osten‹ errichtete das nationalsozialistische Regime seine Konzentrations- und Vernichtungslager, ›im Osten‹ ist eine Chiffre für die Verbrechen der Shoah. Es handelt sich jedoch nicht nur um eine Chiffre, die einen historischen und geografischen Referenzpunkt bezeichnet, sondern ebenfalls um eine Formulierung, die in Paul Celans Gedicht *Aschenglorie* zur Aufgabe der Zeugenschaft und damit zu einer jenseits des historiografischen Diskurses liegenden Verantwortung für die Erinnerung der Shoah wird. Bei Celan heißt es: »Das vor euch, vom Osten her, Hin- / gewürfelte, furchtbar. / Niemand / zeugt für den / Zeugen.«[38] Vom Osten her, vom Osten hin – diese paradoxe Bewegung des Furchtbaren ergibt sich durch die harte Trennung des Wortes ›Hingewürfelte‹, das wiederum, darauf weist Ulrich Baer hin, auf Stéphane Mallarmés »Sinnbild des Würfelwurfs« anspielt, »das für den französischen Dichter schon 1892 für eine willkürlich erfahrene Realität einsteht«[39]. ›Aus dem Osten‹, so Baer, droht im Alten Testament zugleich die Vernichtung des Volkes Israel.

Die Position des Zeugen steht in Celans Gedicht zum einen in der Gefahr, vergessen zu werden, zweitens ist aber auch markiert, dass niemand für den singulären Zeugen zeugen kann, dass es sich beim Zeugen um eine Position der »radikale[n] Isolierung und absolute[n] Singularität«[40] handelt. Baer nimmt Celans Gedicht daher zum Ausgangspunkt für die Formulierung einer Ethik der Zeugenschaft, die sich als eine »Aufforderung an die Zuhörer eines Zeugen« begreifen lässt: »Zeugen verlangen von ihrem Publikum eine Antwort, und diese Forderung verhallt ungehört, wenn niemand zuhören will oder kann.«[41] Wie kann man aber zum Zeugen für eine singuläre Erfahrung werden, wie lässt sich die Geschichtserfahrung des ›isolierten Zeugen‹ in ihrer Authentizität retten, oder anders gesagt: tradieren? Wie lässt sich die scheinbar unmögliche Aufgabe bewältigen, eine singuläre Erfahrung zu übertragen, aus einer unbeteiligten Person einen ›sekundären Zeugen‹ zu machen, »einen Zeugen für den Zeugen zu

38 Paul Celan: Aschenglorie. In: Ders.: Gesammelte Werke in fünf Bänden, hg. von Beda Allemann und Stefan Reichert. Zweiter Band. Frankfurt am Main: Suhrkamp 1992, S. 72.

39 Ulrich Baer: Einleitung. In: Ders. (Hg.): »Niemand zeugt für den Zeugen«, a.a.O., S. 7-31, hier: S. 8.

40 Baer: Einleitung, a.a.O., S. 7.

41 Baer: Einleitung, a.a.O., S. 7.

gewinnen«[42]? Wie ist es möglich, die Last der singulären Zeugen ›zu teilen‹[43], um »zusammen mit den Zeuginnen und Zeugen [...] Verantwortung für eine Vergangenheit zu übernehmen, die man selbst nicht direkt erlebt hat«[44]?

Um diesen Prozess der Zeugenschaft denkbar zu machen, setzt die Theorie der Zeugenschaft beim Begriff der Authentizität an. Dieser Begriff wird gewissermaßen dekonstruiert, was angesichts der zeichentheoretischen bzw. dekonstruktiven Emphase des Konzepts der Zeugenschaft durchaus schlüssig ist; nicht zuletzt vor dem Hintergrund, dass der Begriff der Authentizität in seiner Verbindung zu »belasteten Begriffen von ›Echtheit‹ und ›Reinheit‹, in deren Namen Millionen von Menschen für lebensunwürdig befunden und vernichtet wurden«[45], hochproblematisch geworden ist. Man könne unter der Perspektive der Zeugenschaft Authentizität nicht mehr so verstehen, »als ›gehöre‹ sie den Augenzeugen oder kennzeichne diese wie das unsichtbare Wasserzeichen in einem von der Geschichte selbst abgestempelten imaginären Paß«[46].

Der Begriff der Authentizität wird allerdings in Theorien der Zeugenschaft nicht aufgegeben, er wird verschoben und damit anders akzentuiert – in die Szene der Zeugenschaft zwischen dem Zeugen und seinem Zuhörer: »Authentizität ereignet sich vielmehr erst durch die Mitteilung des Zeugnisses an andere.«[47] Die Verlagerung der Authentizität in die kommunikative Situation der Mitteilung des Traumas ist die Gelenkstelle des Konzepts. Authentizität *ist* nicht mehr ›bei‹ den Zeugen, sondern *ereignet sich* im Akt der Mitteilung. Hier liegt zugleich aber auch eine völlig unintendierte Gefahr für das Anliegen der Zeugenschaft, die ich im Folgenden skizzieren möchte.

Wer ist der sekundäre Zeuge? Der sekundäre Zeuge ist nicht von dem zu bezeugenden Geschehen betroffen, er ist kein Opfer sondern eine unbeteiligte Größe, gleichsam eine »leere Fläche«, auf die das bis dahin unbezeugte »Ereignis zum ersten Mal eingeschrieben wird«. Die Figur des sekundären Zeuge wird in dieser Szene der Zeugenschaft zur »Teilnehmerin und Teilhaberin des traumatischen Ereignisses«, weil sie das Trauma »zumindest teilweise in sich selbst« er-

---

42 Geoffrey Hartman: Die Wunde lesen. Holocaust-Zeugenschaft, Kunst und Trauma. In: Rüdiger Zill (Red.): Zeugnis und Zeugenschaft. Berlin: Akademie Verlag 2000, S. 83-108, hier: S. 86.

43 »Wenn die ursprünglichen Zeugen sprechen wollen, muß ihre Last geteilt werden.« Baer: Einleitung, a.a.O., S. 11.

44 Baer: Einleitung, a.a.O., S. 12.

45 Baer: Einleitung, a.a.O., S. 15.

46 Baer: Einleitung, a.a.O., S. 16.

47 Baer: Einleitung, a.a.O., S. 16.

lebe bzw. aufnehme.[48] Indem das Trauma auf die ›leere Fläche‹ des sekundären Zeugen eingeschrieben wird, lebt es gewissermaßen fort. Die Szene der Zeugenschaft zwischen primärem und sekundärem Zeugen soll die Tradierung einer Geschichtserfahrung gewährleisten, die sich in historiografischen Studien, die auf die Rekonstruktion objektivierbarer Fakten abzielen, nicht abbilden lässt. Mit anderen Worten: An die Stelle der Überlebenden von Gewaltereignissen treten nach und nach die sekundären Zeugen, die weiter erzählen, wenn es den primären Zeugen nicht mehr möglich ist – es geht um die größtmögliche Verringerung der Distanz zwischen primärem und sekundärem Zeugen. Es geht also darum, dass der sekundäre Zeuge an die Stelle des primären Zeugen tritt bzw. zum Stammhalter für dessen Erfahrungen wird – im Wort ›zeugen‹ ist diese genealogische Dimension bereits angelegt.

Christian Schneider hat auf die problematischen Implikationen eines solchen Verständnisses von Zeugenschaft als »Filiation« hingewiesen. Die Vorstellung, als sekundäre Zeugen zu den Stammhaltern der Opfer zu werden ist Schneider zufolge ein mystifizierendes Konzept, das versucht, »Vergangenheit in einen Kosmos der Überlieferung als Filiation und persönliche Repräsentation zu überführen« und das »unter der Prätention, sie zu retten, Geschichte letztlich enthistorisiert«[49]. Dies ist aber nur *ein* problematischer Aspekt. Mit der Vorstellung, zu Stammhaltern der Opfer zu werden, tritt noch ein weiteres Problem auf, denn in dem Moment, in dem Unbeteiligte an die Stelle der Opfer treten, um für deren Erfahrungen zu zeugen, kippt die Idee der Zeugenschaft in ihr Gegenteil: Die Singularität der Geschichtserfahrung steht zur Disposition, sie wird offenbar reproduzierbar, indem *andere an ihre Stelle treten und für sie sprechen*. Der Anschlag auf ihre Existenz und Integrität, von dem die Zeugen zeugen, wird dann unter Umständen im Modell der sekundären Zeugenschaft wiederholt. Die Vorstellung, dass es sich bei den sekundären Zeugen tatsächlich um ›leere Flächen‹ handelt, begreift diese sekundären Zeugen letztlich als geschichts- und voraussetzungslose Subjekte und verschleiert damit nicht nur die Dynamik von Übertragung und Gegenübertragung in der Szene der Zeugenschaft, sondern verknüpft sie mit einem Begriff von (dann extrem souveräner) Autorschaft, dem potentiell jede Geschichtserfahrung zugänglich bzw. zitierbar ist. An dieser Stelle sehe ich auf systematischer Ebene den (gänzlich unintendierten) Berührungs-

48 Sämtliche Zitate: Dori Laub: Zeugnis ablegen oder Die Schwierigkeiten des Zuhörens. In: Baer (Hg.): »Niemand zeugt für den Zeugen«, a.a.O., S. 68-83, hier: S. 68.

49 Christian Schneider: Trauma und Zeugenschaft. Probleme des erinnernden Umgangs mit Gewaltgeschichte. In: Michael Elm / Gottfried Kößler (Hg.): Zeugenschaft des Holocaust. Zwischen Trauma, Tradierung und Ermittlung. Frankfurt / New York: Campus 2007, S. 157-175, hier: S. 173.

punkt zwischen Modellen der (sekundären) Zeugenschaft und einer zumindest strukturellen Gewaltsamkeit des Sprechens.

Im Kontext der deutschen Geschichte treten die Effekte dieser systematischen Schwäche besonders drastisch hervor: Wie kann man in einem Modus der Zeugenschaft erzählen/sprechen, ohne dabei strukturell die Position des primären Zeugen auszulöschen? Dies ist eine Frage, die insbesondere vor dem Hintergrund der deutschen Geschichte virulent ist, denn hier entfaltet sich die strukturelle Problematik noch einmal auf spezifische Weise, sind es doch in Deutschland maßgeblich die Nachfahren der Täter, die zu sekundären Zeugen für die Verfolgten werden. Durch eine unkritische Adaption des Konzepts der sekundären Zeugenschaft werden nicht nur die Nachfahren der Täter zu Nachfahren der Opfer (die Opfer werden von den Tätern gewissermaßen ein zweites Mal ausgelöscht), sondern auch die Frage nach der Täterschaft und den Bedingungen, unter denen die sekundären Zeugen sprechen (hier liegt auf besonders drastische Weise zutage, dass sie eben keine leeren Flächen sind), wird schlichtweg verdrängt. Ein Konzept der Zeugenschaft, das sich dieser Gefahren bewusst ist, muss demnach permanent reflektieren, *wie* erzählt wird, *wie* die Sprecherpositionen beschaffen sind und welche strukturellen Fallen es auch für ein gut gemeintes Sprechen gibt.

Peltzers Text, so möchte ich argumentieren, sucht in seinem Textverfahren die Schnittstellen von Konzepten der Zeugenschaft und ihrer (unfreiwilligen) Gewalttätigkeit auf und entwickelt entlang dieser Schnittstelle eine Poetik der nicht-souveränen Autorschaft als Zeugenschaft: Er schreibt sich damit strukturell (nicht inhaltlich), in einen Diskurs ein, der in einem spezifisch deutschen Kontext verortet ist. Bevor ich diese Verbindungslinien in den deutschen Kontext weiterverfolge, möchte ich einen weiteren Aspekt der Erzählung herausarbeiten, der das Konzept der Zeugenschaft bis aufs Äußerste strapaziert.

Es ist die Funktionsweise terroristischer Gewalt, die die ethische Position des Zeugen in eine Krise stürzt. ›Terror‹ und Zeugenschaft stehen in einer komplizierten Beziehung zueinander, denn ›Terror‹ ohne Zeugen wäre kein ›Terror‹. Im ersten Kapitel hatte ich bereits auf Martin Seels Ausführungen dazu hingewiesen, ich möchte sie hier noch einmal kurz aufgreifen: »Im terroristischen Anschlag«, so schreibt Seel, »wird Gewalt *getan, um gezeigt* zu werden.«[50] Insofern sei der 11. September erst in dem Moment zu einem »weltweiten ästhetischen Ereignis [geworden], als die Nachrichtensender mit den Bildern des brennenden Südturms auf Sendung gingen«[51]. Das Ereignis des 11. September zeichnet sich Seel zufolge durch die »Abwesenheit der Betroffenen« sowie die »Spurlosigkeit

50 Martin Seel: Ästhetik des Erscheinens. Frankfurt am Main: Suhrkamp 2003, S. 316.

51 Seel: Ereignis, a.a.O., S. 44.

der Täter«[52] aus. Durch diese Abwesenheit der Betroffenen und der Täter rücken die Zuschauer nochmals deutlicher ins Zentrum der Aufmerksamkeit.

Auch W. J. T. Mitchell betont den Stellenwert des Zuschauers für den ›Terror‹: »Nichtstaatlicher Terrorismus«, so schreibt er, »ist eine Form der Kriegsführung, die Angst und Schrecken bei der Bevölkerung auslösen soll.«[53] Und weiter:

> Der Sinn ihrer Taten liegt weit eher in der Produktion von Worten und Bildern, von symbolischen Formen der Gewalt als in unmittelbar physischer Gewalt. [...] Statt Menschen in großer Zahl zu töten, reicht es aus, ›ihnen eine Botschaft zu senden‹, indem man sie schockierenden Bildern aussetzt.[54]

Der ›Terror‹ braucht die Zeugen.[55] Das bedeutet aber auch, dass der Terrorakt das Konzept der Zeugenschaft in eine Krise stürzt, weil der ›terroristische‹ Akt nicht nur die Zeugen affiziert, sondern schon fest mit ihnen rechnet.[56] ›Terror‹ ist nicht nur auf Zeugen angewiesen, sie tragen zu seinem Gelingen bei, sind Teil seiner Strategie.

Der Terror braucht diese ›kommunikativen Anschlüsse‹ durch die Zeugen, damit aus einer Gewalttat Terror wird. Dies ist eine der oben bereits skizzierten systemtheoretischen Grundüberlegungen von Peter Fuchs. »In der Zukunft lauern gleichsam Anschlüsse, die sich gegenwärtig nicht verhindern lassen. [...] Das terroristische Ereignis selbst (die explodierende Bombe, das einschlagende Flugzeug) ist ohne diese Anschlüsse keine terroristische Operation.«[57] Die Herausforderung für die Position der Zeugenschaft besteht nun darin, ein Verhältnis zu dieser Situation herzustellen.

---

52 Seel: Ereignis, a.a.O., S. 44.

53 Mitchell: Das Klonen und der Terror, a.a.O., S. 46.

54 Mitchell: Das Klonen und der Terror, a.a.O., S. 101 f.

55 Das unterscheidet ihn so fundamental vom ›Terror‹ der Shoah: Hier ging es darum, letztlich auch die Zeugen zu ermorden, die Shoah sollte ohne Zeugen bleiben.

56 Diese Krise der Zeugenschaft stellt sich grundsätzlich anders dar als jene Krise der Zeugenschaft, die Shoshana Felman und Dori Laub im Zusammenhang mit der Shoah konstatieren. Die Shoah ist den beiden Autoren zufolge ein Ereignis, das die Möglichkeit des Bezeugens auf fundamentale Weise erschüttert hat, weil es ein Ereignis war, das auf die Vernichtung der Zeugen abzielte und das aufgrund seiner beispiellos extremen Ausprägung die Beweiskraft der Augenzeugenschaft zerstörte. Shoshana Felman/Dori Laub: Testimony. Crises of Witnessing in Literature, Psychoanalysis, and History. New York u.a.: Routledge 1992.

57 Peter Fuchs: Das System ›Terror‹, a.a.O., S. 21-24.

3.3.2 Zur Poetik der Zeugenschaft in *Bryant Park*

Ein Verhältnis zu der Tat zu gewinnen – darum geht es der Erzählinstanz Ulrich, darum geht es dem gesamten Text. Im Sinne der oben skizzierten *balance of power* muss es einer Poetik der Zeugenschaft darum gehen, ein Gleichgewicht (wieder) herzustellen, die Position Ulrichs also zurückzudrängen, um Matenaars Erzählstrang wieder Raum zu geben. Die Position der Zeugenschaft steht dabei unter einer dreifachen Herausforderung: Erstens muss eine Erzählweise entwickelt werden, die um die Involviertheit des Zeugen in den Terror weiß. Wie kann also ein Erzähldiskurs, der vom Textverfahren als ›terroristisch‹ markiert wurde, diese terroristische Dimension unterlaufen? Zweitens stellt sich die Frage, wie überhaupt über etwas gesprochen werden kann, das Ulrich als ein Geschehen »ohne Vergleich« (BP, 134) wahrnimmt. Diese Frage knüpft an die insbesondere im Zusammenhang mit der Shoah virulenten Diskurse über die Darstellbarkeit und Erzählbarkeit traumatischer Ereignisse an. Und drittens stellt sich im Anschluss daran die Frage, wie Zeugenschaft angesichts eines Geschehens denkbar ist, das die Autorität des Augenzeugen *vor Ort* radikal in Frage stellt, weil es an jedem Ort der Welt *live* verfolgt werden konnte. Verfügen die Augenzeugen vor Ort noch über ein privilegiertes, oder wenigstens anderes Wissen, als die Zuschauer am Fernseher?

Der Involviertheit begegnen

Ich habe es oben bereits ausgeführt: Die Form des Auftretens der Erzählinstanz Ulrich als sich souverän setzender Sprechakt hat den Effekt, dass die Position des Zeugen und der Akt des ›Terrors‹ in eins fallen. Ulrich ist, wie sich später herausstellt, keine völlig neue Instanz, die auftritt, sie stellt sich als die bereits im Matenaar-Strang ›stumm‹ anwesende Möglichkeitsbedingung der Erzählung dar. Sie ist zum einen gewissermaßen ein Schläfer, von dessen Existenz man nichts merkt, den man nicht sehen und auch nicht als Bedrohung wahrnehmen kann – erst, wenn er erwacht ist, wird man rückblickend feststellen können, dass er ja die ganze Zeit unter uns und dabei keinerlei Störfaktor war. Der ›Terror‹ wird so als die Realisierung eines permanent anwesenden, latenten Gewaltpotentials der Autorschaft lesbar. Zum anderen ist ihre stumme Anwesenheit erzähllogisch die Bedingung für ein Erzählverfahren, in dem eine strukturell vorhandene Position die Rolle des Zeugen übernimmt – für diese Position ist es von Bedeutung, dass der ›eigentliche‹ Anschlag unausgesprochen bleibt und als elliptische, nicht-beschriebene weiße Fläche zwischen dem Abbruch des New Yorker Matenaar-Stranges und dem ersten Buchstaben der in Berlin angesiedelten Erzählinstanz

Ulrich unerwähnt bleibt. *Erzählen* bedeutet in dieser Situation, die Stimme in ein Netzwerk der Zeichen einzulassen.

Die Erzählung, die Ulrich beginnt, lässt das erzählte Ich zunächst zwar scheinbar völlig hinter das erzählende Ich zurücktreten und erzeugt damit einen Gestus des ›authentischen‹, gleichzeitigen Sprechens. Dieser Eindruck wird durch den Tempuswechsel ins Präsens noch gefestigt: »Als ich gegen siebzehn Uhr aus der Staatsbibliothek nach Hause komme, ist die Stimme Janas auf dem Anrufbeantworter, bestürzt sagt sie, es sei Krieg jetzt, es sei nicht zu fassen.« (BP, 134) Dass der Einbruch von Ulrichs ›authentischem Sprechen‹ jedoch nicht ohne andere Stimmen denkbar ist, offenbart dieser erste Satz bereits: Es ist die Stimme Janas auf dem Anrufbeantworter, die gewissermaßen ›mitspricht‹. Und sie bleibt auf den folgenden Seiten bei weitem nicht die einzige Stimme, die die Erzählinstanz Ulrich für die Rede von ›9/11‹ heranzieht. Ulrich schaltet sofort das Radio ein, hört die Worte des Radiomoderators, aus denen er aber »nicht klug« (BP, 134) wird – es hört sich für Ulrich an, »als seien dort nukleare Sprengsätze explodiert« (BP, 134).

»Was denn nun?, frage ich mich halb ärgerlich über seine Unfähigkeit, das Geschehen bündig zusammenzufassen.« (BP, 134) Diese Frage kann nur unbeantwortet bleiben, der Radiomoderator kann sie nicht hören – in der Unmöglichkeit des Dialogischen gleichen sich seine Worte und diejenigen Janas auf dem Anrufbeantworter. Sie erzeugen lediglich »eine große Angst« und das diffuse »Gefühl, es habe sich etwas ohne Vergleich ereignet« (BP, 134).

Ulrich versucht daraufhin, seine Freundinnen Kathrin und Karin, die in unmittelbarer Nähe zum World Trade Center in New York leben, anzurufen. Die Nähe Kathrins und Karins zum Geschehen scheint – gewissermaßen als *live*-Schaltung – eine Antwort auf die Frage ›Was denn nun?‹ zu versprechen. Trotz zahlreicher Versuche gelingt es Ulrich aber nicht, eine Verbindung herzustellen; als er endlich einmal durchkommt, nimmt niemand ab, »auch der AB springt nicht an, das ist unmöglich« (BP, 134). Schließlich meldet sich doch noch eine Stimme: »eine amtliche, synthetisch klingende Stimme, die in einer Schlaufe mitteilt, man käme derzeit nicht durch nach Manhattan, Besetztzeichen, eine zweite künstliche Stimme, die einen Tornado verantwortlich macht für die gestörte Verbindung« (BP, 134 f.).

Zwei künstliche Stimmen, die in einer Wiederholungsschleife ihre falsche Information (ein Tornado sei verantwortlich) verbreiten – diese gleich mehrfache technische Reproduktion ist nicht in der Lage, das ›Hier und Jetzt‹[58] des Gesche-

58 »Noch bei der höchstvollendeten Reproduktion fällt *eines* aus: das Hier und Jetzt des Kunstwerks – sein einmaliges Dasein an dem Orte, an dem es sich befindet.« Walter Benjamin: Das Kunstwerk im Zeitalter seiner technischen Reproduzierbarkeit. In: Ge-

hens einzufangen. Die Ansage auf dem Tonband erinnert an die ideologische Konstellation vom ›Ende der Geschichte‹[59]. Die Stimme, die einen Tornado verantwortlich macht, zeugt noch von der Vorstellung, jedes Geschehen nach dem Ende der Geschichte lasse sich im Modus der Reproduktion einfangen – man müsse nur das richtige Band einlegen. Diese erste Seite Erzählzeit nach dem Einbruch von ›9/11‹ ist zum einen um Authentizität bemüht, stellt aber zugleich aus, dass die Verbindung zum Ereignis ›gestört‹ ist, dass sich etwas ereignet hat, für das es kein geeignetes Tonband gibt, und dass es notwendig ist, in einen Dialog einzutreten, um zu verstehen, was geschehen ist.

Dieser Dialog stellt sich bei Ulrich zunächst als einer mit dem bisherigen Text von *Bryant Park* dar. Oben hatte ich bereits darauf hingewiesen, dass der Einbruch von Ulrich voller Anspielungen auf den Beginn der Erzählung ist. Dieser Beobachtung kommt ein besonderer Stellenwert zu, weil hier (intratextuelle) Erinnerungs- und Gedächtnisarbeit gleichsam als die Vorbedingung ausgestellt werden, um überhaupt die Leere des weißen Papiers mit Buchstaben zu füllen. Was durch die auf die weiße Fläche folgenden Worte auf den ersten Blick als Einschlag/Terror und eine Inszenierung originärer Autorschaft lesbar wird, ist durch das Textverfahren eingelassen in ein Memoria-Konzept, in dem (literarische) Autorschaft gar nicht anders denkbar ist, als in einem Ringen um Erinnerung und Zeugenschaft. Gerade der gedächtnistheoretische Blick auf katastrophische Einschnitte deckt auf, dass ein Verstehen der Katastrophe, aber auch ein Weiterleben nach ihr nur durch eine (Trauer-)Arbeit an und in der verlorenen, zerstörten Ordnung möglich sind. In diesem Sinne bedingen sich in *Bryant Park* Textproduktion und Gedächtnisarbeit gegenseitig.

Vergegenwärtigt man sich die Legende von der Erfindung der Mnemotechnik durch den Lyriker Simonides von Keos, dann kristallisiert sich hier die Verknüpfung von Katastrophe, Mnemotechnik und Weiterleben durch die Wiederholung von Zeichen heraus.

Simonides von Keos soll während eines Festmahls ein Gedicht zu Ehren des Gastgebers Skopas vortragen. Da er aber nicht nur den Gastgeber, sondern auch

sammelte Schriften, Band 1.2, hg. Von Rolf Tiedemann und Hermann Schweppenhäuser. Frankfurt am Main: Suhrkamp 1991, S. 431-469, hier: S. 437.

59 Francis Fukuyama, der das Schlagwort vom ›Ende der Geschichte‹ mit seinem gleichnamigen Buch prägte, war übrigens nicht der Ansicht, dass die Jahre nach dem Zusammenbruch der Sowjetunion tatsächlich ein Ende gesellschaftlicher und geschichtlicher Entwicklungen darstellten. Vgl.: Francis Fukuyama: Das Ende der Geschichte. Wo stehen wir? München: Kindler 1992. Dass sein Buch aber dennoch so rezipiert wurde (insbesondere auch, um rückblickend die Zeit vor ›9/11‹ zu beschreiben), ist symptomatisch zu verstehen.

die Zwillinge Kastor und Pollux besingt, will der gekränkte Skopas ihm nur die Hälfte der vereinbarten Summe zahlen; die andere solle er sich bei Kastor und Pollux holen. Kurz darauf wird Simonides vor die Tür gerufen, weil ihn dort zwei Männer erwarteten. Als Simonides vor die Tür tritt, findet er niemanden. Während seiner Abwesenheit stürzt der Festsaal ein – und entstellt alle Feiernden bis zur Unkenntlichkeit. Simonides ist der einzige Überlebende. Nur durch seine Fähigkeit, die Sitzordnung zu rekonstruieren, wird den Angehörigen die Bestattung der Toten möglich.[60]

Die Zwillinge stehen hier nicht nur für die Rettung von Simonides, sondern das Verfahren der Wiederholung (für das die Zwillinge als Wiederholungsfigur ja ebenfalls stehen – und wer muss hier nicht auch an die Zwillingstürme des WTC denken, von deren Einsturz Ulrich erzählt?) wird in der Legende zur Grundlage der Erinnerungsarbeit. Der Literatur als Medium des kulturellen Gedächtnisses kommt dabei eine zentrale Rolle zu: Der Dichter Simonides »wird zum Zeugen der alten, verlassenen, durch einen epochalen Einschnitt unkenntlich gemachten Ordnung, die er durch ein ›inneres Schreiben‹ und Lesen vermittels der Bilder, die wie Buchstaben funktionieren, restituiert«[61]. Renate Lachmann weist darauf hin, dass der Auserwählte, »hinter dessen Rücken sich die Katastrophe vollzieht, [...] nicht die Katastrophe, sondern den Zustand davor rekonstruiert«[62]. Diese Rekonstruktion muss jedoch aufgrund ihrer Wiederholungsstruktur als eine prekäre verstanden werden.

Vergleiche ›ohne Vergleich‹

Dieser Prekarität der Gedächtnishandlung als Verdoppelung wendet sich *Bryant Park* zu; zum einen wird wie selbstverständlich eine verschobene Verdoppelung in Gang gesetzt, zum anderen ereignet sich mit den Anschlägen aber eine Katastrophe, die »ohne Vergleich« (BP, 134) ist, die also auch den Zeichenraum völ-

60 Cicero: De oratore / Über den Redner. Übers. und hg. von H. Merklin, Stuttgart: Reclam 1991, S. 431 f.

61 Renate Lachmann: Gedächtnis und Literatur. Intertextualität in der russischen Moderne. Frankfurt am Main: Suhrkamp 1990, S. 22 f. Lachmann schreibt: »Erst durch den Einschnitt, die Katastrophe, die Bedrohung durchs Vergessen erhält das unvollendete Vergangene seinen Sinn.«

62 Lachmann: Gedächtnis und Literatur, a.a.O., S. 24. Der Benennungsakt, den Simonides vollzieht, lässt sich als ein sinnstiftender Akt einer »stellvertretenden Bebilderung« (S. 25) begreifen. Die Gedächtnishandlung – und als solche wird ›Ulrichs‹ Erzählung lesbar – ist »reine Bildhandlung Vertretungshandlung, Verdoppelung« (S. 25).

lig verwüstet. Angesichts einer Katastrophe ›ohne Vergleich‹ schreibt das mnemotechnische Schreibprojekt Ulrichs die Suche nach einer Position der Zeugenschaft in die Debatten um die Darstellbarkeit des Undarstellbaren ein, die im deutschen Kontext eng mit der Erinnerung an die Shoah verknüpft sind. Darin stellt der Topos der Undarstellbarkeit durchaus eine vielschichtige Herausforderung für das Konzept der Zeugenschaft dar, denn der Verweis auf die Undarstellbarkeit wurde häufig allzu gerne aufgegriffen, um sich der Konfrontation mit den Verbrechen zu entziehen. Wenn es keine Worte für das gibt, was geschehen ist, dann muss man auch nicht darüber sprechen – auf diese Formel lässt sich das Verdrängungspotential des Undarstellbarkeits-Topos bringen.

Gegen diese Sichtweise haben Autoren wie Paul Celan, Peter Weiss und Ruth Klüger immer wieder interveniert und auf die Notwendigkeit der sprachlichen Annäherung, man kann fast schon sagen auf die Notwendigkeit eines (notgedrungenen) Vertrauens in die Sprache und in die Anrede hingewiesen.[63] Ruth Klüger hat sich dezidiert in diese Debatte eingeschaltet und sowohl auf die Notwendigkeit des Vergleichs als auch auf das daraus resultierende paradoxe Verhältnis von Singularität und Wiederholung hingewiesen:

> Ängstliches Abgrenzen gegen mögliche Vergleiche, Bestehen auf der Einmaligkeit des Verbrechens. Nie wieder soll es geschehen. Dasselbe geschieht sowieso nicht zweimal, insofern ist alles Geschehen, wie jeder Mensch und sogar jeder Hund, einmalig. Abgekapselte Monaden wären wir, gäbe es nicht den Vergleich und die Unterscheidung. Brücken von Einmaligkeit zu Einmaligkeit. Im Grunde wissen wir alle, Juden wie Christen: Teile dessen, was in den KZs geschah, wiederholt sich vielerorts, heute und gestern, und die KZs waren selbst Nachahmungen (freilich einmalige Nachahmungen) von Vorgestrigem.[64]

Klüger wendet sich damit gegen eine Herangehensweise, die sich lediglich auf historiografische Studien (also eine Auseinandersetzung mit historischen Dokumenten) oder ausschließlich auf eine hermetische Lyrik stützt, um das Gesche-

63 Paul Celan: Der Meridian. Rede anlässlich der Verleihung des Georg-Büchner-Preises (Darmstadt, am 22. Oktober 1960). In: Ders.: Gesammelte Werke in fünf Bänden, hg. von Beda Allemann und Stefan Reichert. Dritter Band. Frankfurt am Main: Suhrkamp 1992, S. 187-202; Peter Weiss: Laokoon oder Über die Grenzen der Sprache. In: Ders.: Rapporte. Frankfurt am Main: Suhrkamp 1968, S. 170-187; Ruth Klüger: weiter leben. Eine Jugend. München 1995: dtv 1995.

64 Ruth Klüger: weiter leben. Eine Jugend. München: dtv 1995, S. 70.

hen zu begreifen: »[...] ich weiß gar nicht, wie man anders an die Sache herankommen soll als durch Vergleiche.«[65]

Zurück zu Ulrichs Versuchen, zu verstehen, ›was denn nun‹ eigentlich in New York vor sich geht. Nachdem die verschiedenen ›Stimmen‹ keinen Aufschluss darüber geben konnten, bemüht Ulrich ein anderes Medium: das »Fernsehgerät« (BP, 135). Dieses wird nicht ohne kulturkritischen Gestus in den Text eingeführt: Es steht in der Abstellkammer, die früher das Außenklo der Wohnung war, und muss erst einmal umständlich in Betrieb genommen werden, »rausholen, runterbringen, Kabel einstecken, Knopf drücken.« (BP, 135) Nach dieser Prozedur sind dann aber (ganz entgegen des kulturkritischen Understatements, das nahelegt, dass das Fernsehen ohnehin das Immergleiche zeigt) »auf allen Kanälen plötzlich Bilder zu sehen, die man nicht glaubt«. (BP, 135) Jetzt fluten auf Ulrich die Bilder der Anschläge ein, Bilder, die man einerseits ›nicht glaubt‹, die es andererseits ermöglichen, ein Verhältnis zum Geschehen herzustellen: War zunächst noch von dem Gefühl die Rede, es habe sich etwas ›ohne Vergleich‹ ereignet, so stellt Ulrich analog zur Bilderflut eine Flut der Vergleiche an: »*wie* von einer klebrigen, weißgrauen Puderschicht bedeckte oder bestäubte Rettungskräfte«; »*wie* Puppen segeln Verzweifelte« aus dem World Trade Center; »das eine Flugzeug durchbricht das Gebäude *wie* nichts«; die Fassade sieht aus, »*als* sei ein Meteorit eingeschlagen«; als eines der Flugzeuge einschlägt sieht es aus, »*wie* ein Hartmantelgeschoss [das sich] durch weiches Gewebe bohrt«; der erste Tower sackt zusammen, »*wie* ein Fahrstuhl, dessen Halteseile schließlich gerissen sind«; »bizarr die beiden *wie* überdimensionale Schornsteine qualmenden Stelen«; »das Pentagon *gleicht* einer brennenden Torte«; die beiden Türme sehen aus, »*als* hätten sie Poren« (BP, 135/137).

Von den Menschen, die in sich in die Tiefe stürzen, spricht Ulrich zwei Mal, das erste Mal im Modus des Vergleichs (wie Puppen), beim zweiten Mal wird er offenbar gewahr, dass tatsächlich Menschen aus den Fenstern springen. Hier endet die Reihe der Vergleiche, Ulrich schaltet »weg, das ertrage ich nicht zu sehen« (BP, 137). Durch die Aneinanderreihung von Vergleichen ist es Ulrich einerseits zunächst möglich, weiter zu erzählen und nicht zu verstummen. Doch offenbar stoßen die Vergleiche an eine Grenze: Sie bleiben unangemessen und führen Ulrich vor Augen, dass das ihm zur Verfügung stehende Repertoire der Sprache nicht in der Lage ist, ein Geschehen, das ›ohne Vergleich‹ ist, erzählerisch in den Griff zu bekommen. Wie nun aber von Berlin aus ›an die Sache‹ in New York herankommen?

65 Klüger: weiter leben, a.a.O., S. 75 f.

Meow Mix

In dem Moment, in dem Ulrich ›wegschaltet‹ (wohin eigentlich, wenn ›auf allen Kanälen‹ die gleichen Bilder zu sehen sind?), kommt eine Telefonverbindung zustande, wenn auch nicht mit seinen Freundinnen in New York, so doch mit seinem Freund Tilmann, der durchaus Interessantes zu berichten hat: Er hat aus dem Fernsehen von den Anschlägen erfahren und daraufhin Kathrin und Karin von Deutschland aus per Telefon über das Geschehen informiert – die in New York lebenden Freundinnen hatten von den Anschlägen bis dahin noch gar nichts mitbekommen. Peltzers Text meint es wirklich ernst mit der Verkomplizierung des Konzepts der (Augen-)Zeugenschaft. Tilmann scheint bisher auf sonderbare Weise die größte Nähe zu den Anschlägen zu haben, mit ihm ist nun das erste Mal ein dialogischer Austausch über die Anschläge möglich, es folgt ein erneuter Versuch, in New York anzurufen, dann ein Telefonat mit Horst, anschließend mit Jana. Dazwischen finden sich kurze Einschübe, die auf die Fernsehbilder verweisen, Ulrich hat offenbar nur den Sender gewechselt, zu sehen ist das Gleiche. (BP, 139)

Der Medienmix von Janas Stimme auf dem Anrufbeantworter über die synthetischen Stimmen, die Fernsehbilder und schließlich die Telefongespräche mit Tilmann, Horst und Jana scheint notwendig gewesen zu sein, um schließlich einen nächsten Schritt zu gehen: den »ins Netz« (BP, 139). Ulrich ruft nach den Telefonaten seine E-Mails ab, unter denen auch eine von Kathrin ist, auf diese antwortet er, worauf sie wiederum »postwendend« (BP, 140) antwortet.

Im ›Netz‹ öffnet Ulrich also nicht nur eine E-Mail, sondern das ›Netz‹ steht auch für das dialogische und textuelle Netzwerk, das die Erzählung nun – nachdem es auf Deutschland bzw. Berlin konzentriert war – über den Atlantik knüpft. Der Text nähert sich hier wieder jenem Konzept von Polyphonie an, das mit dem Auftreten Ulrichs zum Verstummen gebracht worden war. Dieser Mix eröffnet nun die Möglichkeit eines produktiven Weitererzählens.

Mit Kathrin, die ihre Mails beharrlich mit ›k‹ signiert, kommt eine Zeugin zu Wort, die die Anschläge *vor Ort* erlebte.[66] Sie wurde allerdings nur zur Augenzeugin, weil sie den Anruf von Tilmann erhielt, der sie auf die Anschläge hinweist – bevor Kathrin und Karin ›nichts abgekriegt‹ haben, haben sie erst einmal

66 Christoph Deupmann weist auf Kathrins Rolle als Augenzeugin hin und konstatiert, dass die »unmittelbare Augenzeugenschaft [...] doch einen Rest an Authentizität [bewahrt], der durch keine medial vermittelte Teilhabe ersetzt wird« (Deupmann: Ausnahmezustand des Erzählens, a.a.O., S. 25.). Dieser Feststellung ist erst einmal zuzustimmen; allerdings geht es mir im Folgenden darum, nachzuzeichnen, wie Peltzers Text die Authentizität der Augenzeugenschaft angesichts eines Textverfahrens, das Vorstellungen von Authentizität grundsätzlich unterläuft, ausbuchstabiert.

»nichts mitgekriegt« (BP, 138). Die Nähe des Apartments zum Ort des Geschehens bedeutet also nicht notwendigerweise eine Verwicklung in das Geschehen oder eine privilegierte Position des Wissens – Kathrin und Karin sind zwar näher dran, aber deshalb nicht unbedingt die ersten, die es mitkriegen. Die Information über das 700 Meter entfernte Geschehen wird Kathrin über einen enormen Umweg übermittelt – sie geht einmal als Fernsehbild über den Atlantik und als Telefonanruf wieder zurück nach New York. Von dort schickt Kathrin nun ihre E-Mails an Ulrich, in denen sie beschreibt, was sie erlebte, nachdem sie durch Tilmanns Anruf auf die Straße getrieben wurde. Diese kommunikativen Umwege sind bemerkenswert, weil sie das ›Ereignis‹ in ein Netzwerk zirkulierender Informationen und Erzählungen einspannen, in dem es keine exklusive Position des Wissens gibt: Weder reichen die Fernsehbilder und die Nachrichten für ein umfassendes Bild, noch verfügen die Freundinnen in New York über ein ›authentisches‹ und dadurch absolut privilegiertes Wissen. Peltzers Text provoziert damit die Frage nach dem Stellenwert der Augenzeugenschaft: Worin liegt der Unterschied zwischen einer Entfernung von 700 Metern und einer Entfernung von 7.000 Kilometern, wenn man es hier wie dort *live* (»wir haben den ganzen tag ferngesehen« (BP, 141) verfolgen kann?

Ihre Mails sind in konsequenter Kleinschreibung verfasst (im Schockzustand bleibt offenbar keine Zeit für Groß- und Kleinschreibung), der sich auch Ulrich anpasst. Kathrin schreibt: »wir haben überhaupt keinen rauch abgekriegt, obwohl das unglück ca 700 m von uns passierte. das hättest du sehen müssen (ist einem eigentlich nicht zu wünschen), how das ding collapsed. waahhhhnsinn!« (BP, 141) An dieser Passage ist die Betonung der Distanz bemerkenswert: ›wir haben keinen rauch abgekriegt‹ – die körperliche Verwundung ist ausgeblieben und auch der Rauch ist nicht in sie eingedrungen. Sie haben vom »Krieg« (BP, 134) nichts abge*krieg*t; diese körperliche Unversehrtheit macht es möglich, aus 700 Metern Entfernung zu *sehen*, ›how das ding collapsed‹, und dieses Sehen gleichzeitig als eine Erfahrung zu formulieren, die ihre Nähe zur ästhetischen Kategorie des Erhabenen kaum leugnen kann: »das ist zu groß, was hier passiert ist.« (BP, 140) Nun ist es aber so, dass Kathrins Wunsch (›das hättest du sehen müssen‹) für Ulrich durchaus in Erfüllung gegangen ist und auch er von sich sagt, »wirklich schockiert« (BP, 140) zu sein.

Dass der Text die Augenzeugenschaft vor Ort nicht a priori als eine privilegierte und exklusive Position des Wissens zeichnet, spiegelt sich grundsätzlich auch auf der Ebene des Erzähldiskurses. Die Diegese jagt mit Worten der elliptischen Leere zwischen den Seiten 133 und 134 nach und versucht, sich in mehreren Schritten diesem unerreichbaren, leeren Schauplatz des Geschehens anzunähern – je ›näher‹ die Erzählung dem Ort des Geschehens kommt (von Berlin nach New York), desto weiter entfernt sie sich über die Linearität der Zeichen in der Erzählzeit von diesem. Die Beschreibung der Erlebnisse der nach eigener Auskunft »unter schock« (BP, 140) stehenden ›k‹ führen nicht näher an den Terroranschlag heran, sondern machen umso dringlicher auf die Aporien eines Erzählens aufmerksam, dem durch den Terror die Krise der Zeugenschaft eingeschrieben ist. Es geht in dieser Situation der Zeugenschaft um die Handhabung einer Differenz, die jenseits räumlicher oder zeitlicher Koordinaten liegt.

Insofern steht Ulrich vor dem gleichen Problem wie Kathrin, wenn er versucht, Bilder zu beschreiben, die »man nicht glaubt« (BP, 135). Zunächst einmal sind also sowohl Ulrich (»das ertrage ich nicht zu sehen« (BP, 137)) als auch Kathrin (»das hättest du sehen müssen« (BP, 141)) Augenzeugen des Anschlags – was sie voneinander unterscheidet, ist die Nähe bzw. Distanz zum Ort des Geschehens. Ulrich kann deshalb von sich sagen, »wirklich schockiert« (BP, 140) zu sein, wie auch Kathrin »unter schock« (BP, 140) steht. Der Unterschied zwischen medialisierter und unmittelbarer Augenzeugenschaft scheint also zunächst lediglich der Unterschied zwischen »wahnsinn« (Ulrich, BP, 140) und »waahhhhnsinn!« (Kathrin, BP, 141) zu sein.

Und doch markieren die vier Buchstaben zwischen ›wahnsinn‹ und ›waahhhhnsinn‹ (*ahhh*!) einen Unterschied, der deutlich mehr umfasst als nur vier Buchstaben. Der E-Mail-Wechsel und das anschließende nächtliche Telefongespräch mit Kathrin ermöglichen es, wieder an den Matenaar-Strang anzuknüpfen, die Geschichte, die abgebrochen war, wieder aufzunehmen. Gekennzeichnet wird diese Wiederaufnahme durch eine Leerzeile, nach der sich der Erzähler bemüht, zur Erzählweise zurückzukehren, die durch den Anschlag zwischenzeitlich unmöglich wurde. Die vom »Geheul« (BP, 142) der Sirenen unterlegte »Stimme« (BP, 141) von Kathrin aus New York verfügt offenbar über die nötige Kraft, um den ›terroristischen‹ Erzähldiskurs von Ulrich zum Bröckeln zu bringen, um die Erzählung wieder an den Ort zurückzubringen, an dem der Anschlag stattfand (bzw. noch aussteht) und auch das Erzählverfahren wieder aufzunehmen, das der Anschlag unterbrochen hatte.

Ausgelöst durch eine Bemerkung Kathrins über den Ort, von dem aus sie das WTC hat einstürzen sehen (»an der Houston Street, du kennst doch die Ecke« (BP, 142)), rekonstruiert Ulrich seine eigene Erinnerung an Manhattan und den Standort des World Trade Centers unter Bezugnahme auf einen Fußweg, den nicht er, sondern den Matenaar geht: Er führt in Richtung einer Bar mit dem lautmalerischen – und damit auf Vorstellungen einer »Ursprache«[67] verweisenden – Namen *Meow Mix*. Die ebenfalls lautmalerische Geste, durch die Schreib-

67 Wolfram Groddeck: Reden über Rhetorik. Zu einer Stilistik des Lesens. Frankfurt am Main: Stroemfeld 1995, S. 208.

weise ›waahhhhnsinn‹ eine Affizierung durch das Geschehen auszudrücken, stellt eine Verbindung zu der Bar her, die für Stefan Matenaar von großer Bedeutung ist, weil dort seine (Ex-)Freundin Sarah arbeitet.

Der ›Meow Mix‹ wird zu einem Ort der poetologischen Reflexion angesichts einer Krise der Zeugenschaft – erreicht wird er, nachdem *Bryant Park* auf den Seiten zuvor das poetische Prinzip der Polyphonie, des *Mix* zurückerobert hat. Der Name der Bar erinnert an die Prekarität der Sprache: Kommunikation ist dort »derzeit nur schreiend oder in Gesten möglich« (BP, 148); zudem ist die Bar aber auch der Ort, der für die (insgeheim schon längst vollzogene) Trennung von Stefan Matenaar und seiner Freundin Sarah steht[68], wobei Matenaar die Trennung erst im Meow Mix realisiert: »ich brauche weder Lynn noch Deirdre zu fragen, wo Sarah ist, sie ist nicht da, *spüre* ich (und dann *weiß* ich es, obwohl ich mich nicht nach ihr umgeguckt habe), ich bin vergeblich gekommen – als wenn sie mir nicht hätte *die Wahrheit sagen* können.« (BP, 150, Hervorhebung von mir) *Meow Mix* steht für eine Wahrheit, deren Sagbarkeit in Frage steht, die aber offenbar nur dort erfahrbar ist und die keiner gesprochenen Worte und auch keines anderen Beweises bedarf (›obwohl ich mich nicht nach ihr umgeguckt habe‹).

Der langsame Übergang von ›Ulrich‹ zu Matenaar bedeutet keine Hypostasierung einer als authentisch angenommenen Augenzeugenschaft. Seine Voraussetzung ist vielmehr ein Mix aus Stimmen und Verfahrensweisen, die die eigene Sprecherposition in ein komplexes Netzwerk einspannt. Dieser Übergang kann erst erfolgen, nachdem Ulrich die vom Geheul der Sirenen unterlegte Stimme Kathrins gehört hat.[69]

Die Stimme der Augenzeugin Kathrin erlangt ihre Bedeutung in einer Situation, die man ›nicht glaubt‹ – und in dieser Situation geht es darum, *glaubwürdi-*

68 »Immer wieder hörte man während der Nacht das Heulen der die Station passierenden Güterzüge, ein magisches, einem aus alten Westernfilmen (Union Pacific) noch geläufiges Geräusch, das dem Schweigen zwischen Sarah und mir eine irgendwie zu dramatische Note verlieh.« (BP, 152)

69 Und dennoch besteht der Text auf einem Unterschied zwischen den 7.000 Kilometern, die zwischen Kathrins und ›Ulrichs‹ Blick auf die Anschläge liegen, also dem Unterschied zwischen dem Medium des Fernsehens (dessen Bildern man »nicht glaubt«) und der Rede und der Stimme einer Augenzeugin. Mit Roland Barthes könnte man sagen, dass die Worte und Sprachfetzen in der dialogischen Rede über »etwas diskret Dramatisches [verfügen]: es sind Rufe, Modulationen – sollte ich, an Vögel denkend, sagen: Gesänge? – durch die ein Körper einen anderen sucht«. Roland Barthes: Von der Rede zum Schreiben. In: Ders.: Die Körnung der Stimme. Interviews 1962-1980. Frankfurt am Main: Suhrkamp 2002, S. 9-13, hier: S. 11.

ges Wissen zu erlangen, um die verstörte Ordnung zu rekonstruieren.[70] Peltzers Poetologie der Zeugenschaft spricht der Stimme dabei keine exklusive Authentizität zu, sie ist aber dennoch die Conditio sine qua non einer solchen Poetik, die die nicht-sprachlichen Dimensionen der ›Wahrheit‹ (Schreien, Gesten, ahhh!) in sich aufnimmt (Meow) und in das Prinzip einer poetischen Sprache (Auswählen und Verknüpfen: Mix) überführt. Es geht darum, das Vertrauen in die Möglichkeit des Erzählens wiederzugewinnen, *Meow* und *Mix* sind dabei die zwei zentralen Verfahrenstechniken.

Insofern ist die Augenzeugenschaft Kathrins notwendig, um *überhaupt* erzählen zu können – ein Schluss, den *Bryant Park* durch eine paratextuelle Verknüpfung nahe legt: So, wie der Name der Erzählinstanz ›Ulrich‹ den Rückschluss auf den Autor Ulrich Peltzer provoziert, legt der Text auch eine ähnliche Spur im Zusammenhang mit Kathrin aus. Kathrin erinnert nicht nur wegen der konsequenten Kleinschreibung an Kathrin Röggla, sondern vor allen Dingen wegen des Umschlagfotos von *Bryant Park*, das »unter Verwendung einer Fotografie von © Kathrin Röggla« gestaltet wurde.[71] In der Erzählung beginnt Kathrin zwei Stunden nach den Anschlägen damit, Fotos zu machen (»zuerst dachte ich, fotos machen wäre eine schande. und hab erst zwei stunden danach angefangen, dann war es einfach therapie.«[72] (BP, 140)), und dass ein Foto einer Kathrin den Rahmen der gesamten Erzählung bildet, macht sie in ihrer Funktion als Augenzeugin zur (wenn auch durch das Spannungsverhältnis zwischen Diegese und Paratext gebrochenen) Möglichkeitsbedingung von *Bryant Park.*

---

70 Es geht schließlich darum, die Erzählung über den Einbruch hinweg »zu Ende« (BP, 145) zu erzählen. Sybille Krämer sieht in dem Vertrauen zwischen Zeugen und Zuhörer den Dreh- und Angelpunkt des Konzepts der Zeugenschaft. Vgl.: Krämer: Medium, Bote, Übertragung, a.a.O.

71 Ein Foto, das sich ebenfalls in Kathrin Rögglas *really ground zero* findet, vgl. Kathrin Röggla: really ground zero. 11. september und folgendes. Frankfurt am Main: Fischer 2002, S. 88 f.

72 Sybille Krämer sieht den archimedischen Punkt der Zeugenschaft darin, »dass der Zeuge sich in der Narrativierung seiner Erfahrung so zeigt, als habe er die Erfahrung weniger (aktiv) *gemacht*, sondern vielmehr passiv *aufgenommen*. Der Zeuge hat sich zu verhalten, als ob er eine ›leere Tafel‹, ein uninteressierter Seismograph und ein akribisches Aufzeichnungsinstrument sei, welche durch ein Geschehen im ganz buchstäblichen Sinne einer Einschreibung in-formiert wurden.« Sybille Krämer: Medium, Bote, Übertragung. Kleine Metaphysik der Medialität. Frankfurt am Main: Suhrkamp 2008, S. 239.

Der kommende ›Terror‹

Die auf diese Weise entfaltete Poetik der Zeugenschaft im Zeichen des Terrors begegnet ihren gewalttätigen Implikationen, indem sie sich als Autorschaft in einem textuellen Verweisungszusammenhang zu erkennen gibt, in dem dennoch nicht jede Erfahrung wie eine ›synthetische Stimme‹ beliebig verfügbar ist. Es bleibt ein unzugänglicher Rest, und auf diesen Rest kommt es an. Insofern kreisen Ulrichs Poetik der Zeugenschaft und Matenaars Schreibprojekt (das ja entlang der Ränder der Herrschaftsgeschichte liest) um einen ähnlichen erzählerischen Zugriff auf die ›Wahrheit‹ der Geschichte. Einen Zugriff, der sich der Unzugänglichkeit bewusst ist und die Vorstellung eines zeichenhaften Zugriffs daher nur im Konjunktiv formulieren kann: »Fände man nur die richtigen Worte, gelänge es nur, alles in Schrift zu verwandeln bis zurück an den Anfang. Besäße man vielleicht einen Zipfel der Wahrheit.« (BP, 157)

Die Unzugänglichkeit der Erfahrung des Anderen motiviert das Erzählen. Dieses Erzählen bleibt eine Gratwanderung zwischen Zeugenschaft und gewalttätiger Aneignung des erzählerischen Raums – der Auftritt Ulrichs hat dies eindrücklich gezeigt. Den Übergang zurück zu Matenaars Erzählung gestaltet der Text nun behutsamer, über eine vergleichende Bezugnahme auf Matenaars Lebenswelt: »böge man [...] in die Houston Street, wie es Stefan tun würde« (BP, 143). Diesem Vergleich mit Matenaars Weg durch Manhattan, der erst nach der Auseinandersetzung mit der Augenzeugenschaft Kathrins möglich wird, hat in *Bryant Park* auch die Funktion, ein *Erinnerungsbild* an die inzwischen zerstörten Türme des World Trade Centers zu etablieren: Die Erinnerung führt »hin zu einer jener schmalen Straßen, die lotrecht nach Süden führen, wo sie in einer dunstigen Ferne abgeschlossen werden von den verschiedenen Ansichten der beiden sich über die Dächer aller anderen Gebäude erhebenden Tower des Welthandels« (BP, 142 f.). Der Fortgang der Erzählung ist an diese erinnernde Rekonstruktion der nun zerstörten Ordnung gebunden, erst, als diese Anknüpfungspunkte an die Zeit vor 9/11 gefunden sind, fädelt Ulrich den zwischenzeitlich abgebrochenen Matenaar-Strang wieder ein. Doch dieser ist fortan markiert vom Gewaltpotential Ulrichs, vom Gewaltpotential des Erzählens an sich.

Die Rückkehr der Erzählung zu Matenaar, die Rückkehr in die Zeit ›vor 9/11‹ hat vor diesem Hintergrund einen beunruhigenden Effekt: Der Terror droht wiederzukehren. Für Matenaar in New York stünden die Anschläge vom 11. September 2001 noch aus. Im chronologischen Sinne wären die Anschläge des 11. September eben jenes »Folgende, [das] in einen anderen Zusammenhang gehörte (ein anderes Buch mit einer anderen Geschichte)« (BP, 145). Die Instanz ›Ulrich‹ verbleibt als Autor-Stimme demnach im Spannungsfeld zwischen Zeugenschaft und ›Terror‹. Innerhalb dieses Spannungsfeldes, innerhalb dieses Vexierbildes der Autorschaft wird jedoch eine zutiefst ethische Dimension des Erzählens erkennbar. Der ›kommende 11. September 2001‹ wird in *Bryant* Park nicht mehr erzählt. Mehr noch: Das Textverfahren nimmt den ›aus dem Nichts kommenden‹ ersten Satz vorweg, es kommt ihm zuvor, es nimmt ihm die Wucht. *Bryant Park* erzählt bereits, was in ›ein anderes Buch mit einer anderen Geschichte‹ gehörte. Der ›erste Satz‹ dieser ›anderen‹ Geschichte hat damit seine gewaltige Wucht eingebüßt, bevor er überhaupt geschrieben wurde.

Wird er jemals geschrieben werden müssen? Davon erzählt *Bryant Park* nicht mehr, begegnet dieser Drohung vielmehr mit einem letzten Satz, der, indem er einen »erste[n] Satz« (BP, 172) erinnert, ankündigt und vervielfältigt, das offene, ungewisse und zugleich gewaltgesättigte ›Woher‹ und ›Wohin‹ des Erzählens in der Schwebe hält. Mit diesem poetischen Konzept stellt sich *Bryant Park* in die Tradition eines Sprachbewusstseins, dem das Ringen um eine Position des Eingedenkens der Singularität von Erfahrung zur Bedingung des Sprechens überhaupt wird. »Meine Damen und Herren, ich bin am Ende – ich bin wieder am Anfang.«[73]

3.4 Vignetten: Authentizitätseffekte, Betroffenheitsgesten, Anerkennung, Kuschelhöhle

Ich möchte im Anschluss an die ausführliche Lektüre von *Bryant Park* nun abschließend vier Texte in den Blick nehmen, die sich auf ganz ähnliche Weise mit den Anschlägen vom 11. September befassen. Max Goldts *Wenn man einen weißen Anzug anhat*, Kathrin Rögglas *really ground zero*, Michael Kleebergs *Vaterjahre* und Thomas Lehrs *September. Fata Morgana.* Alle diese Texte begeben sich in eine direkte Auseinandersetzung mit dem ›Ereignis‹ des 11. September. Sie erzählen *Im Angesicht des Ereignisses*, akzentuieren über ihr Textverfahren jedoch unterschiedliche Aspekte: Kathrin Rögglas Text wirft die Frage auf, inwiefern es sich bei der Sprecherposition der Augenzeugin um einen Authentizitäts*effekt* handelt; Max Goldts *Wenn man einen weißen Anzug anhat* reflektiert die (pop-)kulturellen Rahmenbedingungen des Sprechens über Schmerzen und Leiden, die man selber nicht erfahren hat; Lehrs Roman *September. Fata Morgana* macht das Ereignis zu einer Herausforderung für eine Poetik der Anerkennung, während Michael Kleebergs *Vaterjahre* eine Poetik der Privatisierung

73 Celan: Der Meridian, a.a.O., S. 200.

entwirft, die das ›Ereignis‹ auf die Schnittstellen von ›kleiner‹ und ›großer‹ Geschichte befragt.

Als Slavoj Žižek am 20. September 2001 in der Wochenzeitung *Die Zeit* seinen vielbeachteten Text *Willkommen in der Wüste des Realen* veröffentlichte, in dem er die Vorstellung einer ›wirklichen‹ Realität mittels der Konzepte des Phantasmatischen und des Realen gegen den Strich bürstete, hatte Kathrin Röggla auf dem Feld des Realen und der Realität schon auf subtilere Weise vorgelegt: »jetzt also hab ich ein leben. ein wirkliches«, lauten die ersten beiden Sätze ihres am 14. September in der *taz* erschienen Textes mit dem Titel *really ground zero*.[74] Und schon mit diesen zwei Sätzen eröffnet sie ein Feld, das sich von der Vorstellung eines Moments reiner Gegenwart (›Jetzt‹) über die Frage nach der ›Wirklichkeit‹ bis hin zum ›eigenen Leben‹ erstreckt. Dies geschieht unter dem Eindruck der Anschläge vom 11. September 2001, der im Vokabular der Überwältigung gefasst wird als etwas, »was man euphemistisch ›geschehen‹ nennen könnte und was doch weitaus zu groß zu sein scheint, um es irgendwie integrieren zu können in eine vorhandene erlebnisstruktur«[75]. Das ›Jetzt‹ als gewissermaßen selbstidentischer Punkt auf einer punktierten Linie fortschreitender Zeit wird allerdings bereits in den ersten beiden Sätzen in Frage gestellt und aufgespalten: in ein ›Jetzt‹ des Textes und den durch das ›also‹ implizierten Verweis auf etwas Vorangegangenes (die Anschläge). Das Jetzt lässt sich sprachlich nicht einfangen, schon der knappe Beschreibungsversuch führt dazu, dass das ›Jetzt‹ unscharf wird. Die örtliche und zeitliche Nähe der Ich-Erzählerin zum ›Ereignis‹, mithin also die als authentisch angenommene Sprecherposition der Augenzeugenschaft, wird ganz im Sinne Derridas als eine gezeichnet, die einen Umgang mit der ›unmöglichen Möglichkeit, vom Ereignis zu sprechen‹ finden muss. Die Bedingungen, unter denen das Ich ›authentisch‹ spricht, werden dabei im wörtlichen Sinne ausgestellt: Das Ich ist Teil der Wirkl*ich*keit, zugleich aber auch Teil eines Signifikanten.

Für die Einordnung des Textes ist auch dessen Publikationsgeschichte bedeutsam: Die Texte, die in Kathrin Rögglas Buch *really ground zero* versammelt sind, erschienen zunächst teilweise in der *taz*, dem *Tagesspiegel* und dem *falter*. Röggla hatte für diese Zeitungen aus New York berichtet, wo sie sich während der Anschläge aufhielt. Kurze Zeit später erschien das Buch *really ground zero. 11. september und folgendes*, in dem die Texte in teilweise überarbeiteter Form

74 Kathrin Röggla: really ground zero. In: taz, 14. September 2001. Abrufbar unter: http://www.taz.de/1/archiv/archiv-start/?ressort=sw&dig=2001%2F09%2F14%2Fa0146&cHash=d87ab31c1a4f52c70a6b8ddaecfeed1c., zuletzt abgerufen am 9. Februar 2016.

75 Röggla: really ground zero, a.a.O.

und ergänzt um zahlreiche Fotografien abgedruckt wurden.[76] Der hochgradig subjektive Text ist durch ebenfalls hochgradig subjektive, spontan geschossene und mitunter unscharfe Bilder illustriert, die den Eindruck der Authentizität verstärken.[77] Die Ineinssetzung der autodiegetischen Erzählinstanz mit der Autorin und der Fotografin der im Text abgedruckten Bilder, Kathrin Röggla, wird geradezu provoziert.[78] *really ground zero* kann somit an der unscharfen Grenze zwischen Literatur und Journalismus verorten werden.[79] Im Anschluss an den *New Journalism* werden dokumentarische und berichtende mit literarischen Verfahren vermengt – mit dem Effekt, dass das Textgenre des dokumentarischen Berichts zugleich als poetische Verfahrensweise ausgestellt wird.

Rögglas Buch inszeniert die räumliche wie auch zeitliche Nähe zu den Anschlägen: Das Titelbild zeigt ein Foto des rauchenden World Trade Centers, fotografiert von einer Rasenfläche in Manhattan aus, das Bild auf der Rückseite des Buches zeigt, etwa vom gleichen Standort aus, den vorherigen Blick ohne das World Trade Center. Die Bilder suggerieren, dass die Texte in der Zeit zwischen diesen beiden Aufnahmen verfasst wurden, also zwischen dem 11. September und etwa Anfang Oktober. (Der Kriegsbeginn in Afghanistan wird gegen Ende des Buches erwähnt.) Auch die Fotostrecken innerhalb des Buches suggerieren eine chronologische Abfolge.

---

76 Kathrin Röggla: really ground zero. 11. september und folgendes. Frankfurt am Main: Fischer 2002. Im Folgenden wird aus dieser Ausgabe direkt im Text mit der Angabe (RGZ, Seitenzahl) zitiert. Zur Entstehungs- und Publikationsgeschichte von *really ground zero*: Dirk Knipphals: Auf dem Adrenalin-Teppich. In: taz, 24.12.2001. Abrufbar unter: http://www.taz.de/1/archiv/?dig=2001/12/24/a0086, zuletzt abgerufen am 9. Februar 2016.

77 Zum Authentizitätseffekt von unscharfen Schnappschüssen schreibt Wolfgang Ullrich: »Vor allem aber besitzt ein unscharfes Foto den Vorzug, als authentisch angesehen zu werden. Man vermutet, es sei der unbeholfene und eben deshalb ehrliche Schnappschuß eines Hobbyfotografen – ein Bild, das frei von Kalkül oder Verwertungsinteressen entstanden ist.« Wolfgang Ullrich: Die Geschichte der Unschärfe. Berlin: Wagenbach 2009, S. 125.

78 Der Klappentext (RGZ, 2), der von der empirischen Autorin und der Urheberin der Fotografien, Kathrin Röggla, berichtet, ist in der gleichen Textbreite gesetzt, wie die Text- und Bildstrecken.

79 Vgl. dazu auch Claas Morgenroth: Erinnerungspolitik und Gegenwartsliteratur. Das unbesetzte Gebiet, The Church of John F. Kennedy, Really ground zero, Der Vorleser. Berlin: Erich Schmidt Verlag 2014, insb. S. 199-237; auch Heide Reinhäckel verweist auf den New Journalism: Traumatische Texturen, a.a.O., S. 94 ff.

really ground zero begibt sich so in eine Auseinandersetzung mit dem Verhältnis von Text und Bild – dies wird nicht zuletzt durch die Anordnung von Bildern und Texten im Buch deutlich: Bild- und Textstrecken sind in schmalen, gleichbreiten Spalten angeordnet, sie schimmern teilweise durch die Seiten hindurch und überlagern sich palimpsestartig. Text und Bilder lassen sich als Versuch beschreiben, immer näher an das Jetzt heranzukommen, an das Ereignis der Anschläge, an die Stimmungslage der New Yorker, an den ganzen »haufen authentizität« (RGZ, 108). Häufig sind die gleichen Bilder in unterschiedlichen Zoom-Stufen bzw. in veränderten Ausschnitten abgebildet. Der Versuch, Nähe zum Ereignis abzubilden, hat allerdings einen paradoxen Effekt: Die einzelnen Zeit-Punkte bzw. die einzelnen Bild-Punkte werden nicht deutlicher erkennbar, sondern sie werden zunehmend unschärfer.[80] Jeder Versuch, einen noch kleineren Ausschnitt des ›Jetzt‹ einzufangen, zieht sich selbst den Boden unter den Füßen weg.[81] Ein potentiell unendlicher Prozess, der das ›Jetzt‹ immer wieder entzieht, spaltet, verdoppelt und – in Klaus Theweleits Worten – »flirrender« werden lässt.[82] Das ›Jetzt‹ weist über sich hinaus, seine Beschreibung steht immer unter den Bedingungen der Medialität von Zeichen und Bildern. Im Angesicht des Ereignisses entwirft Rögglas Text auf diese Weise ein poetisches Verfahren, das Vorstellungen von Authentizität und Nähe gezielt unscharf werden lässt, das sie in einen Prozess ständiger Verschiebungen und Verdoppelungen – auch der Erzählinstanz – überführt: Der Text endet mit einem »interview mit mir selbst« (RGZ, 108), auf das noch ein Foto folgt. Es zeigt die Autorin, beide Arme sind unscharf, weil sie sich im Moment der Aufnahme offenbar in Bewegung befan-

80 Den Hinweis auf eine Poetik der Unschärfe verdanke ich Christian Metz, der dazu systematische Überlegungen angestellt hat. Vgl.: Grundzüge einer Poetik der Unschärfe. Bertolt Brechts *Rudern, Gespräche*. Unveröffentlichtes Manuskript, 2011.

81 Dass die Nähe zu einem ›Nullpunkt‹ in erster Linie eine semiotische Strategie ist, lässt der Titel des Buches bereits erkennen: der ›ground zero‹ erfordert offenbar einen beglaubigenden Zusatz, dass es ›really‹ um ›ground zero‹ geht.

82 Klaus Theweleit: Der Knall. 11. September, das Verschwinden der Realität und ein Kriegsmodell. Frankfurt am Main: Stroemfeld 2002, S. 106. Für Studien zur Bildpolitik im Zusammenhang mit 9/11 wäre eine intensive Beschäftigung mit Rögglas Text- und Bildverfahren produktiv. Anne Beckers Studie *9/11 als Bildereignis. Zur visuellen Bewältigung des Anschlags.* Bielefeld: transcript 2013 konzentriert sich bspw. recht einseitig auf das Live-Bild als Überwältigungsbild. Rögglas Buch zeigt jedoch, dass bereits sehr früh eine dekonstruktive Arbeit an der Bildpolitik mit 9/11 geleistet wurde.

den.[83] Glaubt man dem Klappentext, dann hat sie auch dieses Selfie gemacht. Nur wie? Per Selbstauslöser? Ist sie dann noch die Urheberin? Oder ist es der Fotoapparat? Der Text provoziert solche Fragen und fordert regelrecht dazu auf, die medialen Bedingungen von Augenzeugenschaft und die damit verbundenen Versprechen von Authentiziät, Nähe und Unverstelltheit zu reflektieren. Diese Konzepte werden damit nicht verworfen, sondern verschoben: vom ›wirklichen leben‹ eines selbstidentischen ›ich‹ hinein in die Anerkennung einer Autorschaft, die ihre medialen Konstitutionsbedingungen offen ausstellt.

Ein Jahr nach den Anschlägen erschien Max Goldts ›Tagebuch-Buch‹ *Wenn man einen weißen Anzug anhat*. Schon die Form des Tagebuchs legt nahe, dass die jeweils mit einem Datum versehenen Einträge in einem zeitlich engen Zusammenhang zum Beschriebenen stehen. Und so arbeiten sich die Textabschnitte auch häufig an (mitunter skurrilen) tagesaktuellen Begebenheiten ab: Fernsehsendungen, Zeitungsartikeln, persönlichen Erlebnissen und natürlich den Geschehnissen rund um den 11. September 2001. Die Einträge befassen sich, so ist man es von Max Goldt gewohnt, mit sprachkritischen Überlegungen (nicht nur) zum politischen und kulturellen Alltag.

Goldts Text lotet die Möglichkeiten des Sprechens innerhalb einer politischen Kultur aus, die im floskelhaften Plauderton erstarrt ist und die aus dem verfügbaren Text- und Wortschatz offenbar immer die falschen Texte und Worte aussucht. Insofern unternimmt *Wenn man einen weißen Anzug anhat* eine Suche nach dem sprachlich ›richtigen‹ Umgang mit den Anschlägen des 11. September.

Die Form des Tagebuchs weckt erst einmal Erwartungen einer höheren Authentizität des Sprechens, einer größeren Nähe zum jeweiligen Tagesgeschehen. Die Vorstellung einer Authentizität des Sprechens prägt ja auch die Passagen rund um den ›Einbruch‹ von Ulrich in *Bryant Park* sowie Kathrin Rögglas *really ground zero* und Else Buschheuers New York Tagebuch Goldts Text bricht allerdings gleich mit dem ersten Eintrag die Authentizitätserwartung auf ironische Art: In einem selbst als Tagebucheintrag markierten Vorwort berichtet der Ich-Erzähler von einem Besuch seines Verlegers, dessen vom Ich-Erzähler zunächst skeptisch betrachteten Vorschlag, in Tagebuchform zu schreiben und letztlich der Entscheidung, das Tagebuch-Projekt doch anzugehen. Die Zusage erhält der Verleger, nachdem er dem Ich-Erzähler erklärt hat, dass ein Tagebuch »die frei-

83 Christine Ivanovic zufolge macht Rögglas Text 9/11 zu einer ›beweglichen Katastrophe‹, er sei geprägt von permanenten Prozessen des Um- und Überschreibens. Vgl. Christine Ivanovic: »Bewegliche Katastrophe, stagnierende Bilder. Mediale Verschiebungen in Kathrin Rögglas *really ground zero*. In: Kultur & Gespenster, Heft 2/2006, S. 108-117.

este literarische Form ist, die es gibt«[84]. Die Tagebuch-Einträge sind zudem als Rückblick auf das jeweils erzählte Datum angelegt.

Schon der vierte Tagebucheintrag berichtet vom 11. September 2001. Er beginnt mit der zum Topos gewordenen Frage: »Ja, wo war ich, als es geschah, wo war ich, als ich's erfuhr?« (WA, 20) – doch schon diese Frage bringt das Ich dazu, an den Song *Als es passierte* der Popband Paula zu denken. Die ersten Sätze zum 11. September sind bereits popkulturell eingefangen, es gibt kein Außerhalb des (pop-)kulturellen Textes, so könnte man sagen. In einem vermeintlichem Plauderton, der mit allerlei kultur- und sprachkritischen Einsprengseln versehen ist, berichtet das Tagebuch-Ich anschließend von den Radioberichten, Fernsehbildern und Telefonaten dieses Tages:

> Angela Merkel sagte das, was Angela Merkel halt zu sagen pflegt, wenn Terroristen in Hochhäuser hineinfliegen, und dann kam auch noch Edmund Stoiber, und ich glaube, er war es, von dem ich zuerst den Satz hörte, nun sei nichts mehr wie zuvor. Nach Edmund Stoiber stellte ich den Fernseher aus. (WA, 21)

Merkels Statement wird hier flapsig als Floskel lesbar gemacht, als Betroffenheitsgeste, die nicht in der Lage ist, das Besondere des Ereignisses zu erfassen bzw. zum Ausdruck zu bringen.

Wenn man also sowieso nur auf der Basis der verfügbaren Sprache ein Verhältnis zu dem Geschehen erlangen kann (und damit immer Gefahr läuft, ins Floskelhafte abzurutschen), dann ist Sprachreflexion dringend erforderlich. Ganz offensiv stellt Goldt daher sein Textverfahren als eines aus, dem es darum geht, die Möglichkeiten einer Sprache der Betroffenheit auszuloten, ohne sie aber im Detail auszubuchstabieren. Goldts Text geht es insofern nicht darum, näher an das Ereignis heranzukommen oder das Ereignis sprachlich abzubilden, ihm geht es um eine Kritik an der Rede über das Ereignis.

»Schweigen und Schreien« ist der Eintrag zum 13. September 2001 überschrieben. An diesem Tag fand die offizielle Schweigeminute im Andenken an die Opfer der Anschläge statt. »Ich schweige auch wirklich, in erster Linie aber, weil keiner da ist, mit dem ich mich unterhalten könnte« (WA, 26), heißt es dort. Während also der Ich-Erzähler *schweigt* (ohne damit aber Teil der öffentlichen Inszenierung von Anteilnahme sein zu wollen), ist es der in New York lebende Partner eines Freundes des Ich-Erzählers, der seinen Freund am Telefon anschreit, »daß er ihn in dieser schwierigen Situation alleine ließe« (WA, 27).

---

84 Max Goldt: Wenn man einen weißen Anzug anhat. Ein Tagebuch-Buch. Reinbek bei Hamburg: Rowohlt 2002, S. 11. Im Folgenden wird aus dieser Ausgabe direkt im Text mit der Angabe (WA, Seitenzahl) zitiert.

Volker Mergenthaler hat überzeugend herausgearbeitet, dass Goldts Text über intertextuelle Anspielungen auf Paul Celan und Theodor W. Adorno eine der wichtigsten philosophisch-ästhetischen Debatten der Nachkriegszeit aufruft: ob Gedichte, ob Kultur ›nach Auschwitz‹ noch möglich sei.[85] Goldts Text spiele durch das Spannungsfeld von Schweigen und Schreien auf diese Debatte an, ohne sich aber anzumaßen, für die Opfer zu sprechen. Mit Mergenthaler lässt sich daraus folgern:

> Nicht als Dichtung faßt sich das ›Tagebuch-Buch‹ demnach, sondern als (allerdings mit poetischen Mitteln sich artikulierende) Kulturkritik. [...] Im Horizont der Adorno-Anspielung gilt es dabei eine wichtige Akzentverschiebung vom ›Was‹ zum ›Wer‹ zu beachten: Über ›Nine Eleven‹ zu sprechen, ist als Sache der ›Gemarterten‹, nicht des ›Tagebuch-Buch‹-Schreibers bestimmt.[86]

Und so lässt sich festhalten, dass es Goldts Text ähnlich wie Peltzers *Bryant Park* um eine Ethik des Erzählens geht, dass Goldt aber nicht nach einer Sprache für die Opfer bzw. einer Poetik der Zeugenschaft sucht, sondern diese Suche als noch ausstehende Aufgabe formuliert. Goldts Text folgt insofern dem »unausgesprochenen Abkommen« seiner Protagonisten, »daß wir uns einander nicht erzählen, wie furchtbar das alles ist« (WA, 26). Die Rahmenbedingungen dieser Sprache zeigt Goldt allerdings auf: Sie muss sich im Austausch mit den zentralen ästhetischen Debatten angesichts politischer Gewaltereignisse verorten und sich des literarischen wie auch des (populär-)kulturellen Textraumes bewusst sein, *innerhalb* dessen sie sich bewegt.

Thomas Lehrs 2010 erschienener Roman *September. Fata Morgana*[87] begibt sich offensiv in einen Raum verschiedenster Textualitäten und spannt die Beschäftigung mit dem *Ereignis* in einen umfassenden narrativen wie intertextuellen (Welt-)Entwurf.[88] Im Angesicht des Ereignisses entwirft Lehrs Text eine lite-

85 Volker Mergenthaler: Celan wieder(ge)holt. Zur poetischen Produktivmachung kultureller Tradition in Max Goldts ›Tagebuch-Buch‹ *Wenn man einen weißen Anzug anhat.* Abrufbar unter: http://www.inst.at/trans/16Nr/02_1/mergenthaler16.htm, zuletzt abgerufen am 9. Februar 2016.

86 Mergenthaler: Celan wieder(ge)holt, a.a.O.

87 Thomas Lehr: September. Fata Morgana. München: Hanser 2010. Im Folgenden wird aus dieser Ausgabe direkt im Text mit der Angabe (SFM, Seitenzahl) zitiert.

88 Das narrative Verfahren von Lehrs Text allerdings, wie von Anne Zimmer vorgeschlagen, aus der vermeintlichen »Übersichtlichkeit, die sich neun Jahre nach der Katastrophe bietet« zu erklären, leuchtet nicht ein. Vgl.: Anna E. Zimmer: Abschied von typischen 9/11-(Satz-)Zeichen. Multidirektionale Erinnerungen aus New York und

rarische Utopie, die sich engagiert gegen die hegemonialen politischen und kulturellen (Kriegs-)Diskurse wendet – die Utopie der »leichte[n] Begehbarkeit von so vielen Epochen und Kulturräumen« (SFM, 340), die sich aus einer nicht unbescheidenen und gleich zu Beginn des Romans formulierten Forderung herleitet: »wir müssen alle Geschichten kennen.« (SFM, 15) Und so siedelt *September. Fata Morgana* seine vier Protagonisten im Irak und den USA an und gestaltet die Erzählstränge dabei geradezu spiegelbildlich: es sind jeweils Vater und Tochter, die die Erzählstimmen an den beiden Orten bilden.

Im Zentrum des Romans stehen dabei die Anschläge des 11. September und der anschließende Irakkrieg. Lehrs Roman konfrontiert seine Protagonisten angesichts dieser beiden zusammenhängenden Daten unmittelbar mit dem Tod: Martins Tochter Sabrina kommt am 11. September 2001 im World Trade Center ums Leben, Tariks Tochter Muna stirbt bei einem US-amerikanischen Bombenangriff im Irak. *September. Fata Morgana* ist ein Buch über die Trauer, ein Buch über die fundamentale Verstörung durch politische Gewalt, das deutlich macht, dass Trauer und ›Trauma‹ nur bearbeitet werden können, wenn sie in einer globalen Perspektive verstanden werden, wenn die hegemonialen Diskursmuster der kulturellen Abgrenzung und der isolierten politisch-kulturellen Narrative überwunden werden. Lehrs Roman verwebt daher die konkreten historischen Daten und die konkreten, geografisch voneinander getrennten Orte semiotisch, formal und über sein intertextuelles Verweissystem wie einen Teppich miteinander, und zwar so dicht, dass sich weder Zeiten, Orte noch die Stimmen der Protagonisten klar voneinander trennen lassen. Geschrieben ohne Punkt und Komma setzt sich der Text zudem bis auf die syntaktische Ebene in ein kritisches Verhältnis zum Diskurs der Zäsur. Er verlagert die Zäsur auf die Ebene des Zeilenumbruchs und der daraus resultierenden syntaktischen und semantischen Überstrukturierung des Textes.[89]

Ich möchte hier einen Aspekt der Erzählkonstruktion besonders hervorheben, der für die avancierte politische Poetik von Lehrs Text entscheidend ist. Ohne dass sich die Protagonisten im Irak und den USA kennen würden, wenden sie sich doch immer wieder an ein imaginäres Du, ein imaginäres Gegenüber. Auf diese Weise treten die durch Kapitelüberschriften voneinander abgetrennten Erzählstränge in ein dialogisches Verhältnis zueinander. Das ›Du‹, das sie stets ansprechen, ist innerhalb dieser erzählten Welt zunächst einmal als ein imaginäres Gegenüber zu verstehen. Tarik und Muna sowie Martin und Sabrina werden sich

Bagdad in Thomas Lehrs *September. Fata Morgana.* In: Hennigfeld/Packard (Hg.): Abschied von 9/11, a.a.O., S. 87-107, hier: S. 95.

89 Diese Verfahrensweise hat ähnliche Effekte, wie der Wechsel zwischen kursiv und nicht-kursiv gesetzten Passagen in *Bryant Park*.

über den gesamten Roman hinweg nicht kennenlernen. Schon diese Uneindeutigkeit der Adressierung und die damit verbundene Offenheit der Figurenrede lässt sich angesichts der polarisierenden Formen politischer Rede nach dem 11. September 2001 (Stichwort: ›wir‹ oder ›die‹, Clash of Cultures[90]) als eine politische Dimension von *September. Fata Morgana* begreifen.

Noch viel weitreichendere Effekte hat die Adressierung eines unbekannten Gegenübers in dem Roman jedoch auf einer anderen Ebene. Durch die Anrede wird dem Leser eine entscheidende Funktion zuteil: Er wird zum Knotenpunkt der Adressierungen, bei ihm laufen die Fäden von Tarik, Muna, Martin und Sabrina zusammen, er wird von ihnen adressiert. Der Leser wird zu derjenigen Instanz, die im Akt der Lektüre die Erzählstränge miteinander verbinden kann, die tatsächlich in der verantwortungsvollen Position ist, ›alle Geschichten zu kennen‹. Lehrs Roman entwickelt auf diese Weise eine Kommunikationssituation, die auf fundamentale Weise deutlich macht, dass das Leben der Figuren ineinander verwickelt ist – und dass sich die Figuren als soziale und politische Subjekte über die Anrede an ein ›Du‹ konstituieren. Dieses Erzählverfahren interveniert in die hegemonialen politischen und kulturellen Diskurse nach dem 11. September 2001. Es lässt sich an anerkennungstheoretische Überlegungen anbinden, wie sie beispielsweise von Judith Butler formuliert wurden:

> Diese Art, sich Gemeinschaft vorzustellen, bejaht die Relationalität nicht bloß als eine deskriptive oder historische Tatsache unserer Formierung, sondern auch als eine dauerhafte normative Dimension unseres sozialen und politischen Lebens, als eine Dimension, in der wir gezwungen sind, uns über unsere wechselseitige Abhängigkeit klarzuwerden.[91]

Dieses anerkennungstheoretische Erzählverfahren entwickelt seine Schlüssigkeit, weil Martin und Tarik beide am 11. September 2001 und während des anschließenden Irak-Krieges mit dem Tod ihrer Töchter fürchterliche Verluste erleiden. *September. Fata Morgana* erzählt das ›Trauma‹ jenseits von Denkmustern ›kollektiver Traumatisierungen‹, wendet sich der individuellen Geschichtserfahrung unter einer globalen Perspektive zu. Das Buch privatisiert und individualisiert den Verlust und das ›Trauma‹ nicht, die Trauer um den Tod der Töchter führen bei Lehr nicht in eine Isolierung der Figuren, im Gegenteil: Sie führen mitten in die Beziehungsförmigkeit der Trauer. Das Kapitel, in dem Martin erstmals mit den Anschlägen konfrontiert wird, formuliert diese Beziehungs-

90 Mit dem Theorem des ›Clash of Cultures‹ befasst sich Anna E. Zimmer ausführlich. Vgl.: Anna E. Zimmer: Abschied von typischen 9/11-(Satz-)Zeichen, a.a.O.

91 Judith Butler: Gewalt, Trauer, Politik. In: Dies.: Gefährdetes Leben. Politische Essays. Frankfurt am Main: Suhrkamp 2005, S. 36-68, hier: S. 44.

förmigkeit geradezu programmatisch: »Etwas muss sich in dir/auftrennen/es ist nicht möglich zu überleben wenn du aus einem Stück gemacht sein willst« (SFM, 140). *Im Angesicht des Ereignisses* entwirft Lehrs Roman somit eine Poetik, die die Verluste und die mit ihnen verbundene Trauer als eine Bedingung und eine Grundlage globaler Gesellschaft verhandelt: Die ohnehin bestehenden Beziehungen anzuerkennen und enger zu knüpfen wäre demnach die Anforderung an eine global denkende politische, demokratische Kultur, die mit ›traumatisierender‹ Gewalt konfrontiert ist.

Michael Kleebergs 2014 erschienener Roman *Vaterjahre*[92] – nach *Karlmann* (2007) der zweite Teil eines auf mehrere Romane angelegten Zyklus über die Figur Charly Renn – verfährt im Vergleich dazu völlig anders. Während Lehr die Konfrontation mit ›traumatisierenden‹ Gewalterfahrungen unter den Bedingungen einer unhintergehbaren globalen Beziehungsförmigkeit poetisch verhandelt, kann man Kleebergs Roman zunächst einmal als eine Privatisierung des 11. September 2001 beschreiben. Auch bei Kleeberg wird auf der Ebene der erzählten Geschichte der 11. September in seiner Ereignishaftigkeit verhandelt, die Schilderungen des Geschehens sind immer wieder mit Anspielungen auf den Weltenbrand aus Richard Wagners *Götterdämmerung* und aus der germanischen Mythologie versehen. Die raunende Drastik dieser Texteinlagen steht allerdings in Kontrast zur Romanhandlung an diesem Tag: Eine existentielle Bedrohung, gar einen Weltenbrand, sucht man hier vergebens, die Bedrohung durch die Anschläge besteht allenfalls in einer drohenden Zahlungsunfähigkeit des traditionsreichen Hamburger Handelshauses Sieveking & Jessen (dessen Geschäftsführer Charly Renn ist) aufgrund der abstürzenden Kautschukpreise in der unmittelbaren Folge der Anschläge. Charly Renn interpretiert die ersten Information aus dem Radio, die von einem Flugzeug berichten, das ins World Trade Center geflogen sei, umgehend als einen Anschlag und drängt darauf, sofort sämtliche spekulativen Handelsanteile zu verkaufen. Der Roman erzählt auf knapp 20 Seiten von den Verkaufsvorgängen in den Minuten der Anschläge. Nachdem Renn in abgeklärter und professioneller Manier (ökonomische) *Verluste* von seiner Firma abgewendet hat[93], fährt er nach Hause zu seiner Familie, wo am 11. Sep-

92 Michael Kleeberg: Vaterjahre. München: DVA 2014. Im Folgenden wird aus dieser Ausgabe direkt im Text mit der Angabe (V, Seitenzahl) zitiert.

93 »Es war ein Schauspiel, grausig und eindrucksvoll, aber es tat nicht weh, und dass es etwas war, das irgendjemandem wehtat, das bewiesen nicht die Bilder, das zeigte nur der Reuters-Ticker an, auf dem die Kautschukpreise minütlich um einen Cent fielen. Das war eine beweisbare, nachvollziehbare Reaktion des weltumspannenden, lebenden, ökonomischen Organismus auf ein tatsächliches Ereignis: die Kurve auf dem Reuters-Ticker, das EKG der Welt.« (V, 464)

tember die eigentliche Konfrontation mit Verlust und Tod, mithin der *eigentliche 11. September* stattfindet: die Einschläferung des Familienhundes.

Die Anschläge mögen in *Vaterjahre* zwar auf der Ebene der erzählten Geschichte nicht als ein global bedeutsames, politisch wie kulturell folgenreiches Geschehen beschrieben werden, das heißt aber nicht, dass der 11. September kein einschneidendes Geschehen wäre. Die Besonderheit von *Vaterjahre* liegt darin, dass das historische Ereignis in den emotionalen Kosmos seiner Hauptfigur übersetzt wird, dass Renn sein Selbstbild entwickelt, indem er sich in ein Verhältnis zur Zeitgeschichte setzt. Mit dieser Strategie knüpft *Vaterjahre* an den ersten Teil des Romanzyklus, *Karlmann*, an. Kleebergs Karlmann-Zyklus beschreibt, wie sich eine männliche Figur konstituiert, indem sie sich permanent in der Zeitgeschichte spiegelt, wie zeitgeschichtliche Ereignisse immer wieder dazu herausfordern, auch den emotionalen Haushalt zu ordnen. In *Karlmann* schaut der Protagonist Charly Renn am Tag seiner Hochzeit mit Freunden den Sieg Boris Beckers im Finale von Wimbledon im Jahr 1985. In Charly Renns Wahrnehmung wird der historische Sieg Beckers gleichsam zu einer historischen Signatur seiner eigenen Geschichte, sein Selbstbewusstsein steigt in kaum vorstellbare Dimensionen: »Der historische Augenblick. [...] Erlösung. Charly hat gesiegt. Zuversicht fürs eigene Leben sitzt jetzt so fest auf seinen Knochen wie das Muskelfleisch. [...] Er hat Kraft getankt, Selbstvertrauen injiziert bekommen für die nächsten zwanzig Jahre.«[94] Der Sieg Beckers am Tag der Hochzeit weckt in ihm das Gefühl, »die Welt aus den Angeln heben« (KM, 18) zu können.

Der erste Teil des Karlmann-Zyklus erzählt vom weltgeschichtlich aufgeladenen Phantasma einer permanenten Expansion des Selbstbewusstseins und den uneingeschränkten Möglichkeiten, sich die Welt anzueignen. Dass es sich hierbei explizit um einen männlichen Selbstentwurf handelt, macht der Name Karl*mann* unmissverständlich deutlich – weist aber auch schon auf die Fragilität dieses Selbstentwurfs hin, wenn er so nachdrücklich behauptet werden muss. Das erste Wort von *Vaterjahre* lautet nun »Scheiße« (V, 9) und auch die folgenden Seiten kosten die Brüchigkeit des Subjekts Karlmann genüsslich aus. Expansion und Aneignung der Welt erleiden einen herben Dämpfer, der Roman erzählt von einem mehr oder weniger unerklärlichen Zusammenbruch, den Charly Renn im September 1993 erleidet: »Dienstag, der 14. September 1993 wird Charly im Gedächtnis bleiben solange er lebt als der Tag seiner tiefsten Erniedrigung.« (V, 86) Die Welt eignet sich Charly Renn an, sein Körper mit all seinen Funktionen entzieht sich seiner Kontrolle, er kann nur noch Schadensbegrenzung betreiben

94 Michael Kleeberg: Karlmann. München: btb 2009, S. 54 f. Im Folgenden wird aus dieser Ausgabe direkt im Text mit der Angabe (KM, Seitenzahl) zitiert.

(und geht in Therapie).[95] Es gilt, die Welt fortan auf Distanz zu halten, sich in Abgrenzung, Kälte und Protektionismus zu üben.[96]

Am Abend des 11. September 2001 versammelt sich die Familie im Wohnzimmer, um eine »Kuschelhöhle für uns alle zusammen« zu bauen (V, 477) und Abschied vom Familienhund zu nehmen. Damit aber an diesem Tag alles wie immer ist, »muss auch der Fernseher laufen wie sonst« (V, 479), und man sieht

> sofort wieder die beiden rauchenden Silbertürme vor dem blauen Himmel. Sie [Renns Ehefrau Heike, J.B.] stellte den Ton leise, sodass die Kommentare nur ein undeutliches Hintergrundrauschen zu den Erzählungen bildeten, die jetzt beginnen sollten, sozusagen die Dünung des Meeres, über die das Renn'sche Floß dahinsegelte. (V, 479)

Die Zeitgeschichte wirkt hier nicht mehr identitätsstiftend. Während Charly Renn in *Karlmann* noch eine »egozentrische Odyssee über die Meere von Selbstverwirklichung« vor Augen hatte, bewegt sich die Familie nun in »ihrer versiegelten Nussschale« (V, 478) über das Meer.[97] Die Zeitgeschichte ist dabei

---

95 Das Datum spielt implizit bereits das Thema des Flugzeugunglücks in den Roman ein: Am 14. September 1993 verunglückte eine Lufthansa-Maschine bei der Landung auf dem Flughafen von Warschau, 2 Menschen kamen dabei ums Leben. Vgl. Tagesschau vom 14. September 1993. Abrufbar unter:https://www.tagesschau.de/multimedia/video/video1334376.html, zuletzt abgerufen am 9. Februar 2016.

96 Die Brutalität dieser Strategie zeigt sich in der Beschreibung von Renns früherem Freund Jobst: »Es war, als sei ihm der Sinn für die räumliche Distanz zwischen Menschen völlig abhandengekommen, als habe er den sozusagen sozialen Teil des Gleichgewichtssinns verloren, der je nach Art des Kontakts (von der Begrüßung unter zwei Fremden bis hin zum Geschlechtsverkehr) die entsprechenden Körperabstände und Berührungsfrequenzen und -qualitäten regelt.« (V, 411) Jobst erfriert wenig später betrunken auf einer Parkbank, Renn hätte ihn davor durchaus bewahren können.

97 Nochmals ein Zitat aus *Karlmann*, um den Kontrast (auch des Tonfalls) zu verdeutlichen: »Jetzt sieht er die Zielgerade des Tennisspiels unterlegt von hartem, treibendem Beat, und undeutliche, verwischende Bilder von Geschwindigkeit, Exzeß, Jubel um seine Person, von ruchlosem Genuß und Sich-Gehen-lassen, von Highwayfluchten und fremden Frauengesichtern ziehen als rasende Collage über die Monitore seiner zweiten Wahrnehmung. Alle Frauen vögeln, die in deinen Bannkreis geraten, verflucht, wenn mich daran irgendwelche Konventionen hindern werden! Nichts mehr von Verantwortung, Familie und rechtschaffener Karriere, sondern der berauschende Bittergeschmack einer ausschließlich egozentrischen Odyssee über die Meere von Selbstverwirklichung und Selbstverlust.« (KM, 51).

eine Bedrohung, sie muss auf die Lautstärke eines Hintergrundgeräuschs reduziert werden, nicht zuletzt auch, um präsent zu halten, warum man sich in die ›Kuschelhöhle‹ zurückzieht. Die Synchronisierung von Individuum und Zeitgeschichte in der Form eines mehrteiligen Entwicklungsromans erzeugt gerade durch die großen Zeitabstände, die zwischen den einzelnen Romanen liegen ihre spezifische Form der literarischen Gegenwartsanalyse. *Vaterjahre* bettet das ›Ereignis‹ des 11. September ein in eine Erzählung über den Schutz vor denjenigen Dimensionen der Welt, die sich nicht aneignen lassen.

4. Unheimlicher Terror. Zur Poetik der Verdrängung in Katharina Hackers *Die Habenichtse*

4.1 Den Terror auf Distanz halten

Wie unterschiedlich poetische Verfahrensweisen im Angesicht des ›Terrors‹ ausfallen können, lässt sich an Katharina Hackers im Frühjahr 2006 erschienenem Roman *Die Habenichtse* ablesen.[1] Denn auch dieses Buch ist, ähnlich wie *Bryant Park*, ›in den Terror hineingeraten‹: Am 7. Juli 2005 verübten mehrere Selbstmordattentäter in London zeitgleich insgesamt vier Anschläge auf U-Bahnen und einen Doppeldecker-Bus. In Anlehnung an die Bezeichnung ›9/11‹ werden die Londoner Anschläge (zumindest in Großbritannien) als ›7/7‹ erinnert.[2] Aus den *Habenichtsen* hätte demnach ein *Bryant Park* ähnliches Buch werden können, ein Buch, das den Schreibprozess ausstellt und die Anschläge aufnimmt – schließlich ist die Handlung von *Die Habenichtse* in der Londoner Gegenwart angesiedelt. Man könnte nun einwenden, dass die Anschläge vom 7. Juli 2005 nicht die Vorstellung einer ›Zäsur‹ und eines ›Ereignisses‹ evozierten, dass wesentlich weniger Menschen ums Leben kamen, dass das Ziel längst nicht die symbolische Qualität hatte wie die Anschlagsziele vom 11. September 2001, dass die Anschläge nicht als ›Live-Ereignis‹ rezipierbar waren. Das wäre nun aber ein ziemlich spekulativer Einwand und würde zudem die außertextliche Qualität der Anschläge zum Maßstab für die literarische Auseinandersetzung mit

1 Katharina Hacker: Die Habenichtse. Frankfurt am Main: Suhrkamp 2006. Im Folgenden wird aus dieser Ausgabe direkt im Text mit der Angabe (DH, Seitenzahl) zitiert.

2 Siehe bspw. hier: http://www.theguardian.com/uk-news/2015/jul/07/77-bombs-london-memorial-10-years, zuletzt abgerufen am 9. Februar 2016.

den Anschlägen erheben. Über die poetische Verfahrensweise von *Die Habenichtse* wäre damit wenig gesagt.

Auffällig ist zunächst einmal, dass die Anschläge nicht thematisiert werden (weder als Text-Ereignis noch als zeitgeschichtlicher Bezugspunkt), obwohl der Schauplatz der Handlung London Mitte der Nullerjahre ist. Die Protagonisten sind allerdings von einer permanenten Angst vor Terroranschlägen in London, konkret in der U-Bahn, getrieben. Wenn man dem Text also keine prophetische Qualität zuschreiben möchte, kann man wohl davon ausgehen, dass es eine klare poetologische Entscheidung der Autorin war, die Londoner Anschläge auf diese Weise ins Spiel zu bringen. Hackers Textverfahren lässt sich dadurch dezidiert von den im vorangegangenen Kapitel beschriebenen Textverfahren abgrenzen, die sich dem ›Ereignis des Terrors‹ zuwenden –*Die Habenichtse* will nicht nur nicht von einem ›Ereignis‹ erzählen, der Text verdrängt, wie ich im Verlauf dieses Kapitels zeigen werde, das mit dem ›Ereignis‹ verbundene ›Trauma‹ regelrecht. Zugleich kann man die Anschläge vom 11. September 2001 ohne Weiteres als das Schlüsseldatum des Romans bezeichnen, sogar ein Toter, Jakobs Arbeitskollege Robert, ist zu beklagen: Er hält sich während der Anschläge im World Trade Center auf.

Der 11. September 2001 setzt auf der Ebene der *histoire* eine regelrechte Verkettung von Zufällen in Gang (fungiert auf dieser Ebene also als ein dynamisches Ereignis/Geschehnis im narratologischen Sinn[3]), die gesamte Handlung des Romans nimmt vom Geschehen dieses Tages ihren Ausgangspunkt und führt über drei Erzählstränge seine Figuren in der Londoner Lady Margaret Road zusammen. Ohne die Anschläge in den USA wären sich die Figuren wohl niemals begegnet: Der *erste* Erzählstrang ist fokussiert auf die beiden Kinder Dave und Sara und erzählt von einer Familie, die nach dem Tod der Tante am Vorabend des 11. September 2001 in die Londoner Lady Margaret Road zieht. Es ist eine zerrüttete Familie, insbesondere das kleine Mädchen Sara ist Opfer von Vernachlässigung und von permanenten Gewaltausbrüchen ihres Vaters. In der Lady Margaret Road lebt die Familie im Haus der Tante.

Der *zweite* Erzählstrang verläuft entlang der beiden Hauptfiguren des Romans, Isabelle und Jakob. Beide leben in Berlin, ziehen aber kurze Zeit nach dem 11. September ebenfalls in die Lady Margaret Road nach London, weil Jakob dort eine Stelle in einer Anwaltskanzlei übernimmt, die ursprünglich seinem Kollegen Robert zugedacht war. Sie leben dort in einem Haus, das dem Arbeitgeber von Jakob gehört und das er ihnen für eine geringe Miete überlässt.

---

3 Vgl. dazu: Matías Martínez / Michael Scheffel: Einführung in die Erzähltheorie. 9., erweiterte und aktualisierte Auflage. München: Beck 2012, S. 111 ff.

Im *dritten* Erzählstrang steht Jim im Mittelpunkt, ein Kleinkrimineller, der ebenfalls in London lebt. Die Beziehung zu seiner Freundin Mae zerbricht in den Monaten nach dem 11. September – Mae ist von den Bildern der Anschläge zutiefst verstört und das Paar findet keinen Umgang mit dieser Situation. Schließlich verschwindet Mae – nach einem gewaltsamen Übergriffs durch Jim – auf rätselhafte Weise, Jim zieht in eine Wohnung in der Lady Margaret Road, die ihm ein Bekannter für einige Zeit zur Verfügung stellt.

Die Habenichtse begibt sich dezidiert in die Auseinandersetzung mit dem 11. September und dessen Nachwirkungen.[4] Der Umgang mit ›7/7‹ ist dabei nur das offensichtlichste Anzeichen dafür, dass sich Hackers Poetik angesichts des ›Terrors‹ nicht so sehr für das Deutungsmuster des ›Ereignisses‹ interessiert, sondern vielmehr dafür, wie sich ›Terror‹ auf Distanz halten lässt und wie ›Terror‹ gerade dadurch als eine permanent anwesende, latente Bedrohung lesbar wird, die in enger Verbindung zu Strukturen der Verdrängung steht. *Die Habenichtse* steht beispielhaft für ein Textverfahren, das der Unlesbarkeit des Terrors durch eine Auseinandersetzung mit den Dimensionen der Trauer und der Verdrängung angesichts gesellschaftlicher, sozialer, historischer und individueller (Gewalt-) Geschichte begegnet.

Wie gesagt, auf der Ebene der Handlung ist der 11. September 2001 ein folgenschweres Datum, das mitunter auch über das Potential verfügt, verstörend und überfordernd zu wirken. *Die Habenichtse* entwirft jedoch ein Textverfahren, das vorführt, wie sich das Denkmuster des Ereignisses und der Zäsur samt der damit verbundenen Vorstellung, von der Geschichte *betroffen* bzw. *getroffen* zu sein, absorbieren lässt. Um es zu absorbieren, muss es jedoch erst einmal ins Spiel gebracht werden.

Als wollte der Text unmissverständlich deutlich machen, dass sich über den 11. September nicht erzählen lässt, ohne das Denkmuster der Zäsur zu bemühen, lautet der erste Satz: »– Alles wird anders, verkündete Dave.« (DH, 7) Und dieser erste Satz ist in dem Roman nicht die einzige Passage, in der das geflügelte Wort bemüht wird: Mae »wiederholte [...] immer wieder, was sie gehört hatte, daß es nie mehr sein würde wie bisher, die ganze Welt, das Leben« (DH, 23), Andras denkt »[n]ichts, wie es war« (DH, 37), Jakob »dachte an den 11. September vor anderthalb Jahren, an seine hilflose Aufregung, [...] an Bushs Rede,

4 Insofern kann ich der Feststellung Konrad Harrars, der 11. September 2001 werde in dem Roman »als ein isoliertes Phänomen behandelt«, nicht zustimmen. Konrad Harrar: Die neueste Topographie des Schreckens. Zu Katharina Hackers Roman *Die Habenichtse*. In: Peter Hanenberg / Isabel Capeloa Gil u.a. (Hg.): Kulturbau. Aufräumen – Ausräumen – Einräumen. Frankfurt am Main: Peter Lang 2010, S. 429-442, hier: S. 440.

nichts, wie es war. Nichts hatte sich verändert« (DH, 93). »Alles geht weiter wie bisher, ist das nicht wunderbar?« (DH, 122) »Es wird nichts mehr so sein, wie es war, sagte sie [Isabelle zu Andras], dann legten sie beide auf.« (DH, 287) »Es wird anders jetzt« (DH, 308) sagt schließlich Jakob zu Isabelle am Ende des Romans.

Die Zäsur ist dem Text nicht als formaler Bruch eingeschrieben, vielmehr ist sie den Figuren zu einem verfügbaren und in alle Lebenslagen passenden Zitat geworden, das ihnen zudem in erster Linie zur Selbstvergewisserung dient und eher nachgeordnet und unmotiviert mit den globalen politischen Verhältnissen in Zusammenhang gebracht wird.

Der Text treibt das Spiel mit der ›Zäsur‹ aber noch weiter. Denn Dave äußert diesen Satz, bevor im zweiten Kapitel des Romans der 11. September stattfindet, der Satz ist sowohl auf der Ebene der *erzählten Zeit* als auch auf der Ebene der *Erzählzeit* den Anschlägen vorgelagert. Im Hinblick auf diese Vorwegnahme halte ich zwei Aspekte für bedeutsam: Erstens wird die so enge Verbindung des Topos der Zäsur mit den Anschlägen vom 11. September 2001 sowohl in zeitlicher als auch semantischer Hinsicht gelöst und zweitens stellt sich die häufige Bezugnahme auf das Denkmuster im weiteren Verlauf des Romans (also nach dem 11. September 2001) immer schon als Zitat dar – es steht als Deutungsmuster schon zur Verfügung, bevor die Anschläge stattfinden.

Hackers Text entwirft ein Szenario, in dem das Denkmuster der Zäsur stets verfügbar ist – *Verstörung* oder eine überwältigende Form der Betroffenheit durch die Ereignisse des 11. September drückt der Satz in Hackers Roman nicht aus. Damit steht er symptomatisch für die Verfahrensweise von *Die Habenichtse*: ›Terror‹ artikuliert sich in dem Roman eben an jener Schnittstelle, an der die Vorstellung von Geschichte nicht betroffen zu sein mit den verdrängten und in der Gegenwart wirkmächtigen Dimensionen von Geschichte in Konflikt gerät. Das Textverfahren von Hackers Roman verfährt in einer Doppelbewegung: Zum einen entwickelt der Text eine umfassende Poetik der Verdrängung, zum anderen wird gerade durch diese Poetik der Verdrängung ›Terror‹ als die Insistenz des Verdrängten und damit als *unheimlicher Terror* lesbar.

Diesen unheimlichen Terror entwickelt der Roman im Kontext deutscher (Verdrängungs-)Geschichte. Gerade im Zusammenhang mit Ereignissen, die als *historische Zäsur* diskursiviert werden, drängt sich die Frage auf, wie sie sich auch in den (literaturgeschichtlichen) deutschen Kontext einschreiben: Wenn die Anschläge so eng mit dem Satz ›Nichts wird mehr sein wie zuvor‹ verbunden und damit als globale Zäsur bezeichnet sind – wie übersetzt sich dann diese ›globale Zäsur‹ in einen Diskursraum deutscher Gegenwart und Gegenwartsliteratur? Ruft das Denkmuster der historischen Zäsur nicht immer auch das der

Stunde Null auf, samt seiner problematischen Implikationen des fundamentalen historischen Bruchs? Markiert die Diskurssetzung einer *Stunde Null* als zentrales Dispositiv der deutschen Nachkriegsgesellschaft nicht den Ausschluss der Opfer des Nationalsozialismus aus den Räumen des Sprechens?

Wie eng Diskurssetzung auf der einen und Verdrängung, Verleugnen und Vergessen auf der anderen Seite miteinander zusammenwirken, hat Stephan Braese eindrücklich herausgearbeitet. Demnach wurden in der »Diskurseröffnung« der deutschen Nachkriegsliteratur nach 1945 ausschließlich die Positionen deutscher Schriftsteller verhandelt.[5] Seinen »archimedischen Punkt« habe der Diskurs darin gefunden, den Nationalsozialismus lediglich im Modus zweier Alternativen zu diskutieren, die sich für deutsche Schriftsteller geboten hätten: Dableiben oder Exilieren. In dieser Alternative, die für Juden keine war, sei der »Ausschluss jedes jüdischen Autors« angelegt gewesen.[6] Was Braese als eine »Homogenisierung der Erinnerung«[7] für den deutschen Literaturbetrieb feststellt, trifft Sigrid Weigel zufolge auch auf den deutschen Generationendiskurs nach 1945 zu. Dieser sei von der Dominanz der »HJ-Generation« geprägt gewesen, welche »sich nach dem Krieg als erste Instanz in Fragen der Politik, der Wahrheit und der Moral etabliert hat«[8]. Diese Perspektivierung verweist auf die selbstbewusst praktizierte und durchgesetzte Diskursmacht der Täter- und Mitläufergesellschaft, die das »Gespräch mit den Übergebliebenen«[9] nicht nur verweigerte, sondern die sich zugleich das Bilderrepertoire der antisemitischen Verfolgung aneignete und es damit den Verfolgten enteignete, um die eigene Geschichte zu erzählen.[10] Im Zentrum der *Stunde Null* steht demnach die *Leerstelle* der Shoah und der extremen Traumata der Überlebenden, um die herum sich die deutsche Nachkriegsgesellschaft gruppiert und konstituiert hat: eine Konstellation, in der aus der deutschen Gesellschaft keine »Zeichen des Sprechenwol-

5 Stephan Braese: Die andere Erinnerung. Jüdische Autoren in der westdeutschen Nachkriegsliteratur. Berlin / Wien: Philo 2001, S. 33.

6 Braese,: Die andere Erinnerung, a.a.O., S. 37.

7 Braese: Die andere Erinnerung, a.a.O., S. 51.

8 Sigrid Weigel: Die ›Generation‹ als symbolische Form. Zum genealogischen Diskurs im Gedächtnis nach 1945. In: figurationen 0 (1999), S. 158-173, hier S. 169.

9 Klaus Briegleb: Unmittelbar zur Epoche des NS-Faschismus. Arbeiten zur politischen Philologie 1978-1988. Frankfurt am Main: Suhrkamp 1989, S. 13. Zur besonderen Rolle der Gruppe 47 in dieser Diskurskonstellation: Ders.: Missachtung und Tabu. Eine Streitschrift zur Frage: »Wie antisemitisch war die Gruppe 47?« Berlin / Wien: Philo 2003.

10 Vgl. dazu Braese: Die andere Erinnerung, a.a.O., S. 34 ff.

lens«[11] an die Überlebenden ausgesendet wurden und die durch eine Ignoranz ihnen gegenüber geprägt war. Wenn also die Zäsur der *Stunde Null* durch die Ausblendung und Ausgrenzung des extremen Traumas der jüdischen Vernichtungserfahrung charakterisiert ist, zugleich aber diese *Stunde Null* als die Geburt der demokratischen Bundesrepublik gilt, dann ist jede Rede über Zäsuren im deutschen Kontext von dieser fundamentalen Leerstelle affiziert.

Vor diesem literatur- und diskurshistorischen Hintergrund ist das Setting von Hackers Roman zu verstehen: In der Auseinandersetzung mit dem ›Terror‹ werden hier Strukturen der Verdrängung etabliert, die sich maßgeblich dadurch auszeichnen, dass sie die Dimension der Betroffenheit von Geschichte abwehren.

4.2 POETIK DER VERDRÄNGUNG – FEHLENDE TRAUER, SCHULD UND SCHULDEN

4.2.1 Inszenierung der Nicht-Betroffenheit

Die Habenichtse widmet sich auf eine ganz eigene Weise dem Phänomen der Betroffenheit bzw. Nicht-Betroffenheit durch Geschichte. Zunächst einmal ist in diesem Zusammenhang sicherlich die Rolle des 11. September für die Handlung zu erwähnen, denn hier wird der Aspekt der Nicht-Betroffenheit explizit in Szene gesetzt: Eigentlich hätte Jakob am 11. September in New York sein sollen, er hat seinen Termin dort jedoch kurzfristig verschoben, weil er für diesen Tag zu einer Party eingeladen wurde, auf der er Isabelle, mit der er zehn Jahre zuvor eine kurze Affäre während des Studiums hatte, wiedertrifft. Die Einladung zu dieser Party erhielt er von Isabelles Mitbewohnerin in einer Berliner Kneipe, deren Name in diesem Zusammenhang durchaus bedeutsam ist: *Würgeengel*. Der Würgeengel bezeichnet im Alten Testament den von Gott ausgesandten Engel, der die erstgeborenen Ägypter erschlägt, während er an den mit dem Blut des Opferlamms markierten Häusern der Israeliten vorübergeht.[12] Dieses Vorüber-

11 Klaus Briegleb: Unmittelbar zur Epoche des NS-Faschismus, a.a.O., S. 14.

12 Vgl.: Eintrag Würgengel in: Bibel-Lexikon, hg. von Herbert Haag. Zürich, Köln: Benziger 1968, Sp. 1904. Im Deutschen Wörterbuch von Jacob und Wilhelm Grimm wird das Wort Würgeengel auf eine Übersetzung von Luther zurückgeführt: »wo nu der würg engel solchs zeichen des bluts an der thür finden würde, da solt er für uber gehn und im selben hausz niemand würgen«. Vgl.: Eintrag WÜRGENGEL, a.a.O., Bd. 30, Sp. 2213. Abrufbar unter: http://woerterbuchnetz.de/cgi-bin/WBNetz/wbgui_py?sigle=DWB&lemid=GW28990, zuletzt abgerufen am 9. Februar 2016.

gehen des Würgeengels bezeichnet das hebräische Wort ›passah‹.[13] Jakob wird durch die im Würgeengel ausgesprochene Einladung für den 11. September vom Tod verschont (sein Arbeitskollege Robert kommt jedoch in New York ums Leben), zugleich nimmt er durch die alttestamentarische Geschichte eine jüdische markierte Position ein. Roberts Tod erzeugt für die Struktur der Handlung eine folgenreiche Leerstelle, auch wenn sein Tod keine der Figuren sonderlich berührt – überhaupt scheint Robert für den Roman einzig und allein die Funktion zu haben, bei den Anschlägen ums Leben zu kommen.[14]

Als ginge es darum, das Vorübergehen des Todes nochmals zu beschwören, treffen sich Isabelle und Jakob am Abend des 12. September erneut im Würgeengel, wo sie sich als von der Geschichte nicht Betroffene imaginieren und so die Rollen von Retterin und Gerettetem einnehmen: »Er war verschont geblieben, Isabelle, dachte er, hatte ihn gerettet.« (DH, 22) Bereits über diese Konstellation fädelt der Roman einen Strang ein, der die Figuren Jakob und Isabelle mit dem Kontext deutscher Geschichte verwebt und der später noch einen großen Stellenwert einnehmen wird (dazu aber später mehr). Und bereits hier lassen sich die durchaus problematischen Aspekte erahnen, die sich aus der Imagination ergeben, verschont geblieben bzw. gerettet worden zu sein. Denn Jakobs Familiengeschichte ist schuldhaft mit der antisemitischen Politik des Nationalsozialismus verbunden – wenn er im Zusammenhang mit dem 11. September nun mit dem Begriff des »Überlebenden« (DH, 10) in Verbindung gebracht wird, erhöht das die Spannung nochmals beträchtlich. Es lässt sich hier zunächst einmal festhalten, dass der Roman die Frage nach der (Nicht-)Betroffenheit durch den Terror vom 11. September mit der Frage nach dem Verhältnis zur deutschen Verbrechensgeschichte verknüpft.

---

13 Vgl. Eintrag WÜRGENGEL in: Deutsches Wörterbuch, a.a.O., Bd. 30, Sp. 2213. Franz Fromholzer nimmt diese Anspielung auf das Alte Testament zum Ausgangspunkt für seine Lektüre des Romans, in der er die einleuchtende These formuliert, dass Isabelle und Jakob gerade die mit dem Pessah-Fest verbundene Dimension des Eingedenkens verweigern und »dass gerade der Verlust der lebensgeschichtlichen Dimension, der Erinnerung an die Opfer und Toten, als soziale Deprivation, als Verlust an gesellschaftlicher Erkenntnis und als Handlungsschwäche gedeutet werden muss.« Franz Fromholzer: Unerbittlich ziellos? Messianische Zeit in Katharina Hackers Die Habenichtse. In: New German Review 23 (2008), S. 99-115, hier: S. 102.

14 Julia C. Sander beschreibt die »emotionale Mattigkeit« der Figuren als die Besonderheit des Romans. Julia C. Sander: Konturen des Pathischen in Katharina Hackers Roman *Die Habenichtse*. In: Dagmar von Hoff / Teresa Seruya (Hg.): Zwischen Medien/Zwischen Kulturen. Poetiken des Übergangs in philologischer, filmischer und kulturwissenschaftlicher Perspektive. München: Meidenbauer 2011, S. 47-59.

Während Jakob und Isabelle am 11. September 2001 ihre Liebesbeziehung im Zeichen der Nicht-Betroffenheit begründen, wirken sich die Anschläge auf die Liebesbeziehung von Jim und Mae, die in London leben, geradezu katastrophal aus.[15] Mae wird als von den Fernsehbildern der Anschläge traumatisierte Figur beschrieben. In der Beschreibung Maes wird das *Würgen* als körperliches Symptom wieder irdisch und materiell: Sie »beugte sich vor, würgte, Schleim tropfte aus ihrem Mund; sie wurde immer dünner« (DH, 25). Bevor Mae nach einem gewaltsamen Übergriff Jims spurlos verschwindet und lediglich als Name in Vermisstenanzeigen auftaucht, verliert sie jeden stabilisierenden Referenzrahmen, verwahrlost körperlich, sieht wieder und wieder die Bilder der Anschläge vor sich:

> Mae redete von den Toten, wiegte sich, als hielte sie ein Kind im Arm, später wiederholte sie immer wieder, was sie gehört hatte, daß es nie mehr sein würde wie bisher, die ganze Welt, das Leben, und nachts, als sie endlich eingeschlafen war, wimmerte sie. Langgezogen, pausenlos, bis er sie stieß oder rüttelte, ein winziges, nicht endendes Wimmern, wie ein *loop*, als wäre das Zeitmaß verändert, als hieße die gültige Geschwindigkeit seit diesem langsamen Zusammensacken der Türme Zeitlupe. (DH, 23)

Während der Roman das Thema der Nicht-Betroffenheit in Bezug auf Jakob (nicht zuletzt durch intertextuelle) Anspielungen verhandelt, verfährt er bei Mae anders: Der Text etabliert auf der *Ebene des Erzähldiskurses* ein Textverfahren der Verdrängung. Das Zeitmaß habe sich verändert, heißt es in der eben zitierten Passage über Mae. Dieses neue Zeitmaß wird über den Vergleich mit einem *loop* bzw. über den Vergleich mit der Zeitlupe beschrieben. Die klangliche Ähnlichkeit von *loop* und Zeit*lupe* sollte nicht darüber hinwegtäuschen, dass es sich hier um zwei unterschiedliche Zeitmaße handelt. Die Zeitlupe bezeichnet eine verlangsamte Darstellung eines bestimmten Geschehensablaufs – narratologisch gesprochen eine Dehnung, bei der die Erzählzeit länger ist als die erzählte Zeit – , während ein *loop* als geschlossene Wiederholungsschleife keinen zeitlichen Fortschritt mehr kennt, narratologisch bewegt man sich hier im Bereich der Frequenz.[16] Es stellt sich die Frage, wie man einen *loop* erzählt, ob iterativ oder re-

15 Julia Catherine Sander zufolge trägt der Roman daher grundsätzlich eine »Signatur des Leidens«. Ausgehend von dieser These und in erster Linie geleitet von einem Interesse an der Figurenpsychologie zeichnet sie die Handlungsstränge des Romans nach. Julia Catherine Sander: Zuschauer des Lebens. Subjektivitätsentwürfe in der deutschsprachigen Gegenwartsliteratur. Bielefeld: transcript 2015, S. 137.

16 Zur Kategorie der Zeit bzw. Frequenz auf der Ebene des Erzähldiskurses (discours): Martínez / Scheffel: Einführung in die Erzähltheorie, a.a.O., S. 47 ff.

petitiv. Repetitves Erzählen käme einer Stilllegung des zeitlichen Fortschreitens gleich, die konsequenteste repetitive Darstellung des *loops* bestünde in der steten Wiederholung des Gleichen. Die ›Traumatisierung‹ Maes auf diese Weise in den Text aufzunehmen, käme einer Verwundung, einer umfassenden ›Traumatisierung‹ des Erzählens selbst gleich. Irgendwie muss also weitererzählt werden.

Der Roman entscheidet sich daher im Zusammenhang mit Maes Gefangensein in Wiederholungsschleifen für die iterative Darstellungsform – bereits das erste Wort nach ›Zeitlupe‹ lautet »Tagelang« (DH, 23). *Die Habenichtse* trifft damit eine Entscheidung für das Weitererzählen, verweigert sich dem Verweilen in der Wiederholungsschleife und macht auf diese Weise klar, dass der Text sich vom ›Trauma‹ nicht blockieren lassen, und zugleich auch nicht bei Mae verweilen will. Den *loop* (abgesehen von einigen wenigen Wiederholungsfiguren) iterativ zu erzählen (»wiederholte sie immer wieder« (DH, 23)), bringt den Effekt mit sich, dass sich in diesem Kapitel (im Unterschied zu den anderen Kapiteln, die sich mit den Tagen rund um den 11. September beschäftigen) das Erzähltempo enorm erhöht, also gerade nicht in Zeitlupe erzählt wird, sondern im Zeitraffer. *Die Habenichtse* erzählt auf wenigen Seiten – völlig im Kontrast zu den anderen Erzählsträngen – die auf den 11. September folgenden Monate: vom »Spätherbst« (DH, 25) über den »Dezember« (DH, 25), den vergehenden »Januar« (DH, 26), »Februar« (DH, 28) bis zum »Frühling« (DH, 29) des auf den 11. September folgenden Jahres. Das Kapitel endet damit, dass Jim aus der gemeinsamen Wohnung aus- und in eine Wohnung in der Lady Margaret Road einzieht. Die Erhöhung des Erzähltempos, das Verschwinden von Mae und Jims Umzug in die Lady Margaret Road korrespondieren demnach miteinander. Das Kapitel endet mit folgendem Satz: »Über Mae sagte er [Albert, J.B.] nichts, und Jim fragte nicht nach.« (DH, 31) Nichts sagen, nicht fragen: Der Erzähldiskurs springt im sich direkt daran anschließenden Kapitel wieder auf den 12. September 2001 zurück, Mae als von den Anschlägen verstörte, ›traumatisierte‹ Figur hat er zuvor aus dem Text heraus gedrängt.[17]

Roberts Tod erzeugt keine Leerstelle, sondern seine Position wird umgehend durch Jakob ersetzt; Mae wird durch einen erzählerischen Kniff aus der Erzählung gedrängt. Es scheint, als wolle der Text die Verwundung durch die Anschläge nicht anerkennen – sei es auf der Handlungsebene durch Tote wie Ro-

17 Franziska Meyer interpretiert die Rolle Maes hingegen gegenteilig und spricht davon, dass »Hacker's text is taking time and giving space to Mae's own imagination«. Franziska Meyer: German writers remember 9/11. Katharina Hacker's *The Have-Nots*. In: Lucy Bond / Jessica Rapson (Hg.): The transcultural turn. Interrogating Memory between and Beyond Borders. Berlin / Boston: de Gruyter 2014, S. 209-223, hier: S. 214.

bert oder auf der Ebene des *discours* durch eine an Mae ablesbare Verwundung des Erzählens selbst. Der Text etabliert eine Poetik der Verdrängung, der es darum geht, die verstörenden Dimensionen des Terrors abzuwehren. Ausgehend von der Auseinandersetzung mit dem 11. September 2001 stellt *Die Habenichtse* den Umgang mit Verlusten und den Umgang mit Trauer in einen größeren Zusammenhang.

4.2.2 Das Modell der Substitution

Die Figuren in Hackers Roman sind nicht nur durch eine Verkettung von Zufällen, die ihren Ausgangspunkt mit dem 11. September 2001 nimmt, verbunden, sondern sie teilen auch eine umfassende Geschichte der Verluste von Freunden und Angehörigen miteinander: Isabelles Freundin und Arbeitskollegin Hanna ist im Oktober 1996 gestorben; Jakobs Mutter ist gestorben, als er zwölf Jahre alt war; Robert kommt im World Trade Center ums Leben; Andras, der in Isabelle verliebt ist, ›verliert‹ sie am 11. September an Jakob. Im Londoner Erzählstrang, der den Roman eröffnet und der fortan im Wechsel mit der Berliner Perspektive erzählt wird, gibt es ebenfalls Verluste zur Genüge: Die Familie von Sara und Dave zieht nur in die Lady Margaret Road, weil ihre Tante kurz zuvor gestorben ist; Jim zieht dorthin, nachdem er seine Freundin Mae an Ben verloren hat; Mae verschwindet auf rätselhafte Weise; der Lebensgefährte von Jakobs Londoner Chef Bentham ist bei einem Verkehrsunfall gestorben; zwei Brüder von Hishams Frau sind verschwunden und niemand weiß, ob sie noch am Leben sind. Es gibt also eine ganze Fülle an Verlusten, die betrauert werden müssten.

Der Berliner Erzählstrang mit den beiden Hauptfiguren Isabelle und Jakob sticht dabei durch eine sehr eigenwillige Form der Trauerarbeit ins Auge: Die durch die Verluste erzeugten Leerstellen werden umgehend gefüllt. Ein Prinzip, das nicht erst mit Roberts Tod erprobt wird: Als Isabelles Arbeitskollegin Hanna im Jahr 1996 an Krebs stirbt, nimmt Isabelle deren Stelle samt der Anteile an der Agentur ein. Sowohl für Jakob als auch für Isabelle wirkt sich diese Art der Rochade finanziell attraktiv aus. Auch die Liebesbeziehung zwischen Isabelle und Jakob ist in eine Ersetzungsbewegung eingelassen. Nicht nur hat sie ihre Vorgeschichte in einer Affäre während des Studiums zehn Jahre vor dem 11. September, sondern auch diese Affäre hatte schon den Charakter einer Substitution: Jakob war in die zweite Frau seines Vaters, Gertrud, verliebt (die wiederum das Substitut der verstorbenen Mutter war) und erhoffte sich auch nach seinem Auszug von zuhause eine Liebesbeziehung zu ihr, bis er sich drei Jahre später – in einer Vorlesung über Rechtsgeschichte – neben Isabelle setzte und sich in sie verliebte.[18] Es ist, wie es Jakob durch den Kopf geht, als glitten sie »von einer Position in eine andere, ohne etwas zu tun« (DH, 47).

Auch die beiden Londoner Erzählstränge folgen diesem Muster. Die Lady Margaret Road, in die Isabelle und Jakob als Folge von Roberts Tod ziehen werden, ist im Roman bereits vor dem Umzug als ein Ort markiert, an den man aufgrund von Verlusten zieht. Die Umzüge von Jim sowie der Familie von Dave und Sara stehen beide in enger Verbindung mit dem Verlust von Angehörigen: Dave und Sara ziehen in das Haus ihrer gerade gestorbenen Tante, Jim zieht in die Lady Margaret Road, nachdem Mae spurlos verschwunden ist.

Doch neben der genannten Ähnlichkeit unterscheiden sich die Berliner und Londoner Erzählstränge grundlegend im Hinblick auf den Umgang mit Verlusten. Um diesen Unterschied zu skizzieren, lohnt es sich, den Begriff der Trauer ins Spiel zu bringen, wie ihn Sigmund Freud entwickelt – das Konzept der Trauer macht in seinen Schriften eine Entwicklung durch, deren Genese durchaus aufschlussreich für die weitere Lektüre von Hackers Roman ist. In seinem frühen, in *Trauer und Melancholie* entwickelten Begriff der Trauer, sieht Freud in der völligen Ersetzung des verlorenen (Liebes-)Objekts das Ziel einer gelingenden Trauerarbeit.

> Die Realitätsprüfung hat gezeigt, daß das geliebte Objekt nicht mehr besteht, und erlässt nun die Aufforderung, alle Libido aus ihren Verknüpfungen mit diesem Objekt abzuziehen. [...] Das Normale ist, daß der Respekt vor der Realität den Sieg behält. Doch kann ihr Auftrag nicht sofort erfüllt werden. [...] Jede einzelne der Erinnerungen und Erwartungen, in denen die Libido an das Objekt geknüpft war, wird eingestellt, überbesetzt und an ihr die Lösung der Libido vollzogen. [...] Tatsächlich wird aber das Ich nach der Vollendung der Trauerarbeit wieder frei und ungehemmt.[19]

In Freuds Vorstellung einer »normalen« Trauer ist das Ziel die vollständige Ersetzung des verlorenen Objekts durch ein neues und damit die »restlos[e]«[20] Überwindung der Trauer. Das ist das bestimmende Prinzip in der Berliner Welt der *Habenichtse*. Die Verluste werden ersetzt, allerdings mit einer entscheidenden Modifikation: Für Jakob und Isabelle hat dieser Prozess nicht den »außeror-

18 Die Liebesbeziehung von Jakob und Isabelle ist demnach ödipal strukturiert: Isabelle nimmt die Position ein, die letztlich auf Jakobs Mutter verweist (Verlust der Mutter – Ersatz durch Gertrud; Verlust von Gertrud – Ersatz durch Isabelle).

19 Sigmund Freud: Trauer und Melancholie. In: Ders.: Studienausgabe, Band III, hg. von Alexander Mitscherlich u.a. Frankfurt am Main: Fischer 1982, S. 193-212, hier: 198 f.

20 Freud: Trauer und Melancholie, a.a.O., S. 199.

dentlich schmerzhaft[en]«[21] Charakter, den Freud beschreibt – das Ziel der Trauer, die Ersetzung des verlorenen Objekts, wird erreicht, ohne dass die Protagonisten Trauerarbeit leisten. Die Trauer ist in Berlin völlig auf ihr ökonomisches Strukturprinzip des Austauschs heruntergebrochen, jede Form des Affekts ist suspendiert. Das eine fügt sich komplikationslos in das andere; sollte einmal etwas entgleiten, geschieht dies »auf zufriedenstellende Weise« (DH, 32).

Freud hat in seiner späteren Arbeit *Das Ich und das Es* die frühere, pragmatisch anmutende Konzeptualisierung von Trauer als einer restlosen Aufgabe des Objekts relativiert: Er geht nun nicht mehr davon aus, dass erfolgreiche Trauer sich durch eine restlose Ersetzung des Liebesobjektes auszeichne. Vielmehr erkennt er die Introjektion, die er vorher der Melancholie zugerechnet hatte, als einen Vorgang, der »häufig und typisch« ist.[22] Trauer erzeuge einen Rest, der den »Charakter des Ichs« prägt – ein Phänomen, das er in *Trauer und Melancholie* noch der von ihm pathologisierten Melancholie zugerechnet hatte. Freuds Konzepte von Trauer stehen durchaus in einem spannungsgeladenen Verhältnis zueinander – und diese Spannung ist auch prägend für *Die Habenichtse*.

Zeichnet sich der Berliner Erzählstrang durch das Prinzip der Substitution aus, so lässt sich das für die Verluste im Londoner Erzählstrang nicht behaupten; London ist hier vielmehr der Ort, der für den ›Rest‹ steht, für die melancholischen Dimensionen der Trauer. Die verschwundene Mae wird nicht ersetzt, sie geistert lediglich auf Vermisstenanzeigen durch den Roman bzw. die U-Bahn-Stationen von London – Jim wird in dieser Hinsicht zu einer melancholisch-trauernden Figur. Daraus erklärt sich seine Handlungsunfähigkeit; entgegen seiner von Anbeginn des Romans offen formulierten Wünsche, die Stadt zu verlassen, ist für ihn klar: »Bevor er Mae nicht gefunden hatte, würde er nicht weggehen.« (DH, 125) Und solange stellt er sich vor, Mae erwarte ihn zu Hause. »Es

21 Freud: Trauer und Melancholie, a.a.O., S. 199.

22 Sigmund Freud: Das Ich und das Es. In: ders.: Studienausgabe, Band III, a.a.O., S. 273-330, hier: S. 296. Und weiter heißt es: »Es war uns gelungen, [in Trauer und Melancholie, J. B.] das schmerzhafte Leiden der Melancholie durch die Annahme aufzuklären, daß ein verlorenes Objekt im Ich wiederaufgerichtet, also eine Objektbesetzung durch eine Identifizierung aufgelöst wird. Damals erkannten wir aber noch nicht die ganze Bedeutung dieses Vorganges und wußten nicht, wie häufig und typisch er ist. [...] Vielleicht erleichtert oder ermöglicht das Ich durch diese Introjektion [...] das Aufgeben des Objekts. Vielleicht ist diese Identifizierung überhaupt die Bedingung, unter der das Es seine Objekte aufgibt. Jedenfalls ist der Vorgang zumal in frühen Entwicklungsphasen ein sehr häufiger und kann die Auffassung ermöglichen, daß der Charakter des Ichs ein Niederschlag der aufgegebenen Objektbesetzungen ist, die Geschichte dieser Objektwahlen enthält.« Freud: Das Ich und das Es, a.a.O., S. 296 f.

kostete nichts, aber dann tat es doch weh, und er hing seinen Gedanken nach, malte sich Sachen aus«. (DH, 135) Jims Trauer um Mae überdauert das Prinzip der Ersetzung: Während ihre »Vermißten-Poster [...] längst durch andere ersetzt« (DH, 241) sind, hofft er immer noch, sie eines Tages zu finden. »[E]s war richtig, auf sie zu warten, sich nicht in die Irre führen zu lassen, nicht von Albert und nicht von Isabelle, die ihn mit ihren kindischen, tollen Augen aufforderte, sie zu küssen, denn so war es, sie bot sich ihm an.« (DH, 244) Isabelle versucht, das Berliner Modell der Substitution nach London zu ›importieren‹, sie bietet sich als Ersatz für Mae an.

Jakobs Londoner Chef, Bentham, hat seinen Lebenspartner Graham bei einem Motorradunfall verloren. Auch dieser Verlust bleibt in dem Roman ohne Substitut; Bentham hat keinen neuen Freund, trifft sich aber hin und wieder über mehrere Tage hinweg mit jungen Männern in einem Hotel. Für Bentham sind diese Tage, neben dem sexuellen Aspekt, eine Flucht vor »der Leere meines Hauses« (DH, 259). Die Gegenstände in seinem Haus, »an denen sich die Vergangenheit ablesen läßt – man erträgt sie nicht immer« (DH, 259). Keinesfalls substituieren die Treffen mit anderen Männern aber den Verlust, den Bentham erlitten hat. Diese Sichtweise korrespondiert mit Benthams Äußerung, dass sich die Vergangenheit »weder berühren noch verändern läßt, ganz egal, wie gewaltsam man sich in ihre Nähe drängt« (DH, 256). In dieser liegt auch der Grund, weshalb er den Schrank, den seine Haushälterin zerkratzt hatte, nachdem sie »seltsam« (DH, 254) geworden (und schließlich verschwunden[23]) war, in diesem Zustand gelassen hat. Während Jakob auf Restitutionsfragen spezialisiert ist, und diese sogar auf seine Liebe zu Isabelle anwendet, kommt aus Benthams Mund ein Satz, der diesem Prinzip diametral entgegensteht: »Besitz ist ein Modus des Verlustes.« (DH, 217)

Der grundlegende Unterschied zwischen dem Berliner und dem Londoner Erzählstrang liegt demnach in der Ausgestaltung des Umgangs mit Verlusten. Dabei ist in Berlin ein strikt strukturales Prinzip der Substitution wirksam, während sich die Londoner Verluste diesem Bewältigungsmuster entziehen und eher den Rest des Unbewältigten sichtbar machen, also diejenigen Dimensionen, die nicht in der Substitution aufgehen. Auch in anderen Bereichen lässt sich London als das Verworfene der Berliner Welt begreifen, besonders drastisch an der Figur Saras und ihrer Katze Polly, mit der sie sich dauernd verwechselt, über die das

23 Auch im Umgang Benthams mit der verschwundenen Haushälterin zeigt sich der Unterschied zwischen dem Berliner Prinzip der Ersetzung und dem Londoner Prinzip des Festhaltens am Verlust. Bentham stellt keine neue Haushälterin ein (zumindest erzählt er davon nichts), sondern hält an ihr fest: »Wir haben sie auf Umwegen unterstützt, Graham fand eine Möglichkeit.« (DH, 254)

Abjekte in den Text eingeführt wird, das in Berlin nicht existiert: Blut, Urin, Gedärme, Verwesung, Schleim, Erbrochenes.[24]

Diese beiden Modelle – Substitution und Rest des Unbewältigten – treffen in dem Roman aufeinander (auf der Ebene der *histoire* mit dem Umzug von Jakob und Isabelle nach London, auf der Ebene der Textualität bereits vorher[25]). Die Trennung der Berliner und der Londoner Welt ist in der Struktur des Romans angelegt. Die Erzählstränge bleiben bis zum Umzug Jakobs und Isabelles nach London strikt den jeweiligen Orten zugeordnet und dadurch voneinander getrennt. Die *histoire* des Romans führt die beiden Erzählstränge schließlich in dem Moment zusammen, in dem Jakob und Isabelle in die Lady Margaret Road ziehen und die Nachbarn von Sara, Dave und Jim werden. Insofern trägt die Anordnung der Kapitel dem Berliner Realitätsprinzip Rechnung – erst nach dem Umzug ändert sich das, indem sich nun innerhalb der Kapitel die ehemals getrennten Stränge zunehmend vermischen. Zugleich führt der Roman aber ein Prinzip ein, das auf der semiotischen Ebene die strukturelle Trennung der Erzählstränge von Anbeginn an unterläuft und sie von vornherein miteinander verwebt.

Doch zunächst zurück zum Begriff der Trauer: Über Jakobs Umgang mit Verlusten führt Hackers Roman ein eigenes Modell der Trauer ein. Anlässlich der Beerdigung seines Freundes und Kollegen Robert erläutert Jakob sein Verständnis von Verlust: »In gewisser Weise, hatte er Hans gesagt, als sie, ein einziges Mal, über den Tod seiner Mutter gesprochen hatten, ist der Tod ein Wechsel der Besitzverhältnisse.« (DH, 50) Ein Wechsel der Besitzverhältnisse – damit wendet Jakob die »ökonomischen Mittel«[26], von denen Freud im Hinblick auf eine Ökonomie der Psyche bei der Trauerarbeit spricht, in ein Denkmuster der Ökonomie, das an Eigentumsverhältnissen orientiert ist. Der materielle Besitzstand umfasst dabei auch den »Körper« und das »was der Tote gedacht und gehofft und erlebt hat, selbst seine Erinnerung« (DH, 50). Wenn alle Facetten eines Menschen, den man verliert, als beweglicher Besitzstand gefasst werden, dann wird damit eine Trauerarbeit in Aussicht gestellt, die diese Besitzverhältnisse auch restlos klären und regeln kann. Angesichts dieses rund laufenden Berliner Trauermotors liegt die Frage nahe, wo sich denn der »archäologische [...] Rest der unaufgelösten Trauer«[27] ablagert, den Freud in seiner späteren Schrift ent-

24 Zur Theorie des Abjekten: Julia Kristeva: Powers of Horror. An Essay on Abjection. New York: Columbia University Press 1982, insb. S. 1-32.

25 Vgl. dazu unten, Abschnitt 4.3.

26 Freud: Trauer und Melancholie, a.a.O., S. 442.

27 Judith Butler: Psyche der Macht. Das Subjekt der Unterwerfung. Frankfurt am Main 2001, S. 126.

deckt. Was, wenn die Geschichte die Besitzverhältnisse gründlich durcheinander gebracht hat? Und was, wenn davon auch noch die eigenen Besitzverhältnisse betroffen sind?

4.2.3 Sozialisierung und Arisierung – Deutsche Vermögensfragen

Die Habenichtse schreibt sich bereits mit seinem Titel in ein Paradigma des Besitzes, des ›Habens‹ bzw. ›Nicht-Habens‹ ein. Da aber keine der Figuren des Romans als eine gezeichnet wird, die tatsächlich über nichts verfügt, ja, es ganz im Gegenteil zu der Bezeichnung als Habenichtse stets auch um den Transport von Hab und Gut an einen neuen Ort geht (schon der erste Satz des Romans spricht vom Umzugswagen und selbst das kleine Mädchen Sara, die der ständigen Gewalt ihrer Eltern ausgesetzt ist, hat Spielzeug, Kleidung und eine Katze, besitzt also nicht nichts), liegt es nahe, ›Haben‹ und ›Nicht-Haben‹ genauer in den Blick zu nehmen.

Es sticht sofort ins Auge, dass Besitzverhältnisse eine große Rolle für den Roman spielen: Jakob, der den Tod als einen ›Wechsel der Besitzverhältnisse‹ begreift, ist als Rechtsanwalt tätig, dessen Schwerpunkt im Vermögensrecht und dort insbesondere bei den Restitutionsfragen, noch spezieller, im Bereich des Investitionsvorrangs liegt. Die entsprechenden Gesetzestexte und die dazugehörigen Kommentare »kannte er inzwischen auswendig« (DH, 19).

Die Restitutionsfragen führen Jakob in ihrer Komplexität in einen Bereich, in dem es um die juristische Aufarbeitung von politischem Unrecht geht und der aufs engste mit der deutschen Geschichte des 20. Jahrhunderts und zugleich mit Jakobs eigener Familiengeschichte verbunden ist. Bei den Restitutionsfragen geht es auf vielfältige Art und Weise um die Überlappungen und Verwerfungen der deutschen Geschichte des 20. Jahrhunderts. Fünf geschichtliche und politische Abschnitte sind virulent, wenn es um die Auseinandersetzung mit Vermögensfragen in Deutschland geht: die Zeit vor 1933, die Zeit des Nationalsozialismus (1933-1945), die Zeit der sowjetischen Besatzung (1945-1949), die Deutsche Demokratische Republik bis 1990 sowie die darauf folgenden Jahre nach der Wiedervereinigung.[28]

---

28 Zum historischen Hintergrund des Umgangs mit Arisierungen nach der Wiedervereinigung: Constantin Goschler / Jürgen Lillteicher (Hg.): »Arisierung« und Restitution. Die Rückerstattung jüdischen Eigentums in Deutschland und Österreich nach 1945 und 1989. Göttingen: Wallstein 2002. Darin hervorzuheben sind insbesondere die Beiträge von Jan Philipp Spannuth und Christian Meyer-Seitz.

Der Gesetzgeber versuchte in einer Reihe von Gesetzen nach der Wiedervereinigung die vermögensrechtliche Situation im Zusammenhang mit diesen historischen Abschnitten, in denen auf unterschiedlichste Art und vor unterschiedlichsten politisch-ideologischen Hintergründen Enteignungen stattfanden, zu klären. Ein zentrales Augenmerk liegt bei der rechtlichen Regelung der Restitutionsansprüche auf der wirtschaftlichen Entwicklung in der ehemaligen DDR: Wie der Name des ›Hemmnisbeseitigungsgesetzes‹[29] bereits anzeigt, soll die Regelung *zugunsten* der Ermöglichung gegenwärtiger Investitionsvorhaben ausfallen um die wirtschaftliche Entwicklung nicht durch ungeklärte Besitzverhältnisse zu hemmen. Allerdings überlagern sich bei diesen Restitutionsfällen mehrere historische Gemengelagen wie archäologische Schichten.

Das ›Hemmnisbeseitigungsgesetz‹ regelt den Umgang mit Vermögen, die erstens von den Nazis ›arisiert‹ und eventuell später unter sowjetischer Administration den Arisierungsgewinnern abgenommen wurden; die zweitens unter sowjetischer Administration enteignet wurden; die drittens später vom DDR-Regime ›sozialisiert‹ wurden. In den Vermögensfragen verdichten und überlappen sich demnach vielfältige und völlig disparate geschichtliche und politische Unrechts-Zusammenhänge. Deren Rekonstruktion kommt einer archäologischen Arbeit gleich, die erfordert, verschiedene Zeitschichten, die Überlagerungen und Verwerfungen der Geschichte, in den Blick zu nehmen. Die Gegenwart muss jedoch als ein Resultat eben dieser Überlagerungen verstanden werden. Und so wird die (geschichts-)politische Tragweite des Gesetzes offensichtlich, wenn man berücksichtigt, dass die ›Arisierungen‹ während der Zeit des Nationalsozialismus als ein »erste[r] Schritt des Vernichtungsprozesses«[30] verstanden werden müssen.

In seiner Tätigkeit als Anwalt ist Jakob auf die Zeit des Nationalsozialismus spezialisiert. Wenn er das Anliegen verfolgt, die einzelnen Teile der Geschichte »in ihre eigentliche Reihenfolge zu bringen« (DH, 19), dann mangelt es ihm gerade an einem Bewusstsein dafür, dass die Gegenwart als ein solches Resultat von Überlagerungen und Verwerfungen verstanden werden muss. Ein Bewusstsein, dass die Autoren der Einführung zum Gesetzestext, die immer wieder als intertextueller Verweis in Hackers Roman herangezogen wird, durchaus haben.

29 So die gebräuchliche Abkürzung für das *Gesetz zur Beseitigung von Hemmnissen bei der Privatisierung von Unternehmen und zur Förderung der Investitionen.* Vgl.: Gerhard Fieberg / Harald Reichenbach: Einführung in das Vermögensgesetz. In: Vermögensgesetz. Textausgabe mit ausführlichem Sachregister und einer Einführung. München: dtv 1991, S. XI-XXIX, hier: S. XIII.

30 Raul Hilberg: Die Vernichtung der europäischen Juden, Band 1. Frankfurt am Main 1990, S. 85.

Sie sprechen davon, dass »daß der soziale Friede in der gesamtdeutschen Gesellschaft nicht, zumindest aber nicht gravierend, gefährdet« werden dürfe und sehen in dem Gesetz sogar eine »beachtliche emotionale Sprengkraft«[31].

Jakobs berufliches Anliegen klingt nun auf den ersten Blick durchaus ehrenwert: Sein Engagement, in dessen Zuständigkeitsbereich insbesondere der frühere Besitz von Juden gehört, hat zum Ziel, im Wissen um die Verbrechen »einen winzigen Teil des Unrechts dem Gesetz doch noch zu unterwerfen« (DH, 182). Es ist prinzipiell von einem Bewusstsein für die NS-Verbrechen geprägt. Doch bereits das Wort »unterwerfen« zeigt an, dass hier trotz dieses Bewusstseins eher von einer strukturellen Verdoppelung des Unrechts im Zeichen der Aufarbeitung der Vergangenheit gesprochen werden kann. Der juristische Restitutionsdiskurs Jakobs ist nicht das Gegenteil des Vergessens, sondern dessen Komplementärstück unter ökonomischen Vorzeichen.[32] Hervorzuheben ist hier, dass in diesem durchaus Dinge ungeklärt und offen bleiben und dass dieses Offene sich – um hier wieder den mit Freud eingeführten, psychoanalytischen Faden aufzunehmen – nicht dem Gesetz unterwerfen lässt.

Das Anliegen, ›Hemmnisse‹, die als in der Gegenwart wirksame Spuren historischer Verbrechen verstanden werden müssen, zugunsten wirtschaftlicher Prosperität zu beseitigen, zeugt von einer fehlenden Bereitschaft, sich mit den Verbrechen zu konfrontieren. Diese fehlende Bereitschaft drückt sich auch im Verhältnis zwischen Jakob und seinem Freund Andras aus. Ein Gespräch zwischen beiden über Andras' jüdische Herkunft und Familiengeschichte, in dem Andras seine Verwunderung zum Ausdruck bringt, von seinen Freunden niemals auf seine jüdische Herkunft angesprochen worden zu sein, beendet Jakob barsch: »Aber warum hätten wir dich fragen sollen?« (DH, 92) Jakobs lapidare Frage beendet den Dialog und damit die Auseinandersetzung mit den Nachwirkungen deutscher Geschichte, die ihn als Andras' Freund betreffen würde, bevor sie begonnen hat.

---

31 Fieberg / Reichenbach: Einführung, a.a.O., S. XII ff. Zugleich ist der das grundsätzliche Anliegen des Gesetzes klar formuliert: »Der Konflikt zwischen dem Restitutionsinteresse des Einzelnen und dem Interesse der Allgemeinheit an Investitionen in den neuen Bundesländern muß zugunsten investiver Vorhaben gelöst werden.«

32 Vgl. zum Unterschied zwischen Restitution und Trauerarbeit: Alexander Mitscherlich/Margarete Mitscherlich: Die Unfähigkeit zu trauern. Grundlagen kollektiven Verhaltens. München: Piper 2007, S. 80 f.; Sigrid Weigel: Shylocks Wiederkehr. Die Verwandlung von Schuld in Schulden oder: Zum symbolischen Tausch der Wiedergutmachung. In: Sigrid Weigel / Birgit R. Erdle (Hg.): Fünfzig Jahre danach. Zur Nachgeschichte des Nationalsozialismus. Zürich: vdf Hochschulverlag 1996, S. 165-192.

Folgt man Margarete und Alexander Mitscherlich, dann ist eine solche Haltung das folgenreiche sozialpsychologische Signum der deutschen Nachkriegsgesellschaft. Aus einer psychoanalytischen Perspektive betrachten sie die Dynamik der deutschen Nachkriegsgesellschaft während des ›Wirtschaftswunders‹ als eine, die sich der Trauer verweigert. Ihr Begriff der Trauer bezieht sich dabei nicht auf die Trauer um die während der Shoah ermordeten Menschen, sondern auf die Psychodynamik derjenigen, die begeisterte Nationalsozialisten und Anhänger Hitlers waren und sich nach 1945 vor allem durch eine extreme Abwehrhaltung gegenüber den NS-Verbrechen auszeichnen. Für diese Deutschen habe Hitler als Person und als symbolische Figur ein »Ich-Ideal« verkörpert, das ausgesprochen libidinös besetzt war. Hitlers Tod und die militärische Niederlage markieren das »Erlöschen seiner Repräsentanz als kollektives Ich-Ideal«[33]. Durch den psychischen »Mechanismus der Derealisierung«[34] und durch die Verleugnung der Vergangenheit hätten die Deutschen schlagartig alle libidinöse Energie und ihre Identifikation von Hitler und dem Nationalsozialismus abgezogen und somit jedes Gefühl des Betroffenseins von sich abgewendet. Ausdruck dieses »manische[n] Ungeschehenmachen[s]« seien die »gewaltigen kollektiven Anstrengungen des Wiederaufbaus«[35], des so genannten Wirtschaftswunders, das ein »charakteristisches neues Selbstgefühl«[36] mit sich gebracht und die libidinöse Energie gebunden habe.

Das gegenwartsorientierte Prinzip des Wirtschaftens ist daher untrennbar mit Verdrängung, Schuldabwehr und dem Denkmuster der Zäsur verwoben. Den Bekundungen einer Zäsur begegnen die Mitscherlichs daher mit äußerster Skepsis: »Wir verlangen also nach näherer Aufklärung über den Sprung, den so viele vom Gestern ins Heute taten. Es war eine blitzartige Wandlung, die man nicht jedermann so mühelos zugetraut hätte.«[37] Anzeichen der Trauer oder der Melancholie wären jedoch die Voraussetzung für eine selbstreflexive Auseinandersetzung mit den eigenen Taten; erst nach der Durcharbeitung der eigenen Verstrickung in und der Übernahme der Verantwortung für die nationalsozialistischen Verbrechen sei Trauer um die Millionen Ermordeten möglich. Die Vorstellung einer *Stunde Null*, die schon in ihrer Benennung den Anspruch auf eine umfassende Zäsur enthält, ist die Bedingung für das Prinzip des Weiterwirtschaftens. Es verwundert nicht, dass in Jakobs Manifest – Fiebergs und Reichenbachs Einführung zum Vermögensgesetz – genau dieses Denkmuster aufgegriffen wird:

33 Mitscherlich: Unfähigkeit, a.a.O., S. 34.

34 Mitscherlich: Unfähigkeit, a.a.O., S. 40.

35 Beide Zitate: Mitscherlich: Unfähigkeit, a.a.O., S. 40.

36 Mitscherlich: Unfähigkeit, a.a.O., S. 23.

37 Mitscherlich: Unfähigkeit, a.a.O., S. 25.

»Die gemeinsame deutsch-deutsche Suche nach solchen Lösungen mußte *bei null* [Hervorheb. J.B.] beginnen«[38]. Die *Stunde Null* und das *Wirtschaftswunder* werden so als eine Substituierung, als eine für die Nachkriegsgesellschaft konstitutive Verdrängungsbewegung entzifferbar.

4.2.4 Hemmnisbeseitigung

Wo aber Verdrängungsmechanismen arbeiten, da wird auch etwas produziert, das virulent bleibt, das insistiert und auf seine Artikulation drängt. Die offenen, ungeklärten Dimensionen werden an einer ambigen Formulierung deutlich, in der es um den Investitionsvorrang geht, die in ihrer Ambiguität aber im Roman nicht weiter thematisiert wird: »War ein vormaliger Besitzer nicht auffindbar, durfte ein Investor, unbeschadet der ungeklärten Besitzverhältnisse, seine Pläne in die Tat umsetzen.« (DH, 20) Ob der Investor oder die ungeklärten Besitzverhältnisse hier unbeschadet bleiben, lässt sich aus dieser Formulierung nicht mit Sicherheit ablesen, gerade auch, weil das Wort ›unbeschadet‹ sowohl ›ohne Rücksicht auf‹ als auch ›ohne Nachteil für‹ bedeuten kann.[39] Diese Ambiguität versieht das Paradigma des rechtlich abgesicherten Weiterwirtschaftens mit einer latenten Unsicherheit.

Jakob misstraut »allem, was mysteriös schien, und er mochte keine verborgenen Handlungsmotive« (DH, 19). Das Prinzip des Investitionsvorrangs produziert nun aber gerade das Verborgene (und hilft dabei, das Verborgene im Verborgenen zu halten), indem es die gegenwärtige »Tat« (DH, 20) über die Überlagerungen der ungeklärten Vergangenheiten stellt.

Das ist insofern bemerkenswert, als die Nachverfolgung von Arisierungen für Jakob mehr als ein beruflicher Schwerpunkt sind. Auch die Firma des Vaters hat eine völlig ungeklärte Vorgeschichte. In einem Gespräch mit seiner Tante erfährt Jakob, dass sein Großvater dem damaligen jüdischen Geschäftspartner die Firma abgekauft hat, und zwar »zu einem sehr anständigen Preis« (DH, 18). Nun war es im Zuge der Arisierungen allerdings Gang und Gäbe, den Zwang der Verkäufe zu kaschieren, indem sie mit einem Kaufvertrag abgewickelt wurden.[40]

---

38 Fieberg / Reichenbach: Einführung, a.a.O., S. XIII.

39 Vgl. den Eintrag »unbeschadet« in: Duden. Die deutsche Rechtschreibung. Abrufbar unter: http://www.duden.de/suchen/dudenonline/unbeschadet, zuletzt abgerufen am 9. Februar 2016.

40 Raul Hilberg schreibt über die ›Arisierungen‹, dass »unter dem Naziregime nicht ein einziger Verkäufer jüdischen Eigentums freiwillig im Sinne eines in einer freien Gesellschaft frei ausgehandelten Vertrags erfolgte. Die Juden wurden massiv zum Ver-

Der Roman belässt die Umstände des Firmenerwerbs zwar im Vagen, legt aber doch nahe, dass die Familie von den Zwangsverkäufen und Enteignungen profitierte. Der »Einigungsvertrag und das Gesetz zur Regelung offener Vermögensfragen« beunruhigen Jakobs Vater jedenfalls: »An Weihnachten klärte Tante Fini ihn [Jakob, J.B.] [...] darüber auf, daß derlei Vorgänge unangenehme Erinnerungen weckten. In den fünfziger Jahren habe Herr Holbach um seine Firma gebangt« (DH, 18). Doch die Beunruhigung angesichts der zweifelhaften Besitzverhältnisse beschränkt sich nicht nur auf die fünfziger Jahre, sie sind auch in der Gegenwart noch virulent: »Ein Gespräch mit seinem [Jakobs, J.B.] Vater darüber setzte dessen Anrufen ein Ende« (DH, 18).[41]

Jakobs Familiengeschichte ist also selbst ein Fall für die Ermittlung ungeklärter Besitzverhältnisse und die Beteiligung an den NS-Verbrechen: »Jakob nahm sich vor, dem nachzugehen, das Wort Arisierung schreckte ihn zunächst, und im Herbst lernte er Isabelle kennen.« (DH, 18) Die Begegnung mit Isabelle – in einer Vorlesung über Rechtsgeschichte im Jahr 1991 – beendet, ganz, wie es das in dieser Zeit in Kraft getretene Gesetz zur Regelung offener Vermögensfragen impliziert, die Auseinandersetzung mit der Familiengeschichte, die noch nicht einmal begonnen hatte. Isabelle »rettet« (DH, 22) ihn also nicht nur vor den Anschlägen sondern auch vor der Konfrontation mit der Nähe der Verbrechensgeschichte. Dass sich Jakob und Isabelle sofort wieder aus den Augen verlieren, führt keineswegs dazu, in den zehn Jahren bis zu ihrem Wiedersehen am 11. September 2001 dem nachzugehen, was ihn »schreckte«.

Der Schrecken als verunsichernde Dimension wird durch eine affirmative Wendung abgewehrt: Jakob wird klar, »daß er sein Thema gefunden hatte: offene Vermögensfragen« (DH, 18). Als Diskursmuster, das es offenbar ermöglicht, die eigene Betroffenheit zu bannen, steht es nun auch Jakob zur Verfügung. Als würden die Karten nach dem 11. September und dem Treffen mit Isabelle im Hinblick auf die schuldbehaftete Familiengeschichte neu gemischt, will er nun

kauf genötigt.« Zu den Kaufverträgen schreibt Hilberg unter Berufung auf Aufzeichnungen der Dresdner Bank, dass seit 1938 das Wirtschaftsministerium seine Genehmigung nur noch für Verkäufe erteilte, »die die Zahlung von nicht mehr als 66-75 Prozent des ursprünglich veranschlagten Werts vorsehen«. Raul Hilberg: Die Vernichtung der europäischen Juden, Band 1. Frankfurt am Main 1990, S. 98 und 105. Zudem ist in vielen Fällen nicht bekannt, ob die Summen, die in Verträgen festgehalten wurden, auch jemals gezahlt wurden.

41 Auch diese Passage lässt sich wiederum als eine Vorgeschichte lesen: in diesem Fall als die Vorgeschichte des Gesprächsabbruchs mit Andras über dessen jüdische Familiengeschichte. Zugleich kommt hier noch eine weitere Zäsur ins Spiel, nämlich die Wende/Wiedervereinigung.

seinen »Anspruch« (DH, 19) auf Restitution für sich geltend machen. Isabelle müsse, so denkt er, »in gewisser Weise ihm restituiert werden« (DH, 19). Wieder ein Positionswechsel – vom Anwalt, der den Investitionsvorrang durchsetzt wird Jakob nun, im völligen Gegensatz zu seiner Familiengeschichte, zu jemandem, der sich in der Rolle des Opfers sieht, das Anspruch auf Restitution hat.

Dass diese Täter-Opfer-Inversion nur um den Preis der Löschung der Vorgeschichte möglich ist, führt der Roman deutlich vor. Es sind die mysteriösen »verborgenen Handlungsmotive« (DH, 19), die er so ablehnt, die Jakobs Handeln strukturieren. Das wird am Umzug nach London und einer damit verbundenen, scheinbar pragmatischen und ökonomischen Handlung, offensichtlich: Jakob und Isabelle müssen entscheiden, welche Möbel mit nach London sollen. Zu diesem Zweck fertigt Jakob eine »Liste mit Möbeln [...] seiner Großeltern und Großtanten« (DH, 103) an, die er an Isabelle weitergibt.

> Die ursprüngliche Liste, in Sütterlin geschrieben, konnte Isabelle nicht entziffern, Jakob fertigte eine Reinschrift für sie an, die allerdings kürzer ausfiel als das Original, denn die Anmerkungen zu Vorbesitzern, Farbe und Zustand der Politur berücksichtigte Jakob nicht. (DH, 103)

Deutsche, die im Paradigma der Reinheit Listen anfertigen, verheißen nichts Gutes. Jakob löscht mit seiner Reinschrift gerade die durch Arisierungen belasteten Dimension seiner Familiengeschichte, konkreter: die Verwicklung seiner Großeltern in die NS-Verbrechen, aus. London wird sich jedoch nicht als ein von deutscher Geschichte unbelasteter Ort herausstellen, vielmehr wird die Stadt zum Ort, an den der Text die Konfrontation mit der virulenten Vergangenheit verschiebt.

4.3 (NICHT) VOM FLECK KOMMEN – DIE INSISTENZ DES VERDRÄNGTEN

4.3.1 Gewalt/Geschichte in Latenz – der Schauplatz London

Im vorangegangenen Kapitel habe ich herausgearbeitet, wie *Die Habenichtse* ausgehend vom 11. September 2001 eine Poetik der Verdrängung entfaltet, die sich letztlich auch im größeren Zusammenhang einer Aufarbeitung der Vergangenheit und der Auseinandersetzung mit dem Stellenwert, den das Konzept der Trauer dabei einnimmt, verstehen lässt. Dass der Prozess der Verdrängung dabei Symptome erzeugt, über die sich das Verdrängte wieder Geltung verschafft, ist immer wieder angeklungen. In diesem Kapitel soll nun entwickelt werden, wie sich in Hackers Roman die Insistenz des Verdrängten artikuliert und wie der Roman ausgehend davon ›Terror‹ als *unheimlichen Terror* ausbuchstabiert.

Der Umzug von Jakob und Isabelle nach London ist von besonderer Bedeutung, es sei hier noch einmal daran erinnert, dass der Londoner Handlungsstrang des Romans ohne die Anschläge vom 11. September undenkbar wäre: Am 11. September beginnen Jakob und Isabelle ihre Liebesbeziehung und am 11. September kommt Jakobs Kollege Robert ums Leben – beides ist die Voraussetzung für den gemeinsamen Umzug nach London, wo sie fortan in der unmittelbaren Nachbarschaft zur Familie von Dave und Sara und zu Jim wohnen. In der Lady Margaret Road führt der Roman nun Figuren zusammen, die sich vorher völlig unbekannt waren.

Sprechen

Die Eröffnungsszene des Romans ist in der Londoner Lady Margaret Road angesiedelt. Es ist auf den ersten Blick eine durchaus idyllische und anrührende Szene, die hier beschrieben wird. Unmittelbar nach dem Umzug in die Lady Margaret Road, der Umzugswagen fährt gerade davon, erkunden die Geschwister Sara und Dave die neue, herbstliche Straße, die fortan ihr Zuhause sein wird. Sara sitzt auf Daves Schultern, als sie an der Kirche vorbeikommen, »vor der ein Pfarrer stand, der ihnen freundlich winkte«, sie betrachten den Baumbestand der Straße – »er blieb unter einer Platane stehen, damit Sara sich ein Blatt abreißen konnte« – und Dave bringt Sara die neue Adresse bei: »Lady Margaret Road Nummer 47 […]. Du mußt das wissen, falls du verloren gehst«. Für Sara scheint tatsächlich ein neuer Lebensabschnitt zu beginnen, da sie jetzt in die Vorschule komme, wie Dave »feierlich« sagt. (alle Zitate: DH, 7) Dass diese Szene mit den Worten »Alles wird anders« eingeleitet wird, klingt, gerade im Zusammenspiel mit dem freundlichen Pfarrer und dem feierlichen Tonfall Daves, nach einer durch und durch positiven Verheißung. Die offenbar nicht so schöne Vorgeschichte, die dieser Neuanfang impliziert, bleibt jedoch unerzählt. Sie liegt *vor* der ›Zäsur‹.

Bei genauerem Hinsehen lassen sich in dieser friedfertigen Szenerie weniger friedliche Subtexte erkennen. Dies zeigt sich zunächst an der Form der Ansprache Daves.

Dave »verkündet«, dass von nun an alles anders sein werde, genauso, wie er »verkündet«, dass Sara »jetzt hier zu Hause« sei. Darauf antwortet Sara »unsicher«: »aber gestern noch nicht«. Dave erklärt ihr, dass sie wegen des Todes der Tante umgezogen seien. Kurz darauf soll Sara die neue Adresse lernen: »Lady Margaret Road Nummer 47. Sara *wiederholte* es *gehorsam*. –Du mußt das wissen, falls du verloren gehst, *schärfte* Dave ihr ein, jetzt, sagte er feierlich, da du in die Vorschule kommst, –da ich in die Vorschule komme, *wiederholte* Sara«. (alle Zitate, DH 7. Hervorhebungen J.B.) Dave *verkündet*, Sara *wiederholt* zunächst *unsicher*, dann *gehorsam*, und hat schließlich, nach einer weiteren Einschärfung, verstanden, dass sie diese Anrede annehmen und, in die erste Person gewendet, wiederholen muss, um – das erste Mal in dem Roman – ›Ich‹ sagen zu können: »da du in die Vorschule kommst, –da *ich* in die Vorschule komme«.

Wie unter einem Brennglas macht die Szene die enge Verstrickung von Zäsur-Diskursen und Machtausübung sichtbar – dass es sich dabei um zwei Kinder handelt, macht diesen Befund noch eindrücklicher. Zugleich ermöglicht sie einen Blick auf die Makrostruktur der Macht, wird hier doch die Bedeutung des Sprechortes und der damit verbundenen Fähigkeit zur Subjckt konstituierenden Anrufung deutlich und rückt die Rede als eine Form der Ideologieproduktion im Sinne Louis Althussers in den Blick – die »ideologischen Staatsapparate« sind ebenfalls benannt: Religion, Schule, Familie. Es ist in dieser Hinsicht zumindest eine Pointe, dass Althusser seine Theorie der Anrufung an einer alltäglichen Straßenszene illustriert, um schließlich festzustellen: »Das was sich somit scheinbar außerhalb der Ideologie abspielt (genauer gesagt: auf der Straße), spielt sich in Wirklichkeit in der Ideologie ab.«[42]

In diesem Zusammenhang sei auch auf die Markierung der direkten Figurenrede in den *Habenichtsen* hingewiesen. Statt Anführungszeichen werden lediglich Gedankenstriche zu Beginn der Figurenrede verwendet. Liest man das nicht als einen bloß eigenwilligen Stil, sondern aus narratologischer Perspektive als eine zeitliche Markierung, als immer wiederkehrende Ellipse und damit als wiederholt aufgerufenes Zeichen eines unbenennbaren Vorher bzw. einer unsagbaren Vorbedingung des Sprechens/der Figurenrede, dann wird deutlich, dass jede Rede eines Subjekts selbst von einem Vorher ermöglicht wird, dessen Kenntnis sich ihm entzieht. Auch das anrufende Subjekt muss angerufen worden sein, was

42 Louis Althusser: Ideologie und ideologische Staatsapparate. Aufsätze zur marxistischen Theorie. Hamburg: VSA 1977, S. 143. Um hier nicht zu vereinfachen, muss, mit Judith Butlers Worten über Althussers Anredeszene, hinzugefügt werden: »Nehmen wir an, daß die Szene exemplarisch und allegorisch ist, dann braucht sie sich gar nicht zu ereignen, um wirksam zu sein. […] Die Interpellation ist demnach kein Ereignis, sondern eine ganz bestimmte Inszenierung des Rufes, wobei der Ruf als inszenierter im Verlauf seiner Exposition oder Darstellung seine buchstäbliche Bedeutung verliert.« Judith Butler: Psyche der Macht, a.a.O., S. 101.

eine Verschiebung der Macht von einer Person in eine Struktur bedeutet – im vorliegenden Fall liegt die Markierungsmacht bei der Textinstanz, die die Figuren einsetzt. Dave übt somit zwar in der konkreten Szene Macht aus, strukturell konstituiert sich seine Fähigkeit, zu sprechen, aber ebenfalls durch eine sich seiner Kontrolle entziehende Matrix.

So wird auch die Fähigkeit zur Verkündung der Zäsur in seiner historischen und diskursiven Bedingtheit erkennbar. Der Roman beginnt mit einem Gedankenstrich: »– Alles wird anders, verkündete Dave«. (DH, 7) Intertextuell ruft der Gedankenstrich unter dieser Perspektive den berühmten Gedankenstrich aus Heinrich von Kleists *Marquise von O.* auf, der den Akt der Vergewaltigung der Marquise in den Bereich des Elliptischen und Nicht-Erzählbaren verschiebt. Als Verweis auf einen patriarchalischen Gewaltakt gibt diese Referenz den unzähligen Gedankenstrichen in den *Habenichtsen* einen zusätzlichen Akzent, weil er die Rede der Figuren auf spezifische Weise rahmt: Die Geschlechterverhältnisse als patriarchalisches Gewalt- und Anrufungsverhältnis sind als Möglichkeitsbedingung jeder Figurenrede eingeschrieben. Jede Rede wird durch dieses Verhältnis ermöglicht, reproduziert es aber immer auch.[43]

Neben dem Machtverhältnis, das sich aus der Form der Anrede ablesen lässt, sind in der Passage weitere Hinweise gestreut, die wenig friedvoll sind und die im Hinblick auf den weiteren Verlauf des Romans ebenso wenig Friedvolles erwarten lassen. So zeigt Dave seiner Schwester das Blatt einer Platane, das »größer« ist als das Gesicht Saras. In Goethes *Wahlverwandtschaften* verweisen Platanen auf Unglück und Tod.[44] Anschließend »galoppiert« er mit ihr durch die Straße, zunächst in Richtung der Kirche und anschließend nach Hause. Die Etymologie des Wortes ›galoppieren‹ lässt eine Nähe zu kriegerischer Gewalt er-

43 Ohnehin zeigt sich der Roman bestens über zeitgenössische feministische und poststrukturalistische Theorien informiert, was sich etwa an der Garten-Szene zwischen Isabelle und Sara ablesen lässt, aber auch an Jakob, der in London ein melancholisches, homosexuelles Begehren entfaltet. Der Roman spielt dies beispielsweise durch, indem er die biblische Erzählung von Susanna im Bade in verschiedenen Variationen aufgreift (DH, 205 ff. und DH, 233 ff.).

44 In Richtung der Platanen treibt das Boot mit Ottilie und dem Kind Charlottes, als das Kind ins Wasser fällt und ertrinkt. In Richtung der Platanen treibt das Boot mit Ottilie und dem Kind Charlottes, als das Kind ins Wasser fällt und ertrinkt: »Die Platanen sieht sie gegen sich über […]«. Johann Wolfgang Goethe: Die Wahlverwandtschaften. In: Ders.: Sämtliche Werke. Briefe, Tagebücher und Gespräche, Band 8, hg. von Waltraud Wiethölter. Frankfurt am Main: Deutscher Klassiker Verlag 1994, S. 493 f. Vgl. dazu auch: Gerd Ueding: Klassik und Romantik. Deutsche Literatur im Zeitalter der Französischen Revolution 1789-1815, S. 507. München / Wien: Hanser 1987.

kennen, ist doch damit das »Laufen auf die Walstatt«, also auf das »Schlachtfeld« bezeichnet.[45] Und auch das ›Umziehen‹ ist mit den Bedeutungen »belästigen, quälen«, aber auch »umgehen, -zingeln, belagernd einschlieszen«, mit Aggressionen unterfüttert.[46] Der freundlich winkende Pfarrer, der feierliche Ton Daves und das neue Zuhause werden auf diese Weise eher zur Drohkulisse.

Der Straßenname fügt sich in diese Kulisse ein: Der Name Mae ist eine Koseform von Margaret. Wenn also die ›traumatisierte‹ Mae auf der Ebene der erzählten Geschichte verschwindet, so bleibt sie doch in gewisser Weise anwesend wird sogar zum Schauplatz der Handlung. Auf der Ebene der erzählten Geschichte mag die angesichts der Anschläge völlig verstörte Mae verschwunden, aus dem Roman herausgedrängt worden sein – das Verdrängte taucht allerdings nun an anderen, unerwarteten Orten wieder auf.

Namen

Die Eröffnungsszene unterlegt den friedfertig anmutenden Weg von Davc und Sara durch ihre neue Straße aber nicht nur mit einer sprachphilosophisch begründeten Analytik der Macht, sondern auch mit einem Assoziationsfeld, das historisch aufgeladen ist und in dem London – entgegen der geografischen und politischen Realität – zu einer Stadt wird, in der sich die verdrängten Dimensionen der deutschen Geschichte artikulieren. Erste Hinweise auf die ›deutsche‹ Dimension des Schauplatzes London gibt der Name der Straße, in die der Roman seine Protagonisten führt: Lady Margaret Road. Der Straßenname eröffnet auf dieser Grundlage mehrere Bedeutungsfelder, die auf eine Verwicklung von Berliner und Londoner Schauplatz schließen lassen: Erstens gemahnt er an die *Iron Lady* Margaret Thatcher, die als neoliberale Vorkämpferin für eine Politik der sozialen Verelendung steht; die mit dem Falklandkrieg nicht nur einen sogenannten ›Stellvertreterkrieg‹ führte, sondern die sich zugleich vehement gegen die deutsche Wiedervereinigung einsetzte.

Zweitens ist der Name Margaret aber auch auf vielfältige Weise mit dem deutschen Kontext verbunden: als typisch deutscher Name Margarete mit seiner Kurzform Grete, aber vor allen Dingen als der Name von Margarete in Goethes *Faust*: Dort wird Fausts Begehren nach Margarete just in der Szene *Strasse* ge-

45 Kluge – Etymologisches Wörterbuch der deutschen Sprache. Berlin / Boston: de Gruyter 2011, S. 329 (galoppieren) und S. 970 (Wallstatt).

46 Vgl. den Eintrag ›UMZIEHEN‹ in: Deutsches Wörterbuch von Jacob Grimm und Wilhelm Grimm. Abrufbar unter: http://woerterbuchnetz.de/DWB/?sigle=DWB&mode=Vernetzung&lemid=GU04464#XGU04464, zuletzt abgerufen am 9. Februar 2016.

weckt, wo er Margarete, die gerade vom Pfarrer kommt, begegnet.[47] Kann man es angesichts dieser Anspielung noch als Zufall bezeichnen, dass die Eröffnungsszene der *Habenichtse* in einer *Straße* angesiedelt ist, die den Namen Margarete trägt? Oder ist es nicht vielmehr so, dass der Roman durch diese Anspielung bereits auf der ersten Seite zwischen den Zeilen sein Programm eines *unheimlichen* Terrors lesbar macht?

> *Mephistopheles*: Hier ist ein Kästchen leidlich schwer, / Ich hab's wo anders hergenommen. / Stellt's hier nur immer in den Schrein, / Ich schwör' euch, ihr vergehn die Sinnen; [...]
> *Margarete*: Mir läuft ein Schauer über'n ganzen Leib – / Bin doch ein töricht furchtsam Weib! / [...] Wie kommt das schöne Kästchen hier herein? / Ich schloß doch ganz gewiss den Schrein.[48]

Hackers Roman legt in den unbeschwerten Londoner Auftakt in der Tat einen schweren, unheimlichen und schauerhaften Inhalt, denn die letzte Anspielung des Namens Margarethe, auf die ich hier aufmerksam machen möchte, führt auf Paul Celans *Todesfuge* und die in diesem Gedicht etablierte Wiederholungsfigur »dein goldenes Haar Margarete«.[49] Eigentlich bräuchte es keiner weiteren Beweise mehr, dass unter der Oberfläche der Londoner Straßen die deutsche Geschichte und die verdrängten Dimensionen der deutschen Verbrechensgeschichte brodeln. Doch Hackers Text buchstabiert dies weiter aus und das ist insofern bedeutsam, als der Text dabei seinem Prinzip treu bleibt, diese Dimensionen in der Latenz zu halten.

Die beiden Kinder Dave und Sara tragen alttestamentarische, jüdische Namen. In der Geste des Pfarrers wird in dieser Konstellation zum einen – nicht zuletzt, weil sie im Zeichen der Zäsur bzw. des zeitlichen Nullpunktes steht – der Konflikt zwischen Judentum und Christentum, zum anderen aber auch ein Verweis auf die antisemitische Verfolgungsgeschichte lesbar. Beide Namen stehen nämlich in enger Beziehung zur antisemitischen Verfolgung während des Nationalsozialismus. Jüdinnen waren ab dem 1. Januar 1939 gezwungen, zur »Identi-

---

47 Johann Wolfgang Goethe: Faust. Der Tragödie erster Teil. In: Ders.: Sämtliche Werke. Briefe, Tagebücher und Gespräche, Band 7.1, hg. von Albrecht Schöne. Frankfurt am Main: Deutscher Klassiker Verlag 1994, S. 31-199, hier: S. 112 ff.

48 Goethe: Faust, a.a.O., S. 118.

49 Paul Celan: Todesfuge. In: Ders.: Gesammelte Werke in fünf Bänden, hg. von Beda Allemann und Stefan Reichert. Erster Band. Frankfurt am Main: Suhrkamp 1992, S. 39-42.

fizierung und Herabsetzung«[50] den Namen Sara als weiteren Vornamen zu führen. Mit dem Ziel der »totale[n] Kontrolle« und der »Demütigung und Erniedrigung« waren Juden zudem ab dem 15. September 1941 verpflichtet, einen an die Form des Davidsterns angelegten Stern zu tragen, »auf dem in eigenartig verkrümmter schwarzer Schrift das Wort ›Jude‹ geschrieben stand«[51].

Dass es zur grundlegenden Verfahrensweise des Textes gehört, solche Anspielungen zwar zu streuen, sie aber in der Latenz zu halten, zeigt sich an einer weiteren Passage, die an den NS-Kontext anknüpft, ihn aber vielmehr durch eine *fehlende* Benennung aufs Tableau bringt. Unter dem Eindruck der verstörenden Erscheinung ihres Nachbarskinds Sara schickt Isabelle eine Zeichnung an ihren Berliner Kollegen Andras: »ein Mädchen rannte in einem roten Mantel, rannte hastig, wie in Panik davon, und er las, *Das Nachbarskind ist das Vorbild, obwohl ich es auf der Straße noch nie gesehen habe, es darf wahrscheinlich nicht aus dem Haus und ist sehr blaß«* (DH, 197). Der Text bietet auch ein Deutungsangebot für den roten Mantel an: »Das Mädchen mit dem roten Mantel«, schreibt Andras an Isabelle, »erinnert mich an diesen Film, *Wenn die Gondeln Trauer tragen.*« (DH, 227) Diese Assoziation Andras' ist nachvollziehbar und im Kontext des Romans überaus schlüssig, markiert doch der Ortswechsel der Eltern der in einem Teich ertrunkenen Christine (die also sehr wohl das Haus verlassen darf) nach Venedig im Film alles andere als die Möglichkeit, dem Verlust und der Trauer zu entkommen: Nun völlig vom Wasser umgeben, ist die letale Wirkung einer nicht geleisteten Trauerarbeit nur eine Frage der Zeit. Der rote Mantel ist aber eben auch durch einen anderen Film besetzt, der *nicht* genannt wird: Ein Mädchen mit einem roten Mantel ist in dem ansonsten in Schwarzweiß gedrehten Film *Schindlers Liste* von Steven Spielberg das durch seine Farbe herausgehobene Symbol für die Vernichtung der europäischen Jüdinnen und Juden. Das Mädchen taucht in dem Film auf, als das Krakauer Ghetto von den Nazis brutal geräumt wird, rettet sich in eine Wohnung und versteckt sich dort unter einem Bett.[52] Später im Film sieht man seine Leiche auf einem Leichenkarren liegen, wiederum hervorgehoben durch den roten Mantel.

---

50 Saul Friedländer: Das Dritte Reich und die Juden. Gesamtausgabe. Frankfurt am Main 2008, S. 276.

51 Friedländer: Das Dritte Reich und die Juden, a.a.O., S. 633.

52 Sara versteckt sich in *Die Habenichtse* beständig »hinter dem Sofa« (z.B. DH, 53, 302, 303).

4.3.2 Unheimlicher ›Terror‹

Flecken

Die Habenichtse lässt diese subkutane Gewalt als Symptom buchstäblich in jede Faser des Textes einziehen. Der Name Sara ist intertextuell gewaltsam aufgeladen, aber auch im Roman ist die Figur Sara permanenter Gewalt ausgeliefert. Dass Sara ihren Urin nicht halten kann und überall im Haus in die Hose bzw. auf den Boden macht, steht offenbar im Zusammenhang mit dieser Gewalterfahrung. Sie hinterlässt mit ihrem Urin Flecken, und diese Flecken (die zugleich Symptome und Symbole der Gewalterfahrung sind) haben weitere Gewalt gegen sie zur Folge. »Er [Dave, J. B.] roch es sofort und fand die Stelle, wo sie hinter dem Sofa gehockt und in die Hosen gemacht hatte, es war nur ein kleiner Fleck, und er boxte sie [...]« (DH, 9).

Die Urinflecken, die Sara hinterlässt, sind als Gewaltindikator zu lesen. Ein Blick auf die Etymologie des Wortes Fleck stützt diese Vermutung, kann doch Fleck »durch krankheit oder verletzung verfärbte körperstelle«[53] bedeuten und – noch konkreter – im Mittelhochdeutschen »Schlag, breite Wunde«[54]. Der Fleck wird in der Eingangspassage umgehend entfernt, indem er aus der Sprache verbannt wird. Dave boxt Sara zunächst und fragt dann: »was kriege ich, wenn ich es nicht sage?« (DH, 9) Es bedarf keiner besonderen Phantasie, um zu ahnen, dass sich der Fleck als Symptom einem Schweigepakt widersetzen muss.

Der Urinfleck als Gewaltindikator führt auch wieder in einen spezifisch deutschen Kontext. Das sei an einer späteren Passage des Romans illustriert: Sara befindet sich inzwischen gemeinsam mit Isabelle in der Gewalt von Jim. Nachdem er Sara bereits ein erstes Mal geschlagen hat, spielt sich folgende Szene ab:

> Mit einem Fluch löste er sich von Isabelle, schnellte vor, zwei Schritte, holte aus, die Hand zur Faust geballt, zog Isabelle schon wieder an sich, während Sara noch einen Moment schwankend dastand, bevor sie fiel, blutend. [...] Das [...] Blut lief ungehindert übers Kinn und wurde vom T-Shirt aufgesaugt. [...] Er musterte Isabelle aufmerksam, sein Mund verzog sich. –Das Mädchen stinkt, merkst du das nicht? [...] –Sie hat sich vollgepinkelt. [...] Jim trat Sara leicht mit der Schuhspitze, einmal, ein zweites Mal. (DH, 299 f.)

---

53 Deutsches Wörterbuch von Jacob und Wilhelm Grimm, hg. von der Berlin-Brandenburgischen Akademie der Wissenschaften und der Akademie der Wissenschaften zu Göttingen, Band 9, H. 3/4. Stuttgart: S. Hirzel-Verlag 2002, Sp. 592.

54 Duden – Das Herkunftswörterbuch. Etymologie der deutschen Sprache. Mannheim: Dudenverlag 2007, S. 222.

Über diese Passage lassen sich Verbindungen zu Zeugenberichten über die ›Muselmänner‹ aus den nationalsozialistischen Konzentrations- und Vernichtungslagern herstellen. Ein Zeuge berichtet folgendes:

> Der Muselmann blieb stehen, er wußte nicht so recht, was geschehen war, und als er einen zweiten und dritten Hieb dafür bekam, […] machte er […] in die Hosen. Als der SS-Mann den schwarzen Fleck sah, geriet er außer sich. Er stürzte auf ihn zu, trat ihm in die Bauchhöhle und, nachdem er schon im eigenen Kot auf dem Boden lag, gegen Kopf und Brustkorb.[55]

Der Fleck ist Gewaltindikator und wird zum semiotischen Störfaktor, der sich von Anbeginn an durch den gesamten Roman zieht und von Spiegeln über Teppichböden und Bekleidung bis hin zu den Körpern alles befleckt.[56] Er ist das Gegenprinzip der *histoire* – er zieht von London aus in das Textgewebe ein und stellt auf diese Weise den Kontakt zwischen Londoner und Berliner Welt her, lange, bevor sich die Erzählstränge durch den Umzug von Isabelle und Jakob nach London berühren. Der Fleck kommt immer zuvor, er ist immer schon da.

Den Halbpart des Vergessens eintreiben – Sara und das bucklicht Männlein

Der Text platziert diese Verweise auf die Abgründe der deutschen Geschichte nicht explizit, sie ergeben sich allesamt auf der Ebene der Konnotation; einer Ebene, die sich in Hackers Roman aufgrund ihrer vielfältigen historischen und kulturgeschichtlichen Anknüpfungspunkte als eine regelrecht überdeterminierte darstellt. Zu dieser Überdeterminierung gehört sicherlich auch, dass die Muselmänner ihre Bezeichnung unter anderem wegen ihrer »buckeligen Haltung« er-

55 Zitiert nach: Zdzisław Ryn/Stanisław Kłodziński: An der Grenze zwischen Leben und Tod. Eine Studie über die Erscheinung des *Muselmanns* im Konzentrationslager. In: Die Auschwitz-Hefte, Band 1. Texte der polnischen Zeitschrift Przegląd Lekarski über historische, psychische und medizinische Aspekte des Lebens und Sterbens in Auschwitz, hg. vom Hamburger Institut für Sozialforschung. Weinheim / Basel: Beltz 1987, S. 89-154, hier: S. 128.

56 Der Fleck taucht auf (mindestens) folgenden Seiten auf: 9, 10, 11,18, 63, 106, 114, 137, 138, 157, 165, 198, 199, 213, 221, 223, 225, 246, 249, 273, 274, 291, 301, 305, 308.

halten hatten.[57] Diese historische Referenz mag auf den ersten Blick als eine zufällige erscheinen – bemerkenswert ist jedoch, dass Sara in Hackers Roman offensichtlich mit der Figur des ›bucklichten Männleins‹ verbunden wird.

Jakob nimmt Sara gleich zwei Mal als »Bucklicht Männlein« (DH, 114, 116) wahr, das ihm »unheimlich« (DH, 114, 116) ist. Darüber hinaus wird Sara immer wieder als ein auf sonderbare Art und Weise kleinwüchsiges Wesen beschrieben. So werden die Assoziationen zum *bucklichten Männlein* verstärkt:

> Sie sagte es nicht einmal zu Dave, daß sie immer so bleiben würde, daß sie fürchtete, immer ein Kind zu bleiben [...], da sie nicht wuchs, da sie klein blieb [...]. Sie war zurückgeblieben, sagte Dad, und obwohl sie nicht genau verstand, was das bedeutete, wußte sie, daß es sich nicht wiedergutmachen ließ. (DH, 220 f.)

Bemerkenswert ist hier, dass das Zurückgebliebensein Saras mit dem Thema der Wiedergutmachung in Verbindung gebracht wird – in der Figur Sara verdichtet sich ein gesamtgesellschaftlicher Zusammenhang, der um Schuld, Wiedergutmachung, Vergessen und Verdrängung kreist. Vielleicht ist dieses überindividuelle Erscheinungsbild Saras auch der Grund, weshalb Isabelle Saras Stimme als unheimliche, entstellte wahrnimmt: »eine Stimme, die kaum etwas Kindliches hatte, eigentlich auch nichts Menschliches« (DH, 229).

Sara, so möchte ich im Folgenden zeigen, ist als eine geschichtsphilosophisch und zugleich subjekttheoretisch aufgeladene Figur zu begreifen. Die Figur des *bucklichten Männleins* ist Anfang des 19. Jahrhunderts in der von Clemens Brentano und Achim von Arnim herausgegebenen romantischen Volksliedsammlung *Des Knaben Wunderhorn* erstmals belegt. Ausgehend davon hat es weite Verbreitung gefunden. Mit dem *bucklicht Männlein* hält eine Figur Einzug in den Roman, die der »vorgeschichtlichen Welt«[58] der Volkslieder und Märchen entstammt und die darin alles andere als mit einer klar belegbaren Bedeutung versehen ist, sondern eher einer ›Sippe‹ von Märchengestalten gleicht, wie sie Walter Benjamin in der *Berliner Kindheit um neunzehnhundert* be-

57 Vgl. Zdzisław Ryn/Stanisław Kłodziński: An der Grenze zwischen Leben und Tod, a.a.O., S. 99. Ein weiteres Merkmal der Muselmänner war den Berichten zu folge, dass sie sich in Decken einhüllten. Sara versteckt sich »unter einer Decke« (DH, 297), kurz danach werden ihr von Jim Zähne ausgeschlagen.

58 Marianne Schuller: Ent-Zweit. Zur Arbeit des bucklicht Männlein in Walter Benjamins Berliner Kindheit um neunzehnhundert. In: Anja Lemke / Martin Schierbaum (Hg.): »In die Höhe fallen.« Grenzgänge zwischen Literatur und Philosophie. Würzburg: Königshausen & Neumann 2000, S. 141-150, hier: S. 143.

schreibt; einer »Sippe, die auf Schaden und Schabernack versessen war«[59]. In allen Texten, sei dies im berühmten Volkslied, in Joseph von Eichendorffs *Aus dem Leben eines Taugenichts* oder in Grimms Märchen, sorgt das *bucklichte Männlein* durch sein bloßes Auftauchen auf die eine oder andere Weise für Verstörung, teilweise auch für Zerstörung. Die Konnotationen dieser Verstörung sind jedoch verschieden – in manchen Darstellungen treibt das Männlein eher scherzhafte Streiche, in anderen wird es zur Figur des aggressiven Mannes, der einer Frau nachstellt.[60]

Besonders produktiv für die Beschäftigung mit der Figur Saras sind die Überlegungen Walter Benjamins, der sich immer wieder mit der Figur des ›Buckligen‹ beschäftigt hat. Hier liegt auch die dezidiert geschichtsphilosophische Dimension der Anspielung auf das Männlein: Im berühmten ersten Abschnitt von Walter Benjamins *Über den Begriff der Geschichte* kommt dem buckligen Zwerg eine tragende Rolle zu. Der bucklige Zwerg sitzt – durch eine optische Täuschung unsichtbar gemacht – im Innern des Schachautomaten, der zur Allegorie der materialistischen Geschichtsphilosophie wird. Für den Betrachter liegen die Dinge recht transparent vor: Es gibt einen Tisch, auf dem ein Schachbrett aufliegt und an dessen einer Seite eine Puppe sitzt. Gegen diese Puppe kann man spielen, sie gewinnt allerdings auf rätselhafte Weise jede Partie. Sie gewinnt aber eben nicht aufgrund eines Automatismus, der das Schachspiel perfekt beherrscht und zudem auf den jeweiligen Zug des gegenübersitzenden Menschen reagieren kann, sondern weil sie von einem buckligen Zwerg gesteuert wird – Puppe und Buckliger sind ein Team. Ein Team allerdings, bei dem sich der Zwerg »nicht darf blicken lassen«[61] und der deshalb durch eine optische Täuschung, »ein System von Spiegeln«[62], unsichtbar gemacht wurde.

Benjamin wendet den Schachautomaten bekanntermaßen in die Geschichtsphilosophie: Gewinnen soll immer die Figur, die man historischen Materialismus nennt, sie kann aber offenbar nur gewinnen, wenn sie gemeinsame Sache mit dem buckligen Zwerg macht, den Benjamin als eine Verkörperung der Theologie

59 Walter Benjamin: Berliner Kindheit um neunzehnhundert. Fassung letzter Hand. In: Ders.: Gesammelte Schriften, hg. von Rolf Tiedemann und Hermann Schweppenhäuser. Band 7.2. Frankfurt am Main: Suhrkamp 1989, S. 385-433, hier: S. 430.

60 Vgl.: Tobias Widmaier: Will ich in mein Gärtlein gehn. In: Populäre und traditionelle Lieder. Historisch-kritisches Liederlexikon. Abrufbar unter: http://www.liederlexikon.de/lieder/will_ich_in_mein_gaertlein_gehn/, abgerufen am 9. Februar 2016.

61 Benjamin: Über den Begriff der Geschichte, a.a.O., S. 693.

62 Benjamin: Über den Begriff der Geschichte, a.a.O., S. 693.

bezeichnet. Mit dem Bild des buckligen Zwerges als versteckte geschichtliche Kraft formuliert Benjamin ein geschichtsphilosophisches Denkmodell, das sich dezidiert sowohl gegen die statischen Geschichtsphilosophien des historischen Materialismus wendet, die Geschichte als einen Prozess begreifen, der strengen Gesetzmäßigkeiten unterliegt, als auch gegen diejenigen Geschichtsphilosophien des Historismus, die laut Benjamin allesamt die Sache des Siegers unterstützen und die gewissermaßen bei dessen Triumphzug mitmarschieren, auf dem die Beute, die »Kulturgüter«, wie Benjamin es nennt, mitgeführt wird.

Als Intervention gegen solche Geschichtsmodelle steht der bucklige Zwerg für einen Diskurs, »der sich über sein essentielles Ungenügen definiert und sich um diese Schwachstelle herum konstituiert«[63]. Er wird auf diese Weise zum Saboteur eines Geschichtsbildes, das die »Geschichte als Überlieferung von Gütern«[64] begreift (und genau als solche versteht sie ja Jakob). Als Saboteur verstanden, eröffnen sich von hier aus die Bezugspunkte zum *bucklichten Männlein* aus Benjamins *Berliner Kindheit* und zu der Bezeichnung von Sara als ›unheimlich‹. Diese Linie führt zu den subjekt- und gedächtnistheoretischen Implikationen dieser beiden rätselhaften Figuren.

Kommt laut Benjamin das *bucklichte Männlein* einer (intertextuellen) Sippe gleich, so wird es in diesem Zusammenhang unmöglich, die Figur Sara als eine eindeutig identifizierbare Figur zu begreifen[65] – sie wird vielmehr zu einem Verweis auf das Bedingungsverhältnis von Sprache, Vergessen und Verdrängung, in dem sich das Subjekt überhaupt erst konstituiert. Dem Subjekt bleibt diese Dimension jedoch entzogen, es hat keinen Zugriff, keine Verfügungsgewalt über diese Matrix, an deren Existenz es jedoch gebunden ist: »Allein ich

---

63 Jeanne Marie Gagnebin: »Über den Begriff der Geschichte«. In: Burkhardt Lindner (Hg.): Benjamin-Handbuch. Leben – Werk – Wirkung, unter Mitarbeit von Thomas Küpper und Timo Skrandies. Stuttgart / Weimar: Metzler 2006, S. 284-300, hier: S. 297.

64 Gagnebin: »Über den Begriff der Geschichte«, a.a.O., S. 297.

65 Davide Giuriato weist darauf hin, dass in der Schlusspassage von Benjamins Prosastück über das *bucklichte Männlein* »das Ich [...] des Textes die grammatikalische Subjektstellung an das buckl*ich*te Männlein abgibt und die Gegenwart des Schreibenden selbst in diese Anonymität verfällt«. Davide Giuriato: Mikrographien. Zu einer Poetologie des Schreibens in Walter Benjamins Kindheitserinnerungen (1932-1939). München: Fink 2006, S. 204.

habe es nie gesehn. Es sah nur immer mich.«[66] Das *bucklichte Männlein* »kam mir überall zuvor«[67].

Das bucklichte Männlein kommt »mir überall zuvor. Zuvorkommend stellte sich's in den Weg. Doch sonst tat er mir nichts, der graue Vogt, als von jedwedem Ding, an das ich kam, den Halbpart des Vergessens einzutreiben.«[68] Dass er überall zuvorkommt, darin besteht zugleich seine zuvorkommende (weil das Subjekt konstituierende) Eigenschaft: »Der Blick des Männleins geht der Ich-Bildung [...] voraus, er ist die transzendentale Bedingung für das Sprechen des Ich, indem er die konstitutive Arbeit des Vergessens für jede Erinnerung sehen lässt.«[69] Indem der Blick des Männleins als Bedingung der Ich-Bildung fungiert und damit dem sprachfähigen Subjekt vorausgeht, stellt sich dieser Moment zugleich als ein dem Subjekt entzogener dar. Es kann ihn immer nur nachträglich erahnen: »Wen dieses Männlein ansieht, gibt nicht acht. Nicht auf sich selbst und auf das Männlein auch nicht. Er steht verstört vor einem Scherbenhaufen.«[70] Der Scherbenhaufen, die Zerstörung ist also immer schon da, ohne dass man den Akt der Zerstörung wahrnehmen bzw. erinnern könnte.

66 Benjamin: Berliner Kindheit, a.a.O., S. 430.

67 Benjamin: Berliner Kindheit, a.a.O., S. 430. »Ungeschickt lässt grüßen«, mit diesen Worten wird die Mutter in der entsprechenden Passage zitiert, wenn das bucklichte Männlein einen Scherbenhaufen provoziert hat. Frithjof Haider weist darauf hin, dass mit dem Wort ›ungeschickt‹ nicht nur das Ungeschick bezeichnet ist: »ungeschickt bedeutet zum anderen, dass das Männlein nicht geschickt worden ist, ohne Auftraggeber handelt.« Frithjof Haider: Verkörperungen des Selbst. Das bucklige Männlein als Übergangsphänomen bei Clemens Brentano, Thomas Mann, Walter Benjamin. Frankfurt am Main u.a.: Peter Lang 2003, S. 173.
Es lässt sich unter dieser Perspektive ein Blick auf die Anfangsszene des Romans werfen: Es ließe sich über diese Szene eine biopolitische Lesart entwickeln, die auf die Verknüpfung von Machtausübung und Subjektkonstitution in der Figur Saras/des Muselmanns abzielt; der Roman schriebe sich dann über die Figur Sara in eine maßgeblich von Giorgio Agamben zugespitzte Debatte ein, die im (Konzentrations-)Lager und dem Phänomen des Muselmanns in Auschwitz eine Grundlinie der Moderne im Zeichen des ›nackten Lebens‹ sieht. Dazu: Giorgio Agamben: Homo sacer. Die souveräne Macht und das nackte Leben. Frankfurt am Main: Suhrkamp 2002.

68 Benjamin: Berliner Kindheit, a.a.O., S. 430.

69 Anja Lemke: Gedächtnisräume des Selbst. Walter Benjamins *Berliner Kindheit um neunzehnhundert*. Zweite, überarbeitete Auflage. Würzburg: Königshausen & Neumann 2008, S. 166.

70 Benjamin: Berliner Kindheit, a.a.O., S. 430.

Der zerstörerische Moment, dessen Ergebnis der Scherbenhaufen ist, bleibt unzugänglich und nur nachträglich wahrnehmbar – man steht ›verstört‹ vor ihm.[71] Dass man den Akt der Zerstörung nicht sehen kann, sondern nur dessen Ergebnis, deutet auf den ›blinden Fleck‹ des Subjekts hin – dann wird der Bucklige nicht als ein Anderer, sondern als das *eigene Andere* lesbar: »Seine Existenz ist das Zeichen unserer Nichtidentität, und sein Spuk das Versteckspiel, das wir [...] mit uns selber spielen.«[72]

Das *bucklichte Männlein* verkörpert die Verdrängung und die Wiederkehr des Verdrängten in einer Figur: die Ent-Stellung des Subjekts im Moment seiner Konstituierung; die Dimensionen dessen, was das Subjekt zwar konstituiert, was sich aber seinem Bewusstsein entzieht. Indem es den Halbpart des Vergessens eintreibt, bewahrt es nicht das Vergessene auf (als wäre es in ihm gespeichert und jederzeit wieder abrufbar), sondern ›die Hälfte‹ des Vergessens selbst. Das Vergessen erfährt also selbst eine Spaltung, wird doch nur dessen Halbpart eingetrieben: »Nur das halbe Vergessen: Halb-Part. Mit dem Eintreiben des halben Vergessens nimmt der Bucklige nicht nur, sondern gibt etwas: Die Möglichkeit der Erinnerung.«[73] Die Erinnerung, die so ermöglicht wird, stellt sich allerdings unter den Bedingungen der Nachträglichkeit als eine *ent-stellte*, zerrissene, unvollständige und unhintergehbar vom Vergessen heimgesuchte dar.

»Das Vergessene«, so schreibt Benjamin in seinem Kafka-Essay, »ist niemals ein nur individuelles. Jedes Vergessene mischt sich mit dem Vergessenen der Vorwelt, geht mit ihm zahllose, ungewisse, wechselnde Verbindungen zu immer wieder neuen Ausgeburten ein.«[74] Eine solche ›Ausgeburt‹ des Vergessenen ist Benjamin zufolge das *bucklichte Männlein* – es markiert damit im Sinne

71 »Dieser anfängliche Akt der Destruktion, der immer schon stattgefunden hat, ereignet sich im Augenblick, in jenem unmerklichen Getroffensein, das das Ich nur nachträglich erwidern kann.« Lemke: Gedächtnisräume des Selbst, a.a.O., S. 168.

72 Irving Wohlfahrt: Märchen für Dialektiker. Walter Benjamin und sein »bucklicht Männlein«. In: Klaus Doderer (Hg.): Walter Benjamin und die Kinderliteratur. Aspekte der Kinderkultur in den zwanziger Jahren. Weinheim/München: Juventa 1988, S. 121-176, hier: S. 135.

73 Marianne Schuller: Ent-Zweit. Zur Arbeit des *bucklicht Männlein* in Walter Benjamins *Berliner Kindheit um neunzehnhundert*. In: Lemke / Schierbaum (Hg.): »In die Höhe fallen«, a.a.O., S. 147.

74 Walter Benjamin: Franz Kafka. Zur zehnten Wiederkehr seines Todestages. In: Ders.: Gesammelte Schriften, Band 2.2, hg. von Rolf Tiedemann und Hermann Schweppenhäuser. Frankfurt am Main: Suhrkamp 1991, S. 409-438, hier: S. 430.

der kritischen Theorie die *gesellschaftliche* Signatur eines »entstellten Lebens«.[75]

Hier entsteht nun eine durchaus bedrohliche Situation: Ist das *bucklichte Männlein* zum einen diejenige Instanz, die dem Subjekt *zuvorkommt* und, indem es den Halbpart des Vergessens eintreibt, die Position des Subjekts und sein Erinnerungsvermögen erst konstituiert, so kann das Männlein zum anderen das Subjekt durch seine Blicke »dingfest« machen, es »versteiner[n], verdinglich[en] und töte[n]«[76]. Das Subjekt wird so als ein prekäres Gefüge gezeichnet.

Der Akt des Vergessens wird damit selbst als ein dialektischer lesbar, der nicht nur als subjektkonstituierend angesehen werden muss, sondern der zugleich zur potentiell tödlichen Bedrohung des Subjekts wird – diese tödliche Dimension des Dingfest-Machens führt der Film *Wenn die Gondeln Trauer tragen* in seiner Schlussszene vor, wenn der bucklige Zwerg John Baxter tötet. Dieser Form der *Closure* verweigert sich Hackers Roman. Er buchstabiert den Zusammenhang von Verdrängung und Gewalt anders aus – Sara/das *bucklichte Männlein* schlägt nicht zu, sie verbleibt bzw. ›operiert‹ im Bereich des Unheimlichen. Sara, das *bucklichte Männlein*, ist diejenige Instanz, die verhindert, dass die Dinge sich »auf zufriedenstellende Weise« (DH, 32) fügen; man kann das bucklichte Männlein auch als den Gegenspieler der ›Hemmnisbeseitigung‹ bezeichnen, der *immer schon da* ist und so zum Betriebsgeheimnis des Textes wird.

Unheimliche Beziehungsverhältnisse

Die als ›unheimlich‹ beschriebene Sara ist die Personifizierung eines strukturellen Zusammenspiels von Gewalt, Verdrängung und der Wiederkehr des Verdrängten. In Kapitel 1 hatte ich bereits auf Freuds Konzeption des Unheimlichen hingewiesen. Freud begreift das Unheimliche als die Wiederkehr des Verdrängten, als »jene Art des Schreckhaften, welche auf das Altbekannte, Längstvertraute zurückgeht«[77]. Wenn etwas unheimlich wirke und eine schreckhafte Reaktion hervorrufe, dann sei dies nicht auf das Auftreten von etwas Neuem und Unvertrautem zurückzuführen, sondern auf etwas, das zum ›heimlichen/heimeligen‹ gehöre.

75 Benjamin: Franz Kafka, a.a.O., S. 432. Benjamin schreibt, das *bucklichte Männlein* als »Insasse des entstellten Lebens; es wird verschwinden, wenn der Messias kommt«.

76 Lemke: Gedächtnisräume des Selbst, a.a.O., S. 167.

77 Freud: Das Unheimliche, a.a.O., S. 244.

Wir werden überhaupt daran gemahnt, daß dies Wort heimlich nicht eindeutig ist, sondern zwei Vorstellungskreisen zugehört, die, ohne gegensätzlich zu sein, einander doch recht fremd sind, dem des Vertrauten, Behaglichen und dem des Versteckten, Verborgengehaltenen. [...] Also heimlich ist ein Wort, das seine Bedeutung nach einer Ambivalenz hin entwickelt, bis es endlich mit seinem Gegensatz unheimlich zusammenfällt. Unheimlich ist irgendwie eine Art von heimlich.[78]

Mit dem Unheimlichen kommt ein Phänomen im Text zum Tragen, das mit Vorstellungen von Ereignishaftigkeit – insbesondere als ›von außen‹ einbrechendes Ereignis – nicht kompatibel ist. Freud zufolge sind es gerade Wiederholungsstrukturen, die das Unheimliche erzeugen.[79] Vor diesem Hintergrund muss untersucht werden, »unter welchen Bedingungen das Vertraute unheimlich, schreckhaft werden kann«[80] – und diese Bedingungen für das Unheimliche sind in dem Roman die Spuren, die er durch sein Textverfahren selbst gelegt hat.

Hier kommt wieder der Fleck als Symptom ins Spiel: Nachdem die Eröffnungsszenerie des Romans damit endet, dass Dave Sara wegen des Urinflecks in die Seite boxt, zugleich aber in Aussicht stellt, vom ›Fleck‹ nicht mehr zu sprechen, taucht bereits eine Seite später – in der Szene, die die Figuren Isabelle und Jakob in den Roman einführt – wieder ein Fleck auf:

Ein kleines, graues Sofa stand in Ginkas Büro, der Lederbezug war abgesessen, ein Kissen verrutscht, jemand hatte versucht, einen Fleck wegzureiben, eine längliche, helle Verfärbung verriet es. Sie setzte sich, schnürte nach kurzem Zögern die Schuhe auf, legte die Füße auf die Lehne, sie wollte die Augen schließen, nur für ein paar Minuten, als es klopfte und Jakob eintrat, er setzte sich umstandslos neben sie, ihre Füße berührten fast seinen Hals. (DH, 10)

Offenbar entzieht sich der Signifikant ›Fleck‹ dem Verschweigen und auch in der zweiten Szene markiert er etwas, das eigentlich nicht sichtbar, nicht anwesend sein sollte.

Der Fleck wird als ein Gegenprinzip der *histoire* lesbar: Er zieht von London aus in den Berliner Erzählstrang ein, während Isabelle und Jakob deutlich später von Berlin nach London ziehen werden. Der Fleck stellt den Kontakt zwischen den beiden Erzählsträngen her, noch bevor die *histoire* diese zusammenführen wird. Dass diese Vermengung in Ginkas Büro stattfindet, entbehrt nicht einer gewissen Ironie. Ginka wird folgendermaßen in den Roman eingeführt: »*Ginka*

78 Freud: Das Unheimliche, a.a.O., S. 248 f.

79 Freud: Das Unheimliche, a.a.O., S. 259 f.

80 Freud: Das Unheimliche, a.a.O., S. 244.

hatte nachmittags drei Flaschen *Gin* gekauft und einen *Ka*sten Schweppes.« (DH, 9; Hervorhebungen von mir). Gin und Schweppes sind also vorhanden, und es bleibt auch kein Zweifel daran, dass aus diesen beiden Komponenten »etwas Stärkeres« (DH, 9) gemischt werden soll. Wenn Ginka als der »matchmaker« (DH, 35) beschrieben wird, dann gibt der Text hier Einblick in seine Rezeptur. Und auch, wenn das Ordnungsverfahren der Textinstanz Gin und Tonic weiterhin voneinander getrennt verwendet wissen will (die Erzählstränge werden getrennt voneinander erzählt), so sind sie bereits textuell vermischt, *bevor* sie miteinander zu tun bekommen. Jakobs Vorhaben, die Dinge »wenn nicht zu heilen, so doch zu ordnen« (DH, 116; ein Ordnungsverfahren, das sich die Kapitelstruktur des Romans zu eigen macht) kann nur misslingen – was vermischt ist, lässt sich nicht mehr ›ordnen‹.

Nachdem sich der Fleck vom Londoner Teppich auf das Berliner Sofa ausgebreitet hat, wird die Berliner Szenerie als eine Variation der Londoner lesbar: Auf dem Sofatisch stehen drei verblühte Rosen in einer Vase, die, wie die Platane, auf Vergänglichkeit und Tod verweisen. Die Stängel der Rosen haben »sich schon dunkel verfärbt« (DH, 10), ganz so, wie kurz zuvor in der Lady Margaret Road die Bäume schon begannen, »sich zu verfärben« (DH, 7) – Rosen und Bäume sind also etymologisch auch an den Fleck gebunden. Und das Rosenblatt, das »im schimmernden Wasser schwamm, [...] wie vergrößert« (DH, 10) ruft das Blatt der Platane, das größer als Saras Gesicht ist, auf. Sara, Jakob und Isabelle, so kann man im Hinblick auf das Textverfahren sagen, bekommen hier das erste Mal miteinander zu tun – und zwar auf der Ebene einer textuell ausgestalteten Verwobenheit. Diese Verwobenheit entzieht sich dem Wissen der Figuren – und funktioniert unabhängig von deren Begegnung in der erzählten Welt. Sie kommt ›stets zuvor‹: Der Umzugswagen (geladen hat er unter anderem die Möbel, zu denen Jakob zuvor die ›bereinigten‹ Listen angefertigt hat) hat noch nicht einmal in der Lady Margaret Road eingeparkt, da »tauchte plötzlich« (DH, 106) ein kleines Mädchen, Sara, auf. Ihr plötzliches Auftauchen hat beinahe einen Unfall mit dem Möbelwagen zur Folge, und obwohl noch einmal alles gut geht, hinterlässt sie Nervosität auf Seiten der Umzugshelfer: »Ein Schrank kippte fast zur Seite, hatte schon einen Kratzer.« (DH, 106) Nicht nur das: Während Jakob und seine Arbeitskollegen den Umzugswagen ausräumen, breitet sich auf dem Teppichboden »ein Fleck [...] aus, wo Anthony seinen Regenschirm abgestellt hatte« (DH, 106).

Vor dem Hintergrund dieser Überlegungen halte ich es für angebracht, den Titel des Romans *Die Habenichtse* nochmals in den Blick zu nehmen: Auch wenn er erst einmal nahelegt, dass es hier um Besitzverhältnisse geht (und klar geworden ist, dass es in dem Roman keine Figur gibt, die ein Habenichts im wörtlichen Sinne wäre), so stellt sich doch die Frage, ob es angesichts der (sprachlich konstituierten) Verwobenheit der Figuren nicht vielmehr um *Beziehungsverhältnisse* geht. Die Pluralform des Titels zeigt ja bereits an, dass es um die Verbindung der Figuren geht, dass sie in einem spezifischen Verhältnis zueinander stehen, das sie zu Habenichtsen macht. Es geht um das Verhältnis von Haben und Nicht-Haben und aufgrund der Pluralform zugleich um die Frage nach dem Verhältnis von Individuen zueinander. In dem Wort Habenichtse sind die Wörter ›haben‹, ›nicht(s)‹ und ›ich‹ enthalten und diese drei Wörter stehen wiederum in einem besonderen Verhältnis zueinander, weil ein besitzendes ›Ich‹ letztlich nur aus der Pluralform lesbar wird: (Ich) Habe n*ich*ts bzw. (Ich) Habe nicht, aber: (wir) Haben*ich*. Ein ›Ich‹ ›hat‹ nur im Verhältnis zu anderen etwas: ›Wir haben ich‹. Das Besitzverhältnis ist zugleich ein Beziehungsverhältnis.

Mit Judith Butler kann man diese Beziehungsverhältnisse insofern erläutern, als die Figuren durch ihre »Beziehungen nicht nur begründet werden, sondern durch sie auch enteignet werden«.[81] Diese Beziehungsverhältnisse verweisen auf eine *Politik des Anderen*, die von einer grundlegenden Prekarität des Lebens (die Butler hier mit dem Begriff der Enteignung im Paradigma des Besitzes fasst) als einer unhintergehbaren Verwobenheit der Subjekte bereits vor ihrer ›Subjektwerdung‹, ausgeht.[82] Die so skizzierte Prekarität des Lebens resultiert aus dem grundsätzlich machtvollen (und verwundenden) Prozess der Subjektformierung durch einen ›primären Übergriff‹. Das bedeutet auch: wenn wir als Subjekte immer auch in den Händen der anderen sind, sich aber gar nicht sagen lässt, was es nun genau ist, das in den Händen der anderen liegt, dann gibt es auch immer etwas ›Rätselhaftes‹ und ›Undurchsichtiges‹, das die Beziehung konstituiert, das sich aber nicht verrechnen oder verrechtlichen lässt.[83]

---

81 Judith Butler: Gewalt, Trauer, Politik. In: Dies.: Gefährdetes Leben. Politische Essays. Frankfurt am Main: Suhrkamp 2005, S. 36-68, hier: S. 41.

82 Den Begriff der Prekarität fasst sie folgendermaßen: »Precariousness implies living socially, that is, the fact that one's life is always in some sense in the hands of the other. It implies exposure both to those we know and to those we do not know; a dependency on people we know, or barely know, or know not at all.« Butler: Frames of War, a.a.O., S. 14.

83 Judith Butler widmet ihre Adorno-Vorlesungen zu einem großen Teil der Frage nach den Bedingungen der Fremdheit zu sich selbst: »Es gibt Prämissen, die durch mich hindurchlaufen und die ich nicht vollständig erfassen kann, die rätselhaft bleiben, die ganz meine eigenen bleiben, vertraute Andersheit, meine eigene private oder auch nicht so private Undurchsichtigkeit.« Judith Butler: Kritik der ethischen Gewalt. Erweiterte Ausgabe. Frankfurt am Main: Suhrkamp 2007, S. 113 f.

Die Subjekte lassen sich unter der Perspektive der sie konstituierenden prekären Beziehungsverhältnisse nicht mehr als klar umgrenzte begreifen und demnach ist auch unmittelbar einleuchtend, warum die Positionswechsel dieser Subjekte notwendigerweise misslingen müssen. Wer in wechselseitige und unauflösbare Abhängigkeitsverhältnisse verstrickt und durch diese konstituiert ist, kann nicht ohne Weiteres die Position wechseln. Wenn der ›Terror‹ des 11. September 2001 in Hackers Roman auf der Ebene der erzählten Geschichte die Funktion einnimmt, zufällig Figuren miteinander in Beziehung zu bringen, dann zeigt die Textualität des Romans, dass Figuren ›in Wirklichkeit‹ schon vorher in ein Verhältnis zueinander gesetzt sind und dass sich ihr Handeln aus diesem Verhältnis begründen muss. Ein Verhältnis, das sich über die Textualität als ein Zusammenspiel von Verdrängung und der unheimlichen Wiederkehr des Verdrängten begreifen lässt.

Den ›Underground‹ durchqueren

Sara ist ein Symptom der Geschichte, ein Symptom des entstellten Lebens. Sie konfrontiert die anderen Protagonisten des Romans wiederholt mit diesen Symptomen.[84] Wie reagieren sie? Zum einen mit direkter körperlicher Gewalt, zum anderen durch Nicht-Handeln. Bezeichnend ist die Szene, in der Isabelle in den Garten zur völlig verwahrlosten, frierenden, körperlich gebrochenen Sara klettert, den »Streifen Kinderfleisch ohne Freundlichkeit« (DH, 227) betrachtet – und Sara dort zurücklässt, ohne ihr zu helfen. Isabelle verweigert die Begegnung mit Sara. Sie verweigert dadurch nicht nur, einem kleinen verwahrlosten und misshandelten Kind zu helfen, sie verweigert sich auch der Konfrontation mit der Verkörperung des Verdrängten: »Das Mädchen ließ die Augen nicht von ihr, Isabelle hielt es noch immer an den Schultern, versuchte, dem insistierenden

84 Auch wenn die Figur Sara wirkt, als sei sie gewissermaßen der Fluchtpunkt der (verdrängten) Gewaltdimensionen, die der Roman eröffnet, so nimmt sie doch keineswegs eine Position der Wahrheit ein. Sie ist kein Speicher dieser verdrängten Dimensionen, aus dem man das Vergessene/Verdrängte einfach abrufen könnte, um zu einem vollständigen, wahren Bild zu kommen. Die zweifelhafte Position der Wahrsagerin hält der Roman für eine Frau namens Sahar bereit, die in einem Londoner Imbiss Kaffeesatzleserei betreibt, also für eine anagrammatische Sara ohne »ohne H« (DH, 53). *Die Habenichtse* verschreibt sich damit einem Begriff der Wahrheit, der letztlich nur als entzogener aus einer Position des unhintergehbaren Mangels denkbar wird und nicht einem repressionshypothetischen Begriff von Wahrheit, der davon ausgeht, dass das Unterdrückte zugleich das Wahre, Unverstellte und Authentische sei. Das, was in dem Roman insistiert, lässt sich nicht auf eine Urszene, ein Ereignis zurückführen.

Blick auszuweichen.« (DH, 228) Unter Rückgriff auf Eric Santners Lektüre von Benjamins Geschichtsthesen lässt sich der Stellenwert von Isabelles Nicht-Handeln skizzieren: Santner zufolge sind Symptome als Spuren der Vergangenheit zu verstehen, die auf Versäumnisse in der Vergangenheit verweisen: und zwar dem Ruf nach Handeln oder Mitgefühl für diejenigen zu folgen, deren Leid ein Teil der Welt ist, in der man selber lebt.[85] Symptome sind, so schließt Žižek an Santner an, als Verweis auf Unterlassungen/unterlassene Handlungen zu begreifen, »durch die Akte der Solidarität mit ›den Anderen‹ der Gesellschaft verhindert werden«[86]. Diese unterlassenen Handlungen sind nicht einfach nicht-existent, sie insistieren vielmehr, kehren als Symptome beständig wieder – wer versucht, ihrem insistierenden Charakter auszuweichen, bringt sie nicht zum Verschwinden. Der Insistenz dieser unheimlichen Symptome zu begegnen, bedeutete, ein Handeln zu begründen, das die Symptome vergegenwärtigt und sich in eine mitunter beängstigende Nähe zu ihnen begibt. Es sind Situationen ›zu großer Nähe‹, in denen *Die Habenichtse* den ›Terror‹ als unheimliches Symptom wirksam werden lässt.

Um die Suche nach dem Terror-Ereignis geht es dem Roman nicht, dies macht er ja auch deutlich klar, indem er die Anschläge auf die Londoner U-Bahn, die viele Monate vor dessen Erscheinen stattfanden, als eine diffuse Terror-Angst der Figuren zeichnet. Wie die Terror-Angst um sich greift, lässt sich in Kapitel 19 beobachten. Es erzählt davon, wie der Umzug nach London durch Isabelles Ankunft abgeschlossen wird, wie Jakob und Isabelle einen Erkundungsweg durch die Stadt machen, der sie in den *Underground* von London führt. Gleich zwei Mal erzählen diese Seiten von der Terror-Angst, zwei Mal taucht die ›unheimliche‹ Sara auf.

Während Kapitel 18 mit dem lapidaren Satz »Sie war schon in London.« (DH, 110) endet und damit nahe legt, dass Isabelles Reise für die Erzählung von keinem weiteren Interesse ist, stellt sich zu Beginn des 19. Kapitels heraus, dass die Reise und der Moment der Ankunft doch hochinteressant und erzählenswert sind.

85 Im Original heißt es: »I am suggesting that symptoms register not only past failed revolutionary attempts but, more modestly, past failures to respond to calls for action or even for empathy on behalf of those whose suffering belongs to the form of life of which one is a part.« Eric Santner: Miracles Happen. Benjamin, Rosenzweig, Freud, and the Matter of the Neighbor, S. 14. Abrufbar unter: http://www.lukeford.net/Images/photos/Santner.pdf, zuletzt abgerufen am 9. Februar 2016).

86 Žižek: Willkommen in der Wüste des Realen, a.a.O., S. 30.

Das Flugzeug setzte sanft auf, die Asphaltbahn schoß unter den Rädern dahin, und dann, als alles vorbei schien, geriet plötzlich die Maschine ins Schlingern, ein scharfer Ruck nach rechts ließ Passagiere überrascht aufstöhnen [...]. Terroristen, flüsterte irgend jemand, und ein zweiter, ein dritter griff es auf, ein Passagier schrie, kurz und schmerzlich, die Stewardessen in ihren Gurten bewegten sich hin und her, schaukelten, gaben unverständliche Zeichen. Noch immer schlingerte das Flugzeug, brach nach rechts aus, *brace! brace!*, wies eine Lautsprecherstimme aufgeregt an [...]. Wieder aus dem Lautsprecher ein Ruf, unverständlich diesmal, gefolgt von einem Knattern eine Stewardeß sprang auf, griff nach dem Mikrophon, aber obwohl ihr Mund, nur eine Sitzreihe vor Isabelle, sich deutlich bewegte, hörte man nichts, und in der Angst war etwas Jähes, Aufpeitschendes. (DH, 110)

Die Ankunft von Isabelle ist eine Ankunft der Erzählung auf unsicherem Boden (die Landebahn ›schießt unter den Rädern dahin‹), es schlingert und ruckt, der »Flügel« des Flugzeugs ist »verletzt« (DH, 111) – hier sei auf die mit dem ›Würgeengel‹ verbundene Vorstellung vom Verschont-Werden verwiesen – und hinterlässt eine »Wunde« (DH, 111) auf dem Asphalt. Das Schlingern der Maschine führt zu Verunsicherung und leichter Panik im Flugzeug, die Stewardessen geben ›unverständliche Zeichen‹ von sich und just in diesem Moment beginnt das Wort ›Terroristen‹ zu zirkulieren.

Der Roman macht mit dieser Szene klar, dass die Positionswechsel, die sich Isabelle und Jakob für ihr Leben als Grundmodell als reibungslose phantasiert haben, so reibungslos nicht sein werden. Just in dem Moment, in dem die Rede von ›Terroristen‹ aufkommt, verringert der Text die erzählerische Distanz auf ein Minimum – das Wort ›Terroristen‹ ist nicht als Figurenrede gekennzeichnet (während etwa die kurz darauf folgende Durchsage des Flugkapitäns wieder mit dem für den Roman charakteristischen Gedankenstrich markiert ist). Das hat einen doppelten Effekt: Zum einen ist das Wort als *autonome* direkte Rede einer unbenannten, einzelnen Figur lesbar, zum anderen wird durch diese Minimierung der Distanz die *Autonomie* ermöglichende Grenze zwischen Erzählinstanz und dieser anonymen Person eingerissen. Die »Terroristen« werden durch diesen paradoxen Effekt zu einem frei flottierenden Deutungsmuster, das auch »ein zweiter, ein dritter« aufgreifen kann, das aber eben *nicht* in Verbindung mit einem Anschlag oder konkreter Gewalt steht. Durch den fehlenden Gedankenstrich, der auch für einen Moment die zeitliche Distanz, die er impliziert, verringert, ist die Grenze zwischen der Erzählinstanz und der Szenerie im Flugzeug nicht mehr aufrechtzuerhalten. Die extradiegetische Erzählinstanz wird explizit in die Erzählung verwickelt. Insofern markiert das Erzählen im Zeichen des ›unheimlichen Terrors‹ ein Erzählen, dessen souveräne Verfügungsgewalt über das

Erzählte in Frage steht, ein Erzählen, in dem das ›Außerhalb‹ mit dem ›Innen‹ verwoben ist.

Auf dem späteren Erkundungsweg durch London wiederholt sich die Szene von der Landung in einer Variation, diesmal aber treffenderweise während einer Fahrt durch den Untergrund Londons. Auch hier ›schlingert‹ und ›ruckt‹ es (DH, 118), bevor sich bei Jakob die Furcht vor einem Terroranschlag breitmacht.

Die beiden bekamen Sitzplätze nebeneinander, ihre Hände berührten sich, sie waren ermüdet und mit dem winzigen Mißtrauen zu großer Nähe ineinander verwoben und von dem Wunsch beseelt, sich voneinander zu entfernen. Unmerklich verlagerte Isabelle ihr Gewicht von rechts nach links. Die stickige Wärme rötete ihr Gesicht, sie rückte von Jakob ab, er behielt die Leuchtanzeige mit den wandernden Buchstaben im Auge, fürchtete plötzlich, statt des Namens der nächsten Station könnte eine Warnung auftauchen *Alert! Terror Attack!*, der Zug stockte, blieb auf der Strecke stehen, setzte sich wieder in Bewegung [...] und dann stand da Charing Cross, sie stiegen aus. (DH, 119)

Es sind nicht etwa verdächtig aussehende Fahrgäste, die die Furcht auslösen, sondern es ist eine Situation ›zu großer Nähe‹ in Verbindung mit den ›wandernden Buchstaben‹, die – zumal im Untergrund als Symbol für das Unbewusste – offenbar über das Potential zur furchtsamen Verunsicherung verfügt.

Bemerkenswert an dieser Phantasie Jakobs ist zum einen, dass das vermeintliche Ziel der Terrorattacke selber vor dieser warnt, also über sie informiert ist, so dass die Warnung noch auf der Anzeigetafel platziert werden kann – das Ziel unterhält in der Phantasie Jakobs eine sonderbare Beziehung zum Terror, eine, die auf das Umschlagpotential des Eigenen in die Bedrohung hindeutet. Zum anderen unterläuft das Spiel der Signifikanten nun auf furchterregende Weise das Modell der Substitution und des Positionswechsels: ›Statt‹ des Namens der nächsten Station (also auch der nächsten Position) erzeugen die wandernden Buchstaben die Terrorangst.

Für Jakob sind die wandernden Buchstaben im Untergrund eine durchaus bedrohliche Situation, weil sie doch ein Prinzip ›terrorisieren‹, das wie ein Lebensmotto von ihm ist: »Es kam ihm vor, als bewege er sich nicht, sondern gleite von einer Position in eine andere, ohne etwas zu tun.« (DH, 47) Im *Untergrund* verliert der vorgegebene Strecken- und Stationsplan die Hoheit, an seine Stelle treten die wandernden Buchstaben und bringen auf einmal den ›Terror‹ ins Spiel. Auf der Anzeigetafel wird der Schrecken erregende Prozess der Wiederkehr des Verdrängten sichtbar.

Durch einen Ortswechsel kann man die Geschichte nicht hinter sich lassen – der Umzug bleibt ein Ortswechsel, »ohne sich vom Fleck zu rühren« (DH, 18).

Deshalb ist es gerade der Moment des Umzugs, des Positionswechsels, den der Roman als eine Bewegung inszeniert, die letztlich nicht vom Fleck kommt. Der Umzug kommt einer Heimsuchung durch die verdrängten Dimensionen der Geschichte gleich, es ist die ›zu große Nähe‹ die die Terrorangst erzeugt.

Der Fleck markiert die Dimensionen der Geschichte, die sich nicht bewältigen oder durch ein routiniertes Spiel der Substitution unter Kontrolle bringen lassen – er ruft immer wieder den *Rest* des Unbewältigten und Nicht-Betrauerten auf. Dabei wird eine Doppelbewegung in Gang gesetzt: Der Fleck treibt die Fluchtbewegung vor der Betroffenheit an, holt diese Bewegungen aber immer ein bzw. hat sie immer schon eingeholt und wird so zum semiotischen Störprinzip, das sich der Kontrolle der Protagonisten entzieht – er ist Objekt der Verdrängung (Dave: es nicht sagen; Ginkas Büro: weggeriebener Fleck) und die Wiederkehr des Verdrängten.

Das Berliner Modell der Verdrängung durch Substitution zeigt hier im Untergrund seine Kehrseite: Wird dort der Auseinandersetzung mit dem Verlust und seinem bedrohlichen, verunsichernden Potential stets durch einen Positionswechsel begegnet, bricht nun über das Spiel der Signifikanten im Untergrund das Bedrohliche ins vermeintlich Vertraute ein. Der ›unheimliche Terror‹ ist nicht ein gewaltsamer Anschlag, sondern die Insistenz, die abwesende Anwesenheit des Verdrängten. Die Ankunft an dem Ort, an dem ›alles anders‹ werden soll, ist die Ankunft an einem unheimlichen Ort.

4.4 Vignetten: Wiederholung, Aura, kulturindustrieller Verblendungszusammenhang

Katharina Hackers Roman ist nicht der einzige deutschsprachige Text, dessen Poetik des Terrors sich über psychoanalytische Denkmuster konstituiert und der damit Konzepte des Imaginären und der Verdrängung verhandelt. Ich möchte im Folgenden drei weitere Texte vorstellen, die ›Terror‹ lesbar machen, indem sie auf unterschiedliche Weise Aspekte der Verdrängung und des Imaginären zum Bestandteil ihres poetischen Verfahrens machen. Marlene Streeruwitz' Roman *Entfernung* verknüpft das Phänomen des Terrors mit einer Poetik der verletzten Sprache; Christoph Peters *Ein Zimmer im Haus des Krieges* widmet sich der Frage nach der Aura und der Faszinationskraft des ›Terroristen‹ im Zeitalter der Reproduzierbarkeit; Thomas Hettches *Woraus wir gemacht sind* siedelt seine Handlung exakt ein Jahr nach dem 11. September 2001 in den USA an, sein Buch ist eine poetologische Reflexion auf die Möglichkeiten des Schreibens angesichts einer permanenten Präsenz von (Erinnerungs-)Bildern.

Marlene Streeruwitz hat mit ihrem Roman *Entfernung* ein Buch vorgelegt, das im Hinblick auf das Setting verblüffende Ähnlichkeit zum im gleichen Jahr erschienenen Roman *Die Habenichtse* aufweist: Schauplatz ist London zur Zeit der Anschläge vom 7. Juli 2005, die Protagonistin Selma Brechthold befindet sich in einer Umbruchphase ihres Lebens (»Sie musste alles ändern«[87]), hat eine »Serie der Schicksalsschläge« (E, 30) erlitten, die sie regelrecht aus der Bahn geworfen und in die Wohnung ihres Vaters »zurückverschlagen« (E, 29) haben:

Und nicht weinen. Nicht über die Ursache. Nicht über die Wirkung. Nicht weinen. Gehen. An der Reinigung vorbei. Am Biofriseur. Gehen. Atmen. Weiteratmen. Nicht den Atem anhalten. Am Anfang hatte sie vergessen zu atmen. Bei diesen Anfällen. Und dann in einen Taumel geraten. Und in Tränen. Weinkrämpfe. Ohnmachten auf dem Bett. Die Hilflosigkeit in bleischweren Schlaf und dann Schlaflosigkeit. Aber jetzt hatte sie keine Zeit. (E, 24 f.)

Nicht weinen, gehen – damit ist ein ähnliches Programm aufgerufen, wie in Hackers Text: kein Verweilen bei der Trauer, beim Schmerz, beim ›Trauma‹, sondern *weiter*. Vielleicht hilft ja ein Ortswechsel: Selma reist von Wien nach London, um dort beruflich wieder Fuß zu fassen, was ihr aber nicht wirklich gelingt. Sie erlebt in der Londoner U-Bahn dann schließlich eine Situation, die die Anschläge vom 7. Juli 2005 aufruft. Auf Ebene der *histoire* befasst sich *Entfernung* also durchaus mit dem ›Ereignis‹ des Terroranschlags. Das poetische Verfahren von Streeruwitz' Roman verschiebt den Akzent aber in ein anderes Feld: Die Londoner Terroranschläge fügen sich in ein Setting ein, das auf grundsätzliche Weise mit einem Erzählen im Zeichen der Verletzung befasst ist. Damit fügt sich *Entfernung* in das übergreifende poetische Programm von Marlene Streeruwitz ein. *Entfernung* erzählt – wie andere Romane von Streeruwitz auch – in strikter Innenperspektive von einer weiblichen Protagonistin, die *als Frau* spezifische körperliche wie psychische Verletzungen erfahren hat. Diese Verletzungen artikulieren sich in einer verletzten Sprache, einer Sprache, »die ganzen Sätzen misstraut, weil diese mit ihrer heilen Oberfläche eine Aussagesicherheit versprechen, die sie nicht halten können«[88].

---

87 Marlene Streeruwitz: Entfernung. Frankfurt am Main: S. Fischer 2008, S. 26. Im Folgenden wird aus dieser Taschenbuchausgabe direkt im Text mit der Angabe (E, Seitenzahl) zitiert.

88 Christian Metz: Verwerfungen einer Unsicherheitsgesellschaft. In: Frankfurter Allgemeine Zeitung, 23. September 2011. Abrufbar unter: http://www.faz.net/aktuell/feuilleton/buecher/rezensionen/belletristik/marlene-streeruwitz-die-schmerzmacherin-

Im Rahmen dieser ›verletzten Sprache‹ erzählt *Entfernung* dann *auch* von den Anschlägen des 11. September 2001. Bezeichnenderweise kommt der Roman auf »9/11« (E, 295) zu sprechen, nachdem er von der Obduktion einer schon verwesenden Frauenleiche in einem gerichtsmedizinischen Institut erzählt hat:

> Sie hatte nicht zugeben müssen, dass sie. Dass ihr übel geworden. Aber sie war nicht nach New York gefahren. Nach 9/11. Ein halbes Jahr nicht. Und dann. Gleich bei der Ankunft der Artikel in der ›New York Times‹. [...] Dass die DNS im Staub. Dass die DNS im ganz normalen Stadtstaub gefunden worden war. Gefunden wurde. Dass man die DNS der Vermissten von Haaren aus der Haarbürste oder vom Speichel aus Zahnbürsten abnahm und dann im Stadtstaub auf die Suche ging. Und dass natürlich alle die Leichen eingeatmet hatten. Jeder hatte da Leichen ein. [...] Die Leichen waren in den Lungen der Atmenden aufbewahrt. [...] Über die Lungen. Da war der Leichenstaub in die Personen. In die Personen aufgenommen. Die Personen dann eine Art Grabstein. Die Lebenden die Denkmäler der Toten. (E, 295 f.)

Berichtet diese Passage von der Einverleibung der Toten durch die Lebenden, so ist der Sprache, in der dies geschieht, die Gewalt bereits einverleibt. Es lassen sich an dieser Passage zwei Aspekte ablesen, die für das poetische Verfahren von *Entfernung* charakteristisch sind. Das verbindende Element der zerrissenen Sätze sind, erstens, die Wiederholungsfiguren. Christian Metz weist darauf hin, dass Streeruwitz' Poetik der Wiederholung an den Redestil der Ovid'schen Nymphe Echo erinnert. Streeruwitz' Text lotet damit die Möglichkeiten eines ›weiblichen‹ bzw. feministischen Schreibens aus: Bettine Menke zufolge geht es der mit Echo verbundenen Poetik der Wiederholung um eine Schreibweise, die »die polare Opposition von Männlichkeit und Weiblichkeit verstört, und damit um andere Strategien der Sprache oder vielmehr *das* an der Sprache, was keiner Strategie des Selbst unterliegt.«[89]

Insofern machen die zerrissenen Sätze von Streeruwitz' Poetik der Wiederholung etwas lesbar, was ansonsten keinen Ort in der Sprache hätte. Und hier kommt der zweite Aspekt ins Spiel: die Rhetorik der Wiederholung hat eine gedächtnisstiftende Funktion. Sie hält strukturell das Wissen um eine zersplitterte

verwerfungen-einer-unsicherheitsgesellschaft-11368568.html, zuletzt abgerufen am 9. Februar 2016).

89 Bettine Menke: Rhetorik der Echo. Echo-Trope, Figur des Nachlebens. In: Doerte Bischoff / Martina Wagner-Egelhaaf (Hg.): Weibliche Rede – Rhetorik der Weiblichkeit. Studien zum Verhältnis von Rhetorik und Geschlechterdifferenz. Freiburg i. Br.: Romach 2003, S. 135-159, hier: S. 138.

Realität aufrecht, die sich nicht durch ›ganze‹ Sätze kitten lässt, die Sprache als Medium bleibt hier durchgängig spürbar. Wenn die sprachlichen Zeichen auf diese Weise dezidiert als *Zeichenmaterial* ausgestellt sind, dann wird ebenso offengelegt, dass die Sprache immer aus dem Verfügbaren schöpft. Das Verfügbare eröffnet in seiner Kombination auch einen historischen Resonanzraum: Haare, Zahnbürsten, zu Luft und Staub gewordene Leichen, die Lebenden als Denkmäler der Toten. Dieses poetische Prinzip der Wiederholung verweist auf eine Sprache der Wiederholung ›nach Auschwitz‹.

Christoph Peters *Ein Zimmer im Haus des Krieges* rückt eine eher kulturtheoretische Fragestellung in sein Zentrum: Über welche Faszinationskraft verfügt religiöser, in diesem Falle islamischer Fundamentalismus? Gibt es eine ›Aura‹ des Terroristen? In welchem Verhältnis steht der Fundamentalismus zu Dimensionen des ›Eigenen‹ und Projektionen auf das ›Fremde‹? Und in welchem Verhältnis steht der Fundamentalismus zu einem ›Zeitalter der Reproduzierbarkeit‹?

Peters Roman verhandelt diese Fragen nicht im Zusammenhang mit den Anschlägen des 11. September 2001, sondern verlagert seine Handlung in das Jahr 1993: Eine islamistische Gruppe, darunter der deutsche Konvertit Jochen (Abdallah) Sawatzky, plant einen Terroranschlag auf die bei Touristen beliebten Tempelanlagen im ägyptischen Luxor – Anspielungen auf den 11. September lassen sich allerdings deutlich herauslesen.[90] Es geht der Gruppe von Attentätern darum, einen Anschlag zu verüben, wie er vorher noch nicht stattgefunden hat, dabei sind sie geleitet von der Überzeugung, dass »diesen Krieg [...] Bilder [entscheiden]« (ZHK, 47) werden. Den Terroristen geht es darum, im Modus der Reproduzierbarkeit von Bildern noch nie dagewesene Bilder zu erzeugen. Dass ›Terror‹ fundamental mit Mechanismen der Reproduzierbarkeit verbunden ist, ist ein erster, zentraler Aspekt des Romans. Diese Bilder werden sie allerdings nicht produzieren können – auf dem Weg zu ihrem Anschlagsziel werden sie von Soldaten überwältigt. Der Roman schildert dieses Geschehen in seinem ersten Teil, erzählt in der autodiegetischen Perspektive von Jochen Sawatzky. Im zweiten, deutlich umfangreicheren Teil des Romans erzählt eine heterodiegetische Erzählstimme, hauptsächlich fokalisiert auf die Innensicht des deutschen Botschafters in Ägypten, Claus Cismar, von den Verhören Sawatkys durch Cismar.

Betrachtet man den Titel des Romans, dann lässt sich ein zweiter wichtiger Aspekt skizzieren, dem das Erkenntnisinteresse des Textes gilt: ein Zimmer, ein

90 Etwa dann, wenn davon die Rede ist, »die tragenden Säulen des Haupttempels zu treffen. Das hat noch nie jemand gemacht. [...] Mit etwas Glück haben sich viele Leute dorthin geflüchtet, wenn er einstürzt.« Christoph Peters: Ein Zimmer im Haus des Krieges. München: btb 2008, S. 55. Im Folgenden wird aus dieser Taschenbuchausgabe direkt im Text mit der Angabe (ZHK, Seitenzahl) zitiert.

Haus, ein Krieg. Die Konfliktlinien, die *Ein Zimmer im Haus des Krieges* zeichnet, verlaufen demnach nicht zwischen unterschiedlichen Kulturen, sondern innerhalb eines kulturellen Raumes, der Terrorismus-Diskurs hält für Sawatzky die treffende Bezeichnung des *homegrown terrorist* bereit. Das Phänomen des islamischen Fundamentalismus muss demnach in erster Linie durch einen Blick auf die ›eigene‹ Kultur betrachtet werden, Islamismus ist in dem Roman kein Phänomen eines kulturell ›Anderen‹.[91]

Der Roman verknüpft die Auseinandersetzung mit dem Fundamentalismus über weite Strecken (und so prominent wie kein anderer deutschsprachiger Roman) mit den ›radikalen‹ Widerstandsformen und Gesellschaftsentwürfen der Studentenbewegung und der RAF. Es ist letztlich die Diskussion über die Frage, ob Studentenbewegung bzw. RAF und islamischer Fundamentalismus von einer ähnlichen Motivation grundiert sind, mithin die Diskussion über die Vergleichbarkeit ›fundamentalistischer‹ Entwürfe, die das Gespräch zwischen Sawatzky und Cismar zum Laufen bringt. Der Roman zeichnet beide Figuren in einer negativen Symbiose zueinander:

›Guten Morgen, Herr Sawatzky. Cismar ist mein Name. Ich bin Ihr Botschafter.‹
Jedes Gespräch ist offen, sein Verlauf unberechenbar, niemand kennt das Ende.
›Meiner?‹
Dieses hier beginnt nicht gut.
›Botschafter der Bundesrepublik Deutschland ...‹
›Glückwunsch.‹ (ZHK, 129)

Beide sind sie von einer diffusen Sehnsucht nach einem sinnstiftenden »religiösen Gefühl« (ZHK, 154) umgetrieben – Sawatzky meint es im Islam gefunden zu haben (»Wir sind gefestigt in unserer Religion, wir geben unser Leben *ohne* Gefühle« (ZHK, 134)). bei Cismar äußert es sich ex negativo über massive psychosomatische Beschwerden, die sich während der Gespräche entwickeln. Er

91 Insofern kann ich der These Heinrich Kaulens, der zufolge es dem Roman »explizit um ein Verstehen des kulturell Anderen« geht, nicht folgen. Heinrich Kaulen: Vom Scheitern des Dialogs mit dem Täter. Überlegungen zu Christoph Peters' *Ein Zimmer im Haus des Krieges*. In: Hennigfeld (Hg.): Poetiken des Terrors, a.a.O, S. 137-157, hier: S. 139. Auch Arata Takeda liest den Roman – wenn auch deutlich ausdifferenzierter als Kaulen – als einen, der sich mit »Kulturkonflikten« im »Zeichen der Transkulturalität« zuwende. Arata Takeda: Inkorporierte Kulturkonflikte. Interaktion der Kulturen im Körper des Terroristen am Beispiel von Christoph Peters' *Ein Zimmer im Haus des Krieges*. In: Zeitschrift für interkulturelle Germanistik 3 (2012), Heft 1, S. 25-38, hier: S. 37.

muss die Gespräche mit Sawatzky nach einem Zusammenbruch letztlich abbrechen (»Was er wirklich wissen will, [...] ließ sich nicht in Worte fassen« (ZHK, 130)).

Bemerkenswert an Peters' Roman ist, dass er beide Figuren ausgesprochen klischeehaft zeichnet – und hier führt er die beiden Themen, Reproduzierbarkeit und die *eigene* Kultur, zusammen. Die Klischeehaftigkeit erzeugt der Roman zum einen über die Geschichte, die er den Figuren gibt: Sawatzky ist ein ehemaliger Drogenabhängiger, der auf seiner Sinnsuche letztlich zum fundamentalistischen Islam gefunden hat; Cismar war Sympathisant der Studentenbewegung, der sich in seinem Opportunismus für den Staatsdienst entschieden hat (»De facto war es eine Flucht« (ZHK, 155)). Zum anderen, und wesentlich folgenreicher, erzeugt der Roman die Klischeehaftigkeit über seine Sprache: Sowohl der autodiegetische Erzählstrang Sawatzkys als auch der größtenteils intern auf Cismar fokalisierte, heterodiegetische Erzählstrang über die Verhöre stellen die Lebens- und Welterklärungsmodelle der beiden Protagonisten als Nachahmung eingeschliffener Muster aus.[92] In der Form der Rede gleichen sich Cismar und Sawatzky, auch wenn die Rede des einen das Scheitern ›großer‹ Weltentwürfe postuliert (häufig im bürokratischen Vokabular des Botschafters), während die Rede des anderen von der allumfassenden Sinnstiftung durch den Islam berichtet.

Doch was zwischen den Zeilen dieser Rhetorik des Klischees zum Ausdruck kommt, ist die Erfahrung eines umfassenden Verlusts. Das letzte Gespräch zwischen Sawatzky und Cismar handelt von der Liebe, es ist das letzte Gespräch, bevor beide Figuren aus dem Roman verschwinden: Sawatzky wird hingerichtet, Cismar begibt sich in ärztliche Behandlung. Sawatzky berichtet von seinem Abschied von seiner Freundin Arua, die er für den Dschihad verlassen hat. Mit dem Namen Arua als Anagramm von ›Aura‹ spielt Peters' Roman den Moment des Verlusts ein, der sich über die permanente Reproduktion von (Sprach-)Mustern einstellt. Mit einem Traum Sawatzkys von Arua hatte der Roman auch begonnen.

»Sie waren zu spät«[93], lautet der erste Satz von Thomas Hettches 2006 erschienenem Roman *Woraus wir gemacht sind*. Und damit ist nicht nur die Tatsache beschrieben, dass die Hauptfigur Niklas Kalf und seine Frau Liz zu spät zu einem geschäftlichen Abendessen in einem New Yorker Restaurant kommen, nein, der Modus des ›zu spät‹ ist das programmatische Setting von *Woraus wir*

92 Arata Takeda zeichnet diese Strategien der Nachahmung überzeugend nach, vgl. Takeda: Inkorporierte Kulturkonflikte, a.a.O.

93 Thomas Hettche: Woraus wir gemacht sind. Köln: Kiepenheuer & Witsch 2006, S. 7. Im Folgenden wird aus dieser Ausgabe direkt im Text mit der Angabe (WGS, Seitenzahl) zitiert.

gemacht sind. Ein Jahr ›zu spät‹ kommen die beiden nämlich auch zum 11. September, sie reisen zum ersten Jahrestag der Anschläge nach New York – ein »magisches Datum« (WGS, 22). Kalf, der überhaupt das erste Mal in den USA ist, will dort an einem Buchprojekt über einen deutsch-jüdischen Emigranten, den Physiker Eugen Meerkaz, arbeiten.

Die Ereignishaftigkeit, auf die mit dem Satz ›Sie waren zu spät‹ implizit angespielt wird, hat sich in eine Magie des Datums gewandelt. Und so erleben Niklas Kalf und Liz nicht nur die Gedenkfeiern und Erinnerungsrituale zum Jahrestag der Anschläge, ausgehend von der Nacht vom 11. auf den 12. September entwickelt sich auch die überaus mysteriöse Handlung des Romans: Liz wird, während beide schlafen, aus dem Hotelzimmer entführt. Kalf realisiert die Entführung erst, nachdem er im Fernsehen die Rede von George W. Bush zum ersten Jahrestag der Anschläge vor der UN im Fernsehen verfolgt hat, in der Bush die Bereitschaft der USA erklärte, den Irak militärisch anzugreifen. Es folgt daraufhin ein mehrere Monate dauernder Road-Trip Kalfs von der Ost- zur Westküste der USA, in dessen Verlauf Kalfs Interesse an der Befreiung seiner Frau streckenweise deutlich schwindet. Die Entführer fordern von Kalf, dass er ihnen Informationen über Eugen Meerkaz aushändigt, von denen er überhaupt gar nichts weiß. Am Ende gelingt es ihm doch – eher durch Zufälle – seine Freundin und das inzwischen geborene Kind zu befreien. Das Wiedersehen findet am 17. März 2003 statt, also just an dem Tag, an dem George W. Bush das Ultimatum an Saddam Hussein verkündete, binnen 48 Stunden den Irak zu verlassen, andernfalls würden die USA mit Militärschlägen beginnen. Versatzstücke dieser Rede werden auf den letzten Seiten des Romans zitiert.

›Zu spät‹ kommt Kalf auch, um in Amerika eigene Erfahrungen zu machen, das Land ist in seiner ganzen Weite bereits bildlich und narrativ erschlossen, auch derjenige, der das erste Mal in die USA reist, findet Vertrautes vor. Der Roman führt seinen Protagonisten durch ein Amerika, in dem sämtliche Erfahrung literarisch, ikonografisch und kulturindustriell komplett eingefangen/vorgeformt ist. Die intertextuellen Anspielungen auf Hollywoodfilme, literarische Texte und Ikonografien der Landschaft Amerikas in *Woraus wir gemacht sind*, sind kaum zu zählen. Bernhard Greiner spricht in diesem Zusammenhang treffend von einem »phantasmagorische[n] Reigen der Bilder, die dem Leser im Gedächtnis bleiben«[94]. Es sind Bilder, die wir alle kennen und die unsere Vorstellungen von Amerika bewusst und unbewusst konstituieren. Noch die rätselhaftesten Situationen lassen sich mit Hilfe dieses Bilderrepertoires entziffern, so

94 Ulrich Greiner: Im Abgrund der Bilder. Kleine Verteidigung des neuen Romans von Thomas Hettche gegen seine großen Kritiker. In: Die Zeit, 41/2006. Abrufbar unter: http://www.zeit.de/2006/41/L-Hettche, zuletzt abgerufen am 9. Februar 2016.

auch die Begegnung Kalfs mit einem alten, knochigen, hageren Mann an einer Tankstelle in der texanischen Provinz:

Er zwang sich angestrengt, nachzudenken, an wen er nun erinnert wurde. Noch immer war er groß und hager, doch plötzlich schien der Alte ein wenig jünger als eben noch, und seine Augen waren nicht mehr zusammengekniffen und auch nicht mehr blau, sondern spöttisch wie der Mund. Der Filmtitel fiel ihm zuerst ein: Colors.
»Robert Duvall«, sagte er erleichtert.
»Yeah! You got it, son!«
Robert Duvall schlug mit der flachen Hand auf das Lenkrad, während er Marfa in Richtung Norden verließ. (WGS, 173)

Kann man diesem kulturindustriellen Verblendungszusammenhang entkommen? Die Begegnung mit dem alten, knochigen Mann ist eine Schlüsselszene des Romans, weil der Mann nicht nur als die Verkörperung verschiedener Hollywoodschauspieler, sondern auch als die Personifizierung des Todes beschrieben wird. Dieser personifizierte Tod mimt in Hettches Roman die Leinwand für die Projektionen von Niklas Kalf, und so verwandelt er sich ohne Weiteres in zahlreiche filmische Vorlagen, bis man schließlich nicht mehr sagen kann, ob der Tod nun der Tod oder doch nur eine Variation allseits bekannter Filme ist. Man sollte diese Passage als eine poetologische Reflexion auf die Bilder des 11. September 2001 lesen: Was haben wir gesehen, den Tod, oder doch nur eine aus Filmen altbekannte Ikonografie der Zerstörung?

Der Roman gibt dieser Fragestellung einen besonderen Akzent, indem er Niklas Kalf den Spuren deutsch-jüdischer Exilanten und deutscher Exilgeschichte folgen lässt. Schon die Ankunftsszene in New York wird unter intertextueller Bezugnahme auf Bertolt Brechts Beschreibung des »Eilands Manhattan« (WGS, 13) beschrieben[95], Kalf quartiert sich sodann im Hotel Excelsior (»ein altes Emigrantenhotel« (WGS, 22)) ein, von wo aus das Schreibprojekt über Eugen Meerkaz starten soll. Der texanische Ort Marfa entpuppt sich im Verlauf des Romans als ein Ort, an dem ein weiterer Aspekt deutscher Geschichte nahezu unauffindbar verschüttet liegt: In Marfa befand sich während des Zweiten Weltkriegs ein Kriegsgefangenenlager für deutsche Wehrmachtssoldaten – heute befindet sich dort ein von Donald Judd ins Leben gerufenes Zentrum für moderne Kunst.

95 Vgl. dazu das Gedicht *Vom armen B.B.* in: Bertolt Brecht: Werke. Große kommentierte Berliner und Frankfurter Ausgabe, hg. von Werner Hecht, Jan Knopf, Werner Mittenzwei, Klaus-Detlef Müller. Frankfurt am Main: Suhrkamp 1988, Band 11: Gedichte 1 – Sammlungen 1918-1938, S. 119 f.

In *Woraus wir gemacht sind* wird die Zeit nach ›9/11‹, in der sich die Doktrin des *Regime Change* in der US-amerikanischen Politik verfestigte, zu einem Panorama einer unaufgearbeiteten Gegenwart. Diese unaufgearbeitete Gegenwart verknüpft das Buch mit den Spuren einer anders gelagerten unaufgearbeiteten Vergangenheit. Wie bei Hacker und Streeruwitz spielt dabei die Verlagerung des Ortes eine zentrale Rolle. So, wie Amerika ein unzugängliches, verstelltes Land bleibt, so bleibt auch die Exilgeschichte eine unzugängliche und rätselhafte Geschichte. Durch sie ist zwar einerseits der gesamte Text motiviert, sie lässt sich aber andererseits nicht erzählen: Das Schreibprojekt Kalfs über Meerkaz ist der Grund für die Entführung von Liz, das Schreiben des Buches wird dadurch blockiert. Hettches Roman ist also die Geschichte des Scheiterns eines Schreibprojekts, mit anderen Worten: Dem Roman liegt eine dezidiert poetologische Fragestellung zugrunde. Wie soll ein deutschsprachiger Roman von einem Amerika in Zeiten des ›Terrors‹ erzählen, wenn die Vereinigten Staaten von Amerika in erster Linie ein Ort sind, der unzugänglich bleibt, weil er verstellt ist von den phantasmatischen Bildern Amerikas und zugleich auch einer rätselhaft bleibenden Geschichte von Exil und Emigration?

Auf diese Frage antwortet Hettches Roman mit einem vorsichtigen Plädoyer für das Schreiben, für die Verspätung und dementsprechend für das Medium der Schrift. Als Kalf und Duvall/der personifizierte Tod an einer Weide Halt machen, kommt ein blökendes Kalb (englisch: calf) zu ihnen an den Zaun gelaufen, »ohne einen Moment mit seinen langgezogenen, wie hilflosen Lauten innezuhalten« (WGS, 176). Lautlich besteht kein wahrnehmbarer Unterschied zwischen calf/Kalf, dies nimmt Kalf auch unmittelbar als Bedrohung war, beim Anblick der Zunge des Kalbes »erschrak Kalf, so unheimlich lang war sie« (WGS, 177). Auf diese Verunsicherung angesichts des Lautlichen zielt Duvall ab.

»›Was soll das?‹, fragte Kalf noch einmal. ›Kalf ist nicht Kalb.‹
Duvall gluckste. ›Aber Kalf ist Calf, oder?‹« (WGS, 176)

Duvalls Feststellung gilt aber nur auf der lautlichen Ebene, im Medium der Schrift ist der Unterschied lesbar – zum Glück, muss man sagen. Indem Hettches Text den Unterschied zwischen Laut und Zeichen lesbar hält (im Modus der direkten Rede, im Dialog zwischen dem Schriftsteller Kalf und der Personifikation des Todes), rettet er das Schreiben im Angesicht des Todes.

5. Terror ohne Terror. Zur Allegorie des Lesens in Paulus Hochgatterers *Eine kurze Geschichte vom Fliegenfischen*

5.1 Sachlich bleiben

Paulus Hochgatterers im Jahr 2003 erschienene Erzählung *Eine kurze Geschichte vom Fliegenfischen*[1] erledigt den 11. September auf den ersten Blick gleich im ersten Satz:

> Als wir uns treffen, wissen wir noch nichts von dem, was an diesem Tag passieren soll, weder von der Sache mit dem World Trade Center noch davon, dass Julian in den Bärenklau fallen wird und dann in den Fluss. (F, 9)

Fortan wird der Ich-Erzähler nicht mehr auf diese ›Sache mit dem World Trade Center‹ zurückkommen, sondern nur noch von dem gemeinsamen Ausflug in ein abgelegenes Alpental berichten, den er mit seinen Freunden Julian und dem nur ›der Ire‹ genannten Robert Bauer unternimmt. Lediglich auf der letzten Seite des Textes – die drei Männer sind inzwischen auf dem Rückweg und machen in einer Gaststätte Rast – taucht noch einmal ein Satz auf, der sich mutmaßlich auf den ersten Satz und damit mutmaßlich auf die ›Sache‹ beziehen lässt. Sein Bezug ist letztlich jedoch völlig offen. Als der Ire von einem Telefonat zurückkommt, wendet er sich an seine beiden Freunde: »›Ihr werdet nicht glauben, was passiert ist‹, sagt er, ›ihr werdet es nicht glauben.‹« (F, 112) Abgesehen von die-

1 Paulus Hochgatterer: Eine kurze Geschichte vom Fliegenfischen. Wien: Deuticke 2003. Im Folgenden wird aus dieser Ausgabe direkt im Text mit der Angabe (F, Seitenzahl) zitiert.

sen beiden Textstellen verliert die Erzählung kein einziges Wort über diejenige ›Sache‹, die man so selbstverständlich als Hinweis auf die Anschläge auf das World Trade Center liest.[2] Die drei Freunde (die, wenn sie nicht angeln gehen, als Psychologen arbeiten) bekommen in dem abgelegenen Tal von den Anschlägen nichts mit. Der 11. September 2001 spielt, so könnte man meinen, keine größere Rolle in der Erzählung, er ist lediglich eine nebensächliche Information, während es in der Erzählung eigentlich um etwas anderes geht.

Eine kurze Geschichte vom Fliegenfischen unterscheidet sich damit deutlich von den Texten, die in den beiden vorangegangenen Kapiteln behandelt wurden: Der Text erzählt nicht vom ›Ereignis‹ und entwirft auch keine geschichtsbewusste Poetik der Verdrängung, vielmehr erzählt er *ganz nebenbei* von der ›Sache mit dem World Trade Center‹, und zwar auf eine geradezu lustvolle Art und Weise. Sein Erscheinungsdatum (2003) und sein souveräner Umgang mit dem ›Ereignis‹ konterkarieren die immer wieder aufgestellte Behauptung, mit der zeitlichen Distanz zu den Anschlägen habe sich auch die Schreibweise ›distanziert‹. Sie war schon 2003 distanziert. Und umgekehrt stehen Texte jungen Datums, wie Lehrs *September. Fata Morgana* oder Kleebergs *Vaterjahre* deutlicher unter dem Eindruck des ›Ereignisses‹ als Hochgatterers lakonische Erzählung.

Eine kurze Geschichte vom Fliegenfischen gehört zu jenen Texten, die sich den Anschlägen vom 11. September bzw. dem Phänomen des ›Terrors‹ annähern, indem sie sie lediglich am Rande kurz erwähnen. In diesen Texten – zu erwähnen sind u.a. Olga Flors *Kollateralschaden*, Peter Glasers *Geschichte von Nichts* und Rainald Goetz' *Elfter September 2010*, auf die ich später noch zu sprechen kommen werde – erscheinen die Anschläge auf den ersten Blick als eine Marginalie, als ein zufällig und vermeintlich ohne weitere Absichten eingestreuter Hinweis, der lediglich mitteilen will: Ja, da gab es auch noch diese Anschläge, aber die sind nicht weiter der Rede wert. Diesen Texten haftet nicht das unübersehbare Etikett ›9/11-Roman‹ an. Genauso wie ihnen die große formale Geste (wie etwa in Peltzers *Bryant Park)* fernliegt, hüten sie sich – im Gegensatz

---

2 Vgl. die Besprechungen des Buches, bspw. Samuel Moser: Angler an der Angel. Paulus Hochgatterers *Kurze Geschichte vom Fliegenfischen*. In: Neue Zürcher Zeitung, 30.12.2003; Armin Thurnher: Äschen und Asche. In: Falter Nr. 32 (2003), S. 52. Zudem wird der Text auch in literaturwissenschaftlichen Studien als ›9/11‹-Text gelesen, vgl. Christoph Deupmann: Versuchte Nähe, a.a.O.; Volker Mergenthaler: »Bitte keine Politik« am 11. September. Paulus Hochgatterers *Eine kurze Geschichte vom Fliegenfischen*. In: Wojciech Kunicki / Jolanta Szafarz / Irena Swiatlowska-Predota (Hg.): Literaturwissenschaft – Raum und Medialität. Wroclaw / Dresden: Neisse Verlag 2013, S. 189-202.

zu *Die Habenichtse* – auch davor, den Anschlägen eine besondere Relevanz für die Handlung zu geben.

Während der Titel keineswegs eine Erzählung erwarten lässt, die auch nur im Entferntesten etwas mit ›9/11‹, mit ›Terror‹ und Gewalt, zu tun haben könnte, stellt er doch immerhin einen Text in Aussicht, der im Duktus der Versachlichung verfasst ist. Bücher, die eine ›kurze Geschichte‹ der Hummeln, der Menschheit, des Ersten Weltkriegs, des Zweiten Weltkriegs, der Gegenwart und so weiter und so fort erzählen, bilden inzwischen ein festes Genre auf dem (Sach-)Buchmarkt.[3] Bei näherer Betrachtung des Titels von Hochgatterers Erzählung eröffnet sich allerdings bereits ein Spannungsverhältnis: Zum einen legt die Formulierung von der ›kurzen Geschichte‹ eine kulturhistorische Abhandlung nahe, zum anderen verweist der Dativ ›vom Fliegenfischen‹ jedoch darauf, dass es eher um eine Geschichte geht, die sich während des Fliegenfischens zugetragen hat.[4] Vor diesem Hintergrund lässt sich bereits vorsichtig eine These formulieren: *Eine kurze Geschichte vom Fliegenfischen* ist ein Buch darüber, welche Schlüsse man aus dem zieht, was man liest, wie man die Zeichen, die einem begegnen, mit Bedeutung versieht. Die Marginalisierung der ›Sache mit dem World Trade Center‹ und die daraus sprechende ostentative Abgeklärtheit des Textes gegenüber dieser Sache sind dabei von zentraler Bedeutung.

Christoph Deupmann trifft es also auf den ersten Blick sehr genau, wenn er schreibt, dass Texte wie *Eine kurze Geschichte vom Fliegenfischen* »das Außerordentliche des Ereignisses« respektieren, indem »sie es beschweigen«.[5] Und in der Tat findet sich – im Gegensatz zu den in dieser Arbeit bereits besprochenen Texten – in Hochgatterers Erzählung kein Wort über Flugzeuge, die in das World Trade Center rasen oder über die Türme, die zusammenstürzen, kein Wort von überwältigenden Bildern, von Angst und Schrecken.

---

3 Bei diesen Titeln handelt es sich lediglich um eine unvollständige Auswahl aktuellster Erscheinungen: Dave Goulson: Und sie fliegt doch. Eine kurze Geschichte der Hummel. Berlin: Ullstein 2016; Andreas Rödder: 21.0. Eine kurze Geschichte der Gegenwart. München: C.H. Beck 2015; Gerhard Henke-Bockschatz: Der Erste Weltkrieg. Eine kurze Geschichte. Stuttgart: Reclam 2015; Elke Fröhlich: Der Zweite Weltkrieg. Eine kurze Geschichte. Stuttgart: Reclam 2015; Yuval Noah Harari: Eine kurze Geschichte der Menschheit. München: Pantheon 2015.

4 Wenn der ›Dativ dem Genitiv sein Tod‹ ist, wie der Bestseller von Bastian Sick aus dem Jahr 2004 behauptet, dann verschwimmt allerdings der Unterschied zwischen einer kurzen Geschichte *des Fliegenfischens* und einer kurzen Geschichte *vom Fliegenfischen.*

5 Deupmann: Versuchte Nähe, a.a.O., S. 159.

Doch auf den zweiten Blick stellt sich die Sache doch als komplizierter heraus. Die erstaunliche Nüchternheit, mit der die ›Sache mit dem World Trade Center‹ bei Hochgatterer zur Sprache gebracht wird (um Deupmann zufolge fortan beschwiegen zu werden), provoziert doch auch einige Fragen: kann man wirklich davon sprechen, dass der Text den 11. September beschweigt, nur weil er ihn auf der Ebene der *histoire* nicht ausführlicher thematisiert? Welche Effekte hat es, dass am Rande doch von den Anschlägen gesprochen wird? Will uns der Text am Ende allen Ernstes mitteilen, dass man die *Geschichte* des 11. September auch *kurz* erzählen könnte? Was ist in Hochgatterers Erzählung über den 11. September und über das Phänomen Terror *lesbar*, wenn sie anscheinend nichts darüber schreibt? Kann sie möglicherweise viel deutlicher darüber sprechen, gerade *indem* sie die hart umkämpften, konfliktiven und häufig auch politisch-ideologisch überfrachteten Diskurse *unmittelbar zu 9/11* ausspart? Ist der Erzählung trotz ihrer zunächst behaupteten sachlichen Distanziertheit womöglich die Unmöglichkeit einer Distanz zum Terror eingeschrieben? Und, weil wir es in der Erzählung von Hochgatterer immerhin mit psychologisch und psychoanalytisch geschulten Protagonisten zu tun haben: Redet man nicht am intensivsten über eine Sache, wenn man ›eigentlich‹ gar nicht darüber redet? Liegen die ›eigentlichen‹ Schauplätze nicht immer woanders?

Im Vergleich zu *Bryant Park* und *Die Habenichtse* nimmt Hochgatterers Text eine Umschichtung des Archivs vor: Die Aspekte der Zeugenschaft, des Traumas und des Ereignisses werden an den Rand gedrängt. Und dennoch bleiben sie auch ein Ausgangspunkt für die Erzählung: Erinnert man sich daran, dass *Bryant Park* (und auch alle im Kontext des *Ereignisses* behandelten Texte) deutlich zum Ausdruck bringt, dass man angesichts der Anschläge nicht schweigen könne, dann spielt diese zeugenschaftstheoretische Überlegung auch bei Hochgatterer eine Rolle. Denn auch die noch so randständige Erwähnung der ›Sache‹ zielt darauf ab, die Erzählung mit eben dieser ›Sache‹ in Verbindung zu bringen und auf diese Weise deutlich zu machen, dass sie sich nicht ausblenden lässt – selbst wenn es um eine *Kurze Geschichte vom Fliegenfischen* geht. Hochgatterers Text schichtet das Archiv nun insofern um, als er Aspekte der Ereignishaftigkeit, des Traumas und der Zeugenschaft an den Rand drängt und den Aspekt der Literarizität des ›Terrors‹ in sein Zentrum rückt. Dass der Text den Terror ›beschweigt‹, ist daher nur *eine* Seite seines Verfahrens, die *andere* zeichnet sich aus durch eine hochgradig reflektierte Auseinandersetzung mit den literarischen Möglichkeiten, *Terror zu erzählen*. Und so wird *Eine kurze Geschichte vom Fliegenfischen* zu einem politischen Buch. Seine Verfahrensweise, der ich in diesem Kapitel detailliert nachgehen werde, konfrontiert sowohl die Figuren als auch den Leser permanent mit der Frage: Worum geht es hier *eigentlich*? Was wird hier *in Wahrheit* zum Ausdruck gebracht?[6] Fragen, ohne die das Phänomen Terror nicht funktionieren könnte: Wofür stehen die Anschläge *eigentlich*? Was wollen die Terroristen mit ihrer Tat *eigentlich* zum Ausdruck bringen? Auf wen zielen die Anschläge *eigentlich*? Hochgatterer übersetzt diese Fragen in seine Poetik und findet damit einen Weg, die Anschläge vom 11. September 2001 zu verhandeln, ohne sich in extrem konflikthafte weltanschauliche Auseinandersetzungen zu begeben.

Das ist eine überaus kluge literarische Strategie. Denn folgt man Volker Mergenthalers überzeugender Argumentation, dann befand sich die Literatur nach ›9/11‹ in einem regelrechten Dilemma: Literarische Texte waren in der Folge der Anschläge seitens der Literaturkritik implizit und explizit dazu aufgefordert, unmissverständlich Stellung zu beziehen, zugleich war ihnen aber, so Mergenthaler, bei dieser Stellungnahme jegliche »ästhetische Souveränitätsgeste« verboten gewesen.

> Im Zusammenspiel bildeten diese zum ersten Jahrestag der Anschläge noch einmal bekräftigten Regeln ein veritables Dilemma: Wer sich zur Sache nicht äußerte, machte sich der Indifferenz verdächtig, und wer sich äußerte, hatte die Wahl: entweder regelkonform auf Kosten der Literarizität oder aber regelwidrig unter Wahrung des Literarizitätsanspruchs zu schreiben.[7]

Hochgatterers Erzählung gelinge es nun, diesen Anforderungen trickreich zu begegnen, indem sie die Relation von Literatur und ›9/11‹ verhandle, und nicht den ›Terror‹ selbst – nicht zuletzt durch eine Reihe intertextueller Bezüge zu anderen Büchern und Filmen. An Mergenthalers These, der zufolge Hochgatteres Text seinen »Darstellungs- und Reflexionsmodus weg von der ›Sache mit dem World Trade Center‹ hin zum Problem des literarischen Umgangs mit ihr«[8] verschiebe, schließt die vorliegende Lektüre an, erweitert sie zugleich aber auch: Denn gerade über die Verschiebung auf den literarischen Umgang mit der ›Sache‹, so möchte ich argumentieren, entwickelt die Erzählung einen kulturtheoretisch fundierten Blick auf das Phänomen des ›Terrors‹, der den Akt der *Lektüre des Anderen* in seinen Fokus rückt. ›Terror‹ wird bei Hochgatterer zu einer Allegorie des Lesens und der erste Satz spielt dabei eine zentrale Rolle. Denn dieser erste Satz wirft die Frage nach dem Verhältnis von literarischem Text und seinem (historischen, kulturellen, diskursiven) Kontext auf.

---

6 Die Vermutung, worum es beim Gesagten »in Wahrheit« (F, 83) gehe, durchzieht die gesamte Rede der Figuren.

7 Mergenthaler: »Bitte keine Politik«, a.a.O., S. 189.

8 Mergenthaler: »Bitte keine Politik«, a.a.O, S. 201.

Insbesondere die Formulierung von der ›Sache mit dem World Trade Center‹ hat eine Vielzahl an Effekten für den Text. Die Formulierung provoziert eine Lesart, die den Text als eine Allegorie auf die Anschläge vom 11. September 2001 begreift. Im zweiten Abschnitt dieses Kapitels wird gezeigt, *wie* der Text dieses Lektüreangebot durch eine Poetik der Verdichtung lanciert. Im Gegenzug etabliert der Text jedoch ein Feld der unsicheren Lektüre, auf dem das Allegorisierungsangebot permanent unterlaufen bzw. wieder zurückgezogen wird. Daher werde ich im dritten Abschnitt diese zur *Verdichtung* komplementäre Verfahrensweise herausarbeiten, die ich als *Poetik der Verschiebung* bezeichnen möchte.[9] Sie stellt an entscheidender Stelle eine Radikalisierung der literarischen Rede über Terror dar, weil sie die Gewaltsamkeit metonymisch in die (literarische) Rede einschreibt – Terror wird ein konstitutives Merkmal des Sprechens und des Lesens. Und genau darin liegt die Radikalisierung, die Hochgatterers Text vornimmt: Terror ist ein Akt des Sprechens und Lesens, in dem die Positionen von Sprecher und Leser, die Positionen von ›Terrorist‹ und ›Angegriffenen‹ strukturell analogen Lektüremodi folgen – und damit austauschbar werden.

9 Der systematische Hintergrund von Verdichtung und Verschiebung liegt bei Sigmund Freud und den sprach- und zeichentheoretischen Anschlüssen unter (post-) strukturalistischen Vorzeichen. Freud skizziert in der *Traumdeutung* die Mechanismen der Verdichtung und der Verschiebung als konstitutiv für das Unbewusste und insbesondere die Verschiebung als den psychischen Vorgang der ›Zensur‹ von Trauminhalten. Vgl.: Sigmund Freud: Die Traumdeutung. In: Ders: Studienausgabe, Band II, hg. von Alexander Mitscherlich u.a. Frankfurt am Main: Fischer 1982, S. 282 ff. Die Prozesse der *Verdichtung* und *Verschiebung* lassen sich zeichentheoretisch mit der Metapher/Verdichtung und der Metonymie/Verschiebung verknüpfen, die Prozesse des Unbewussten somit in die Funktionsweisen der Sprache wenden. Roman Jakobson sieht das Prinzip der Verdichtung/Metapher in der paradigmatischen Struktur der Sprache, das Prinzip der Verschiebung/Metonymie in der syntagmatischen Struktur der Sprache, also in der Wort-für-Wort-Verkettung.; Jakobson: Linguistik und Poetik, a.a.O.; Gerda Pagel: Jacques Lacan zur Einführung. Hamburg: Junius 2012; zu den Anknüpfungspunkten zwischen Jakobson und Lacan: Rolf Nemitz: Metapher und Metonymie. Jakobson über Freud und wie Lacan daran anschließt. Abrufbar unter: http://lacan-entziffern.de/metapher/roman-jakobson-ueber-den-traum-psychoanalyse-metapher/, zuletzt abgerufen am 9. Februar 2016.

5.2 ›Terror‹ – Lesen. Poetik der Verdichtung

5.2.1 Die Lust am Text

Wenn in einem literarischen Text im ersten Satz von einer ›Sache mit dem World Trade Center‹ die Rede ist, wenn dieser Text dann auch noch das Wort ›Fliegenfischen‹ in seinem Titel führt, dann verleitet diese Kookkurrenz geradezu zwangsläufig dazu, dieses Buch als eine Allegorie auf die Anschläge vom 11. September 2001 zu lesen. Der Text, so könnte man sagen, übersetzt das *Thema* Fliegen/Flugzeugentführung in das Feld des Fischens.[10] Hieße der Text *Eine kurze Geschichte des Angelns* wäre die Übertragung von einem Feld in das andere so nicht lesbar, zumindest nicht so plausibel. Aber der Titel verwendet eben das Wort *Fliegenfischen* und verleiht dem Deutungsangebot ›Allegorie auf 9/11‹ einige Attraktivität, bringt er doch die Bedeutungsfelder ›Fliegen‹ und ›Fischen‹ zusammen.

Eine kurze Geschichte vom Fliegenfischen rechnet den Leser bzw. den Akt des Lesens von vornherein mit ein, man kann in Anlehnung an das Fliegenfischen, um das es ja ›eigentlich‹ in dem Text geht, auch sagen, dass der Text gleich im ersten Satz seinen Köder auswirft und dass an diesen Köder schon anbeißt, wer sich denkt: Hier geht es um den 11. September 2001.

Und genau mit diesem Beißreflex des Lesers rechnet der Text. Angeln, so wird einem im Verlauf von Hochgatterers Text deutlich gemacht, ist ein Spiel auf der Grenze von Leben und Tod. Und zugleich ist es eine Angelegenheit, die sich offenbar hervorragend für eine Reflexion der Kulturtechniken des Erzählens und des Lesens eignet. Daher soll hier als erstes ein genauerer Blick auf das wichtigste Utensil der Angler geworfen werden: den Köder.

Man kann Köder nicht nur kaufen, sondern auch in Eigenregie basteln. Wer es mit dem Fliegenfischen ernst meint, daran lassen die Protagonisten der Erzählung keinen Zweifel, bindet die Köder selbst. Und so hat Julian für den Ausflug spezielle Köder hergestellt: »Ich frage Julian, wie lange er an den Dingern gebunden hat. Er freut sich und erzählt allerhand, von Antron-Dubbing, diesem feinfasrigen Basismaterial, und von Wickelblei-Streifen, auf die es besonders

10 Wenn sich dann der Erzähler auch noch als ein »Abbildungsneurotiker ohne Kamera« (F, 106) beschreibt und damit den Medienwechsel vom Bild zum Text zum Programm erhebt, liegt es nahe, neben der thematischen Verschiebung auch eine spezifische Reflexion des Mediums Sprache/Text zu erwarten. Darauf werde ich im weiteren Verlauf des Kapitels zurückkommen.

ankomme.« (F, 33) Das Binden der Köder – die hier als ›Dinger‹ bezeichnet werden und damit an die in dem Text zur Verhandlung stehende ›Sache‹ erinnern – bereitet offenbar nur halb so viel Freude, wenn man nicht auch allerhand darüber erzählen könnte. Auf den sich aufdrängenden Bezug zwischen dem Erzählen und der Metaphorik der Fäden, aus denen ein Text gewoben wird, weist Hochgatterers Text recht deutlich hin, indem er einen Namen fallen lässt, der zumindest für Literaturwissenschaftler wiederum der perfekte Köder ist: Auch wenn sich der Ich-Erzähler nicht vorstellen kann, »dass Roland Barthes irgendwas zum Fliegenfischen gesagt hat« (F, 103) – zum Angeln hat er etwas gesagt: »Den Leser muß ich erst suchen (ich muß ihn mir ›angeln‹), ohne daß ich weiß, wo er ist. Ein Raum der Wollust wird geschaffen.«[11] Den Leser zu *angeln* eröffnet demnach einen Raum der Wollust. Und mit der Wollust ist ein spezifisches semiologisches Textverständnis und ein daraus abgeleitetes Lektüremodell verbunden, wie Christian Metz herausarbeitet: »Der Text der Wollust befriedigt [...] die im Leser geweckten Erwartungen nicht. Er verweigert sich dem Kreisschluss und löst den Mangel des Lesers nicht in Harmonie auf. Vielmehr betont er die krisenhafte Praxis der Lektüre.«[12] Der Text der Lust, so Metz, lege es darauf an, dass der Leser in dieser Situation vor Lust vergehe: »Diese Strategie löst sich aber nur ein, wenn ein Text [...] zugleich immer wieder den Impuls enthält, Bedeutung zu konstituieren. Sonst vergeht nicht der Leser vor Lust, sondern dem Leser vergeht die Lust.«[13]

Die drei angelnden Freunde scheinen auch tatsächlich genau dieses wollüstige Moment am Angeln im Sinn zu haben, wenn sie am Ufer stehen. Das wollüstige Moment am Angeln besteht gerade darin, dem Fisch/Leser ein ums andere Mal einen Köder vorzuhalten, der endlich seine Lust befriedigen könnte, ihm diese Befriedigung aber eben auch immer wieder zu verweigern. Es ist ein Spiel, das sie mit den Fischen spielen, wenn auch ein gewaltsam strukturiertes. Der Reiz des Angelns besteht für die drei Protagonisten darin, dieses Spiel in die Länge zu ziehen. Schnappt der Fisch zu, ist das Spiel beendet, der Fisch ist überlistet und wird Opfer seines Verlangens nach Eindeutigkeit. Das ›terroristische‹ Potential des Spiels realisiert sich.

Der Raum der Wollust ist überaus gewaltsam strukturiert, und zwar in zweierlei Hinsicht: erstens, weil er darauf abzielt, Sinnzusammenhänge zu (zer-)stören; zweitens, weil er über das ›terroristische‹ Potential verfügt, den Anderen zum Anbeißen zu verleiten – mit tödlichen Folgen.

---

11 Roland Barthes: Die Lust am Text. Frankfurt am Main: Suhrkamp 1974, S. 10.

12 Christian Metz: Die Narratologie der Liebe. Achim von Arnims *Gräfin Dolores*. Berlin/Boston: de Gruyter 2012, S. 45.

13 Metz: Narratologie der Liebe, a.a.O., S. 45.

Hintergrund dieser Wollust am Lesen ist Barthes' Textbegriff, der in Hochgatterers Erzählung ebenfalls über das Erzählen von der Herstellung der Köder aufgerufen wird:

> Text heißt Gewebe, aber während man dieses Gewebe bisher immer als Produkt, einen fertigen Schleier aufgefaßt hat, hinter dem sich, mehr oder weniger verborgen, der Sinn (die Wahrheit) aufhält, betonen wir jetzt bei dem Gewebe die generative Vorstellung, daß der Text durch ein ständiges Flechten entsteht und sich selbst bearbeitet [...].[14]

Das Besondere an Barthes' prägnant formuliertem Textbegriff ist die Vorstellung vom Text als eines *generativen Gewebes*, das sich ständig verändert – Barthes richtet den Blick »weg vom fertigen Produkt hin zum Prozess«[15]. Der Sinn, so schreibt Barthes, ist nicht mehr ›hinter‹ dem fertigen Schleier zu suchen, sondern in der Dynamik des Textes.

Auf Hochgatterers Text bezogen, erhellen diese texttheoretischen Überlegungen, dass die ›Sache mit dem World Trade Center‹ nicht fertig vorliegt, sondern sich erst im Akt des Lesens konstituiert. Dem Text geht es folglich darum, den Prozess, der die ›Sache‹ hervorbringt, auszustellen bzw. lesbar zu machen. Und dieser Akt des Lesens muss aufgrund der eben beschriebenen gewaltsamen Struktur des wollüstigen Textes damit rechnen, dass sich die Sache erstens ständig wieder entzieht oder dass sie, zweitens, ein tödliches Missverständnis provoziert. Insofern sich im Akt des Lesens Sinn und Bedeutung erst konstituieren, wird das Lesen zu einem permanenten Akt des Schreibens, die Instanzen von Schreiber und Leser fallen zusammen.

Die Anspielung auf die Anschläge vom 11. September fungieren als ein Köder der Lektüre. Weil das Deutungsangebot ›Terror‹ überhaupt nur über das Prinzip des Köders/Köderns nahegelegt wird, verbindet der Text den Akt der Lektüre mit dem Phänomen des ›Terrors‹. Davon ausgehend etabliert die Erzählung ein Textverfahren des Köderns als ›Terror‹, in dem auf mehreren Ebenen eine Strukturanalogie zu erkennen ist: zwischen Leser und Textinstanz, zwischen Angler und Fisch, zwischen den Figuren untereinander und schließlich auch zwischen einem Einzeltext und einem *Grand récit*. Alle diese strukturanalogen Positionen zeichnen sich dadurch aus, dass sie sich wechselseitig mit dem Spiel von Sinnsetzung und Sinnentzug zu ködern versuchen, mit anderen Worten: sich im Akt der Lektüre des Anderen stets gegenseitig ›terrorisieren‹.

Auf das Phänomen des ›Terrors‹ gewendet, hat dies eine beunruhigende Konsequenz, weil sich das Verhältnis von ›Terroristen‹ und ›Terrorisierten‹

---

14 Roland Barthes: Die Lust am Text, a.a.O., S. 94.

15 Metz: Narratologie der Liebe, a.a.O., S. 29.

grundlegend verändert – auch diese Instanzen fallen zusammen: ›Terror‹ ist als Potential in der wollüstigen (und damit immer gewaltsamen) Dynamik von Sinnsetzung und Sinnentzug, in der Dynamik von schreibendem Lesen und lesendem Schreiben, angelegt – dieses ›terroristische‹ Potential realisiert sich, wenn das Spiel von Sinnsetzung und Sinnentzug stillgestellt und auf eindeutige Bedeutung festgelegt wird. ›Terror‹ ›ereignet‹ sich somit in der wechselseitigen Lektüre des Anderen.[16]

5.2.2 Die Sache mit dem World Trade Center

Daher sollte man probehalber an den Köder anbeißen, den der Text auswirft. Man *muss* sogar an den Köder anbeißen, um herauszufinden, worum es dem Text geht. Es ist ja der enorme Vorteil eines textuellen Köders, dass er keine körperlichen Verletzungen erzeugen kann. Es eröffnet sich dann ein großes Feld an Deutungsmöglichkeiten für die ›Sache mit dem World Trade Center‹.

Erstens legt die Formulierung, wie oben schon angedeutet, eine auffällige Distanziertheit zum Geschehen nahe. ›Die Sache mit dem World Trade Center‹, das klingt zunächst einmal wunderbar abgeklärt. Man weiß schon, wovon die Rede ist, wenn jemand von der ›Sache mit dem World Trade Center‹ spricht: Flugzeuge, Terroristen, Anschläge, einstürzende Hochhäuser, überwältigende Bilder, tausende von Toten, New York City, ›Nichts wird mehr so sein wie zuvor‹. Wer eine solche Formulierung verwendet, beteiligt sich nicht an den überdrehten, affektgeladenen politischen Reaktionen, die mit ›9/11‹ verbunden waren. ›9/11‹ wird *versachlicht*, es wird – und das ist von ungemeiner Wichtigkeit – so sehr versachlicht, dass es zur völlig unkonkreten Anspielung wird, bei der letztlich nicht einmal mehr klar ist, worum es bei der ›Sache‹ eigentlich geht: Nirgends geht aus Hochgatterers Text explizit hervor, dass die Handlung am 11. September 2001 angesiedelt ist, nirgends wird erläutert, dass mit der ›Sache mit dem World Trade Center‹ die Anschläge des 11. September gemeint sind. Die Dynamik von Sinnsetzung und Sinnentzug wird mit der lapidaren Formulierung von der ›Sache mit dem World Trade Center‹ mustergültig in Szene gesetzt.

Und dennoch wird man als Leser im weiteren Verlauf der Erzählung den Eindruck nicht los, dass es permanent um den Terror des 11. September geht, ständig wittert man hier und dort Anspielungen auf die Anschläge, weil der Text

16 Dies lässt sich auch an die systemtheoretischen Überlegungen von Peter Fuchs anschließen, die ja gerade darauf beharren, dass von ›Terror‹ erst gesprochen werden kann, wenn es eine kommunikative Eskalation gibt, wenn es also permanente kommunikative Anschlüsse gibt. Die Tat selbst ist demnach ja kein Terror. Fuchs: Das System Terror, a.a.O.

permanent neue Köder auswirft. Wenn sich beispielsweise auf der Fahrt zum Angeln ein »schmaler blassgelber Streifen [...] schräg über den Himmel« (F, 17) zieht, wenn banale Dinge »zwangsläufig zu einer Katastrophe« (F, 67) führen, wenn davon die Rede ist, dass »die Psychoanalytiker [...] mit ihrem Konzept vom Unbewussten [recht] haben und [man] manchmal [...] selbst Vorstellungen [hat], die man auf der Stelle löschen möchte« (F, 62 f.) und spätestens dann natürlich, wenn just am Nachmittag des erzählten Tages, zu der Tageszeit also, zu der man in Europa von den Anschlägen in den USA erfuhr, der Ausflug der drei Freunde gewaltsam eskaliert. Ist die Geschichte vom Fliegenfischen also *eigentlich* eine Geschichte vom 11. September?

Der Signifikant ›Sache‹ ist der erste, nahezu perfekt geknüpfte Köder, den der fliegenfischende Ich-Erzähler auswirft: Die ›Sache mit dem World Trade Center‹ sieht ›9/11‹ zum Verwechseln ähnlich, ist aber eben nicht ›9/11‹. Und damit ist ein weiterer Berührungspunkt von Fliegenfischen und ›Terror‹ benannt. An diesem Berührungspunkt wird die entscheidende Verschiebung sichtbar, die Hochgatterers Textverfahren vornimmt. Es spielt Terror nicht über eine klare Referenzierung ein (bspw. die explizite Erwähnung des Datums), sondern über eine eigentlich recht vage Anspielung, einen Signifikanten, der erst im Akt der Lektüre mit dem Signifikat ›9/11‹ verknüpft wird.

Die ›Sache‹ ist nicht ›9/11‹, wir wissen nicht, ob es sich dabei um den ›Terror‹ handelt oder irgendeine x-beliebige Begebenheit im Zusammenhang mit dem World Trade Center. Das Spezifikum von Hochgatterers Textverfahren liegt darin, dass es die Unlesbarkeit des Terrors nach allen Regeln der Kunst lesbar macht: als die unlesbare Leerstelle seines Textes.

5.2.3 Die Sache der Aufklärung

Im Zusammenhang mit dem politischen Diskurs nach ›9/11‹ wird noch eine weitere, anders gelagerte Bedeutungsebene der ›Sache‹ signifikant. Im Deutschen Wörterbuch heißt es dazu: »die älteste bedeutung des wortes wird seiner etymologischen verwandtschaft gemäsz 'streitigkeit, zwist' sein.«[17] Der Weg eines solchen Streits führt dementsprechend vor Gericht, wo sich die Sache als *Verhandlungssache* zwischen den streitenden Parteien herausstellt: »so werden aus einer sache durch die verschiedene auffassung der parteien zwei sachen«.[18] Die ›Sa-

17 Deutsches Wörterbuch von Jacob Grimm und Wilhelm Grimm: SACHE. Abrufbar unter: http://woerterbuchnetz.de/DWB/?sigle=DWB&mode=Vernetzung&lemid=GS00203#XGS00203, zuletzt abgerufen am 10. Dezember 2015).

18 Deutsches Wörterbuch: Eintrag SACHE, a.a.O.

che‹ wird als Streit-Sache demnach in der Rede vor Gericht erörtert, diskutiert, erstritten.

Die ›Sache‹ bezeichnet daher keinen klar umrissenen Gegenstand oder eine klar vor Augen liegende Begebenheit, sondern sie konstituiert sich in der Verhandlung. Auch wenn Hochgatterers Text die ›Sache‹ nicht im juristischen Sinne vor Gericht bringt, so macht er durch das strategische Aussparen eines jeden Hinweises auf das *konkrete Datum* 11.9.2001 implizit deutlich, dass der Text die Verbindung von ›Sache mit dem World Trade Center‹ und ›9/11‹ zur Verhandlung bringt – so kommt *Eine kurze Geschichte vom Fliegenfischen* auf einer reflexiven Ebene ›zur Sache‹. Der Text schreibt sich auf diese Weise in eine aufklärerische Systematik ein.

> Die Sache der Aufklärung realisiert sich genuin als Streitsache [...]. Denn an den tradierten Ordnungen des Lebens, Wissens und Glaubens hat sie kein Genügen. Indem die Aufklärung das Gegebene nicht als selbstverständlich hinnimmt, sondern als begründungsbedürftig auffasst, wird auch ihre eigene Sache verhandelbar.[19]

Und in einer solcherart gelagerten Verhandlung steht nicht nur ein »Urteil über die jeweilige Streitsache« aus, sondern es wird ebenso »die Regel zur Diskussion« gestellt, in der über die Sache gesprochen und im Rahmen derer die Sache konstituiert und beurteilt wird.[20] Dass sich Hochgatterers Textverfahren in eine aufklärerische Systematik einklinkt, ist nicht nur textimmanent von Bedeutung, sondern auch im Hinblick auf den politischen Diskurs nach ›9/11‹. In diesem Diskurs nimmt der Topos der Aufklärung den Status eines *grand récit* an, in dem ›ihre eigene Sache‹ nicht mehr zur Verhandlung steht. Die Aufklärung firmiert darin als die unhintergehbare philosophische und ethisch-moralische Basis des ›Westens‹ und wird zur Legitimation von militärischen Interventionen in angeblich voraufklärerischen, islamisch-fundamentalistischen Regionen herangezogen. Hochgatterers Text nimmt diesen Topos in sein Textverfahren auf, dekonstruiert den *grand récit* allerdings, indem er dessen Funktionsweisen offenlegt: Dem Text geht es in einem aufklärerischen Sinne darum, lesbar zu machen, wie sich die ›Sache‹ des Terrors konstituiert und wie von dieser ›Sache‹ gesprochen bzw. erzählt wird.

---

19 Frauke Berndt / Daniel Fulda: Praxis und Programm – Die doppelte Aufklärung. In: Dies. (Hg.): Die Sachen der Aufklärung. Beiträge zur DGEJ-Jahrestagung 2010 in Halle a. d. Saale. Hamburg: Felix Meiner Verlag 2012, S. XIII-XXVI, hier: S. XXII.

20 Beide Zitate: Berndt / Fulda: Praxis und Programm, a.a.O., S. XXII.

5.2.4 Geschichte erzählen

Im Anschluss an dieses dekonstruktivistische Verfahren lässt sich eine weitere Facette der Formulierung benennen: Die Erzählung reflektiert auf diese Art und Weise, wie *(Zeit-)Geschichte erzählt wird*, sie ist eine Kritik der Historiografie des 11. September 2001. Der Ich-Erzähler erzählt *rückblickend* von dem Angelausflug: Während des Ausflugs haben die drei Freunde von dem ›Ereignis‹ nichts mitbekommen – es gibt kein Live-Erleben der Anschläge vor dem Fernseher. Der Ich-Erzähler blickt im Wissen um diese ›Sache‹ und notwendigerweise auch im Wissen um die Zäsur-Diskurse nach den Anschlägen auf den Ausflug zurück – während die drei Freunde ihrem Hobby nachgehen, stürzt in New York das World Trade Center ein. Sie bekommen davon nichts mit, es hat keinerlei Auswirkungen auf ihren Tagesablauf und so ist es nur konsequent, dass die *histoire* fortan auch nicht mehr von der ›Sache mit dem World Trade Center‹ berichtet. An diesem Tag, so eine mögliche Lesart dieser erzählten Geschichte, ist noch etwas anderes geschehen als die Anschläge in den USA, und zwar etwas, das von den Anschlägen unberührt bleibt. Und man kann auch von diesem Geschehen erzählen, ohne alles auf ›9/11‹ auszurichten, die Souveränität der Erzählhaltung wird durch den nebensächlichen Hinweis auf die Anschläge ostentativ ausgestellt. Der Ich-Erzähler erzählt im Sinne Benjamins, »ohne große und kleine [Ereignisse] zu unterscheiden.«[21] Diese Erzählhaltung schlägt sich unmittelbar in der grammatikalischen Struktur nieder. Indem die Sache und Julians Sturz durch die beiordnende Konjunktion ›weder noch‹ miteinander verknüpft werden, wird ihre Gleichrangigkeit zum Ausdruck gebracht.

Hochgatterers Text setzt somit eine kleine Erzählung gegen den *grand récit*, der eine Geschichte, in der das World Trade Center erwähnt wird, nur noch als ›9/11‹ lesen kann. Sie setzt das abgelegene Alpental gegen die ungemeine Relevanz dessen, was sich in der »heimlichen Hauptstadt der Welt«[22] ereignet, und interveniert auf diese Weise gegen die Dominanz des 9/11-Diskurses: Nur weil sich in dieser heimlichen Hauptstadt schreckliche Dinge ereignen, müssen diese noch lange nichts mit einem Angelausflug in ein österreichisches Alpental zu tun haben. *Eine kurze Geschichte vom Fliegenfischen* verweigert sich dem mit der Formel des *Alles ist anders* verknüpften Imperativ, den Ausflug zum Fliegenfischen in dieses ›Alles‹ mit einzubeziehen – die Erzählung reklamiert für sich das Recht, auch nach ›9/11‹ über diesen Tag zu sprechen, als hätte es ›9/11‹ nicht gegeben. Auch im Rückblick auf den Angelausflug vom 11. September muss

21 Benjamin: Über den Begriff der Geschichte, a.a.O., S. 694.

22 Michael Butter / Birte Christ / Patrick Keller: Einleitung. In: dies. (Hg.): 9/11, a.a.O., S. 7-12, hier: S. 7.

man nicht dauernd auf die Anschläge zu sprechen kommen, auch im Rückblick besteht der 11. September 2001 nicht aus ›9/11‹, sondern aus Gesprächen über die besten Zubereitungsmethoden für Forellen, die Qualität von Angelausrüstungen, Anekdoten vom Arbeitsplatz, aus Männerphantasien und Fachsimpelei über das Binden von Ködern. Und als ginge es darum, ›9/11‹ in seiner Bedeutung noch weiter zu relativieren, wird im ersten Satz erläutert, was sich an diesem Tag – neben der ›Sache mit dem World Trade Center‹ – noch ereignete: Julian fiel in den Bärenklau und dann in den Fluss. (F, 9) Das World Trade Center stürzt ein und ein Freund fällt in den Fluss, diese Engführung erinnert an den berühmten Tagebucheintrag Franz Kafkas zu Beginn des Ersten Weltkriegs: »Deutschland hat Rußland den Krieg erklärt. – Nachmittag Schwimmschule.«[23]

Aus semiotischer Perspektive manövriert sich die Erzählung dadurch jedoch in eine paradoxe Situation: Sie erzählte nur dann, was ›damals, dort‹ geschah, wenn sie tatsächlich keinen noch so vagen Hinweis auf ›die Sache mit dem World Trade Center‹ streute, wenn sie sich im proleptischen ersten Satz darauf beschränkte, auf Julians Sturz in den Fluss vorauszudeuten.[24]

Dieses Spannungsverhältnis lässt sich auch kultursemiotisch beschreiben. In einer zeichenhaft organisierten Kultur ist es nicht möglich, ein Zeichen zu löschen, indem man es verwendet. So schreibt Umberto Eco: »Every expression determined by a semiotic sign function sets into play a mental response as soon as it is produced, thus making it impossible to use an expression to make its own content disappear«.[25] Insofern hallt das *forget it*, mit dem Eco der Möglichkeit einer *ars oblivionalis*, also der Möglichkeit eines zeichenhaft formulierten Vergessens bzw. einer zeichenhaften Nichtthematisierung, eine Absage erteilt, durch die gesamte Erzählung.[26] Der *discours* infiziert auf diese Weise die gesamte Erzählung mit Terror, indem er zu Beginn die ›Sache mit dem World Trade Center‹ einstreut und damit ein Spiel in Gang setzt, das aus einer semiotischen Perspektive nicht mehr zu stoppen ist – die ›Sache mit dem World Trade Center‹ schiebt sich ab dem ersten Satz durch die Erzählung und ›terrorisiert‹ sie, indem sie ihr ›9/11‹ förmlich einschreibt. Ganz im Gegenteil zur Versachlichung wird

23 Franz Kafka: Tagebücher, hg. von Hans-Gerd Koch/Michael Müller/Malcolm Pasley. Frankfurt am Main: Fischer 2002, S. 543.

24 Vgl. dazu auch Mergenthaler: »Bitte keine Politik«, a.a.O., S. 192.

25 Umberto Eco: An Ars Oblivionalis? Forget it. In: *PMLA* 103 (1988), S. 254-261, hier: S. 259.

26 Vgl. dazu auch: Renate Lachmann: »Die Unlöschbarkeit der Zeichen. Das semiotische Unglück des Mnemonisten.« In: Anselm Haverkamp/dies. (Hg.): Gedächtniskunst: Raum – Bild – Schrift. Studien zur Mnemotechnik. Frankfurt am Main: Suhrkamp 1991, S. 111-141.

die Sprache hier erkennbar als ein Medium, das das Bedrohliche nicht auf Distanz halten kann.[27]

Dass der Text die lapidare Formulierung von der ›Sache mit dem World Trade Center‹ einspielt, erzeugt einen weit reichenden Effekt: Er schaltet die Erzählung um, von Fliegenfischen auf Terror. Gerade in dem Moment, in dem die *histoire* mit ›hat nichts mit 9/11 zu tun‹ markiert werden soll, tritt sie über den Erzähldiskurs semiotisch mit ›9/11‹ in Kontakt. *Ausblenden* (wie es die *histoire* nahelegt) lässt sich die ›Sache mit dem WTC‹ nicht mehr, wenn man nach dem 11. September 2001 das World Trade Center erwähnt. Dem Text ist also die diskursive Macht des Zeichens ›9/11‹ und damit der kulturelle Kontext von Hochgatterers Erzählung von Anfang an eingeschrieben. Der Erzähldiskurs durchkreuzt auf ganzer Linie das eben skizzierte Anliegen der *histoire* – der Ausflug zum Fliegenfischen und ›die Sache mit dem WTC‹ treten in Kontakt zueinander.

5.2.5 Literarizität

Der Text wirft damit auch die Frage nach dem Verhältnis von außertextlicher Realität und Sprache bzw. Literatur auf. Dass er in einer Beziehung zum kulturellen Kontext steht, ist bereits deutlich geworden – ohne diesen Kontext ließe sich die Formulierung von der ›Sache mit dem World Trade Center‹ nur schwerlich als Anspielung auf die Anschläge verstehen. Der Text wirft die Frage aber noch auf einer anderen, womöglich sogar grundsätzlicheren Ebene auf.

Der Erzählung ist auf paratextueller Ebene eine Widmung vorangestellt: »Für Stefan und Christian, die damals mit mir dort waren.« (F, 5) Kommt eine Sache als Streit- und Verhandlungssache zur Sprache, dann rücken damit immer auch Aspekte der Zeugenschaft und der Beglaubigung in den Blick: Kommt eine Sache beispielsweise vor Gericht, dann geht es darum, den Sachverhalt/Geschehenszusammenhang genau zu rekonstruieren, wobei Berichte von Augenzeugen, die ›damals dort waren‹ einen zentralen Stellenwert haben – dabei geht es, wenn das Gesehene im Medium der *Aussage* schon nicht mimetisch abgebildet werden kann, doch wenigstens um die Kohärenz, Glaubhaftigkeit, Unparteilichkeit und Widerspruchsfreiheit des Erzählten und erfordert vom Redner eine Form des Auftretens, die keinen Zweifel an dessen Glaubhaftigkeit und In-

27 In einem anderen Zusammenhang beschreibt Klaus Theweleit ein ähnliches Phänomen mit dem Begriff der »Infektionssprache«. Diese Beschreibung ist auch für das Textverfahren von Hochgatterers Erzählung durchaus zutreffend. Vgl. Theweleit: Der Knall, a.a.O., S. 74 ff.

tegrität aufkommen lässt.[28] Der Ich-Erzähler scheint dafür bestens geeignet zu sein, beschreibt er sich selbst doch als einen »Abbildungsneurotiker ohne Kamera« (F, 106), also als vermeintlich interesseloses Aufzeichnungsmedium. Mangels Kamera wählt dieser Abbildungsneurotiker als Medium der ›Abbildung‹ die Sprache. In diesem Zusammenhang könnte man die Widmung des Textes als eine Geste der Beglaubigung begreifen – es waren noch andere Zeugen ›damals dort‹.

Die Widmung vollzieht nun aber das genaue Gegenteil von Beglaubigung, fällt doch sofort auf, dass die Namen der mit der Widmung Adressierten nicht mit den Namen der Protagonisten übereinstimmen. Statt der zunächst implizierten beglaubigten Rede macht sich die Erzählung in gewisser Weise wenn nicht unglaubwürdig, so doch unverständlich: Sie adressiert erklärtermaßen Stefan und Christian, nur sie werden vielleicht verstehen können, worum es genau geht. Sie verweist damit auf den wie die *Gabe* strukturierten Vertrauensvorschuss, der in jedem Akt des Bezeugens liegt, macht aber zugleich deutlich, dass man ihr diesen Vertrauensvorschuss besser nicht zukommen lassen sollte.[29]

Der Text, der »für« sie gedacht ist, ist uns sozusagen in die Hände gefallen, und wir dürfen nun versuchen, ihn zu verstehen – so, wie auch Stefan und Christian ihn erst einmal entschlüsseln müssen, geht es in der Erzählung ja eben nicht namentlich um sie, sondern um Julian und Robert. Damit befinden wir uns aber auf unsicherem Terrain, denn *bezeugen, wie es »damals [...] dort« war*, könnten nur die, die dabei waren.[30] Das Verfahren der Verunsicherung steht der Beglau-

28 Vgl. dazu: Sibylle Krämer: Medium, Bote, Übertragung. Kleine Metaphysik der Medialität. Frankfurt am Main: Suhrkamp 2008; Aleida Assmann: Vier Grundtypen von Zeugenschaft. In: Michael Elm / Gottfried Kössler (Hg.): Zeugenschaft des Holocaust. Zwischen Trauma, Tradierung und Ermittlung. Frankfurt am Main / New York: Campus 2007.

29 Vgl. zum Vertrauensvorschuss im Konzept der Zeugenschaft: Sibylle Krämer: Vertrauen schenken. Über Ambivalenzen der Zeugenschaft. In: Dies. / Sibylle Schmidt / Ramon Voges (Hg.): Politik der Zeugenschaft. Kritik einer Wissenspraxis. Bielefeld: transcript 2011, S. 117-139.

30 Diese Strategie auf der Ebene des Paratextes setzt die Erzählung in dem vorangestellten Zitat aus Colum McCanns Roman *Gesang der Kojoten* fort: Sowohl der Name des Autors ist falsch geschrieben (Column statt Colum) und auch das Zitat findet sich in dieser Form nicht in dem Roman wieder. In der bei Hochgatterer herangezogenen deutschen Übersetzung heißt es: »Er streckte die Arme aus. ›So groß, das Scheißding.‹ [...] ›Ich sage dir, so groß, das Scheißding‹. Er breitete wieder die Arme aus, ein Meter Länge zwischen den Leberflecken.« (Colum McCann: Gesang der Kojoten, 2. Auflage. Reinbek bei Hamburg: Rowohlt 2003, S. 25 f.) Bei Hochgatterer lautet das Zitat:

bigung indes diametral entgegen. Die Referentialisierbarkeit des Erzählten steht somit grundsätzlich in Frage: Ob die Protagonisten der Erzählung (Julian, der Ire und der Mesmer genannte Ich-Erzähler) mit Christian und Stefan (und wem eigentlich, Paulus Hochgatterer?) identisch sind, ist ebenso wenig klar wie der Umstand, ob die in der Widmung adressierten Freunde das Erzählte verstehen könnten. Im Kontext des um Aufklärung bemühten Sprechens bleibt grundsätzlich ungewiss, ob die Sprache die Sache ›abbildet‹, ob die Sprache die Sache trifft. Aber darum geht es dem Ich-Erzähler auch nicht. Als er von einem Streit mit seiner Frau berichtet, klärt er über sein Verständnis des Verhältnisses von Realität und Sprache auf: die Realität werde von »den Buben mit den Fadenspulen« (F, 80) gemacht – dass die Fadenspulen hier auch als Metapher für das Erzählen verstanden werden können, ist offensichtlich. Das Spannungsfeld, das Hochgatterers Textverfahren erzeugt, besteht darin, dass mit der ›Sache mit dem World Trade Center‹ einerseits die außertextliche Referenzierung nahegelegt, zugleich aber die ›Sache‹ kategorisch als eine Sache des Textes markiert wird.

5.2.6 Die Sache mit der Photosensibilisierung

Die ›Sache‹ hat auch eine mnemotechnische Dimension. Eine der zentralen Strategien der Mnemotechnik bilden Wiederholungsfiguren.[31] Einmal ist keinmal, könnte man etwas salopp sagen, mit anderen Worten: Bliebe es bei der einmaligen Erwähnung der ›Sache mit dem World Trade Center‹, könnte es sein, dass sie im Verlauf des Leseflusses tatsächlich mehr oder weniger in Vergessenheit gerät, man ihr tatsächlich keine größere Aufmerksamkeit schenkte.

Es dürfte kein Zufall sein, dass der Text an diese ›Sache‹ wiederholt erinnert, indem er just die Formulierung von der ›Sache mit dem World Trade Center‹ im weiteren Verlauf aufgreift, und lediglich den Begriff ›World Trade Center‹ durch etwas anderes ersetzt. In der Passage, in der sich die im ersten Satz formulierte Vorausdeutung auf Julians Sturz in den Bärenklau als zukunftsgewisse herausstellt (während die ›Sache mit dem World Trade Center‹ eine zukunftsungewisse bleibt), spricht der Ich-Erzähler von der »Sache mit der Photosensibilisierung« (F, 102). Die ›Sache mit dem World Trade Center‹ wird durch diese Formulierung in eine *paradigmatische* Beziehung zu der Bärenklau-Szene gesetzt. Was im ersten Satz auf inhaltlicher Ebene zunächst lose miteinander verknüpft scheint, stellt sich nun als »in einer bestimmten Hinsicht gleichwertig«[32]

»Er breitete die Arme aus, einen Meter Länge dazwischen. ›Ich sage dir, so groß war das Ding.‹« (F, 7)

31 Groddeck: Reden über Rhetorik, a.a.O., S. 127.

32 Jakobson: Linguistik und Poetik, a.a.O., S. 94.

heraus. Indem die ›Sache mit dem World Trade Center‹ derart mit der ›Sache mit der Photosensibilisierung‹ verknüpft wird, werden beide in ein Verhältnis der Übertragung zueinander gebracht. Damit platziert der Text zunächst einmal den deutlichsten Hinweis darauf, dass es ihm um ›9/11‹ geht – allerdings einen durchaus skandalösen Hinweis, denn es drängt sich sofort die Frage nach der moralischen Zulässigkeit auf, einen Anschlag mit mehreren tausend Toten mit den vergleichsweise harmlosen Hautreaktionen, die durch die Berührung einer Pflanze ausgelöst werden, paradigmatisch zu überblenden. Stellt ein solcher Vergleich in seiner Willkür und seiner verharmlosenden Qualität nicht sogar einen (erneuten) Anschlag auf die Opfer von ›9/11‹ dar? Um diese Frage zu klären, sollte zunächst die Motivverknüpfung, die Hochgatterers Text an dieser Stelle herstellt, näher betrachtet werden.

Die paradigmatische Verschaltung von ›Photosensibilisierung‹ und der ›Sache mit dem World Trade Center‹ mag zwar auf den ersten Blick als eine willkürliche erscheinen, die Assoziation lässt sich aber im Zusammenhang der Erzählung über folgende Linie plausibilisieren. Beide Ereignisse markieren gewissermaßen das Ende der Friedfertigkeit – der 11. September 2001 beendete einen Zeitraum nach dem Ende des Kalten Krieges, der immer wieder (wenn auch fälschlicherweise) als eine Zeit ohne nennenswerte politische oder kriegerische Konflikte, als eine Zeit der Abwesenheit von Geschichte im Sinne von Kämpfen antagonistischer Kräfte; kurz, als die »Clintonite happy ´90s« apostrophiert wurde.[33] Zugleich blühte in den 90er Jahren das Katastrophenkino aus Hollywood auf, in dem ein ums andere Mal mit größter Lust die Zerstörung (mindestens) ganzer Städte als der Einbruch des ›Realen‹ phantasiert wurde.[34]

Das, was also in der Bärenklau-Passage erzählt wird, lässt im Hinblick auf den Plot eine Analogisierung schlüssig erscheinen: Die Szene lässt sich nämlich ebenso als der Einbruch der Eskalation und der Gewalt in den zumindest bis dahin auf der Handlungsebene doch recht friedlichen Angelausflug lesen. Diese Einschränkung rührt daher, dass es den Protagonisten während des Ausflugs an blühenden Gewaltphantasien nicht mangelt – darüber, was sie sprengen möch-

---

33 »On 11 September 2001 the Twin Towers were hit. Twelve years earlier, on 9 November 1989, the Berlin Wall fell. That date heralded the ›happy '90s‹, […] the belief that liberal democracy had won […]. In contrast, 9/11 is the main symbol of the end of the Clintonite happy '90s. This is the era in which new walls emerge everywhere, between Israel an the West Bank, around the European Union, on the U.S.-Mexico border.« Žižek: Violence, a.a.O., S. 101 f.

34 Dieser Aspekt wurde in der Zeit nach ›9/11‹ meines Erachtens ausgiebig diskutiert, ich belasse es hier daher beim Verweis auf zwei einschlägige Texte dazu: Žižek: Willkommen in der Wüste des Realen, a.a.O.; Theweleit: Der Knall, a.a.O.

ten, wem sie tödliche Krankheiten wünschen, wem sie mit dem Golfschläger die Kniescheiben zertrümmern wollen und so weiter. In dem Moment, in dem Julian mit dem Totschläger aber dem Fisch ›in der Realität‹ die Stirn einschlägt, kippt die Stimmung in Richtung ›realer‹ Eskalation, die schließlich zu Julians Flucht in den Bärenklau führt: Der Ire baut sich drohend vor ihm auf, Julian rennt davon, verkennt die Art der Pflanzen, durch die er sich seinen Weg bahnen will, und rennt bzw. stürzt in den Riesen-Bärenklau, der sofort die heftigen Hautreaktionen auslöst. Er rennt daraufhin in den Fluss, um seine Schmerzen zu lindern.

Gerade der Vorgang der Photosensibilisierung ruft diejenigen Lesarten von ›9/11‹ auf, die sich weniger auf sozial- oder politikwissenschaftliche Erklärungen konzentrieren, als vielmehr auf die Bedeutung der Anschläge innerhalb der symbolischen Ordnung der ›westlichen‹ Gesellschaften. Der Vorgang der Photosensibilisierung besteht darin, dass die natürliche Schutzfunktion der Haut vor UV-Strahlen herabgesetzt wird und dass ein lebensnotwendiger Prozess – die Lichteinstrahlung auf die Hautzellen – zum lebensbedrohlichen werden kann. Der Körper entwickelt sozusagen eine Tendenz zum Suizid. Ist man einmal auf diese Schiene gesetzt, dann liest sich die Szene wie eine schlüssig rückübersetzbare Allegorie auf die ›Sache mit dem World Trade Center‹ – bis hinein in die Zeitstruktur der Erzählung, spielt sich die Bärenklau-Szene doch im Laufe des Nachmittags und damit zum selben Zeitpunkt wie die Anschläge in New York ab.

Über diese *erste* paradigmatische Beziehung knüpft Hochgatterers Text vor allen Dingen an eine durch Slavoj Žižek, Jean Baudrillard und Jacques Derrida etablierte, kulturtheoretisch-dekonstruktive und psychoanalytisch grundierte Lesart von ›9/11‹ an: Die Phantasien der Gewalt und Zerstörung insbesondere durch Hollywoodfilme aus der Zeit vor ›9/11‹ haben den Eindruck vom Einbruch des ›Realen‹ erst ermöglicht. Was bisher in den Raum der eigenen Fiktion gebannt war, schlägt auf einmal in die Realität durch und wird als symbolischer Selbstmord lesbar. So auch bei Hochgatterer: Die Protagonisten haben einschlägige Gewaltphantasien, doch eben in dem Moment, in dem die Gewalt den Bereich der Phantasie verlässt, eskaliert die Situation.

Man kann also die Verknüpfung von ›World Trade Center‹ und ›Photosensibilisierung‹ über den Rückgriff auf die erzählte Geschichte als eine durchaus schlüssige Assoziation begreifen. Allerdings bleibt diese trotz aller plausiblen Durchführung eine willkürliche Verknüpfung, weil sie eine Ähnlichkeit *in der Sache* nahelegt. Liegt in einer skandalösen, paradigmatischen Verknüpfung nun aber der Clou von Hochgatterers Text?

Fast scheint es so, denn an weiteren drei Textstellen taucht die gleich lautende Formulierung ebenfalls auf: Der Text erzählt von der »Sache mit dem Rosmaringeschmack« (F, 47), der »Sache mit der Teilleistungsstörung im Verbalen« (F, 104) und der »Sache mit der Angst« (F, 109).

Mit diesen gezielten Wiederholungen aktualisiert der Text das Deutungsangebot aufs Neue, die ›Geschichte vom Fliegenfischen‹ als eine Allegorie auf ›9/11‹ zu lesen. Worin nun aber das verbindende Element zwischen World Trade Center, Rosmaringeschmack, Photosensibilisierung etc. bestehen sollte, bleibt völlig unklar. Alle Versuche, eine gemeinsame Schnittmenge dieser Aspekte zu finden, würden in maßlose Spekulationen abdriften. Die Wiederholung der prägnanten Formulierung von der ›Sache mit dem ...‹ mag zwar zunächst die Hoffnung wecken, nun genaueres über diese ›Sache‹ erzählt zu bekommen. Doch diese Hoffnung enttäuscht der Text – es handelt sich lediglich um erneute Versuche, den Leser zu ködern.

Eine kurze Geschichte vom Fliegenfischen unterbreitet so einerseits mehrfach Allegorisierungsangebote – jedoch nur, um sie andererseits wieder zurückzuziehen. Der Text arbeitet sich an denjenigen Deutungsmodellen ab, denen zufolge eine ›terroristische‹ Tat ›eigentlich‹ für etwas anderes stehe. Er zeigt, dass diese Deutungsangebote das Phänomen nicht erfassen können, dass dieses ›Andere‹ sich nur durch einen Akt der Lektüre erschließen lässt, der Akt der Lektüre aber stets neue Lektüren, neue Deutungsprozesse nach sich zieht.[35]

Gleichzeitig reflektiert Hochgatterers Erzählung auf diese Weise auch, wie ein *grand récit* funktioniert – das Ergebnis zählt, nicht der Prozess. Wie ein Fliegenfischer, der unentwegt die Angel auswirft und den Köder auf der (Wasser-)Oberfläche platziert, damit der Fisch anbeißt, verfährt auch der Text: Gezielt lanciert er den Allegorisierungsköder wieder und wieder auf der Textoberfläche und jedes Mal schnappt der Leser reflexhaft danach.

In dieser Verfahrensweise liegt eine poetologische Antwort auf die Frage, wie sich Kunst im Angesicht des ›Terrors‹ behaupten, wie sie dem Anspruch einer (ohnehin nur relativen) Autonomie der Kunst gerecht werden kann. Hochgat-

35 Man kann dies durchaus auch mit Peter Fuchs' systemtheoretischen Überlegungen verknüpfen: Während zum einen der lakonische Hinweis auf die ›Sache mit dem World Trade Center‹ die Kommunikation über den Terror beenden soll, wird gerade diesem Akt der Beendigung der Kommunikation Bedeutung zugewiesen und dadurch weitere Kommunikation erzwungen: »Man könnte auch sagen, daß der Abbruch als Mitteilung über sich selbst aufgegriffen wird und genau deswegen als Ansatzpunkt von Anschlüssen genommen wird, die – auf welche Weise immer – den Bezug unterhalten zum Kommunikationsende, das die terroristische ›Aktion‹ vorführt. [...] Man muß das *Abbrechen und Fortsetzen* zusammenziehen, um die Operation ›Terrorisieren‹ zu erhalten.« Fuchs: Das System Terror, a.a.O., S. 18 und 24. (Hervorhebung im Original)

terers Text erzeugt ein Spannungsfeld zwischen dem Autonomieanspruch »reine[r] Kunst, [...] völlig losgelöst von irgendeinem Zweck« (F, 70) auf der einen und einer Bezugnahme auf die Geschehnisse des 11. September 2001 auf der anderen Seite.[36] Volker Mergenthaler weist in diesem Zusammenhang darauf hin, dass sich Hochgatterers Text weder »einem übersteigerten Autonomieanspruch der ethischen Indifferenz verdächtig« mache, noch sich »der ›Sache mit dem World Trade Center‹ unter Verzicht auf den Gestus ästhetischer Souveränität« verschreibe.[37] Er übersieht allerdings einen nicht ganz unwichtigen Aspekt: Die Formulierung von der ›Sache mit dem World Trade Center‹ ist keine »beiläufige Erwähnung der Terroranschläge«[38], weil sich in der Formulierung kein eindeutiger Hinweis auf die Anschläge herauslesen lässt – eine beiläufige Erwähnung wird sie erst auf Seiten des Lesers, wenn er schon an den Köder angebissen und damit den Autonomieanspruch der Kunst ignoriert hat.

Daraus lässt sich folgern, dass der Text mittels des Wechselspiels von Angebot und Rücknahme die Möglichkeiten der Literatur nutzt, um ›Terror‹ im Rahmen einer Kulturtheorie des Lesens zu verorten. Betrachtet man, wie der Text semiologisch organisiert ist und wie er seine Rezeption steuert, dann wird erkennbar, dass der Text ein ums andere Mal versucht, seinen Leser mit den Mitteln der Kunst zu überlisten und damit zugleich dessen differenzierte Wahrnehmungsfähigkeit außer Kraft zu setzen. Die Wortfolge ›die Sache mit dem World Trade Center‹ mit der Bedeutung ›Terroranschläge vom 11. September 2001‹ zu versehen, kann man im Anschluss an Wolfgang Iser als eine »vom Leser geleistete Konkretisation«[39] begreifen. Wenn wir diese Wortfolge als Hinweis auf die Anschläge interpretieren, dann sind dies gewissermaßen unsere »Dispositionen«[40] und unser Verfangensein in das politische und kulturelle Masternarrativ *nach* 9/11, in dem eine Erwähnung des World Trade Center allem Anschein nach sofort die Terroranschläge aufruft. Offenbar trifft Hochgatterers Formulierung von der ›Sache mit dem World Trade Center‹ präzise auf eine diskursive Präfiguration, die den Interpretationshorizont sofort auf ›9/11‹ zusammenschmelzen lässt – gesetzt den Fall, dass der Leser im Rahmen desjenigen Masternarrativs disponiert ist, in dem ›9/11‹ als eine historische Zäsur gilt und in dem eine Formulierung wie die genannte einen Schlüsselreiz für die Interpretation auslöst.

---

36 Darauf weist Volker Mergenthaler hin: »Bitte keine Politik«, a.a.O., S. 201.

37 Mergenthaler: »Bitte keine Politik«, a.a.O., S. 201.

38 Mergenthaler: »Bitte keine Politik«, a.a.O., S. 191.

39 Wolfgang Iser: Der Akt des Lesens. Theorie ästhetischer Wirkung. München: Fink 1994, S. 38.

40 Iser: Der Akt des Lesens, a.a.O., S. 38.

In diesem Spiel des Lesens, das der Text mit dem Leser spielt, kommt zwar die »reine Liebe zur Poesie« (F, 75) zum Ausdruck, doch diese vermeintlich ›reine‹ und unschuldige Poesie entfaltet ein enormes kulturelles und politisches Reflexionspotential.

5.2.7 Das Lesen der ›Anderen‹

Nicht nur als Leser ist man aufgrund der Allegorisierungsköder in der Position, ständig danach zu fragen, worum es in dem Text ›eigentlich‹ geht, auch für die Protagonisten der Erzählung spielt die Frage, was sich ›eigentlich‹ hinter den Zeichen verbirgt, mit denen sie konfrontiert sind, eine große Rolle. Alle drei entpuppen sich dabei als Allegoriker, die nur zu gerne und genussvoll im Trüben des opaken Anderen fischen. Weil alle drei Psychoanalytiker bzw. Psychologen sind, finden ihre Gespräche unvermeidlich unter dem Vorzeichen statt, dass es neben der wörtlichen Bedeutung des Gesagten auch stets einen Subtext dieses Gesagten geben könnte. Aufgrund dieser Disposition bietet die Figurenebene des Textes, so die im Folgenden zu entfaltende These, eine Reflexionsfläche für ein zentrales sicherheitspolitisches Paradigma aus der Zeit nach ›9/11‹: die Figur des Schläfers. Diese Figur lebt davon, dass sich hinter ihrem Erscheinungsbild und Verhalten etwas anderes verbirgt.

Für das Spiel mit wörtlicher und übertragener Bedeutung ist der Angelsport, bei dem es ständig um Ruten, Köder, Anbeißen und insbesondere die Größe der Fische geht, prädestiniert – denn aufs Engste mit dem Angelsport verknüpft ist die den Protagonisten bestens vertraute Annahme, der zufolge es sich dabei um eine hochgradig allegorische Tätigkeit handelt und es beim Angeln ›eigentlich‹ um männliche Potenzphantasien gehe.

> Jeder glaube, sagt der Ire, es gehe dabei [beim Angeln, J.B.] um Paarungskonkurrenz, also um die Frage ›Wer darf ihn hineinstecken und wer nicht?‹, und in Wahrheit gehe es um ganz andere Dinge, bei denen das Hineinstecken gar keine Rolle spiele. (F, 83)

Der Ire streitet die Analogisierung von Angeln und Penetrationsphantasien ab, ohne allerdings zu sagen, um was es ›in Wahrheit‹ geht. Klar ist nur, dass es um etwas ›*ganz* anderes‹ geht, und klar scheint in diesem Rede- und Lektüremodell auch zu sein, dass die Struktur der Rede in einem klar definierten Verhältnis zur »Wahrheit« steht, sich also eindeutig formulieren ließe, worum es ›in Wahrheit‹ geht. Nur leider spricht der Ire diese Wahrheit nicht aus.

Das angebliche, wie selbstverständliche Wissen um die ›Wahrheit‹, die aber nie ausgesprochen wird, zieht sich durch die gesamte Erzählung. Zwei prägnante

Beispiele können das illustrieren: »Ein dunkelroter Mercedes-Kastenwagen überholt uns mit qualmendem Auspuff. ›Trottel‹, sagt Julian halblaut. *Hundertprozentig* denkt er an seine Frau.« (F, 22, Hervorhebung von mir) Und zweitens: »›Ich warte, bis er nah genug ist, hole aus, und knalle ihm den Schläger mit aller Kraft gegen die Kniescheibe.‹ *Natürlich* gegen die Kniescheibe, denke ich.« (F, 64, Hervorhebung von mir)

Obwohl das Innen des Anderen von außen ›natürlich‹ nicht ›hundertprozentig‹ lesbar ist und obwohl die Umwegigkeit ihrer Rede *nicht* auf das Eigentliche führen kann, spielen die drei Angler permanent mit dieser Möglichkeit.[41] Die Lektüretechnik der Psychoanalyse wird in dem Text zur Lektüretechnik der Figuren. Damit geht der Anspruch einher, über die Lektüre der Äußerungen und Gesten der Anderen in deren Innenwelt blicken zu können – und gelegentlich auch die entsprechenden Schwachstellen auszunutzen.

Das (psychologisch begründete) Phantasma der hundertprozentigen Lesbarkeit des Anderen lässt sich mit der Figur des Schläfers verknüpfen, denn die Figuren in Hochgatterers Text lesen sich gegenseitig (selbstverständlich unfreiwillig) als ›Schläfer‹. Der Schläfer ist ›eigentlich‹ ein Terrorist. Nach außen hält er allerdings eine Fassade aufrecht, die keinerlei Anhaltspunkte für seine ›wahre‹ Gesinnung und seine ›wahren‹ Absichten bietet. Um den Iren aus Hochgatteres

41 Diese hundertprozentige Lesbarkeit ist allerdings – betrachtet man die para- und intertextuelle Ebene der Erzählung – auch über die Ebene des Erzähldiskurses bereits in den Bereich des Phantasmas gerückt. Die drei bräuchten nämlich, lässt man sich auf einen Diskurs der psychoanalytischen Eindeutigkeit ein, selber einen Psychoanalytiker, der *sie liest* – den hätten sie im Leser des Textes. Ein Blick in Colum McCanns Roman erschließt, mit wem sie ihren Ausflug machen. Dort erzählt der Ich-Erzähler über seinen Vater: »Sie nannten ihn ›den Iren‹, weil er seine Herkunft immer noch ausstrahlte – die zurückweichenden Locken, die grünen Augen, die großen Schultern unter seinem weißen Hemd.« (McCann: Gesang der Kojoten, a.a.O., S. 136) Julian und der Ich-Erzähler sind – so legt die intertextuelle Anspielung nahe – nicht nur mit ihrem Freund Robert Bauer, sondern (auch) mit dem Vater unterwegs: »Der Ire heißt jedenfalls seit hundert Jahren der Ire und in Wahrheit weiß keiner mehr, warum. [...] Offiziell heißt der Ire Robert Bauer.« (F, 13) Die hundert Jahre kommen in etwa hin, wenn man die Linie vom Iren zum Vater und dann weiter zu Freud zieht... Es geht also sehr wohl (das können die drei aber nicht wissen) auch um die Frage, wer ›ihn hineinstecken‹ darf und damit verknüpft auch um die sich später als konfliktträchtig herausstellende Frage, ob ein gefangener Fisch getötet werden darf. Vgl. zur Bedeutung des Inzesttabus und des Tabus, das Totemtier zu töten: Sigmund Freud: Totem und Tabu. Einige Übereinstimmungen im Seelenleben der Wilden und der Neurotiker. In: Ders.: Studienausgabe, Band IX, hg. von Alexander Mitscherlich u.a., S. 287-444.

Text zu zitieren: ›in Wahrheit geht es um etwas ganz anderes‹. Bis zum Moment des Anschlags sendet der Schläfer idealerweise keine Zeichen aus, die darauf hindeuteten, dass er ein Terrorist sein könnte. Der *Spiegel* schreibt anlässlich einer eigenen Sendung über das »unsichtbare Terror-Netz«[42] der Schläfer in Deutschland:

Gerade ihr unverdächtiger Lebenswandel macht ›Schläfer‹ so gefährlich. Jederzeit können die harmlos wirkenden Nachbarn, Kollegen oder Kommilitonen für Terror-Anschläge aktiviert werden. Die in afghanischen oder pakistanischen Lagern ausgebildeten islamischen Extremisten gelten derzeit als größtes Risikopotenzial in der Bundesrepublik. Nach Schätzungen des Verfassungsschutzes sind 100 jener Gotteskrieger mittlerweile nach Deutschland eingesickert.[43]

Der sicherheitspolitische Apparat (und Diskurs) hat sich nach ›9/11‹ zur Aufgabe gemacht, durch die nahezu flächendeckende Überwachung der Kommunikation (die sich im Zeichen des NSA-Skandals noch als wesentlich umfassender herausgestellt hat, als dies bis Ende der Nullerjahre denkbar war) etwaige Schläfer zu entlarven, bevor sie ›erwachen‹.[44] Es geht darum, das ›Unsichtbare‹ sichtbar zu machen.

Der Jurist Ulrich Schneckener beschreibt das heutige Täterprofil »im Unterschied zum Linksterrorismus der siebziger Jahre« als »weitaus diffuser«.[45] Die mit den Begriffen Schläfer/*homegrown terrorist* verbundene Struktur des islamistischen Terrorismus beschreibt er – auch wenn er die Begriffe als unterkomplex problematisiert – folgendermaßen:

Ob bei den Anschlägen in Madrid, in London oder Istanbul [...], stets waren unterschiedliche Personenkreise und -profile involviert, die sich einem gemeinsamen Muster entziehen: Dies gilt für die nationale Herkunft ebenso wie für den beruflichen Hintergrund [...]. Unter den Attentätern und Terrorverdächtigen finden sich erst vor wenigen Jahren einge-

42 Das geheime Netz der Terror-Schläfer in Deutschland: Angst vor dem Weckruf. Spiegel TV vom 6. Oktober 2001. Abrufbar unter: http://www.spiegel.de/sptv/a-161183.html, zuletzt abgerufen am 9. Februar 2016.

43 Das geheime Netz der Terror-Schläfer, a.a.O.

44 Vgl. dazu: Stefan Huster / Karsten Rudolph: Einleitung. Vom Rechtsstaat zum Präventionsstaat. In: Dies. (Hg.): Vom Rechtsstaat zum Präventionsstaat. Frankfurt am Main: Suhrkamp 2008, S. 9-22.

45 Ulrich Schneckener: Warum lässt sich Terrorismus nicht ›besiegen‹? Herausforderungen und Leitlinien für die Terrorismusbekämpfung. In: Huster / Rudolph (Hg.): Vom Rechtsstaat zum Präventionsstaat, a.a.O., S. 25-44, hier: S. 34.

reiste Ausländer, im jeweiligen Land geborene bzw. aufgewachsene Angehörige der zweiten oder dritten Einwanderergeneration, eingebürgerte Personen oder auch zum Islam konvertierte Staatsbürger.[46]

In der Konsequenz bedeutet dies, dass es keine offensichtlichen bzw. lesbaren Zeichen mehr gibt, die es möglich machen, einen Terroristen zu erkennen. Sogar hinter dem konformsten Verhalten kann sich ein islamistischer Terrorist verbergen, genauso wie hinter einem deutschen Staatsbürger. Es ist also nahezu unmöglich, den Schläfer zu entdecken, und es ist einigermaßen sinnlos, sich einen Schläfer als jemanden vorzustellen, der aus dem Nahen Osten in den Westen ›einsickert‹ (*Der Spiegel*) und lediglich eine gute Tarnung hat (die aber aus Unachtsamkeit jederzeit auffliegen kann). Es verhält sich, so kann man Schneckener weiterdenken, genau andersherum: Schläfer brauchen überhaupt keine Tarnung, weil sie selbst Teil dieser Gesellschaft sind und deren kulturelle Codes spielend beherrschen. Der Schläfer ist nicht etwas ›Anderes‹ das in das ›Eigene‹ übertragen wird/einsickert, der Schläfer ist eine Verschiebung, eine Modifikation, eine Spielart des ›Eigenen‹.

In diesem Zusammenhang sei auf Slavoj Žižek hingewiesen, der kulturtheoretisch gegen die These des Kampfes der Kulturen argumentiert und dabei ebenfalls darauf aufmerksam macht, dass die Konfliktlinien zwischen Vernunft und Fundamentalismus (in einer globalisierten Welt ohnehin) nicht *zwischen* der islamischen und der westlichen Kultur verliefen, sondern *innerhalb* jeder Kultur.[47]

Dieses Argument kann auch in einem weiteren Rahmen politischer Philosophie gefasst werden: Dass Terroristen als das radikal Andere der demokratischen Gesellschaft angesehen werden, die mit ihren Taten immer das Ganze dieser Ordnung angreifen (eben *den* Westen, *den* Staat, *die* Freiheit etc.), weist auf eine

46 Ulrich Schneckener: Warum lässt sich Terrorismus nicht ›besiegen‹, a.a.O., S. 35.

47 Žižek verweist in diesem Zusammenhang u.a. auf die Hasstiraden fundamentalistischer US-amerikanischer Christen, in deren Weltbild die USA mit dem 11. September die gerechte Strafe für den hedonistischen Lebensstil erhalten hätten: »The fact, that this very same condemnation of ›liberal‹ America as the one from the Muslim Other came from the very heart of *l'Amerique profonde* should give us food for thought. On October 19, George W. Bush himself had to concede that the most probable perpetrators of the anthrax attacks were not Muslim terrorists but America's own extreme Right Christian fundamentalists – again, does not the fact that acts first attributed to an external enemy may turn out to be acts perpetrated at the very heart of *l'Amerique profonde* provide an unexpected confirmation of the thesis that the true clash is the clash within each civilisation?« Slavoj Žižek: Welcome to the desert of the Real. Five Essays on September 11 and related Dates. New York 2002, S. 44 ff.

phantasmatische Dimension hin, die die Entzogenheit des Realen der Politik gewissermaßen auffüllt: Das Phantasma vom Terrorismus als dem radikal Anderen verspricht ja zugleich, dass mit einem ›Sieg‹ über den Terrorismus die eigene (Subjekt-)Position (*wir*, die Demokratie; *wir*, der Westen; *wir*, die Freiheit) zu sich selbst kommen könnte. Darin artikuliert sich das wirkmächtige Phantasma der Selbstidentität. Gesellschaft als gegebenes, mit sich selbst identisches Ganzes, existiert nicht, so lautet die Kernthese Ernesto Laclaus und Chantal Mouffes:

> Die Gesellschaft und die sozialen Agenten haben kein Wesen, und ihre Regelmäßigkeiten bestehen lediglich aus den relativen und prekären Formen der Fixierung, die die Errichtung einer bestimmten Ordnung mitsichbringt.[48]

Indem sie die relative und prekäre Form der Fixierung politischer Ordnung ansprechen, rücken sie ein poststrukturalistisches Theorem in den Mittelpunkt ihrer politischen Philosophie: das politische System ist kein (ab)geschlossenes System, Politik kann sich nicht auf eine Metaphysik der Präsenz berufen, auf irgendeine Größe (Gott, Werte, Nation, Moral etc.), die den sozialen Raum definiert, ordnet und mit Sinn versieht. Vielmehr ist der soziale Raum erfasst von dem Signifikantenspiel und der Bewegung der *différance* – einem Spiel, das ja Derrida zufolge über die semio-linguistische Kommunikation hinaus Gültigkeit besitzt, und zwar »für das ganze Feld dessen, was die Philosophie Erfahrung nennen würde, ja sogar Erfahrung des Seins: die sogenannte ›Präsenz‹.«[49]

Die zentrale Kategorie der politischen Analyse Laclaus und Mouffes ist die *Hegemonie* als der Artikulationsmodus der Politik. Den Begriff der Hegemonie führen Ernesto Laclau und Chantal Mouffe unter Bezugnahme auf Antonio Gramsci in die postmoderne Demokratietheorie ein. Der Clou – und für eine kulturwissenschaftliche Perspektive anschlussfähige Aspekt – ihrer Theorie besteht darin, dass sie die Kategorie der politischen und sozialen Hegemonie zeichentheoretisch fundieren.[50] Im Zusammenhang mit der vorliegenden Lektüre ist folgendes bedeutsam: Das heterogene Außen ist mit dem Innen vernäht (Laclau

48 Ernesto Laclau/Chantal Mouffe: Hegemonie und radikale Demokratie. Zur Dekonstruktion des Marxismus, hg. und übersetzt von Michael Hintz und Gerd Vorwallner. Wien: Passagen 1991, S. 145.

49 Jacques Derrida: Signatur Ereignis Kontext. In: Ders.: Randgänge der Philosophie, hg. von Peter Engelmann. Wien: Passagen 1988, S. 291-314, hier: S. 299 f.

50 Laclau / Mouffe: Hegemonie und radikale Demokratie, a.a.O., bes. S. 139 ff.

spricht von der *hegemonic suture*; suture: Naht, nähen[51]), aber eben nicht in einem Verhältnis, das eine dialektische Synthese von Innen und Außen erlaubte, sondern im Modus des Verschobenen – man könnte auch sagen, Innen und Außen sind metonymisch vernäht. Das heißt aber auch, dass sie jeweils Spuren des Anderen in sich tragen, »kontaminiert« sind.[52]

Es ist also gerade nicht der (phantasmatische) externe Feind, der das Erreichen der Selbstidentität blockiert, sondern es ist die unauflösbare Vernähung von Innen und Außen, die das Phantasma der Selbstidentität von vornherein durchkreuzt: »[...] jede Identität ist bereits in sich selbst blockiert, von einer Unmöglichkeit markiert, und der externe Feind ist einfach das kleine Stück, der Rest an Realität, auf den wir diese intrinsische, immanente Unmöglichkeit ›projizieren‹ oder ›externalisieren‹.«[53] Somit verweist die Figur des Schläfers auf die perma-

51 Laclau führt drei Axiome an, um die Hegemonie als Kategorie der politischen Analyse zu fundieren: »First, that something constitutively heterogeneous to the social system or structure has to be present in the latter from the very beginning, preventing it from constituting itself as a closed or representable totality. If such a closure were achievable, no hegemonic event could be possible and the political, far from being an ontological dimension of the social – an ›existential‹ of the social – would just be an ontic dimension of the latter. Second, however, the hegemonic suture has to produce a retotalizing effect, without which no hegemonic articulation would be possible either. But, third, this re- totalization cannot have the character of a dialectical reintegration. It has, on the contrary, to maintain alive and visible the original and constitutive heterogeneity from which the hegemonic articulation started.« Ernesto Laclau: The Politics of Rhetoric. In: Tom Cohen / Barbara Cohen / J. Hillis Miller / Andrzej Warminski (Hg.): Material Events. Paul de Man and the Afterlife of Theory. Minneapolis/London: University of Minnesota Press 2001, S. 229-253, hier: S. 230 f.

52 Oliver Marchart: Einleitung. Undarstellbarkeit und ›ontologische Differenz‹. In: Judith Butler / Simon Critchley / Ernesto Laclau / Slavoj Žižek u.a.: Das Undarstellbare der Politik. Zur Hegemonietheorie Ernesto Laclaus, hg. von Oliver Marchart. Wien: Turia und Kant 1998, S. 7-20, hier: S. 10.

53 Slavoj Žižek: Jenseits der Diskursanalyse. In: Butler u.a.: Das Undarstellbare der Politik, a.a.O., S. 123-131, hier: S. 126. Das ist auch der Grund, weshalb man mit Žižek feststellen kann, dass jeder *War on Terror* zum Scheitern verurteilt ist. Im Hinblick auf den Klassenantagonismus schreibt er: »Deshalb könnten wir sagen, daß genau in dem Moment, wo wir im antagonistischen Kampf in der sozialen Realität den Sieg über den Feind erringen, wir den Antagonismus in seiner radikalsten Dimension erfahren – als ein Selbst-Hindernis: weit davon entfernt, uns zum endgültigen Erreichen unserer vollen Selbstidentität zu befähigen, ist der Augenblick des Sieges der Augenblick des größten Verlusts.« (S. 127)

nente Gefahr, dass sich das (vermeintlich eindeutige) Zeichenrepertoire des ›Innen‹, der ›westlichen‹, ›zivilisierten‹ Gesellschaften gegen sich selbst wenden kann.

An dieser mit dem sicherheitspolitischen Diskurs verknüpften Figur arbeitet sich Hochgatterers Text insofern ab, als er die Vorstellung konterkariert, dass der Andere sich über ein ›falsches‹, in einem unkontrollierten Moment ausgesendetes Zeichen verraten und damit ungewollt Einblick in seine ›eigentlichen‹ Absichten/Gedanken gewähren könnte, die zudem ein kohärentes Weltbild offenbarten. Genau diesen Einblick in die ›Wahrheit‹ der Protagonisten verweigert die Erzählung. Mit anderen Worten: Sie löst den Wunsch, den ›Anderen‹ zu lesen/zu entschlüsseln nicht ein, sondern belässt die ›Wahrheit‹ zwischen den Zeilen.

Die Idee der ›hundertprozentigen‹ Lesbarkeit des Anderen und die Idee, eine Allegorie auf einen dahinter liegenden Sinn rückübersetzen zu können, geht davon aus, dass der verborgene Sinn eines Textes restlos entschlüsselt werden kann. Im Hinblick auf die Allegorie als ›durchgeführter Metapher‹ stellt Heinz Drügh fest, dass sie sich gerade nicht auf eine eindeutige, gesicherte Lesart zurückführen lasse, weil die Metapher selbst überbelastet sei von einer »Fülle von sprachlichen Substrukturen« und deshalb »nie auf eindeutig präsenten Sinn reduziert werden kann«.[54] Metaphorische Syntheseversuche geraten daher »zum Mißerfolg und generieren eine endlose Kette metonymisch neuer Anläufe«[55]. Die kulturtheoretische Konsequenz liegt darin, dass weder das ›Eigene‹ noch das ›Andere‹, weder man selbst noch der ›Andere‹ hundertprozentig lesbar sind. Es kann nicht gelingen, über den Umweg der Sprache dem Anderen oder einer ›Sache‹ auf einen letzten »Grund« (F, 60) zu gehen. Das gilt für die Kommunikation der drei Freunde, aber auch für die ›Sache mit dem World Trade Center‹. Sie ist ein stummes Zentrum des Textes, sie bekommt zwar immer neue Namen (Ding, Sache, Photosensibilisierung, Angst etc.), aber keiner dieser Namen erlaubt es, Rückschlüsse auf das ›Eigentliche‹ des ›Terrors‹ zu ziehen.

54 Heinz Drügh: Anders-Rede. Zur Struktur und historischen Systematik des Allegorischen. Freiburg: Rombach 2000, S. 23.

55 Drügh: Anders-Rede, a.a.O., S. 23.

5.3 POETIK DER VERSCHIEBUNG

5.3.1 ›Heute bitte keine Politik‹

Die Poetik der Verschiebung geht vom selben Ansatzpunkt aus wie diejenige der Verdichtung. Der Text bietet ›eigentlich‹ keinen einzigen Hinweis darauf, dass es sich bei der ›Sache mit dem World Trade Center‹ um die Anschläge vom 11. September 2001 handelt. Allein der zeitgeschichtliche Kontext provoziert diesen Rückschluss und es hat sich gezeigt, dass der Text die sich daraus ergebenden Lektüremöglichkeiten hochgradig reflektiert durchspielt – eine textimmanente Begründung der Verknüpfung, also eine Begründung, die sich nicht bloß im Raum des Diskursiven bewegt, ist jedoch noch nicht gegeben. So klug auf der diskursiven Ebene die Überblendung von World Trade Center und Bärenklau/Photosensibilisierung auch ausbuchstabiert sein mag, so wird sie den Eindruck des Willkürlichen nicht vollkommen los. Erzeugt der Text seinen Reiz also lediglich aufgrund einer klug durchkonstruierten und wohlkalkulierten Motivverknüpfung? Instrumentalisiert *Eine kurze Geschichte vom Fliegenfischen* die Anschläge für eine literarische Spielerei? Spielt Politik in der Erzählung überhaupt eine Rolle?

Es sind genau solche Fragen, die der Text durch seine Verfahrensweise aufwirft. Eine Passage zu Beginn des Romans, die ich im Folgenden etwas ausführlicher zitieren möchte, vermag das zu verdeutlichen:

> Möbelhäuser, eine Zeitungsdruckerei, zwei riesige Windräder. ›Die passen in Wahrheit nicht hierher‹, sagt Julian, ›man ist natürlich für diese ganze alternative Stromerzeugung, aber in Wahrheit passt das nicht zu uns.‹ Er erzählt von Schleswig-Holstein, [...] von dieser endlos ebenen Landschaft und dass dorthin diese Windkraftwerke natürlich perfekt passen. ›In Hundertschaften wachsen sie aus dem Boden‹, sagt er, ›in manchen Gegenden steht bis zum Horizont ein solches Ding neben dem anderen‹. Dass Julian ›Hundertschaften‹ und ›Horizont‹ sagt und einen BMW fährt, passt irgendwie nicht zusammen. ›Die Mengen von Windkraftwerken und Neonazis verhalten sich immer direkt proportional zueinander‹, sagt der Ire, ›-dritter Hauptsatz.‹
> ›Wovon?‹, frage ich.
> ›Was heißt: wovon?‹
> ›Dritter Hauptsatz wovon? Der Wärmelehre?‹
> ›Einfach dritter Hauptsatz.‹
> Julian wird unruhig. ›Heute bitte keine Politik‹, sagt er.
> [...]
> ›Könnt ihr bitte mit diesem Hauptsatzscheiß aufhören‹, sagt Julian.

[...]
›Erstens keine Hauptsätze, zweitens keine Politik‹, sage ich, ›– worüber dürfen wir reden?‹ (F, 14 ff.)

Auf intradiegetischer Ebene handeln die drei Freunde hier auf eine recht eigenartige Weise aus, dass auf dem Ausflug nicht über Politik gesprochen werden solle. Der Aushandlungsprozess zu dieser sprachpolitischen Regelung ist insofern interessant, als man sich durchaus fragen kann, wo in dem Gespräch über Windkrafträder oder Hauptsätze eine nennenswert politische Ebene enthalten ist – zumal sich die drei Freunde ja offenbar gut kennen und es sich um vergleichsweise harmlose politische Themen zu handeln scheint.

Es erscheint mir nicht sinnvoll, sich auf die Suche nach der ›eigentlichen‹ politischen Dimension dieser Sätze zu begeben. Die politische Dimension scheint sich eher über metonymische Verknüpfungen herzustellen, also Verknüpfungen, bei denen der politische Gehalt gewissermaßen zwischen den Zeilen bleibt – so wie bei der Feststellung des Ich-Erzählers, dass die Worte ›Hundertschaften‹ und ›Horizont‹ nicht damit zusammenpassten, dass Julian einen BMW fahre; oder wie bei der Feststellung eines proportionalen Verhältnisses von Windkrafträdern und Neonazis. Worum es hier geht, ist die *Verkettung der Worte*, aus der die Notwendigkeit abgeleitet wird, festzulegen, worüber nicht gesprochen werden darf. In dieser Verkettung scheint sich ein Bedeutungsinhalt zu transportieren, der Julian zumindest unruhig werden lässt und der von den anderen auch insofern als wirkmächtig anerkannt wird, als sie sich auf die sprachpolitische Vereinbarung einlassen. Für den Leser ist die politische Dimension hingegen inhaltlich nicht nachvollziehbar.

Wo Psychologen bzw. Psychoanalytiker darüber *sprechen*, dass über bestimmte Dinge *nicht* gesprochen werden darf – wo es also um die Zensur von Inhalten geht, da drängt sich der Begriff der Verschiebung auf, den Freud neben der Verdichtung als das wesentliche Element der Traumarbeit beschrieben hat.[56] Diese Verschiebung führt zu einer »Textverschiedenheit von Trauminhalt und Traumgedanken« und diese Verschiedenheit, diese »Entstellung« ist Freud zufolge der Effekt der »Zensur [...], welche die eine psychische Instanz im Gedankenleben gegen eine andere ausübt«[57]. Die Zensur des Traumwunschs im Unbewussten führt aber nicht einfach dazu, dass dieser sich nicht äußert; vielmehr bahnt sich der Traumwunsch durch den Mechanismus der Verschiebung seinen Weg in den Trauminhalt, äußert sich dort aber verschoben bzw. entstellt. Der Mechanismus der Verschiebung ist demnach dazu geeignet, die Zensurmaßnah-

56 Freud: Die Traumdeutung, a.a.O., S. 305 ff.

57 Freud: Traumdeutung, a.a.O, S. 307 f.

men zu umgehen. An dieses Denkmodell haben unter (post-)strukturalistischen Vorzeichen Roman Jakobson und Jacques Lacan angeschlossen und den psychischen Mechanismus der Verschiebung auf sprachlicher Ebene mit der Metonymie verknüpft. In der metonymischen Verkettung der Worte kommt also etwas anderes zum Ausdruck, als ›eigentlich‹ zu Gebote steht.[58]

Wenn die drei Freunde über eine Zensurmaßnahme festlegen, worüber nicht geredet werden darf, dann lehrt die Psychoanalyse, dass dieses sprachpolitische Unterfangen nur scheitern kann – das Zensierte wird sich seinen Weg bahnen.[59] Der Konflikt wird früher oder später zum Ausdruck kommen. Vor diesem Hintergrund verrät die Diskussion über den ›Hauptsatzscheiß‹, über die Bitte, *nicht* über Politik zu reden, und die anschließende Frage, worüber überhaupt geredet werden darf, dass sich der politische Diskurs des Textes nicht nur über die Substitution von World Trade Center/Photosensibilisierung etc. konstituiert, sondern ebenso in der metonymischen Struktur, in der Verkettung der Worte. Dass gleich im ersten Satz eine vermeintliche Anspielung auf ›9/11‹ formuliert wird, hat Konsequenzen für alle darauf folgenden Signifikanten: Sie werden alle mit ›Terror‹ kontaminiert. Auch das lässt sich bereits im ersten Satz beobachten, der das Wort ›fallen‹ mit seinen so eng mit ›9/11‹ verbundenen Bedeutungsebenen (Falling Man, das Zusammenfallen der Türme) nicht in einen Zusammenhang mit der ›Sache mit dem World Trade Center‹ bringt, sondern metonymisch auf Julians Kontakt mit dem Bärenklau verschiebt.

5.3.2 Strategien der Überlistung

Die drei Protagonisten räumen dem Köder einen besonderen Stellenwert ein, sie erzählen viel über unterschiedliche Techniken der Herstellung, über mehr und weniger erfolgversprechende Exemplare. Der Text verknüpft, darauf habe ich bereits oben hingewiesen, den Köder auf mehrfache Weise mit dem Erzählen. Ich möchte nun nochmals einen genauen Blick auf den Köder und seine Bedeutung für den Text werfen. Zwei Aspekte halte ich für bedeutsam.

Der erste Aspekt ist recht schnell skizziert: Beim Fliegenfischen spielen die Köder eine besondere Rolle, die Protagonisten der Erzählung werden nicht müde, das zu betonen. Die Köder werden mühevoll aus Fäden gebunden, bis sie – wohlgemerkt aus der von den Anglern imaginierten Fischperspektive – Fliegen zum Verwechseln ähnlich sehen. Immer wieder sind die Köder Anlass für ausführliche Fachsimpelei:

58 Vgl. Nemitz: Metapher und Metonymie, a.a.O.; Pagel: Lacan zur Einführung, a.a.O.

59 Darauf weist auch Mergenthaler hin: »Heute bitte keine Politik«, a.a.O., S. 201.

Ich nehme eine Highland Dun, ein ziemlich großes Ding, auf das es zwar nie einen Biss gibt, mit dem ich zuletzt aber einigermaßen rasch ein akzeptables Wurfgefühl gekriegt habe. Die Cul de Canards mit olivgrünem Körper, die ich noch dabei habe, hebe ich mir für später auf, ebenso die No-Names mit den ockerfarbenen Rehhaarflügeln, die es bei Abnahme von Zehn-Stück-Paketen zum Sonderpreis gab. Die Scud-Nymphen habe ich als letzte Reserve mit, für den Fall, dass alle anderen Fliegen an der Front bleiben. (F, 61)

In dieser Passage sticht das kriegstechnische Vokabular ins Auge: ockerfarben, olivgrün, Scud, letzte Reserve und Front. Die Rede über den Einsatz des Köders beim Angeln wird hier nicht nur als *Insider-Talk* lesbar, sondern bringt zugleich auch eine Bedeutungsdimension zum Ausdruck, die dem ganzen einen kriegerischen Anstrich gibt, der zudem paradigmatisch zwischen Wasser und Luft angesiedelt ist. Verstärkt wird die kriegerische Bedeutungsdimension, weil man im ersten Satz der Erzählung auf den Zusammenhang zwischen Angeln und ›9/11‹ eingestellt wurde.

Mit den Bewegungen der Rute, die die drei Angler auch mal »körpernah in Hüfthöhe« (F, 86) tragen – die Rute ist Phallussymbol und Waffe zugleich – wird der an der Angelschnur befestigte Köder so über der Wasseroberfläche bewegt, dass er die Flugbahn einer Fliege nachahmt und damit die Fische zum Anbeißen bringt, sobald der Köder auf dem Wasser landet.

An dieser Stelle kommt der zweite Aspekt des Köders ins Spiel: Das Prinzip des Köders besteht darin, einem Knäuel von Fäden – wiederum nur aus der imaginierten Fischsicht – die Anmutung einer Fliege zu geben bzw. das Knäuel zumindest so anzufertigen, dass es einen Überlistungseffekt erzeugt und den Biss auslöst. Es geht also darum, ein handwerkliches (kulturelles) Produkt als geschlossene Ganzheit bzw. als Natur erscheinen zu lassen und ›an die Front‹ zu schicken. Hochgatterers Erzählung macht damit die Frage der Perspektive zu einer zentralen Schaltstelle: Die Psychoanalytiker blicken ja nicht durch die Augen eines Fisches, sie denken sich nur in die Perspektive des Fisches – sie stellen sich vor, wie ihr Produkt in den Augen eines Fisches aussehen und welche Reaktionen dieser Anblick hervorrufen könnte. Wie es für den Fisch ›wirklich‹ ist, wissen sie nicht, es ist letztlich auch egal – das Resultat (der Biss) zählt.

In diesem Setting spielen die angelnden Psychologen und Psychoanalytiker ihr Wissen aus: Sie wissen, wie man ein *Fake* schafft, das der Andere nicht als solches erkennen kann. Im Wahrnehmungssystem des Fisches kommt eine Fliege als Fliegen-Fake (also als Köder) offenbar nicht vor, es gibt nur die Unterscheidung Fliege/keine Fliege (Nahrung/keine Nahrung), nicht aber die Option ›sieht aus und bewegt sich wie eine Fliege, ist aber keine‹. Der Fisch/Leser könnte sich ja auch fragen: Wofür steht dieses Ding? Was hat es zu bedeuten? Ist es ›wirklich‹ eine Fliege?

Das Binden und Auswerfen der Köder zielt auf eine aggressive Überlistung desjenigen ab, der ihn ›liest‹. Der Köder stellt insofern einen ultimativen Anschlag auf das System des Fisches dar, als er dessen Wahrnehmungsfähigkeit gezielt zerstört: Fliege und Nicht-Fliege lassen sich nicht unterscheiden.

Nicht ohne Ironie erzählt auch Julians Begegnung mit dem Riesenbärenklau von den Konsequenzen der falschen Lektüre und Strategien der Überlistung. Julian entpuppt sich als naturunerfahrener Städter, der die Oberfläche der Natur ›nicht lesen‹ kann: Er registriert nur, dass es sich bei den Pflanzen nicht um Brennnesseln handelt – die optisch nun wirklich überhaupt nichts mit Riesenbärenklau gemeinsam haben – und rennt los. Mit den bekannten Folgen: der ›Sache mit der Photosensibilisierung‹. Dass es sich beim Riesenbärenklau um einen Neophyten, also eine nicht-heimische, eingewanderte Pflanze handelt, lässt es noch reizvoller erscheinen, diese Passage mit der ›Sache mit dem World Trade Center‹ zu verknüpfen.[60]

Wendet man diese Funktion des Köders – motiviert durch den Titel der Erzählung, der das Fliegen und das Fischen so eng miteinander verbindet – auf 9/11, werden die Anschläge wahrnehmungstheoretisch akzentuiert: Die Wahrnehmung eines Flugobjekts als ziviles bedeutet nicht, dass es auch zivil ist. *Das Zivile ist die Waffe* – darin besteht die fundamentale Verunsicherung, die man vor dem Hintergrund von Hochgatterers Textverfahren als das Spezifikum von ›9/11‹ lesen kann. Während die bis zum 11. September 2001 bekannten Flugzeugentführungen darauf basierten, ein Zivilflugzeug zu exterritorialisieren und zu instrumentalisieren, diese Exterritorialisierung jedoch auch wieder rückgängig gemacht werden konnte (das zivile Flugzeug wurde *nur vorübergehend in*

60 Mit der Engführung des menschlichen Kontakts mit der Vegetation und der im Hintergrund stehenden Gewaltsamkeit dieser Szene eröffnet der Text einen intertextuellen Raum, in dem sich prominente Texte versammeln: Johann Wolfgang Goethes Gedicht *Heidenröslein*, Alfred Döblins Erzählung *Die Ermordung einer Butterblume* oder, etwas anders gelagert, Franz Kafkas Kurzgeschichte *Ein Landarzt*. Diese Texte eröffnen einen Deutungsraum, in dem der männliche Kontakt zu Blumen/Blüten stets als Anspielung auf eine massive, sexualisierte Gewaltsamkeit lesbar wird. Verstärkt wird dieser Deutungsraum, weil die Eskalation beim Angelausflug ihren Ausgangspunkt nimmt, als Julian dem Fisch mit einem Totschläger eine Wunde am Kopf zufügt, die wie eine »hellrote Blüte« (F, 92) aussieht.

ein anderes Bedeutungsfeld übertragen), so führt das Modell ›9/11‹ schlichtweg zur Implosion der Abgrenzung von zivil und terroristisch.[61]

Dies korrespondiert mit Jean Baudrillards Überlegungen zum »neuen Terrorismus«. Baudrillard zufolge handelt es sich dabei um »eine neue Aktionsform, die sich die Spielregeln aneignet und das Spiel spielt, um es besser zu stören«[62]. Der Angriff verläuft dann nicht etwa im Raster des Krieges mit einem entzifferbaren Freund-Feind-Schema und in Form einer erkennbaren/lokalisierbaren Konfrontation, sondern ist bis zuletzt überhaupt nicht als Angriff lesbar. Der ›Terror‹ besteht nun nicht mehr darin, dass er ein Zeichen vom einen in ein anderes Bedeutungssystem überträgt, sondern darin, dass eine verlässliche/sinnhafte Zuordnung eines Zeichens zu dem einen oder dem anderen Paradigma verunmöglicht wird.

5.3.3 Terror auf Distanz: fliegen, fischen, lesen

Vor dem Hintergrund, dass die verlässliche Zuordnung eines Zeichens zu einem Paradigma verunmöglicht wird, möchte ich nun abschließend herausarbeiten, wie Hochgatterers Text seine Textualität mit Aspekten der (körperlichen) Einschreibung verknüpft und gerade durch diese Verknüpfung Terror als ein Textphänomen lesbar macht. Drei Aspekte sind dafür bedeutsam: erstens das Wort ›Fliegenfischen‹, das dem Hobby der drei Freunde seinen Namen gibt; zweitens der Zusammenhang zwischen Fehllektüre und Berührung/Kontakt; und drittens die Selbstbeschreibung des Ich-Erzählers als ›Abbildungsneurotiker ohne Kamera‹.

Für den ersten Aspekt bieten Roman Jakobsons Überlegungen zur poetischen Funktion der Sprache den systematischen Anknüpfungspunkt. An der titelgebenden Wortverknüpfung lässt sich ablesen, wie die poetische Funktion den politischen Diskurs der Erzählung prägt. Bekanntlich besteht diese Funktion darin,

---

61 Zur Kulturgeschichte der Flugzeugentführung: Annette Vowinckel: Flugzeugentführungen. Eine Kulturgeschichte. Göttingen: Wallstein 2011. Vowinckels Studie nimmt die ›Hochzeit‹ der Flugzeugentführungen in den 1960er und 1970er Jahren in den Blick, Flugzeugentführungen also, in denen das Flugzeug vom ›zivilen‹ ins ›terroristische‹ Feld übertragen und (beim Ende der Flugzeugentführung) wieder ins ›zivile‹ rückübertragen wurde. Mit ›9/11‹ befasst sich das Buch nicht näher, Vowinckel stellt lediglich am Rande pointiert fest, dass das Konzept der Flugzeugentführung mit ›9/11‹ ein »spätes und spektakuläres Ende« (S. 19) genommen habe.

62 Jean Baudrillard: Der Geist des Terrorismus. Herausforderung des Systems durch die symbolische Gabe des Todes. In: Ders.: Der Geist des Terrorismus, hg. von Peter Engelmann. Wien: Passagen 2003, S. 11-35, hier: S. 23.

»das Prinzip der Äquivalenz von der Achse der Selektion auf die Achse der Kombination« zu projizieren. Die Äquivalenz, die das Paradigma strukturiert, werde somit »zum konstitutiven Verfahren der Sequenz erhoben«[63]. In den sprachlichen Äußerungen, in denen die poetische Funktion an die erste Stelle der sprachlichen Mitteilung rücke, richte sie »das Augenmerk auf die Spürbarkeit der Zeichen« und vertiefe »die fundamentale Dichotomie der Zeichen und Objekte«[64]. Aber worin liegt die ›Spürbarkeit‹ der Zeichen? Moritz Baßler weist darauf hin, dass sich die Spürbarkeit der Zeichen nicht in erster Linie über deren Laut- oder Schriftwerdung erklären lasse: »[...] spürbar werden die Zeichen nach Jakobson allererst in poetischer Verwendung, in jener spezifischen Kombination, in der es gelingt, ihr paradigmatisches Element in den Kontext hinüber zu retten.«[65] Hat man diese systematischen Überlegungen zur Hand, dann lässt sich ein interessanter Blick auf das ›Fliegenfischen‹ werfen. Die poetische Dimension dieses Wortes wird offensichtlich, wenn man sich probehalber vorstellt, Hochgatterers Erzählung trüge den Titel *Eine kurze Geschichte vom Angeln*. Das Wort ›Fliegenfischen‹ erzeugt im Kontext der ›Sache mit dem World Trade Center‹ eine große poetische Kraft. Denn die Worte ›fliegen‹ und ›fischen‹ stehen in einem paradigmatischen Verhältnis der Äquivalenz zueinander, sie provozieren alleine schon aufgrund ihrer phonologischen Ähnlichkeit ihre Zusammenführung: Sie haben die gleiche Buchstabenzahl, die gleiche Betonung und sind darüber hinaus durch eine Alliteration, eine Assonanz und einen Endreim miteinander verbunden.[66]

Die beiden Worte, die im Wort *Fliegenfischen* zusammenkommen, gehören nicht so unterschiedlichen Bedeutungsfeldern an, wie es zunächst scheinen mag. Das Wort ›fliegen‹ ist nämlich seiner Herkunft nach doch ziemlich nah am Wasser gebaut:

uralten zusammenhang zwischen fliegen und fliehen eingeräumt, liesze sich in gleicher tiefe beiden auch das wort flieszen als verwandt zugesellen. der fisch flieszt im wasser,

63 Jakobson: Linguistik und Poetik, a.a.O., S. 94.

64 Jakobson: Linguistik und Poetik, a.a.O., S. 92.

65 Moritz Baßler: Die kulturpoetische Funktion und das Archiv. Eine literaturwissenschaftliche Text-Kontext-Theorie. Tübingen: Francke 2005, S. 61 f.

66 Über die phonologische Ähnlichkeit hinaus halte ich am Wort Fliegenfischen noch einen weiteren Aspekt für bemerkenswert: Es unterschlägt, dass die ›Insekten/Fliegen‹ keine lebendigen/›natürlichen‹ Fliegen sind, sondern das *Ergebnis* eines künstlichen/künstlerischen *Vorgangs*.

wie der vogel in der luft fliegt und die flut rinnt, entrinnt, entfliezst, entflieht unserm auge. fliegen und fliezen verbinden sich oft.[67]

Andere etymologische Ansätze verbinden das Wort ›fliegen‹ mit dem indogermanischen *pleuk*, das »schweben, schwimmen«[68] bedeutet. ›Fliegen‹ und ›fischen‹ verbindet demnach eine semantische Überschneidung auf paradigmatischer Ebene, die *nicht diskursiv* hergestellt wird. Hier trifft es sich mit dem Wort ›Fischen‹. Während die Verknüpfung von World Trade Center - Photosensibilisierung - Angeln über die *paradigmatische Konfrontation des Einen mit dem Anderen* und deren gleichzeitiger diskursiver Plausibilisierung funktioniert, so führt die syntagmatische Verknüpfung von ›Fliegen‹ und ›Fischen‹ auf eine Überschneidung hin, die *in der Sprache angelegt ist.* Die beiden Worte ›Fliegen‹ und ›Fischen‹ stehen durch die Etymologie von ›Fliegen‹ in einem paradigmatischen Verhältnis zueinander und diese Kombination hat den Effekt, dass Fliegen (mit dem Assoziationsraum ›9/11‹, Flugzeuge, Falling Man) nicht in das Feld des Fischens (der Angelausflug) *übertragen* wird, sondern dass die Kombination von ›Fliegen‹ und ›Fischen‹ schon Ausdruck dafür ist, dass die poetische Funktion der Sprache an die erste Stelle rückt. ›Fliegen‹ und ›Fischen‹ berühren sich schon im Titel, noch bevor die Erzählung sie später in eine diskursive Beziehung zueinander setzt.

Der Text stellt seine Hinwendung zur Textualität deutlich aus – und die politische Dimension des Lesens besteht, so kann man folgern, gerade darin, den Blick auf die poetische Funktion der Sprache zu richten. Poetische Texte zu lesen, bedeutet mit Jakobson, die Materialität der Signifikanten gewahr zu werden, sie zu berühren.

Für den zweiten Aspekt, den Zusammenhang von Fehllektüre und Berührung möchte ich hier die sprachpolitische Vereinbarung, keine Politik zu besprechen, nochmals aufgreifen: Diese Reglementierung hat ihr Komplementärstück darin, dass der Ire das Fliegenfischen als einen Akt »reine[r] Kunst« (F, 70), motiviert aus der »Liebe zur Poesie« (F, 75) begreift. Reine Kunst, so kann man aus diesen Äußerungen folgern, setzt die Abwesenheit von Politik voraus und erfordert

67 Vgl. Deutsches Wörterbuch von Jacob Grimm und Wilhelm Grimm: FLIEGEN: »[...] uralten zusammenhang zwischen fliegen und fliehen eingeräumt, liesze sich in gleicher tiefe beiden auch das wort fliezen als verwandt zugesellen. der fisch fliezt im wasser, wie der vogel in der luft fliegt und die flut rinnt, entrinnt, entfliezt, entflieht unserm auge. fliegen und fliezen verbinden sich oft«. Abrufbar unter: http://woerterbuchnetz.de/DWB/?sigle=DWB&mode=Vernetzung&lemid=GF05823#XGF05823, zuletzt abgerufen am 9. Februar 2016.

68 Vgl. Eintrag FLIEGEN in: Kluge – Etymologisches Wörterbuch, a.a.O., S. 302.

die völlige Zweckfreiheit: Der Ire lässt durchblicken, dass er es grundsätzlich ablehnt, Fische umzubringen und »es ihm nie im Leben einfallen würde, so ein herrliches Tier zu essen« (F, 48 f.). Fängt er einen Fisch, etwa eine Forelle, »streicht« er über sie, »als wäre sie eine kleine Katze« (F, 73) und setzt sie zurück ins Wasser. Julian hingegen hat »extra« (F, 49) für den Ausflug einen Totschläger gekauft und lässt keinen Zweifel daran, einen bestimmten Zweck mit dem Ausflug zu verbinden: die Fische zu töten und später verspeisen zu wollen. Während Julian das Fischen als ein Mittel zum Zweck ansieht, geht es dem Iren gerade um die Zweckfreiheit des Angelns:

> Den Iren kann man mit solchen Dingen begeistern: Eine Fliege, auf die garantiert kein Fisch beißt, an eine Stelle zu werfen, an der sich garantiert kein Fisch befindet. »Das ist reine Kunst«, sagt er dann, »völlig losgelöst von irgendeinem Zweck.« (F, 69 f.)

Die Begeisterung für solche Zweckfreiheit bringt ihn auch dazu, Fliegenköder im September zu verwenden, die »an und für sich ein Modell für Juniabende« sind.

Reine Kunst, völlige Zweckfreiheit und Liebe zur Poesie – das Fliegenfischen wird hier in einem Vokabular gefasst, das es in den Bereich der reinen ästhetischen Tätigkeit und Wahrnehmung verschiebt. Die Abwesenheit von Politik bedeutet in diesem Verständnis die Abwesenheit von Gewalt, von Zweckrationalität und damit die reine Kunst, das freie ästhetische Spiel. Diese Worte erinnern an Schillers *Ästhetische Erziehung*, wo es um den »zwecklosen Aufwand« des freien, ästhetischen »Spiele[s]« geht, eine Tätigkeit, die sich »in der hohen Freiheit des Schönen über die Fessel jedes Zweckes erhebt«.[69] Das zweckfreie ästhetische Spiel wird hier als eine gewaltfreie Sphäre gezeichnet, als Möglichkeit, die Utopie einer restlosen Harmonisierung von Natur und Vernunft, Individuum und Gemeinschaft auszubuchstabieren. Nun ist aber nicht nur Schillers Text von sowohl inhaltlicher Dialektik als auch formalen Brüchen (nicht zuletzt durch die Brief-Form mit den 26 Rissen zwischen den Briefen, die auf formaler Ebene die Idee einer Harmonisierung und Verständigung unterlaufen) geprägt, sondern der Entwurf einer reinen Kunst und eines gewaltfreien Spiels wird auch Hochgatterers Text zur Reibungsfläche.

Während die Protagonisten noch die Zweck- und Gewaltfreiheit des Angelns und die Abwesenheit von Politik aushandeln, hat der Text sie hinter ihrem Rü-

69 Friedrich Schiller: Über die ästhetische Erziehung des Menschen in einer Reihe von Briefen. In: ders.: Sämtliche Werke, Band V, hg. von Wolfgang Riedel. München: Hanser 2004, S. 570-669, hier: S. 663 f.

cken schon unauflösbar miteinander verschränkt, wie sich an der folgenden Passage zeigen lässt:

> Bei den nächsten drei Versuchen passiert nichts, beim vierten ist der Fisch wieder da: kommt, steigt, taucht ab. Beim neunten Wurf zieht er einen vollen Kreis, beim zwölften wirbelt er im Abgang die Oberfläche auf, beim vierzehnten hat er Kontakt zur Fliege. Er tupft sie an, einmal, zweimal. Das Spiel wiederholt sich, der Fisch tupft, schiebt die Fliege vor sich her, tupft noch einmal. (F, 88 f.)

Erinnert man sich hier an die wollüstige Dimension des Textes, dann lässt sich das ›Spiel‹, von dem hier die Rede ist, als ein Spiel des Lesens begreifen – durchaus auch im Sinne Jakobsons, bei dem die Lektüre der Signifikanten die Qualität einer Berührung haben kann. Die Szene des tupfenden Fisches lässt sich somit als eine Szene des Lesens begreifen.

Zugleich wird hier auch ein gewalttätig strukturiertes Verhältnis zwischen Fisch/Köder bzw. Leser/Text erkennbar – und zwar, noch *bevor* ein Fisch an den Angelhaken geht. Auch wenn das Spiel als von sanften Berührungen geprägt beschrieben wird – die Fliege ist am Ende »zerfetzt« (F, 89). Ein Blick auf die Etymologie des Wortes ›tupfen‹ mag das erklären: das Wort beschreibt einen wiederholten Vorgang des »leicht stoszend[en] berühren[s]«, der so spielerisch, wie er zunächst scheint, gar nicht ist. Neben »punktieren, sprenkeln, farbflecke machen« – wobei sich der »wortsinn bald von dem vorgang in das ergebnis der tätigkeit verlagert« – bezeichnet ›tupfen‹ auch dezidiert gewalttätige Handlungen, wie beispielsweise »mit der brennenden lunte eine kanone losbrennen« sowie »verschiedene arten einer stärkeren berührung« wie klopfen, hauen, schlagen, prügeln und durch Schläge demütigen.[70]

Das Binden eines Köders mit dem Zweck der Überlistung des Anderen hat eine gewalttätige Dimension (und auch Intention). Hochgatterers Text macht nun aber deutlich, dass auch dem Akt des Lesens eine solche gewaltsame Dimension innewohnt.

›Ködern‹ und Lesen werden in Hochgatterers Text in ein Verhältnis der Reziprozität gesetzt, sie werden als Vorgänge der Berührung gezeichnet. Die Erzählung zeigt auf, dass es kein zweckfreies Lesen gibt, dass Lesen und Berührung Bestandteile desselben ›Spiels‹ sind. Und dies führt zur Möglichkeit, die mit dem Tupfen verbundene Berührung phänomenologisch zu lesen: Bei einer Berührung handelt es sich immer um eine wechselseitige Berührung. Zwar di-

70 Deutsches Wörterbuch von Jacob und Wilhelm Grimm: TUPFEN. Abrufbar unter: http://woerterbuchnetz.de/DWB/?sigle=DWB&mode=Vernetzung&lemid=GT14731#XGT14731, zuletzt abgerufen am 9. Februar 2016.

vergiert die »Berührungsrichtung [...], sonst würde nicht eines das andere berühren, doch die Berührung selbst läßt sich nicht aufteilen. Es ist unmöglich, daß X Y berührt, ohne daß Y zugleich X berührt. Das Berühren stellt eine symmetrische Relation dar.«[71] Die Berührung ist trotz ihres scheinbar sanften Charakters nicht das Gegenteil des ›harten‹ Kontakts, wie er sich beispielsweise ereignet, wenn sich der Angelhaken in den Rachen bohrt oder Julian »mit dem Gesicht voran« in den Bärenklau »stürzt«. (F, 94) Sie markiert Waldenfels zufolge vielmehr eine Form des Zugriffs und der Zudringlichkeit, die gerade in der Oberflächlichkeit der Berührung ihre »aggressiven Komponenten«[72] entfaltet und sich daher als eine »sanfte«[73] Form der Gewaltausübung beschreiben lässt.

So schön die Vorstellung des Iren sein mag, mit dem Fliegenfischen eine reine, zweckfreie Form der Kunst auszuüben, so irrig ist sie: Terror konstituiert sich in der Reziprozität des Lesens.

Und das führt zum dritten Aspekt: dem ›Abbildungsneurotiker ohne Kamera‹. Im bisherigen Verlauf dieser Arbeit sind viele Texte zur Sprache gekommen, in denen die Fernsehbilder der Anschläge vom 11. September beschrieben wurden. Solche Schilderungen finden sich bei Hochgatterer nicht. Und das sollte man unbedingt programmatisch verstehen. Der Text vollzieht konsequent einen Medienwechsel vom Bild zum Text. Und zwar nicht vom Bild zur textlichen Beschreibung eines Bildes, sondern hin zur Textualität. Damit wirft er die Frage nach Möglichkeiten des Kontakts, der Berührung *im Medium des Textes* auf. Die Photosensibilisierung (also die gesteigerte Lichtempfindlichkeit der Haut), die so eng mit der ›Sache mit dem World Trade Center‹ verknüpft ist, spielt sicherlich nicht zufällig im Paradigma der Abbildungstechnik (auch Foto- und Filmkameras funktionieren über die Fotosensitivität). Die Besonderheit an der Abbildung durch Lichtempfindlichkeit besteht ja darin, dass etwas, das auf Distanz liegt, eine Spur hinterlässt. Eine Einschreibung auf Distanz.

Zunächst einmal führt der Text einen Versuch vor, die ›Sache‹ auf Distanz zu halten. Und doch stellt sich über den Akt des Lesens eine große Nähe her. An den Folgen der Fehllektüre wird dies offensichtlich, diese werden als unmittelbar körperliche gezeichnet: Julian »sitzt im Sand und betrachtet seine Hände. Sie sind flammend rot, die linke zur Gänze, an der rechten alles bis auf Daumen, Zeige- und Mittelfinger. Schräg über sein Gesicht, vom rechten Unterkiefer zum linken Auge, zieht sich ein ebenso roter Streifen.« (F, 95) Die ›Abbildung‹ der Fehllektüre wird auf der Haut sichtbar, jenem Tastorgan, das Bernhard Walden-

71 Bernhard Waldenfels: Bruchlinien der Erfahrung. Phänomenologie, Psychoanalyse, Phänomenotechnik. Frankfurt am Main: Suhrkamp 2002, S. 77.

72 Waldenfels: Bruchlinien der Erfahrung, a.a.O., S. 96 f.

73 Waldenfels: Bruchlinien der Erfahrung, a.a.O., S. 96.

fels zufolge »die allgemeine Kontaktzone zwischen Umwelt und leiblicher Innenwelt«[74] bildet. Dem Tastsinn, den taktilen Eindrücken über die Haut können wir uns nicht entziehen:

Die weitgestreute und über den gesamten Leib verbreitete Tastempfindlichkeit schließt aus, daß wir das Tasten auf ähnliche Weise unterbrechen, wie wir die Augen schließen oder uns die Ohren verstopfen. Als leibliche Wesen, die sich nur am Leben erhalten, indem sie sich gegen eine Umwelt abgrenzen, sind wir taktilen Empfindungen immerzu ausgesetzt. Unsere Verletzlichkeit findet hier ihre leibliche Grundlage.[75]

Es ist schlichtweg unmöglich, sich der taktilen Empfindung zu entziehen. In der Abgrenzung von der Umwelt und der daraus entstehenden unhintergehbaren Verletzlichkeit entsteht das leibliche Wesen.

Hochgatterers Text endet mit einer Phantasie des Ich-Erzählers, die sich auf den ersten Blick als eine moralisch-ethische Utopie zur Vermeidung der verletzenden Begegnung liest. Nein, diese Utopie besteht nicht darin, gefangenen Fischen das Leben zu retten, sondern darin, dass es zwischen Fisch und Köder erst gar nicht zu einer Berührung kommt:

Ich stelle mir eine Äsche mit ihrem klugen Gesicht und ihrer schleierförmigen Rückenflosse vor. Ich stelle mir vor, wie sie unter Wasser eine Mrs. Simpson trifft und keine Sekunde daran denkt, nach ihr zu schnappen. Die beiden winken einander höflich zu, dann schwimmt die Äsche davon. (F, 112)

Die höfliche Distanz, eine ethisch-moralische Alternative zum Prinzip des Köderns? Das Ende der Erzählung so zu lesen, bedeutete, die gnadenlose Ironie dieser Passage zu überlesen. Ein Fisch und ein Köder winken sich *höflich* zu, der Köder trägt ausgerechnet auch noch den Namen einer Comicfigur aus der Fernsehserie ›Die Simpsons‹, die wie kaum eine andere das Scheitern einer ethisch-moralischen Vorstellung von *Höflichkeit* als Regulationsmechanismus des menschlichen Zusammenlebens zeichnet. Kurz und gut: die Szene nicht in ihrer Ironie zu erkennen, hieße, das Spiel von Köder und Überlistung von Neuem zu beginnen. Das die Erzählung abschließende Deutungsangebot der Höflichkeit (ein Beginn mit ›Terror‹, ein Ende mit ›Höflichkeit‹ und Toleranz) ist schlichtweg ein weiterer Köder, den der Text auswirft. Und somit zeigt die Schlussszene der Erzählung auf, dass auch das Distanzhalten keine Möglichkeit darstellt, der

74 Waldenfels: Bruchlinien der Erfahrung, a.a.O., S. 69.

75 Waldenfels: Bruchlinien der Erfahrung, a.a.O., S. 70.

gewaltsamen Strukturierung des Lesens und Gelesenwerdens zu entkommen. Auch über die Distanz findet eine Berührung statt.

Abschließend möchte ich noch einmal auf Jakobsons Formulierung von der Spürbarkeit der Zeichen zurückkommen. Hochgatterers Text radikalisiert Jakobsons Theorie: Der reziproke Akt des Lesens stellt grundsätzlich eine Form der Berührung dar. Die Textualität und die mit ihr verbundene Notwendigkeit und Herausforderung, zu lesen, konstituiert dabei ein spezifisches Verhältnis zwischen Zeichen und Körpern. Hochgatterers Text macht klar: Man kann nicht nicht-lesen. Das ist das kultursemiotische und poetische Programm des Textes: Man kann sich dem Lesen nicht entziehen, es strömen permanent Zeichen auf uns ein, die gelesen werden wollen. *Eine kurze Geschichte von Fliegenfischen* zeichnet dieses Verhältnis als das paradoxe Phänomen einer unmittelbaren körperlichen Nähe auf Distanz. Eine Nähe zum Ereignis sucht der Text dabei nicht. Die ›Sache mit dem World Trade Center‹ erzählt er in der paradoxen Konstellation von distanzierter Lektüre und körperlicher Einschreibung und entwirft so eine *Poetik des Terrors ohne Terror*.

5.4 Vignetten: Beobachtung, Verschwörung, Kollateralschäden

Beschreibt sich der Ich-Erzähler in Hochgatterers Erzählung als einen ›Abbildungsneurotiker ohne Kamera‹, so kann man Rainald Goetz' *elfter september 2010* wohl als das Buch eines ›Abbildungsneurotikers mit Kamera‹ bezeichnen.[76] Goetz' 2010 erschienenes Buch ist ein Bildband, der auf über 220 Seiten Fotografien versammelt. Diese Fotografien wurden hauptsächlich im Berliner Kultur- und Politikbetrieb aufgenommen, einige zeigen aber auch Straßenszenen in New York City. Durch den Titel schreibt sich das Buch zwar explizit in den ›9/11‹-Diskurs ein, der Zusammenhang zwischen den Fotografien und dem 11.9.2001 ist allerdings weniger offen ersichtlich, als der Titel es suggeriert: der ›Terror‹ spielt auf der inhaltlichen Ebene nur eine marginale Rolle, auf den ersten Blick ist es lediglich der plakative Titel, der den deutschen bzw. Berliner Kulturbetrieb mit ›9/11‹ in Beziehung setzt. Die Bilder aus New York stehen in keinem offen erkennbaren Zusammenhang mit ›9/11‹. Die Fotografien haben überwiegend den Charakter von Schnappschüssen, und selbst diejenigen Bilder,

76 Rainald Goetz: elfter september 2010. Bilder eines Jahrzehnts. Berlin: Suhrkamp 2010. Im Folgenden zitiere ich aus dieser Ausgabe direkt im Text mit der Angabe (ES, Seitenzahl).

die offensichtlich nicht aus der Hüfte geschossen wurden, sondern beispielsweise arrangierte Porträts darstellen, vermitteln in erster Linie die Spontaneität dieser Inszenierung. Ähnlich wie die Fotografien in Kathrin Rögglas *really ground zero*, mit dem Goetz' Titel die Kleinschreibung gemein hat, zielt *elfter september 2010* darauf ab, Authentizitätseffekte zu erzeugen – nur eben, ohne Bilder aus dem engeren Kontext der Anschläge zu präsentieren.[77]

Der Bildband verknüpft den ›9/11‹-Diskurs mit all seinen vielfältigen und diffusen Assoziationen mit der (folgt man den Bildern: männlich dominierten) Berliner Kultur- und Politikszene im Zeitraum der ›Nullerjahre‹. Eindeutige Hinweise auf die Anschläge des 11. September 2001 tauchen nur an zwei Stellen auf: Eine Fotografie, die eine Straßenszene in New York City zeigt, ist mit »elfter september 2001« unterschrieben (ES, 66). Aus dem Abgebildeten selbst wird allerdings nicht ersichtlich, dass bzw. was es mit dem 11. September 2001 zu tun haben könnte. Zu sehen ist der überdachte Eingangsbereich eines Hauses. Auf der Überdachung befindet sich die Aufschrift »International Toy Center«. Allein die Bildunterschrift »elfter september 2001« stellt den Konnex zwischen »International Toy Center« und »World Trade Center« her. Die Text-Bild-Kombination will keine dokumentarische Aussage über den 11. September 2001 treffen. Bild und Bildunterschrift verweisen auf eine eher spielerische und assoziative Auseinandersetzung mit ›9/11‹.

Wenige Seiten später finden sich zwei kurz hintereinander aufgenommene Fotografien. Sie zeigen einen Fernsehbildschirm, auf dem Ulrich Wickert eine Sonderausgabe der *Tagesschau* am 11. September 2001 moderiert. Die Bildunterschrift lautet: »Ulrich Wickert« (ES, 78). Die Fotografien sind von schwarzen Querstreifen durchzogen und haben am unteren rechten Rand einen Datumsstempel, der aussieht, als wurde er vom Fotoapparat automatisch erzeugt. Der Stempel evoziert insofern einen Beglaubigungseffekt, als er behauptet, dass die Fotos am 11. September 2001 aufgenommen worden seien. Die Aufnahmen könnten natürlich auch rückdatiert worden sein, indem bspw. die Datumseinstellung an der Kamera geändert wurde. Ebenso lassen sich die schwarzen Querstreifen technisch als Rückkopplungseffekte beim Abfotografieren eines Fern-

77 Zugleich folgen die Bilder in Kombination mit ihren Bildunterschriften einer Insider-Logik: Zwar sind fast alle Bilder mit einer Bildunterschrift versehen, diese stellt aber selten einen erklärenden, sondern vielmehr einen intertextuell anspielungsreichen, mitunter auch assoziativen Zusammenhang zwischen Bild und Text her. Wer mit den abgebildeten, mehr oder weniger prominenten Personen genauso wenig anzufangen weiß wie mit den intertextuellen Informationen (Christian Kracht wird beispielsweise durch die ersten Worte seines Romans *Faserland* kenntlich gemacht, vgl. ES, S. 24 f.), wird nicht erfahren, um wen es sich handelt.

sehbildes erklären. Diese Details sind keineswegs rein technische Fragen, sie verweisen vielmehr auf die Komposition des Buches und damit auf dessen Programmatik. Durch die Kapiteleinteilung entsteht ein Widerspruch. Insofern das mit *Ruine* betitelte Kapitel, in dem die genannten Bilder platziert sind, den Zeitraum von 2004 bis 2007 abzudecken behauptet (ES, 61)[78], weisen die darin platzierten Bilder, die auf das 2001 datiert sind, Spuren der Nachträglichkeit auf. Sie markieren nicht den Beginn des Jahrtausends, sondern sind in dessen Mitte verortet. Sie stehen zeitlich gesehen im Zentrum des Jahrzehnts. Dem Jahrzehnt wird somit eine paradoxe Zeitlichkeit zugeschrieben – zum einen eine nicht vergehende Gegenwart, zum anderen aber unübersehbare Spuren verrinnender Zeit: »Im Alltag der Stadt und in den Gesichtern der Menschen wütet die Zeit. [...] Das Unvergangensein der aktuellen Gegenwart reicht noch zurück bis an den Anfang des Jahrzehnts.«[79] Die Aussagekraft der Bilder besteht folglich nicht in ihrem dokumentarischen Wert, als nachträglich realisierte stellen sie ihre ästhetische Qualität aus, die sich auf drei Ebenen auswirkt.

Erstens im Hinblick auf die Rezeption der Bilder: Sie fordern zur genauen Betrachtung heraus, mit einem Blick, der in ihnen eine Ikonografie der ›Nullerjahre‹ erkennt, die sich allerdings nicht aus ihrem vordergründig dokumentarischen Zusammenhang erklärt. Und zu dieser Ikonografie gehört offensichtlich ›9/11‹, in diesem Befund treffen sich Hochgatterers Erzählung und Goetz' Bildband. Wenn das Zeichen ›9/11‹ eingespielt ist, lässt es sich nicht mehr ausblenden und hat notwendigerweise Auswirkungen auf die Deutung der Bilder. So auch auf das Bild, das den Aufnahmen der *Tagesschau* zur Seite gestellt ist und das einen kleinen Ausschnitt einer steinernen Mauer zeigt (ES, 79): Durch den Aufnahmewinkel und den Schattenwurf sieht dieser Ausschnitt wie einer der Twin Towers aus (auf dem Bildausschnitt der *Tagesschau* steht ebenfalls nur noch einer der Türme), ein schwarzer Fleck auf der Wand erweckt Assoziationen an wahlweise ein heranfliegendes Flugzeug oder den *Falling Man*.[80]

---

78 Einige Rezensionen des Buches sprechen irrigerweise davon, dass die Bilder »chronologisch« geordnet sein, was offensichtlich (und programmatisch begründet) nicht der Fall ist. Vgl. bspw: Cord Riechelmann: Die Bilder sagen, das war doch erst gestern, und trotzdem ist es schon zehn Jahre her. In: Jungle World Nr. 42, 21. Oktober 2010. Abrufbar unter: http://jungle-world.com/artikel/2010/42/41931.html, zuletzt abgerufen am 9. Februar 2016; Christopher Strunz: Irritierend produktive Offenheit. In: Textem. Texte und Rezensionen, abrufbar unter http://www.textem.de/index.php?id=2123, zuletzt abgerufen am 9. Februar 2016.

79 So heißt es im Klappentext des Buches.

80 Jürgen Möllemann, der sich bei einem Fallschirmsprung im Juni 2003 das Leben nahm, taucht gleich mehrmals in dem Buch auf. Eine bösartige Wendung in den deut-

Dieser ikonografische Anspruch, der den scheinbaren dokumentarischen Charakter der Bilder gezielt unterläuft, hängt mit der zweiten Ebene eng zusammen: Goetz' Buch stellt eine bildpolitische Intervention dar. Sie besteht darin, Fotografien nicht als Abbildung der Realität, sondern als eigenständige Zeichensysteme zu postulieren. *elfter september 2010* fordert eine Lektüre, die, um es mit Stephen Greenblatt zu formulieren, stets zwischen »Resonanz« und »Staunen« oszilliert, zwischen einer Kontextualisierung der Bilder und einer Hinwendung zu ihrer ästhetischen Eigenlogik.[81] Goetz' Bildband bezieht somit Stellung gegen eine Bildpolitik nach ›9/11‹, die darauf abzielte, ›dokumentarische‹ Bilder nutzbar zu machen, um die (kriegerischen) Handlungen politischer Akteure zu legitimieren.

Die dritte Ebene lässt sich als eine Zeitdiagnose der deutschen Popkultur der ›Nullerjahre‹ begreifen. Die Kehrseite dessen, was Žižek als die ›happy 90s‹ apostrophierte, lässt sich mit dem Titel eines am Ende dieses Jahrzehnts erschienenen Buches als *Tristesse Royale* beschreiben. Unter diesem Titel erschien das Gespräch von fünf tonangebenden Protagonisten der deutschen Popliteratur bzw. -kultur. Die Gegenwart zeichneten sie als eine einzige, unglaublich langweilige Wiederkehr des Immergleichen; in dieser Gegenwart ist ihnen auch die Politik zu einer »Scheinwelt«[82] geworden. Ausgehend von dieser Diagnose begeistern sich die fünf Autoren für die Vorstellung, dass ein »Ausweg« aus dieser Langeweile ein »Krieg«, »eine neue Form des urbanen Terrorismus«, »die Bombardierung der Stätten des Falschen« sein könnte.[83] Selbstverständlich erscheint diese Vorstellung den fünf Protagonisten nur unter der Maßgabe attraktiv, dass sie in

schen Kontext? Es lassen sich darüber hinaus zahlreiche Fotografien in dem Band finden, die inhaltlich mit ›9/11‹ nicht in Verbindung stehen, motivisch jedoch auf die Ikonografie von ›9/11‹ anspielen. Einige Beispiele seien hier genannt: das Titelbild zeigt den Bildausschnitt einer Mauer; S. 48 f.; S. 115; S. 116 f.; S. 118; S. 119; S. 133; S. 150; S. 216.

81 Stephen Greenblatt: Resonanz und Staunen. In: ders.: Schmutzige Riten. Betrachtungen zwischen Weltbildern. Berlin: Wagenbach 1991, S. 7-29.

82 Tristesse Royale – das popkulturelle Quintett mit Joachim Bessing, Christian Kracht, Eckhart Nickel, Alexander von Schönburg und Benjamin von Stuckrad-Barre. Berlin: Ullstein 1999, S. 155.

83 Alle Zitate: Tristesse Royale, a.a.O., S. 156. Niels Werber hat die Terror-Begeisterung des ›popkulturellen Quintetts‹ überzeugend als die Konstitution einer »medialen Oberfläche« analysiert, die der Popkultur zur unpolitischen Spielfläche wird. Niels Werber: Vom Glück im Kampf. Krieg und Terror in der Popkultur. Abrufbar unter: http://homepage.ruhr-uni-bochum.de/niels.werber/Antrittsvorlesung.htm, zuletzt abgerufen am 9. Februar 2016.

sicherer Distanz zu den phantasierten Gewaltakten verbleiben. Diese melancholisch-verklärende, zugleich avantgardistisch und aktionistisch erscheinende Haltung ist die Signatur der Szenen, die Goetz in seinem Fotoband festhält, teilweise zeigen sie ja sogar die Protagonisten des ›popkulturellen Quintetts‹. Und was machen sie auf den Bildern? Das gleiche, wie vor dem 11. September 2001: Sie tanzen, koksen, tragen teure Anzüge und gefallen sich dabei wahnsinnig gut. Nur tanzt es sich womöglich noch besser nach dem 11. September – der Terror ist ja, wie von Kracht, Stuckrad-Barre und Co. erhofft, tatsächlich auf Distanz geblieben. Goetz' Bildband seziert diese Szene, deren Teil er auch ist, indem er eine (brüchige) Beobachterposition einnimmt. Allerdings ringt er auch um ein Verhältnis zu ihr und knüpft darin an die Poetik seines Romans Kontrolliert an – dort buchstabiert sich der Widerstreit zwischen Identifikation mit dem Terror und einer gleichzeitigen radikalen Distanzierung auf einer Mirkoebene des Schreibens aus. Als teilnehmende Beobachtung schießt Goetz' Bildband zurück – auch wenn es ›nur‹ Fotos sind.

Auch in Peter Glasers Erzählung *Geschichte von Nichts* ist es lediglich ein Satz, in dem vom Einsturz des World Trade Center berichtet wird: »Am Nachmittag rief Henri an und sagte, das Welthandelszentrum in New York sei eingestürzt.«[84] Ein Satz, der mitten in der Erzählung fällt, nebenbei, »fast könnte man es übersehen«[85]. Er wirkt auch deshalb so nebensächlich, weil die Anschläge keinen offensichtlichen Einfluss auf die Handlung haben und allem Anschein nach auch keine der Figuren sonderlich interessieren. Volker Mergenthaler hat jedoch überaus überzeugend ausgearbeitet, dass Glasers Text »der scheinbaren Weltereignis- und Katastrophenabstinenz zum Trotz als etho-poetologischer Beitrag zur vieldiskutierten Frage nach dem Verhältnis von ›Nine-Eleven‹ und Literatur zu entziffern ist«[86]. Der Text stelle nicht zuletzt durch seine intertextuellen

84 Peter Glaser: Geschichte von Nichts. In: ders.: Geschichte von Nichts. Erzählungen. Köln: Kiepenheuer&Witsch 2003, S. 13-36, hier: S. 24. Im Folgenden zitiere ich aus dieser Ausgabe direkt im Text mit der Angabe (GVN, Seitenzahl).

85 Kolja Mensing: Idyll am Wörthersee. In: die tageszeitung vom 30. Juni 2002. Zitiert nach: Peter Schindel (Hg.): Die Besten 2002. Klagenfurter Texte. Die 26. Tage der deutschsprachigen Literatur in Klagenfurt. München, Zürich: Piper 2002, S. 193.

86 Volker Mergenthaler: ›Nichts‹ ist größer als der 11. September. Peter Glasers *Geschichte von Nichts.* In: Wirkendes Wort 2011, Jg. 61, Heft 2, S. 273-291, hier: S. 279. In der Diskussion während des Bachmann-Wettbewerbs machte Burkhard Spinnen darauf aufmerksam, dass Glasers Text einer von den ersten sei, »in denen dem 11. September auf angemessene Art und Weise begegnet wird. […] Das Katastrophische der großen Geschichte steht neben dem gewissermaßen organisch Katastrophischen

Anspielungen Fragen der Wahrnehmung, des Sehens und der Überführung des Gesehenen in eine Erzählung in sein Zentrum. Durch das genauestens geknüpfte Netzwerk des Textes entwerfe der Text eine poetische Verfahrensweise, in der vermeintlich isolierte und kontingente Sachverhalte metonymisch ineinandergreifen – auf diese Weise werde auch ›9/11‹ in den Bedeutungszusammenhang des Textes eingeflochten.[87] Mergenthalers Beobachtungen lassen sich nutzen, um den Blick auf die Erzählung gleichzeitig zu verschieben: von der ›ethopoetologischen‹ Fragestellung hin zur Frage, was ›Terror‹ überhaupt sein könnte.

Während Hochgatterers *Geschichte* vorgibt, vom Fliegenfischen zu handeln, formuliert Glasers Erzählung bereits in ihrem Titel ein paradoxes Anliegen: Eine Geschichte von Nichts lässt sich schlechterdings nicht *erzählen*. Und was wäre dieses Nichts überhaupt? Der ›Terror‹ von ›9/11‹?

»Ich wusste, dass Stella um diese Zeit zur Arbeit unterwegs war. [...] Ich schickte ihr als Kurznachricht zwei Leerzeichen. Nach einer Weile kamen drei Leerzeichen als Antwort, und ich fand, dass sie etwas für mich übrig hat.« (GVN, 18) Der Ich-Erzähler berichtet hier von einer Form der SMS-Kommunikation, die technisch nicht möglich ist, Leerzeichen werden in einer SMS nur sichtbar, wenn sie von anderen Zeichen umgeben sind. Die *Geschichte von Nichts* reklamiert hier die Freiheit der literarischen Imagination für sich, zeichenhafte Kommunikation in Form von Leerzeichen zu erzählen. Zwei Leerzeichen, zwei eingestürzte Türme: Der ›Terror‹ als Leerstelle – diesen Deutungsraum öffnet Glasers Erzählung. An der Passage ist aber noch etwas anderes bemerkenswert: Ergänzt um die drei Leerzeichen, die seine Freundin ihm antwortet, ergeben sich die Zahlen 2 und 3. Ausgerechnet die Seitenzahlen der Seite 23 sind mit einem Ausrufezeichen versehen (streng genommen also einem paratextuellen Hinweis).[88] Die Seitenangabe »23!« ist schließlich das letzte Zeichen, bevor auf der folgenden Seite der oben zitierte Satz zum World Trade Center fällt. Nun ist bekannt, dass die Zahl 23 im Zentrum auch popkultureller Verarbeitungen von Verschwörungstheorien steht[89], und auch zum 11. September 2001 existiert eine regelrechte Bewegung von Verschwörungstheoretikern. Ihnen geht es darum, zu beweisen, dass die Sicherheitsbehörden von den bevorstehenden Anschlägen gewusst, sie aber absichtlich nicht verhindert hätten, oder sie

der Einzelgeschichten.« Zitiert nach: Peter Schindel (Hg.): Die Besten 2002, a.a.O., S. 35 f.

87 Mergenthaler: ›Nichts‹ ist größer, a.a.O., S. 284.

88 Vgl. dazu auch Mergenthaler: ›Nichts‹ ist größer, a.a.O., S. 285 ff.

89 Unter anderem durch den Film *23 – Nichts ist so, wie es scheint* (D, 1998, Regie: Hans-Christian Schmidt).

gehen noch weiter und behaupten, die Anschläge seien direkt von US-Geheimdiensten ausgeführt worden.[90]

Verschwörungstheorien wollen etwas erzählen, was nicht sichtbar ist, verborgene Zusammenhänge ans Licht bringen und die ›offiziellen‹ Narrative als Narrative von Verschwörern diskreditieren. Verschwörungsnarrative sind Narrative, die sich auf Indizien stützen, wobei das Fehlen von Indizien mitunter als der größte Beweis für die Existenz eines Verschwörungszusammenhangs angesehen wird – es sind in ihrem Kern von einem »paranoiden Stil« geprägte Narrative.[91] Folgt man Fredric Jamesons Überlegungen zu Verschwörungstheorien, dann dienen sie dazu, einfache Erklärungen für komplexe Zusammenhänge anzubieten – er spricht vom »cognitive mapping«[92] –, also Narrative zur Komplexitätsreduktion. Das bedeutet nun keinesfalls, dass Verschwörungstheorien ihrerseits nicht durchaus komplex und oft mit (pseudo-)wissenschaftlichen Erkenntnissen unterfüttert sind; komplexitätsreduzierend sind sie deshalb, weil sie grundsätzlich auf die hermeneutische Schlüssigkeit ihrer Theorien abzielen und davon ausgehen, dass alles Geschehen intentional gesteuert ist: Verschwörungstheorien kennen keine Kontingenz. Und weil sie keine Kontingenz kennen, könnte man (zumindest vor dem Hintergrund eines poststrukturalistischen Textbegriffs) die Literatur gewissermaßen als den natürlichen Feind der Verschwörungstheorie bezeichnen.

An diesem Punkt setzt Glasers Erzählung an – sie wendet, und darin ähneln sich Glasers und Hochgatterers Erzählungen, die Verschwörungstheorie in eine Allegorie des Lesens. Mit dem Ausrufezeichen hinter der Zahl streut die Erzäh-

90 Zu Verschwörungstheorien rund um die Anschläge vom 11. September 2001: Michael Butter / Maurus Reinkowski (Hg.): Conspiracy Theories in the United States and the Middle East – A Comparative Approach. New York: de Gruyter 2014; Karsten Wind Meyhoff: Kontrafaktische Kartierungen. Verschwörungstheorien und der 11. September. In: Poppe / Schüller / Seiler (Hg.): 9/11 als kulturelle Zäsur, a.a.O., S. 61-79; Tobias Jaecker: Antisemitische Verschwörungstheorien nach dem 11. September. Neue Varianten eines alten Deutungsmusters. Münster: LIT Verlag 2004.

91 Den von Richard Hofstadter geprägten Begriff des »paranoiden Stils« verknüpfen Eva Horn und Michael Hagemeister mit einer Systematisierung der Funktionsweise von Verschwörungstheorien. Vgl.: Eva Horn / Michael Hagemeister: Ein Stoff für Bestseller. In: Dies. (Hg.): Die Fiktion von der jüdischen Weltverschwörung. Zu Text und Kontext der »Protokolle der Weisen von Zion«. Göttingen: Wallstein 2012, S. VII-XXI, hier: S. XI.

92 Fredric Jameson: Cognitive Mapping. In: Cary Nelson/Lawrence Grossberg (Hg.): Marxism and the Interpretation of Culture. Urbana: University of Illinois Press 1988, S. 347-60.

lung ein Zeichen, das eine verschwörungstheoretisch motivierte Lektüre provozieren könnte bzw. provoziert. Doch der Versuch, in der Erzählung eine im Hintergrund liegende, ›verborgene‹ Motivation und Intention des Erzählens zu entschlüsseln, kann nur ins Leere führen. Zwar lässt sich – darauf weist wiederum Mergenthaler hin – in der Erzählung ein überaus stringent gewebtes, motivisches Netzwerk ausmachen, das die Erzählung strukturiert. Doch gleichzeitig erweist sich der Ich-Erzähler als unzuverlässig, Mergenthaler attestiert ihm sogar am Beispiel einer intertextuellen Anspielung einen »Mangel« an »Lektüre-Kompetenz«.[93] Diesen Mangel kann nur der Leser erkennen, der selber liest.

Glasers Erzählung dekonstruiert hier die Deutungsangebote von Verschwörungstheorien, indem er sie dialektisch auflöst: Zwar lautet das Credo von Verschwörungstheoretikern, dass man sich selber ein Bild machen solle, dass man keinesfalls den offiziellen, den vermeintlich offensichtlich vorliegenden Zusammenhängen Glauben schenken solle.[94] Zugleich bieten Verschwörungsnarrative aber letztlich eben nichts anderes an als neue Erzählungen. Wer Glasers Text glaubt, glaubt einem ›mangelhaften‹ Erzähler, wer ihm nicht glaubt, landet bei anderen Texten, die nicht mehr von diesem Erzähler kontrolliert werden.

Die Anspielung auf die Verschwörungstheorie ist also nicht der Schlüssel, um die Komplexität der Erzählung zu reduzieren, das dicht gewebte Netzwerk auf eine intendierte, hinter ihm liegende Bedeutung zurückzuführen. Ganz im Gegenteil: Mit der Anspielung auf die Verschwörungstheorien erhöht Glasers Text die Komplexität der Lektüre, anstatt sie im verschwörungstheoretischen Sinne zu reduzieren.[95] Verschwörungsnarrative machen den Terror nicht lesbar (sei es als ›Inside Job‹ oder als geduldeter Anschlag), sie verweisen in ihrem pa-

---

93 Mergenthaler: ›Nichts‹ ist größer, a.a.O., S. 283. Der Ich-Erzähler in Glasers Erzählung berichtet, dass seine Freundin Stella ihm von einer anrührenden Szene in F. Scott Fitzgeralds Roman *Der große Gatsby* erzählt habe. Als er das Buch schließlich selber gelesen habe, habe er feststellen müssen, dass diese Szene darin gar nicht vorkomme. Mergenthaler weist nun darauf hin, dass die Szene, von der Stella berichtet, sehr wohl in Fitzgeralds Roman vorkomme.

94 Eva Horn macht am Beispiel der ›Protokolle der Weisen von Zion‹ auf das Phänomen der »Rezeption ohne Lektüre« aufmerksam, das viele Verschwörungstheorien präge: Jeder weiß immer schon, was in diesen Texten angeblich zweifelsfrei stehe. Eva Horn: Das Gespenst der Arkana. Verschwörungsfiktion und Textstruktur der »Protokolle der Weisen von Zion«. In: Dies. / Hagemeister (Hg.): Die Fiktion von der jüdischen Weltverschwörung, a.a.O., S. 1-25.

95 Vollends in die Irre führt einen das Buch, in dem mehrere Erzählungen Glasers versammelt sind, wenn im weiteren Verlauf auf Seite 42 (auch diese Zahl ist für Verschwörungstheorien bedeutsam) erneut ein Ausrufezeichen gesetzt ist.

ranoiden Bemühen, Zusammenhänge auf *eine* Verantwortlichkeit, die Fäden in eine Hand zurückzuführen, *ex negativo* auf die Unlesbarkeit des Phänomens ›Terror‹.

Olga Flors 2008 erschienener Roman *Kollateralschaden* widmet sich dem Titel zufolge einem vermeintlichen Nebenprodukt des ›Krieges gegen den Terror‹.[96] Als ›Kollateralschäden‹ werden die zivilen Opfer bzw. die Zerstörung ziviler Infrastruktur bezeichnet, die bei Kriegshandlungen trotz angeblich gewissenhafter Planung *unplanmäßig* getroffen werden. Der Begriff ist eine euphemistische Umschreibung von Kriegsopfern, die zu Tode kommen ohne an Kriegshandlungen beteiligt zu sein. Doch die Handlung von Flors Roman ist –entgegen der Erwartungen, die der Titel weckt – nicht an einem Kriegsschauplatz angesiedelt, sondern in einem Wiener Supermarkt, wo die *Parkour*-Performance des Jugendlichen Morgan/Mo zu einer Gewalteskalation führt.

Die Konstruktion der Erzählung erinnert an das Genre der *Dokufiction* im Zusammenhang mit Gewaltereignissen: Der Roman erzählt in sechzig kurzen Kapiteln, was sich an einem Wochentag zwischen 16.30 Uhr und 17.29 Uhr in dem Supermarkt und um diesen herum ereignet, wobei jede Minute ein eigenes Kapitel bildet. Vermittelt wird das Ganze in variabler interner Fokalisierung von einer nicht am Geschehen beteiligten Erzählinstanz, bei der durchaus ironische Untertöne herauszuhören sind – sie hat alle beteiligten Figuren zu jeder Minute im Blick. In einer *Dokufiction* können unvorhergesehen eingetretene Ereignisse als vorhersehbare erzählt werden. Das narrative Muster sieht dann folgendermaßen aus: Verschiedene Figuren (meistens: Täter und Opfer), die (noch) nichts miteinander zu tun haben, werden wie auf Schienen an den Punkt geführt, an dem sie verhängnisvoll aufeinander treffen. So verfährt auch Flors Roman: Bereits auf den ersten Seiten wird Mo/Morgan eingeführt, der später in dem Supermarkt mit seiner *Parkour*-Performance die Anschlagspanik verursachen wird.

Mit dem Wort der Anschlagspanik ist bereits der Clou der erzählten Geschichte angerissen: Es findet in dem Roman kein Terroranschlag statt, der *Parkour*-Lauf von Mo wird von den Figuren lediglich als ein solcher wahrgenommen – und damit überhaupt erst geschaffen. Fernsehen und Zeitungen werden per Telefon informiert und sind live dabei. Im Zuge dieser flottierenden Rede von einem Anschlag ereignet sich dann tatsächlich einer. Die Schlüsselrolle spielt dabei der Journalist Erich W.: Er beendet jäh die Performance von Mo mit einem Flaschenhieb, zieht aber zugleich durch ein Telefonat mit einer anderen Journalistin die Spur des Laufes und das Deutungsmuster ›Anschlag‹ aus dem Supermarkt hinaus. Man könnte es als geradezu folgerichtig bezeichnen, dass er

96 Olga Flor: Kollateralschaden. Wien: Paul Zsolnay 2008. Im Folgenden wird aus dieser Ausgabe direkt im Text mit der Angabe (K, Seitenzahl) zitiert.

von einem Polizisten für den Attentäter gehalten und von ihm niedergeschossen wird, als er den Supermarkt verlässt. Beide ›Anschläge‹ stellen den prekären Status des Imaginären aus; sie beruhen auf einem Missverständnis, wobei es eine minimale Störung in der klar geregelten, räumlich wie polit-ökonomisch vorgegebenen Ordnung des Supermarktes war, welche das Szenario der Bedrohung ausgelöst hat.

Damit verschiebt der Roman den Blick auf das Phänomen Terrorismus: Terrorismus bezeichnet nicht eine konkrete, politik- oder sozialwissenschaftlich definierbare Gewalttat, sondern ist zunächst einmal davon abhängig, wie innerhalb einer Ordnung die Störung derselben wahrgenommen wird. Diese Verschiebung verschränkt der Roman mit der Dimension der Bedrohung und seziert auf diese Weise die Psyche des Ausnahmezustands. Das »Sicherheitsthema [war] einfach das Ding des Augenblicks« (K, 162), heißt es. Die Figuren des Romans achten genau darauf, in sicherer Distanz zueinander zu bleiben, sich nicht zu berühren und auch nach Möglichkeit nicht miteinander zu sprechen. Sie wollen in Parallelwelten leben: Andere Menschen sind »immer raumgreifend und immer im Weg« (K, 7); ein Autounfall, dessen Zeugin Doris wird, ist eine Sache, die »sie nichts anging« (K, 8); eine weitere Figur, Anton, »hasste die menschliche Nähe«, will von »nichts und niemandem abhängig« sein, so »wenig wie möglich auffallen, das war seine Devise, und leben und leben lassen« (K, 10); Horst wählt am liebsten die »menschenleere« Zeit, um einkaufen zu gehen (K, 55), denn er »mochte es nicht, wenn Menschen ihm zu nahe kamen« (K, 56); zum Prinzip einer »zivilisierten Welt« gehöre es, dass »die Körper entsprechend dem Willen ihrer Insassen eingesetzt werden und geschützt sind durch Kleidung, Haltung und Sicherheitsabstände« (K, 64).

Es geht also darum, sich den Anderen vom Leib zu halten, weil dessen bloße Anwesenheit als beunruhigend, potentiell grenzverletzend und übergriffig wahrgenommen wird.[97] *Kollateralschaden* spielt diese fast schon paranoide Angst vor dem Anderen über das Motiv des Geruchs aus.[98]

---

97 Ein Modus, der sich mit Slavoj Žižek als eine *Politik der Angst* beschreiben lässt: »[…] the Other is just fine, but only insofar as his presence is not intrusive, insofar as this Other is not really other. […] What increasingly emerges as the central human right in late-capitalist society is the right not to be harassed, which is a right to remain at a safe distance from others.« Žižek geht es in seiner Argumentation in einem weiteren Schritt darum, herauszuarbeiten, inwiefern die liberale Haltung der *political correctness*, die diese Verletzbarkeit durch den Anderen (die die Grundlage dafür ist, ihn als *nacktes Leben* administrativ zu verwalten) in einen Respekt für den Anderen wendet, aus dem gleichen Denkmuster schöpft. »What these two poles share is precisely the underlying refusal of any higher causes, the notion that the ultimate goal of our li-

Vor diesem Hintergrund nimmt der Roman das Verhältnis der Figuren/Körper zueinander in den Blick und verhandelt über dieses Verhältnis das politische Phänomen des Terrorismus als ein psychologisches Modell. Durch die *Parkour*-Performance geraten die Körper in Kontakt zueinander. Diesen Kontakt nehmen die Figuren sogleich als »Anschlag« (K, 172) wahr. Ein Anschlag mit »organisierte[m] Charakter« (K, 172) und »langfristige[r] Vorausplanung« (K, 177), an dem mindestens ein »Attentäter« (K, 183) beteiligt ist, der »uns vielleicht alle in die Luft sprengen« (K, 181) will, der womöglich sogar »ein muslimischer Fundamentalist« (K, 194) ist, der »eine von uns« (K, 195) getroffen hat.

Was den drei Figuren, die in dem Roman zu Schaden kommen – dem umgerannten Rentner, Mo und Erich –, zum Verhängnis wird, ist, dass sie alle nicht damit rechnen, dass jeder Versuch der Abgrenzung vom Anderen notwendigerweise auf die eine oder andere Weise durchkreuzt wird. ›Terroristen‹ im Sinne des politischen Diskurses gibt es in dem Roman also keine, auch keinen ›Terroranschlag‹. Was bleibt, ist eine Verkettung von Fehlleistungen – die Position des ›Terroristen‹ wird auf diese Weise nicht nur kontingent, sie wird lesbar als eine Figur, die ihren Ort im Rahmen der phantasmatischen Ordnung hat. Diese Ordnung macht mit sich selbst aus, was ›Terror‹ und wer ›Terrorist‹ ist, verwechselt aber permanent ihr Imaginäres mit dem Realen; deshalb zielt sie notwendigerweise *vorbei* und produziert einen Kollateralschaden nach dem anderen.

ves is life itself. This is why there is no contradiction between the respect for the vulnerable Other and the readiness to justify torture, the extreme expression of treating individuals as *Homini sacer.*« Žižek: Violence, a.a.O., S. 41 ff.

98 Vgl. dazu meine Ausführungen in: Terror ohne Terror – Paulus Hochgatterers *Eine kurze Geschichte vom Fliegenfischen* und Olga Flors *Kollateralschaden*. In: Limbus – Australisches Jahrbuch für germanistische Literatur- und Kulturwissenschaft 4 (2011), S. 63-80.

6. Schluss

›Terror‹, so lautete die Ausgangsthese der vorliegenden Arbeit, ist ein Phänomen der Unlesbarkeit. Unlesbar, weil ›terroristische‹ Gewalt die Leerstelle politischer Souveränität spürbar macht und damit eine Form von Gewalt markiert, die in den verfügbaren politischen und kulturellen Referenzrahmen nicht aufgeht. ›Terror‹ macht das leere Zentrum der politischen Souveränität spürbar, erzeugt einen ›horror vacui‹. Die kulturtheoretisch und literaturwissenschaftlich fundierte Auseinandersetzung mit dem ›Terror‹ als eines Phänomens der ›Unlesbarkeit‹ (samt der damit verbundenen Aporien politischer Souveränität) hat gezeigt, dass – um eine Formulierung Jacques Lacans aufzugreifen – auch das Feld der Politik strukturiert ist wie eine Sprache.

Aus literaturwissenschaftlicher Perspektive bedeutet dies, dass literarische Texte nicht von einem außertextlichen Konzept von ›Terror‹ handeln, sondern, indem sie ›Terror‹ erzählen, ›Terror‹ als ein Diskurs- und Textphänomen reflektieren. Die Verfahrensweisen der hier behandelten Texte ermöglichen eine Auseinandersetzung mit der Semiologie des politisch hochgradig aufgeladenen Begriffs des ›Terrors‹. Während im ›Normalfall‹ die Semiologie politischer Begriffe kaum wahrnehmbar ist, so wird sie in krisenhaften Situationen auf besondere Weise sichtbar. Eine solche krisenhafte Situation stellen die Anschläge vom 11. September 2001 und der damit verbundene ›Terror‹-Diskurs dar.

Die literarischen Texte reagieren auf diese Krisensituation nun einerseits ganz routiniert, andererseits aber auch auf eine Art und Weise, die das Ausmaß der Verunsicherung bezeugt. *Routiniert* reagieren sie, weil sie sich in eingeübte Modi der Verhandlung von Gewaltphänomenen einschreiben, um das unlesbare Phänomen lesbar zu machen: Sie zeichnen sich durch einen versierten Umgang mit den kulturell verfügbaren Deutungsmustern des Unsagbaren (›Zäsur‹, ›Ereignis‹, ›Trauma‹, ›Zeugenschaft‹) aus, indem sie sie (auf unterschiedliche Weise) in ihre Textverfahren aufnehmen. Dabei reflektieren die Texte stets auch den spezifisch deutschen Kontext, in dem diese Deutungsmuster zu sehen sind. Und so verfahren schon die ›frühen‹ Texte zu ›9/11‹ hochgradig reflektiert, distanziert und analytisch mit dem Phänomen ›Terror‹. Das *verunsichernde Potential* des ›Terrors‹ bezeugen sie, weil sich die Texte in ihren poetischen Verfahrensweisen fundamentalen Problemstellungen widmen: zunächst einmal den Paradoxien, die damit verbunden sind, *Unlesbares lesbar zu machen*, aber auch dem Erzählen angesichts eines ›Ereignisses‹; Vorstellungen des ›Eigenen‹ und des ›Anderen‹; der Bedeutung von Verdrängungsprozessen; dem Verständnis von ›Terror‹ als ›Trauma‹; den (Un-)Möglichkeiten souveräner Positionen des Sprechens; dem Verhältnis von Text/Erzählen und Bild; Vorstellungen von Authentizität; unterschiedlichen Geschichtsbegriffen und Konzepten von Zeugenschaft. Indem die Texte über ihre Textverfahren solche Fragen aufwerfen, bezeugen sie das Ausmaß der (kulturellen und politischen) Verunsicherung durch den ›Terror‹ sowie durch die mit ihm verbundenen kulturellen Fundamentalismen.

Jeder der in dieser Arbeit behandelten Texte buchstabiert die Auseinandersetzung mit dem Phänomen des ›Terrors‹ auf seine eigene Art und Weise aus – alle Texte schöpfen aber aus dem Fundus der kulturellen Deutungsmuster ›Zäsur‹, ›Ereignis‹, ›Zeugenschaft‹, ›Trauma‹. Weil diese Deutungsmuster zum verfügbaren Repertoire kultureller Narrative gehören, haben schon die ersten Texte, die nach ›9/11‹ erschienen, die Möglichkeit, aus ihnen zu schöpfen und sie für ihre jeweiligen Erzählungen nutzbar zu machen. Die literarischen Texte brauchen nicht erst einen zeitlichen Abstand zum ›Ereignis‹, um distanzierter oder reflektierter erzählen zu können; umgekehrt können sie auch zehn Jahre nach ›9/11‹ noch die Auseinandersetzung mit dem ›Ereignis‹ zu ihrem zentralen Anliegen machen. Eine Phaseneinteilung in ›frühere‹ und ›spätere‹ Texte zu ›9/11‹ wird den Verfahrensweisen der Texte daher nicht gerecht. Vielmehr lassen sich die Verfahrensweisen der Texte durch *Typologien des Erzählens* systematisieren.

Im Angesicht des Ereignisses erzählen Texte, die sich sowohl auf der Ebene des *discours* als auch auf der Ebene der *histoire* am Phänomen des ›Ereignisses‹ abarbeiten. In einer besonders radikalen Form setzt Ulrich Peltzers *Bryant Park* das ›Ereignis‹ der Anschläge in Szene – dabei wird zugleich deutlich, dass ein ›Ereignis‹ geradezu zwangsläufig die Topoi ›Zäsur‹, ›Zeugenschaft‹ und ›Trauma‹ aufruft. Peltzers Textverfahren macht auf profunde Art deutlich, dass ein Erzählen über ›Terror‹ in einem vielschichtigen Diskursraum stattfindet, in dem sich die Deutungsmuster gegenseitig bedingen und überlagern. Die schlaglichtartigen Lektüren von Max Goldts *Wenn man einen weißen Anzug anhat*, Michael Kleebergs *Vaterjahre*, Kathrin Rögglas *really ground zero* und Thomas Lehrs *September. Fata Morgana* haben gezeigt, dass das ›Ereignis‹ der Anschläge auch Jahre später noch zum Kristallisationspunkt für eine literarische Auseinandersetzung mit ›9/11‹ werden kann.

Als *unheimlichen Terror* machen Texte wie Katharina Hackers *Die Habenichtse* die Anschläge vom 11. September 2001 lesbar. Auch diese Texte rekurrieren auf die Denkmuster des ›Ereignisses‹ und der ›Zäsur‹, des ›Traumas‹ und der ›Zeugenschaft‹. Hackers Roman stellt die Verfügbarkeit dieser Muster bereits im ersten Satz aus. Im Vergleich zu den Texten, die im *Angesicht des Ereignisses* schreiben, schichtet Hackers Roman das Archiv der verfügbaren Diskurse jedoch um und entwickelt auf diese Weise eine Poetik, der es um die Artikulationsformen des Verdrängten im Zusammenhang mit dem ›Terror‹ geht. ›Terror‹ entpuppt sich als eine Artikulationsform des *Unheimlichen*. Mit Marlene Streeruwitz' *Entfernung*, Christoph Peters' *Ein Zimmer im Haus des Krieges* und Thomas Hettches *Woraus wir gemacht sind* liegen weitere Texte aus den ›Nullerjahren‹ vor, die den Zusammenhang von Verdrängung und ›Terror‹ in jeweils variierter Form in ihrem Textverfahren verhandeln.

Überaus trickreich erzählen diejenigen Texte, die *Terror ohne Terror* erzählen. Ihnen reicht häufig ein vermeintlich nebenbei platzierter Hinweis auf die Anschläge vom 11. September 2001, um die Zeichen auf ›Terror‹ zu stellen. Paulus Hochgatterers *Eine kurze Geschichte vom Fliegenfischen* führt dies mustergültig vor: durch eine vage, eindeutig-uneindeutige Anspielung im ersten Satz provoziert sie eine Lektürehaltung, die immer wieder Gefahr läuft, die gesamte Erzählung als ›Terror‹-Erzählung zu lesen und damit eine differenzierende und reflektierte Lektürehaltung außer Kraft zu setzen – und damit eben jene Haltung einzunehmen, die den ›Terror‹-Diskurs auf so fatale Weise prägt. Spielerisch und zugleich mit einem genauen Gespür für die kulturellen Deutungsmuster des ›Terrors‹ verfahren auch Peter Glasers *Geschichte von Nichts*, Rainald Goetz' *elfter september 2010* und Olga Flors *Kollateralschaden*: ihr Programm lautet, dass man wohl am besten über das Phänomen ›Terror‹ sprechen kann, wenn man nicht davon spricht.

Diese drei Typologien des Erzählens machen deutlich, dass die Texte die kulturellen Deutungsmuster ›Zäsur‹, ›Ereignis‹, ›Zeugenschaft‹ und ›Trauma‹ aufgreifen, sie aber in eigene erzählerische Verfahrensweisen übersetzen. Die vorliegende Analyse hat den Blick auf die Literatur zu ›9/11‹ insofern auf entscheidende Art und Weise verschoben: Ging es bislang häufig lediglich darum, den ›Terror‹ als ›Zäsur‹, als ›Ereignis‹, als ›Trauma‹ oder als Phänomen der ›Zeugenschaft‹ zu lesen, argumentiert die vorliegende Studie, dass die Texte ihren jeweils eigenen ›Terror‹ konstituieren, indem sie sich in unterschiedliche Deutungsmuster einschreiben, sie aufgreifen, arrangieren und dekonstruieren. ›Terror‹ ist ein spezifischer Texteffekt eines jeden Textes. Die drei hier knapp zusammengefassten Typologien haben einen zeitdiagnostischen Wert: Sie machen lesbar, welche Dimensionen des ›Terrors‹ mit den Anschlägen vom 11. September 2001 zur Verhandlung drängen.

Diese zeithistorische Signatur der deutschsprachigen Literatur zu ›9/11‹ ist auch insofern spannend, als in den Texten eine Leerstelle zu konstatieren ist, die auf den ersten Blick doch recht überraschend ist: Obwohl es sich um Texte handelt, die sich teilweise explizit in die Auseinandersetzung mit der deutschen Geschichte des 20. Jahrhunderts begeben, spielt der ›Terror‹ der RAF überhaupt keine Rolle – weder thematisch noch formal. Also: Deutschsprachige Literatur befasst sich mit ›9/11‹, die Texte übersetzen das Thema ›Terror‹ auf vielfache Weise in einen deutschen Kontext, und kein Roman, keine Erzählung zieht eine Linie zur RAF? Wie ist das zu erklären?

Einen möglichen Erklärungsansatz möchte ich anbieten, indem ich einen Blick auf die gegenwärtigen Ausprägungen des ›Terrors‹ werfe. Mit den Bildern der in das World Trade Center hineinrasenden Flugzeuge und den Bildern des anschließenden Einsturzes der Türme schienen die ultimativen Bilder des ›Terrors‹ geschaffen worden zu sein. Sie verbanden sich über die Jahre hinweg zu einem Bildzusammenhang, zu dem die Bilder von Guantánamo und insbesondere die Aufnahmen von schrecklichen Folterungen und Misshandlungen Gefangener durch US-amerikanische Soldaten im irakischen Gefängnis Abu-Ghraib gehören. W. J. T. Mitchell spricht daher von einem »Krieg der Bilder«, der am 11. September 2001 begonnen und sich über die darauf folgenden Jahre fortgesetzt habe.[1]

Das Betrachten der Fernsehbilder vom 11. September 2001 ist zu einem erzählerischen Topos geworden. Dieser Topos und die medialen Verbreitungswege der Anschläge bedingen sich gegenseitig. Am 11. September 2001 gab es noch keine Smartphones, kein Facebook, kein Twitter, kein Youtube. Der ›Terror‹ von ›9/11‹ brauchte den Fernseher, die Tagesschau, CNN, das Radio – die Situation ›vor dem Fernseher‹ ist ein derart eng mit ›9/11‹ verknüpfter Topos, dass er auch heute noch problemlos als Szene aufgerufen werden kann. Beispielsweise heißt es in Jonas Lüschers Novelle *Frühling der Barbaren*, einem Text, der seinen Handlungsort in der tunesischen Wüste in einem Luxusresort namens »Thousand and One Night Resort« hat und damit das Erzählen im Angesicht drohender Gewalt selbst zum Programm erhebt:

> Was mir Preising hier also präsentierte, war eine Variante der Erzählung […] ›Womit ich am 11. September gerade beschäftigt war‹ […], die einen immerzu zwang, sich eben an jenen Moment zu erinnern, an dem man zum ersten Mal – Hunderte sollten für jeden von

---

1 Mitchell: Das Klonen und der Terror, a.a.O., S. 23.

uns noch folgen – auf einem Fernsehschirm ein Flugzeug in einen der Türme hatte fliegen sehen.[2]

Die Beschreibung der ›Terror‹-Szene vor dem Fernseher trägt inzwischen eine unübersehbare historische, kulturelle und auch mediale Signatur.

Seit einiger Zeit haben sich die ›Terror‹-Bilder verändert, wir sind seit dem Auftreten des ›Islamischen Staats‹ (IS) mit einer Fortschreibung und Modifizierung der bisherigen Bilder des ›Terrors‹ konfrontiert: unter anderem mit Hinrichtungsvideos des ›Islamischen Staats‹ (IS), wie beispielsweise dem Film, der die Ermordung des Journalisten James Foley zeigt. Die Filme des IS stellen den individuellen Tötungsakt zur Schau, diese ›Terror‹-Bilder erinnern nicht mehr an das Katastrophenkino aus Hollywood, sie haben andere filmische Vorbilder: Snuff-Videos und die Hinrichtungsvideos aus der mexikanischen Drogen- und Mafiawelt.[3] Es sind (professionelle) Eigenproduktionen, die mit vergleichsweise einfachen Mitteln hergestellt und verbreitet werden können und die tatsächliche Morde zeigen.

Diese neuen ›Terror‹-Bilder nehmen eine Umschrift der Bilder von ›9/11‹ vor. Diese Umschrift erfolgt auf mehreren Ebenen: Da es sich um Eigenproduktionen handelt, sind die Bilder erstens nicht mehr auf die Informationsmedien (Fernsehkameras, Nachrichtensendungen) angewiesen, die für die Anschläge des 11. September 2001 eine zentrale Rolle spielten – sie schreiben sich in die *Selfie*-Kultur ein, die so eng mit den Kommunikationsformen des Internet verzahnt ist. Sie knüpfen zweitens an einen spezifisch mit der Zeit nach ›9/11‹ verbundenen Bilderhaushalt an: Die orangene Kleidung, die die Hinrichtungsopfer des IS tragen, ruft unweigerlich die orangenen Overalls der Gefangenen von Guantánamo auf.[4] »Hier wird ›heimgezahlt‹«, schreibt Klaus Theweleit dazu prägnant.[5] Hinzu

2 Jonas Lüscher: Frühling der Barbaren. Novelle. München: btb 2015, S. 96.

3 Vgl. dazu Don Winslow: Die offene und die geballte Hand. Volksfeste und Enthauptungen: Was Terroristen und Drogenkartelle voneinander gelernt haben. In: Frankfurter Allgemeine Sonntagszeitung, 20. Dezember 2015, S. 49.

4 Überaus lesenswert sind dazu die Überlegungen von Faisal Devji: »For in addition to localising its struggle by declaring a caliphate, the Islamic State has also curtailed al-Qaeda's rhetoric of mirrors. This now survives in fragments, when ISIS victims are dressed in the orange overalls that comprise the uniform of prisoners held at Guantanamo Bay. Or when one such prisoner, the American journalist Jim Foley, was subjected to waterboarding before being beheaded in 2014. This was an act performed in imitation of what the U.S. does to terrorist suspects, since ISIS sought to extract no information from Foley by waterboarding him.« Faisal Devji: A life on the surface.

kommt ein dritter wichtiger Aspekt: Die Filme sind in der Wüste aufgenommen. Keine Städte, keine Gebäude, keine Kultur und keine Spuren von Zivilisation sind zu sehen. Es wird ein buchstäblich ›leerer‹ Ort gezeigt, an dem sich der IS als ein staatlicher Souverän setzt. Er exekutiert schon sein Recht, seine (Be-) Gründungsgewalt, und zwar nicht durch einen Anschlag auf ›fremdem‹ Territorium und gegen Symbole der politischen/kulturellen/ökonomischen Ordnung des ›Feindes‹, sondern an einem Ort, der scheinbar frei ist von sämtlichen vorgängigen Ordnungen.[6] Diese Bilder setzen das leere Zentrum der Politik als den Schauplatz ihrer Gründungsgewalt, als Schauplatz des ›Terrors‹ in Szene. Nicht zufällig behauptet sich die Organisation als ›Staat‹.

Abschließend möchte ich noch einen vierten Aspekt ins Spiel bringen: Die Filme rechnen – bei aller fürchterlichen Brutalität, die sie zeigen – den ›westlichen‹ Beobachter mit in ihre Inszenierung ein: Sie zeigen nur den Anfang und das Ende der Hinrichtung und verzichten auf die Darstellung des Tötungsakts selbst. Auf diesen Punkt hat Clemens Setz in seiner Auseinandersetzung mit den Videos hingewiesen:

»Ihre Gestalter [...] haben die Reaktion durchschnittlicher westlicher Internetnutzer vorausberechnet: das Wegsehen bei zu brutalen, zu blutrünstigen Szenen. Aber sie wollen,

---

Abrufbar unter: http://www.hurstpublishers.com/a-life-on-the-surface/, zuletzt abgerufen am 9. Februar 2016.

5 Klaus Theweleit: Das Lachen der Täter: Breivik u.a. – Psychogramm der Tötungslust. St. Pölten, Salzburg, Wien: Residenz-Verlag 2015, S. 46.

6 Devji sieht hierin einen fundamentalen Unterschied in den Kulturen des ›Terrors‹ von Al-Qaida und Isis: »By exposing even their most brutal acts to public scrutiny, ISIS not only means them to inspire fear or attract recruits, but in addition, to refuse the open secret of sovereign power. Indeed the Islamic State seems to lack the kind of extra-legal force that defines sovereignty as a form of transcendence – traditionally characterising mystics and messiahs as much as kings. So its most horrific acts are performed, at least on film, smilingly and without any recognition of their exceptionality. Even al-Qaeda, in this respect following its terrorist predecessors, used to accompany its violence with expressions of regret, justifying them as an unfortunate necessity. But the way in which ISIS conducts itself demonstrates that by subordinating all action to the law, it is unable to behave in a sovereign or transcendent manner. The suicide bomber is no longer its iconic representative.« Devji: A life on the surface, a.a.O.

dass jeder dabeibleiben kann. Diese Bilder sind ›für alle‹ gedacht […]. Sie zeigen nur den Anfang und das Ende.«[7]

Der Effekt dieser elliptischen Darstellung sei, dass der Betrachter die ausgelassenen Sequenzen imaginär ergänze, sie mit Bildern aus seinem eigenen, vertrauten Bilderhaushalt auffülle. Die Zuschauer werden so gewissermaßen zu Komplizen, weil sie die Auslassungen selbst ergänzen. Die Videos erzeugen dadurch eine Mischung aus Faszination und Abstoßung und werden tatsächlich massenhaft angesehen. Einen regelrechten Popularitätsschub erreichten die Videos nicht zuletzt auch, weil der IS-Kämpfer, der auf dem Video zu sehen ist, einen charakteristischen Londoner Akzent spricht: Zunächst wurde gemutmaßt, es handele sich um einen früheren Londoner Rapper (was sich später als falsch herausstellte), Zeitungen verliehen ihm den Namen *Jihadi John* (John in Anlehnung an John Lennon); eine Gruppe von vier mutmaßlich aus Großbritannien stammenden IS-Kämpfern, der er angehörte, wurde als die *Beatles* benannt und bekannt.[8]

Mit dem IS hat eine Verschiebung stattgefunden: zwar muss man auch den ›IS-Terror‹ als ein Phänomen der Unlesbarkeit beschreiben, diese spezifische Bildpolitik des IS verbindet sich jedoch mit einem Narrativ, das eine starke popkulturelle Anbindung ermöglicht.[9] Scott Atran zufolge erfährt der IS einen solchen Zulauf, weil er einen regelrecht avantgardistischen Lebensentwurf verspreche, ein Leben im Hier und Jetzt:

[…] what inspires the most uncompromisingly lethal actors in the world today is not so much the Qur'an or religious teachings. It's a thrilling cause that promises glory and esteem. Jihad is an egalitarian, equal-opportunity employer: fraternal, fast-breaking, glorious, cool – and persuasive.[10]

7 Clemens Setz: Das grelle Herz der Finsternis. In: Die Zeit, Nr. 40/2014 vom 25. September 2014. Abrufbar unter: http://www.zeit.de/2014/40/is-enthauptungsvideo-verbreitung-internet/komplettansicht, zuletzt abgerufen am 9. Februar 2016.

8 Vgl. dazu: Simon Usborne: ›Jihadi John‹ – Why do we give notorious criminals nicknames? In: The Independent, 2. März 2015. Abrufbar unter: www.independent.co.uk/news/world/jihadi-john-why-do-we-give-criminals-nicknames-10081199.html, zuletzt abgerufen am 9. Februar 2016.

9 Vgl. dazu auch: Georg Seeßlen: You only die once. In: Konkret 2/2016, S. 56-59.

10 Scott Atran: Mindless terrorists? The truth about Isis is much worse. In: The Guardian, 15. November 2015. Abrufbar unter: www.theguardian.com/commentisfree/2015/nov/15/terrorists-isis, zuletzt abgerufen am 9. Februar 2016.

Der IS sei eine gegenkulturelle, revolutionäre, dynamische, egalitäre und coole Jugendbewegung. Eine Beschreibung, die man über Al-Qaida nie gehört hat – davon zeugen letztlich die in der vorliegenden Arbeit behandelten literarischen Texte: Sie interessieren sich für viele Aspekte des ›Terrors‹ vom 11. September 2001, für seine popkulturelle Aufladung aber eher am Rande, wenn überhaupt (explizit widmet sich Rainald Goetz in *11. september 2010* dem popkulturellen Zusammenhang). Verglichen mit ›9/11‹ hat sich mit dem Auftreten des IS die Vorstellung davon, was ›Terror‹ ist, verschoben. Politik und Bilder des IS provozieren die Frage nach dem Subjekt des ›Terrors‹, nach den Tätern und nach dem Reiz, den der IS offenbar auf junge Menschen auch in Europas liberalen Metropolen ausübt. Der ›Terror‹ des IS wird dabei (auch) über popkulturelle Deutungsmuster lesbar gemacht.

Während im Zusammenhang mit Al-Qaida an den Tätern in erster Linie deren religiöser Fanatismus, die Klandestinität des Lebens und die minutiöse Vorbereitung der Anschläge interessierten, rücken mit den IS-Kämpfern aus westlichen Metropolen Fragen in den Mittelpunkt, die die Subjekte und ihre (Radikalisierungs-)Geschichte ins Zentrum rücken: Aus welchem familiären Umfeld kommen sie? Wie waren sie in der Schule? Wann setzte die Radikalisierung ein? Welchen Einfluss hatten Freunde? Was fasziniert die jungen Leute am IS? Kompensiert der Weg zum IS womöglich andere (psychische) Probleme, Frustrationen, Demütigungen, Erfahrungen von Chancenlosigkeit und Ausgrenzung? Welches Lebensgefühl verbindet sich mit dem IS?

Es sind Fragen, die auch im Zusammenhang mit der RAF eine besondere Rolle spielten. Die Deutungsrahmen für die IS-Kämpfer aus den westlichen Metropolen und die Deutungsrahmen für die Mitglieder der RAF sind ähnlich – und unterscheiden sich zugleich von den Deutungsrahmen im Zusammenhang mit ›9/11‹ und Al-Qaida.

Eine erste Antwort auf die oben formulierte Frage, weshalb in den literarischen Texten zu ›9/11‹ die RAF keine Rolle spielt, kann also lauten: Der ›Terror‹ von ›9/11‹ provoziert andere kulturelle Anknüpfungspunkte, als es der ›Terror‹ der RAF tat. Mit dem Auftreten des IS findet nun eine Verschiebung statt – und es ergeben sich für zukünftige Studien zum ›Terror‹ als Diskurs- und Textphänomen auch neue literarische Anknüpfungspunkte. Zum Abschluss dieser Arbeit möchte ich am Beispiel von Rainald Goetz' Roman *Kontrolliert* eine dieser möglichen Verbindungslinien skizzieren: Der Ich-Erzähler in *Kontrolliert* spricht – während er die Möglichkeiten einer Identifikation mit dem RAF-Mitglied Jan-Carl Raspe auslotet – von einer »Gleichung mit den fünf nicht Unbekannten Haß, Kunst, Terror, Schönheit, Punk«[11]. Aus dieser Gleichung der

11 Rainald Goetz: Kontrolliert. Frankfurt am Main: Suhrkamp 1991, S. 149.

Unmittelbarkeit ergibt sich für die Figur Raspe auch die »Unzulänglichkeit der Theorie der raf«: »Handeln folgt nicht theoretischer Begründung, sondern handelt [...] nach einer jeweils neuen Augenblickslogik.«[12] Das ›terroristische‹ Subjekt wird bei Goetz durch die Suche nach einer Intensität des Handelns gezeichnet, das einer ›Augenblickslogik‹ folgt – und mit dem Wort der Augenblicks*logik* ist auch schon angezeigt, dass es einen ›reinen‹ Augenblick des Handelns gar nicht geben kann, dass die Vorstellung einer unmittelbaren Handlung/Aktion immer schon vom Denken eingeholt bzw. präfiguriert ist.

Der Titel des Romans sowie die Gestaltung des Buchcovers zeigen bereits an, dass hier changierende Subjekt-Positionen verhandelt werden. Zunächst zum Titel: *Kontrolliert*. Es handelt sich hierbei um eine konjugierte Form des Verbs ›kontrollieren‹. Allerdings ist eine schillernde Reihe von Flexionsformen im Hinblick auf die Person, die Zeitform, Aktiv und Zustands- sowie Vorgangspassiv möglich: ich habe *kontrolliert*; ihr/er/sie *kontrolliert*; ich werde *kontrolliert*, wir/ihr/sie werden *kontrolliert* (Vorgangspassiv); ich bin *kontrolliert*, er ist *kontrolliert*, wir sind *kontrolliert* (Zustandspassiv). Zudem sind Partizipialkonstruktionen wie ›*kontrolliert* schreiben‹ und Imperativformen wie ›sei/schreibe *kontrolliert*‹ oder ›*kontrolliert* euch‹ möglich. Besonders wichtig ist mir im Zusammenhang mit dem Titel die zwischen aktiv und passiv changierende Position.

Der in dem Titel *Kontrolliert* angezeigte Wechsel von einer kontrollierenden zu einer kontrollierten Position ist auch im Bild auf dem unteren Teil des Buchcovers evoziert. Dort ist der Kopf von Rainald Goetz vor dem Logo der RAF abgebildet, woraus sich zwei Lesarten ergeben: In Anlehnung an die ikonografischen Bilder des entführten Arbeitgeberpräsidenten Hanns-Martin Schleyer (um den Zeitraum der Entführung geht es in dem Roman maßgeblich) erscheint Goetz als Gefangener der RAF (demnach wird er von der RAF kontrolliert), wobei das wichtigste Element des Entführungs-Bildes allerdings fehlt: der Oberkörper des Opfers mit dem von ihm selbst gehaltenen Schild »Gefangener der RAF«. Die zweite Deutungsvariante stellt die Nähe zwischen Goetz und der RAF her: Goetz ist dann gewissermaßen ein Mitglied der RAF (kontrolliert also bspw. die Gefangenen der RAF), allerdings stimmt diese Form der bildlichen Selbstbezichtigung ebenfalls nicht mit der Ikonografie der RAF überein. So oder so: Das Bild erzeugt eine Uneindeutigkeit, indem es den Autor mit dem RAF-Logo verknüpft, und legt darüber hinaus nahe, dass kontrollieren und kontrolliert werden mitunter ununterscheidbar sind – wer kontrolliert, *wird* zugleich *kontrolliert*. Auf diese Weise werden Positionen miteinander verschränkt, die in den Subjektkategorien des ›Terrorismus‹-Diskurses durch ›einen klaren Trennungsstrich‹ (so der RAF-Duktus) eindeutig voneinander getrennt sind: Täter und Op-

12 Beide Zitate: Goetz: Kontrolliert, a.a.O., S. 60 f.

fer, ›Mensch oder Schwein‹, ›Teil des Problems oder Teil der Lösung‹ oder, in etwas abgeschwächter Form: aktiv handelndes und passives, dem Handeln anderer ausgeliefertes Subjekt.

In diese Verschränkung schreibt der Roman eine dritte Position ein, die des Autors. Sie wird über das Bild auf dem Buchcover aufgerufen und verbindet sich mit den Identifikationsversuchen des Ich-Erzählers mit Jan-Carl Raspe.[13]

Autor-, Täter- und Gefangenschaft werden auf diese Weise in eine prekäre Nähe zueinander gebracht. Im Hinblick auf das poetologische Programm des Romans ist diese uneindeutige Nähe durchaus nicht ironisch gemeint, lässt sich doch die Position des Ich-Erzählers als ein ernsthaftes Ringen mit den Imaginationen ›terroristischer‹ Subjektivität im Zeichen der Unmittelbarkeit begreifen. Das dem Buch vorangestellte Motto *live is life* formuliert diesen Zusammenhang von Leben und Gleichzeitigkeit präzise: das mediale Format des Jetzt/live, ist Leben. Das Versprechen des ›Hier und Jetzt‹ steht in enger Verbindung zu den politischen/theoretischen Begründungszusammenhängen der RAF, die ebenfalls durchzogen sind von der Denkfigur des ›Hier und Jetzt‹. Dessen Bedeutung ist dabei nicht nur ein notwendiger Leitgedanke, um die Dringlichkeit und die Legitimation des bewaffneten Kampfes zu begründen, sondern ist zugleich die Voraussetzung für einen nicht minder zentralen Aspekt der ›terroristischen‹ Politik bzw. der ›terroristischen‹ Tat: für die Möglichkeit, dass sie *verstanden* wird, konkreter, dass sie *unmissverständlich* ist und zu einer Zuspitzung und Eskalation der gesellschaftlichen Verhältnisse führt.[14] Diese Linie wird in der ersten schriftlichen Stellungnahme der RAF besonders deutlich, ist sie doch im Gestus der vehementen und teilweise aggressiven direkten Anrede an diejenigen Linken verfasst, die nicht im Untergrund kämpfen:

> […] es hat keinen Zweck, den falschen Leuten das Richtige erklären zu wollen. Das haben wir lange genug gemacht. Die Baader-Befreiungs-Aktion haben wir […] den potentiell revolutionären Teilen des Volkes [zu erklären]. Das heißt denen, die die Tat *sofort* begreifen können, weil sie selbst Gefangene sind. […] Denen […] habt ihr zu sagen, daß *jetzt*

13 »Der Bau heißt Stammheim, ich bin Raspe«. Goetz: Kontrolliert, a.a.O., S. 16.

14 Im Anliegen, gesellschaftliche Verhältnisse zu eskalieren, ähneln sich die Strategien von IS und RAF in der Tat. Das erklärte Ziel des IS ist es, in den westeuropäischen Ländern ›die Grauzone‹ zu beseitigen, und eine Situation herbeizuführen, in der sich die Menschen entscheiden müssen, auf welcher Seite sie stehen. Indifferenz darf dabei keine Option mehr sein. Vgl. dazu: Johan Schloemann: Zielpunkt Grauzone. In: Süddeutsche Zeitung, 16. November 2015. Abrufbar unter: http://www.sueddeutsche.de/kultur/is-propaganda-zielpunkt-grauzone-1.2739305, zuletzt abgerufen am 9. Februar 2016.

Schluß ist, daß es *jetzt* losgeht, daß die Befreiung Baaders nur der Anfang ist! […] Denen habt ihr zu sagen, daß es *jetzt* los geht. […] Die werden nicht blöde fragen, *warum gerade jetzt*? […] Die fragen euch nicht, *warum gerade jetzt – verdammt*![15]

Den hier formulierten Nexus von der Unmittelbarkeit der Aktionen (Taten, statt ›falsches‹ Erklären) und der Unmittelbarkeit des Verstehens aus der Situation des Gefangen-Seins, den die RAF als Voraussetzung ihres Handelns annimmt, verhandelt Goetz in seinem Roman. Und wendet dies zugleich poetologisch: »Solange die Patrone schreibt, nicht schießt«[16], heißt es an einer Stelle in Goetz' Roman, und dieser Halbsatz stellt einen Konnex zwischen Autorschaft und Täterschaft her. Der Satz ruft nicht nur zwei verschiedene Formen von Patronen auf, die Tintenpatrone und die Pistolenpatrone, sondern markiert mit dem Wort ›solange‹ zugleich die Möglichkeit des Übergangs von einer schreibenden zu einer schießenden Patrone. Von welcher Patrone ist hier also die Rede? Schreibt die Munition oder schießt die Tintenpatrone? Oder ist es einfacher: Die Tintenpatrone schreibt, die Pistolenpatrone schießt? Die semantische Dezentrierung des Begriffs Patrone hält dies offen. Der Signifikant ›Patrone‹ lässt sich also nicht mehr den bestimmten, voneinander abtrennbaren Wirkungsfeldern von ›Schreiben‹ und ›Schießen‹ zuordnen.

›Schießen‹ und ›Schreiben‹ und also politischer und literarischer Diskurs sind in diesem Satz chiastisch miteinander in Beziehung gesetzt: der Schuss, der erst lesbar wird, wenn er kommunikative Anschlüsse provoziert, und der Text, der gleichsam wie der Pistolenschütze auf Wirkung und (Inszenierung von) Autorschaft zielt. Der literarische Text befindet sich hier in einem doppelten Verhältnis zur Gewalt: einerseits im gegenseitigen Bedingungsverhältnis zwischen Autorschaft und Täterschaft und andererseits in der Reflexion dieses Verhältnisses.[17]

Den Übergang von Pop und den darin enthaltenen Möglichkeiten zur Distanzierung zum blutigen Ernst, zum ›Terror‹, zeichnet Goetz' Roman als fließenden Übergang. *Live is life* – der ›Terror‹ bedient sich einzelner Elemente der Popkultur, zugleich wendet er sich aber auch gegen die mit dem Pop verbundenen Vor-

15 RAF: Die Rote Armee aufbauen. Erklärung zur Befreiung Andreas Baaders vom 5. Juni 1970. In: Rote Armee Fraktion. Texte und Materialien zur Geschichte der RAF, bearbeitet von Martin Hoffmann. Berlin: ID Verlag 1997, S. 24-26, hier: S. 24 f. (Hervorhebung von mir)

16 Goetz: Kontrolliert, a.a.O., S. 151.

17 Es zeigt sich hier, dass es im Hinblick auf die Reflexion von Autorschaft und Täterschaft produktive Berührungspunkte zwischen Goetz' und Peltzers Poetik gibt.

stellungen von Liberalität, Konsum, Lebensfreude und Offenheit – das Wissen vom Pop führt dann auch in die ›Schwarze Zelle‹, wie ein Kapitel benannt ist.

Mit dem IS haben sich die Koordinaten des ›Terror‹-Diskurses verschoben, hin zu den Subjekten des ›Terrors‹ und zu den popkulturellen Anbindungen des ›Terrors‹. Zwei Linien, die für ›9/11‹ wenn überhaupt nur eine untergeordnete Rolle spielen. Mit dieser Verschiebung wird der Blick auf diejenigen literarischen Texte spannend und produktiv, die sich mit dem ›Terror‹ der RAF befassen, denn hier liegen Texte vor, die sich in ein ähnliches Spannungsfeld einschreiben, wie es sich gegenwärtig abzeichnet. Eine solche Ausrichtung des Blicks könnte produktiv an vorliegende Studien zur kulturellen Codierung des ›Terrors‹ der RAF anschließen.[18] In den zurückliegenden Jahren ist der Stellenwert, den ›Terror‹ in den Aushandlungsprozessen kultureller und politischer Ordnungen einnimmt, immer größer geworden. Zugleich entwickelt sich ›Terror‹ als politischer Kampfbegriff immer mehr zu einem Dispositiv zur diskursiven politischen, kulturellen, aber auch militärischen Stabilisierung (die immer nur eine vermeintliche Stabilisierung ist) krisenhafter Verhältnisse.

Wenn im politischen Diskurs vom ›Terror‹ die Rede ist und unter Verweis auf ›Terror‹ gehandelt wird, geht es immer auch um die Ausschaltung von Ambivalenzen, um die Ausschaltung von Differenz, um die machtvolle Schaffung von Eindeutigkeit. ›Terror‹ als ein diskursives Phänomen zu begreifen und die Semiologie des Begriffs zu analysieren, stellt eine Intervention in diesen Machtdiskurs dar. Die in dieser Arbeit behandelten Texte entwickeln ›Terror‹ als ein Diskurs- und Textphänomen und stellen die Ambivalenzen, Aporien und diskursiven Ausprägungen der Rede vom ›Terror‹ aus. Sie verweisen damit auf die Semiologie politisch und kulturell überaus wirkmächtiger Begriffe und legen das Fundament für eine Kritik ebendieser Begriffe.

---

18 Zu nennen sind hier insbesondere: Thomas Elsaesser: Terror und Trauma, a.a.O.; Klaus Theweleit: Ghosts. Drei leicht inkorrekte Vorträge. Frankfurt am Main: Stroemfeld 1998; Thomas Hoeps: Arbeit am Widerspruch. ›Terrorismus‹ in deutschen Romanen und Erzählungen (1837-1992). Dresden: Thelem 2001; Thomas Hecken: Avantgarde und Terrorismus. Rhetorik der Intensität und Programme der Revolte von den Futuristen bis zur RAF. Bielefeld: transcript 2006; Gerrit-Jan Berendse: Schreiben im Terrordrom. Gewaltcodierung, kulturelle Erinnerung und das Bedingungsverhältnis zwischen Literatur und RAF-Terrorismus. München: Text und Kritik 2005; Uwe Schütte: Die Poetik des Extremen. Ausschreitungen einer Sprache des Radikalen. Göttingen: Vandenhoeck & Ruprecht 2006.

7. Literaturverzeichnis

Primärliteratur

Flor, Olga: Kollateralschaden. Wien: Paul Zsolany Verlag 2008.

Glaser, Peter: Geschichte von Nichts. In: ders.: Geschichte von Nichts. Erzählungen. Köln: Kiepenheuer&Witsch 2003, S. 13-36

Goetz, Rainald: elfter september 2010. Bilder eines Jahrzehnts. Berlin: Suhrkamp 2010.

Goldt, Max: Wenn man einen weißen Anzug anhat. Ein Tagebuch-Buch. Reinbek bei Hamburg: Rowohlt 2002.

Hacker, Katharina: Die Habenichtse. Frankfurt am Main: Suhrkamp 2006.

Hettche, Thomas: Woraus wir gemacht sind. Köln: Kiepenheuer & Witsch 2006.

Hochgatterer, Paulus: Eine kurze Geschichte vom Fliegenfischen. Wien: Deuticke 2003.

Kleeberg, Michael: Karlmann. München: btb 2009.

Kleeberg, Michael: Vaterjahre. München: DVA 2014.

Lehr, Thomas: September. Fata Morgana. München: Hanser 2010.

Peltzer, Ulrich: Bryant Park. Erzählung. Berlin: Berliner Taschenbuch Verlag 2004.

Peters, Christoph: Ein Zimmer im Haus des Krieges. München: btb 2008

Röggla, Kathrin: really ground zero. In: taz, 14. September 2001. Abrufbar unter: http://www.taz.de/1/archiv/archiv-start/?ressort=sw&dig=2001%2F09%2F14%2Fa0146&cHash=d87ab31c1a4f52c70a6b8ddaecfeed1c, zuletzt abgerufen am 9. Februar 2016.

Röggla, Kathrin: really ground zero. 11. september und folgendes. Frankfurt am Main: Fischer 2002.

Streeruwitz, Marlene: Entfernung. Frankfurt am Main: S. Fischer 2008.

VERWENDETE (FORSCHUNGS-)LITERATUR

Agamben, Giorgio: Ausnahmezustand. Frankfurt am Main: Suhrkamp 2004.

Agamben, Giorgio: Was von Auschwitz bleibt. Das Archiv und der Zeuge. Frankfurt/Main 2003.

Althusser, Louis: Ideologie und ideologische Staatsapparate. Aufsätze zur marxistischen Theorie. Hamburg: VSA 1977.

Anderson, Benedict: Die Erfindung der Nation. Zur Karriere eines erfolgreichen Konzepts. Frankfurt am Main/New York: Campus 1988.

Assmann, Aleida / Frevert, Ute: Geschichtsvergessenheit – Geschichtsversessenheit. Vom Umgang mit deutschen Vergangenheiten nach 1945. Stuttgart: DVA 1999.

Assmann, Aleida: Vier Grundtypen von Zeugenschaft. In: Elm, Michael / Kössler, Gottfried (Hg.): Zeugenschaft des Holocaust. Zwischen Trauma, Tradierung und Ermittlung. Frankfurt am Main/New York: Campus 2007.

Atran, Scott: Mindless terrorists? The truth about Isis is much worse. In: The Guardian, 15. November 2015. Abrufbar unter: http://www.theguardian.com/commentisfree/2015/nov/15/terrorists-isis, zuletzt abgerufen am 9. Februar 2016.

Badiou, Alain: Philosophische Überlegungen zu einigen jüngsten Ereignissen. In: Baecker, Dirk / Krieg, Peter / Simon, Fritz B. (Hg.): Terror im System. Der 11. September und die Folgen. Heidelberg: Carl-Auer-Systeme Verlag 2002, S. 61-81.

Baer, Ulrich: Einleitung. In: ders. (Hg.): »Niemand zeugt für den Zeugen«. Erinnerungskultur und historische Verantwortung nach der Shoah. Frankfurt am Main: Suhrkamp 2000, S. 7-31.

Baer, Ulrich: The Afterlife of Terrorism in Photography. Astrid Proll's Baader Meinhof – Pictures on the Run 1967-1977. In: Ders. (Hg.): Enden der Fotografie/Ends of photography. Köln, Weimar, Wien: Böhlau 2006, S. 53-70. [= Figurationen. Gender, Literatur, Kultur 7 (2006), Heft 2.]

Barthes, Roland: Die Lust am Text. Frankfurt am Main: Suhrkamp 1974.

Barthes, Roland: Mythen des Alltags, übersetzt von Helmut Scheffel. Frankfurt am Main: Suhrkamp 1964.

Barthes, Roland: Von der Rede zum Schreiben. In: ders.: Die Körnung der Stimme. Interviews 1962-1980. Frankfurt am Main: Suhrkamp 2002, S. 9-13.

Baßler, Moritz: Die kulturpoetische Funktion und das Archiv. Eine literaturwissenschaftliche Text-Kontext-Theorie. Tübingen: Francke 2005.

Baudrillard, Jean: Der Geist des Terrorismus. Herausforderung des Systems durch die symbolische Gabe des Todes. Wien: Passagen 2003, S. 11-35.

Baßler, Moritz: Die Unendlichkeit des realistischen Erzählens. Eine kurze Geschichte moderner Textverfahren und die narrativen Optionen der Gegenwart. In: Rohde, Carsten / Schmidt-Bergmann, Hansgeorg (Hg.): Die Unendlichkeit des Erzählens. Der Roman in der deutschsprachigen Gegenwartsliteratur seit 1989. Bielefeld: Aisthesis 2013, S. 27-45.

Becker, Anne: 9/11 als Bildereignis. Zur visuellen Bewältigung des Anschlags. Bielefeld: transcript 2013.

Bender, Jesko: Terror ohne Terror – Paulus Hochgatterers Eine kurze Geschichte vom Fliegenfischen und Olga Flors Kollateralschaden. In: Limbus – Australisches Jahrbuch für germanistische Literatur- und Kulturwissenschaft 4 (2011), S. 63-80.

Bender, Jesko: »Umschmeichelt von so viel Schrift.« Zum Denkmuster der ›Zäsur‹ im deutschen Terrorismus-Diskurs nach dem 11. September 2001 – Ulrich Peltzers Bryant Park. In: Stephan, Inge / Tacke, Alexandra (Hg.): NachBilder der RAF. Köln, Weimar, Wien: Böhlau 2008, S. 268-286.

Bender, Jesko: „Warum sind Gefühle nicht das Wahre, Herr Peltzer?" Ein Gespräch mit Ulrich Peltzer. In: Frankfurter Allgemeine Zeitung, 26. März 2011, S. Z6.

Benjamin, Walter: Berliner Kindheit um neunzehnhundert. Fassung letzter Hand. In: ders.: Gesammelte Schriften, hg. von Rolf Tiedemann und Hermann Schweppenhäuser. Band 7.2. Frankfurt am Main: Suhrkamp 1989, S. 385-433.

Benjamin, Walter: Das Kunstwerk im Zeitalter seiner technischen Reproduzierbarkeit. In: Ders.: Gesammelte Schriften, Band 1.2, hg. von Rolf Tiedemann und Hermann Schweppenhäuser. Frankfurt am Main: Suhrkamp 1991, S. 431-469.

Benjamin, Walter: Franz Kafka. Zur zehnten Wiederkehr seines Todestages. In: Ders.: Gesammelte Schriften, Band 2.2, hg. von Rolf Tiedemann und Hermann Schweppenhäuser. Frankfurt am Main: Suhrkamp 1991, S. 409-438.

Benjamin, Walter: Über den Begriff der Geschichte. In: Ders.: Gesammelte Schriften, Band 1.2., hg. von Rolf Tiedemann und Hermann Schweppenhäuser. Frankfurt am Main: Suhrkamp 1991, S. 691-704.

Benjamin, Walter: Das Passagenwerk. In: Ders.: Gesammelte Schriften, Band 5.1, hg. von Rolf Tiedemann. Frankfurt am Main: Suhrkamp 1991.

Benjamin, Walter: Kleine Geschichte der Photographie. In: Ders.: Gesammelte Schriften, Band 2.1, hg. von Rolf Tiedemann und Hermann Schweppenhäuser. Frankfurt am Main: Suhrkamp 1991, S. 368-385.

Berendse, Gerrit-Jan: Schreiben im Terrordrom. Gewaltcodierung, kulturelle Erinnerung und das Bedingungsverhältnis zwischen Literatur und RAF-Terrorismus. München: Text und Kritik 2005.

Berndt, Frauke / Fulda, Daniel: Praxis und Programm – Die doppelte Aufklärung. In: Dies. (Hg.): Die Sachen der Aufklärung. Beiträge zur DGEJ-Jahrestagung 2010 in Halle a.d. Saale. Hamburg: Felix Meiner Verlag 2012, S. XIII-XXVI.

Bessing, Joachim u.a.: Tristesse Royale – das popkulturelle Quintett mit Joachim Bessing, Christian Kracht, Eckhart Nickel, Alexander von Schönburg und Benjamin von Stuckrad-Barre. Berlin: Ullstein 1999.

Biesenbach, Klaus (Hg.): Zur Vorstellung des Terrors. Göttingen: Steidl 2005.

Blumenberg, Hans: Wirklichkeitsbegriff und Wirkungspotential des Mythos. In: Fuhrmann, Manfred (Hg.): Terror und Spiel. Probleme der Mythenrezeption. München: Fink 1971, S. 11-66. (= Poetik und Hermeneutik 4)

Bohleber, Werner: Die Entwicklung der Traumatheorie in der Psychoanalyse. In: Psyche 54, Heft 9/10, September/Oktober 2000, S. 797-839.

Braese, Stephan: Die andere Erinnerung. Jüdische Autoren in der westdeutschen Nachkriegsliteratur. Berlin, Wien: Philo 2001.

Brecht, Bertolt: Vom armen B.B. In: Bertolt Brecht: Werke. Große kommentierte Berliner und Frankfurter Ausgabe, hg. von Werner Hecht, Jan Knopf, Werner Mittenzwei, Klaus-Detlef Müller. Frankfurt am Main: Suhrkamp 1988, Band 11: Gedichte 1 – Sammlungen 1918-1938, S. 119-120.

Bredekamp, Horst: Politische Zeit. Die zwei Körper von Thomas Hobbes' ›Leviathan‹. In: Ernst, Wolfgang / Vismann, Cornelia (Hg.): Geschichtskörper. Zur Aktualität von Ernst H. Kantorowicz. München: Fink 1998, S. 105-118.

Bressa, Birgit: Terribilità. In: Historisches Wörterbuch der Rhetorik, hg. von Gerd Ueding. Band 9. Tübingen: Niemeyer 2009, Sp. 477-489.

Briegleb, Klaus: Missachtung und Tabu. Eine Streitschrift zur Frage: »Wie antisemitisch war die Gruppe 47?« Berlin, Wien: Philo 2003.

Briegleb, Klaus: Unmittelbar zur Epoche des NS-Faschismus. Arbeiten zur politischen Philologie 1978-1988. Frankfurt am Main: Suhrkamp 1989.

Bronfen, Elisabeth / Erdle, Brigit R. / Weigel, Sigrid (Hg.): Trauma. Zwischen Psychoanalyse und kulturellem Deutungsmuster. Köln, Weimar, Wien: Böhlau 1999.

Burke, Edmund: Philosophische Untersuchung über den Ursprung unserer Ideen vom Erhabenen und Schönen. Hamburg: Meiner 1989.

Butler, Judith: Frames of War. When is Live Grievable? New York, London 2009.

Butler, Judith: Gewalt, Trauer, Politik. In: Dies.: Gefährdetes Leben. Politische Essays. Frankfurt am Main: Suhrkamp 2005, S. 36-68.

Butler, Judith: Haß spricht. Zur Politik des Performativen. Frankfurt am Main: Suhrkamp 2006.

Butler, Judith: Kritik der ethischen Gewalt. Erweiterte Ausgabe. Frankfurt am Main: Suhrkamp 2007.

Butler, Judith: Psyche der Macht. Das Subjekt der Unterwerfung. Frankfurt am Main 2001.

Butter, Michael / Reinkowski, Maurus (Hg.): Conspiracy Theories in the United States and the Middle East – A Comparative Approach. New York: de Gruyter 2014.

Butter, Michael / Christ, Birte / Keller, Patrick: Einleitung. In: dies. (Hg.): 9/11. Kein Tag, der die Welt veränderte. Paderborn: Schöningh 2011, S. 7-12.

Butter, Michael / Christ, Birte / Keller, Patrick (Hg.): 9/11. Kein Tag, der die Welt veränderte. Paderborn: Schöningh 2011.

Caruth, Cathy: Trauma als historische Erfahrung. Die Vergangenheit einholen. In: Baer, Ulrich (Hg.): »Niemand zeugt für den Zeugen«. Erinnerungskultur nach der Shoah. Frankfurt am Main: Suhrkamp 2000, S. 84-98.

Celan, Paul: Aschenglorie. In: Ders.: Gesammelte Werke in fünf Bänden, hg. von Beda Allemann und Stefan Reichert. Zweiter Band. Frankfurt am Main: Suhrkamp 1992, S. 72.

Celan, Paul: Der Meridian. Rede anlässlich der Verleihung des Georg-Büchner-Preises (Darmstadt, am 22. Oktober 1960). In: Ders.: Gesammelte Werke in fünf Bänden, hg. von Beda Allemann und Stefan Reichert. Dritter Band. Frankfurt am Main: Suhrkamp 1992, S. 187-202.

Celan, Paul: Todesfuge. In: ders.: Gesammelte Werke in fünf Bänden, hg. von Beda Allemann und Stefan Reichert. Erster Band. Frankfurt am Main: Suhrkamp 1992, S. 39-42.

Cicero: De oratore / Über den Redner. übers. und hg. von H. Merklin, Stuttgart: Reclam 1991.

Das geheime Netz der Terror-Schläfer in Deutschland: Angst vor dem Weckruf. Spiegel TV vom 6. Oktober 2001. Abrufbar über: http://www.spiegel.de/sptv/a-161183.html (zuletzt abgerufen am 25. September 2015)

Derrida, Jacques: Autoimmunisierungen, wirkliche und symbolische Selbstmorde. Ein Gespräch mit Jacques Derrida. In: Habermas, Jürgen / Derrida, Jacques: Philosophie in Zeiten des Terrors. Zwei Gespräche, geführt, eingeleitet und kommentiert von Giovanna Borradori. Hamburg:
Europäische Verlagsanstalt 2006, S. 117-178.

Derrida, Jacques: Die différance. In: ders.: Randgänge der Philosophie. Wien: Passagen 1988, S. 29-52.

Derrida, Jacques / Stiegler, Bernhard: Echographien. Fernsehgespräche, hg. von Peter Engelmann. Wien: Passagen 2006.

Derrida, Jacques: Eine gewisse unmögliche Möglichkeit, vom Ereignis zu sprechen. Berlin: Merve 2003.

Derrida, Jacques: Gesetzeskraft – der mystische Grund der Autorität. Frankfurt am Main: Suhrkamp 1991.

Derrida, Jacques: Schurken – zwei Essays über die Vernunft. Frankfurt am Main: Suhrkamp 2003.

Derrida, Jacques: Signatur Ereignis Kontext. In: Ders.: Randgänge der Philosophie, hg. von Peter Engelmann. Wien: Passagen 1988, S. 291/314.

Deupmann, Christoph: Ausnahmezustand des Erzählens. Zeit und Ereignis in Ulrich Peltzers Bryant Park und anderen Texten über den 11. September 2001. In: Irsigler, Ingo / Jürgensen, Christoph (Hg.): Nine Eleven. Ästhetische Verarbeitungen des 11. September 2001. Heidelberg: Winter 2008, S. 17-28.

Deupmann, Christoph: Ereignisgeschichten. Zeitgeschichte in literarischen Texten von 1968 bis zum 11. September 2001. Göttingen: V&R Unipress 2013.

Deupmann, Christoph: Versuchte Nähe. Vom Ereignis des 11. September zum Ereignis des Textes. In: Poppe, Sandra / Schüller, Thorsten / Seiler, Sascha (Hg.): 9/11 als kulturelle Zäsur. Repräsentationen des 11. September 2001 in kulturellen Diskursen, Literatur und visuellen Medien. Bielefeld: transcript 2009, S. 139-161.

Deutsches Wörterbuch von Jacob und Wilhelm Grimm, hg. von der Berlin-Brandenburgischen Akademie der Wissenschaften und der Akademie der Wissenschaften zu Göttingen. Online abrufbar unter: http://woerterbuchnetz.de/DWB/. (darin die Einträge: AUSSTECHEN, ER-EIGNEN, FLIEGEN, STECHEN, TUPFEN, UMZIEHEN, WÜRGENGEL)

Devji, Faisal: A life on the surface. Abrufbar unter: http://www.hurstpublishers.com/a-life-on-the-surface/, zuletzt abgerufen am 9. Februar 2016.

Drügh, Heinz: Anders-Rede. Zur Struktur und historischen Systematik des Allegorischen. Freiburg: Rombach 2000.

DWDS – Das Digitale Wörterbuch der deutschen Sprache, hg. von der Berlin-Brandenburgischen Akademie der Wissenschaften. Abrufbar unter: http://www.dwds.de. (Darin Eintrag: Zäsur)

Eco, Umberto: An Art Oblivionalis? Forget it. In: PMLA 103 (1988), S. 254-261.

Elsaesser, Thomas: Terror und Trauma. Zur Gewalt des Vergangenen in der BRD. Berlin: Kadmos 2007.

Erdle, Birgit R.: Die Verführung der Parallelen. Zu Übertragungsverhältnissen zwischen Ereignis, Ort und Zitat. In: Bronfen, Elisabeth / Erdle, Brigit R. / Weigel, Sigrid (Hg.): Trauma, a.a.O., S. 27-50.

Felman, Shoshana / Laub, Dori: Testimony. Crises of Witnessing in Literature, Psychoanalysis, and History. New York u.a.: Routledge 1992.

Fieberg, Gerhard / Reichenbach, Harald: Einführung in das Vermögensgesetz. In: Vermögensgesetz. Textausgabe mit ausführlichem Sachregister und einer Einführung. München: dtv 1991, S. XI-XXIX.

Frahm, Ole: ›Ein deutsches Trauma?‹ Zur Schamlosigkeit deutscher Opferidentifikation. In: German Life and Letters 57 (2004), H. 4, S. 372-390.

Frank, Michael C.: Terror- und Trauma-Romane. Zwei Perspektiven auf die Welt nach 9/11. In: Hennigfeld, Ursula (Hg.): Poetiken des Terrors. Narrative des 11. September 2001 im interkulturellen Vergleich. Heidelberg: Winter 2014, S. 93-114.

Frei, Norbert: Deutsche Lernprozesse. NS-Vergangenheit und Generationenfolge. In: Ders.: 1945 und wir. Das Dritte Reich im Bewusstsein der Deutschen. München: Beck 2005, S. 23-40.

Frei, Norbert / Sabrow, Martin (Hg.): Die Geburt des Zeitzeugen nach 1945. Göttingen: Wallstein 2012.

Freud, Sigmund: Briefe an Wilhelm Fließ 1887-1904. Frankfurt am Main: S. Fischer 1986.

Freud, Sigmund: Das Ich und das Es. In: ders.: Studienausgabe, Band III, hg. von Alexander Mitscherlich u.a. Frankfurt am Main: Fischer 1982, S. 273-330.

Freud, Sigmund: Das Unheimliche. In: ders.: Studienausgabe, Band IV, hg. von Alexander Mitscherlich u.a. Frankfurt am Main: Fischer 1982, S. 241-274.

Freud, Sigmund: Die Traumdeutung. In: ders: Studienausgabe, Band II, hg. von Alexander Mitscherlich u.a. Frankfurt am Main: Fischer 1982.

Freud, Sigmund: Jenseits des Lustprinzips. In: ders.: Studienausgabe, Band III, hg. von Alexander Mitscherlich u.a. Frankfurt am Main: Fischer 1982, S. 213-272.

Freud, Sigmund: Totem und Tabu. Einige Übereinstimmungen im Seelenleben der Wilden und der Neurotiker. In: ders.: Studienausgabe, Band IX, hg. von Alexander Mitscherlich u.a., S. 287-444.

Freud, Sigmund: Trauer und Melancholie. In: ders.: Studienausgabe, Band III, hg. von Alexander Mitscherlich u.a. Frankfurt am Main: Fischer 1982, S. 193-212.

Freud, Sigmund: Zur Ätiologie der Hysterie. In: ders.: Studienausgabe, Band VI, hg. von Alexander Mitscherlich u.a. Frankfurt am Main: S. Fischer 1982, S. 51-81.

Friedländer, Saul: Das Dritte Reich und die Juden. Gesamtausgabe. Frankfurt am Main 2008.

Fröhlich, Elke: Der Zweite Weltkrieg. Eine kurze Geschichte. Stuttgart: Reclam 2015.

Fromholzer, Franz: Unerbittlich ziellos? Messianische Zeit in Katharina Hackers Die Habenichtse. In: New German Review 23 (2008), S. 99-115.

Fuchs, Peter: Das System ›Terror‹. Versuch über eine kommunikative Eskalation der Moderne. Bielefeld: transcript 2004.

Fukuyama, Francis: Das Ende der Geschichte. Wo stehen wir? München: Kindler 1992.

Gagnebin, Jeanne Marie: »Über den Begriff der Geschichte«. In: Lindner, Burkhardt (Hg.): Benjamin-Handbuch. Leben – Werk – Wirkung, unter Mitarbeit von Thomas Küpper und Timo Skrandies. Stuttgart, Weimar: Metzler 2006, S. 284-300.

Giuriato, Davide: Mikrographien. Zu einer Poetologie des Schreibens in Walter Benjamins Kindheitserinnerungen (1932-1939). München: Fink 2006.

Goethe, Johann Wolfgang: Die Wahlverwandtschaften. In: Ders.: Sämtliche Werke. Briefe, Tagebücher und Gespräche, Band 8, hg. von Waltraud Wiethölter. Frankfurt am Main: Deutscher Klassiker Verlag 1994.

Goethe, Johann Wolfgang: Faust. Der Tragödie erster Teil. In: Ders.: Sämtliche Werke. Briefe, Tagebücher und Gespräche, Band 7.1, hg. von Albrecht Schöne. Frankfurt am Main: Deutscher Klassiker Verlag 1994, S. 31-199.

Goetz, Rainald: Kontrolliert. Frankfurt am Main: Suhrkamp 1991.

Goulson, Dave: Und sie fliegt doch. Eine kurze Geschichte der Hummel. Berlin: Ullstein 2016.

Goschler, Constantin / Lillteicher, Jürgen (Hg.): »Arisierung« und Restitution. Die Rückerstattung jüdischen Eigentums in Deutschland und Österreich nach 1945 und 1989. Göttingen: Wallstein 2002.

Greenblatt, Stephen: Kultur. In: Baßler, Moritz (Hg.): New Historicism. Literaturgeschichte als Poetik der Kultur. Tübingen, Basel: Francke 2001, S. 48-59.

Greenblatt, Stephen: Resonanz und Staunen. In: ders.: Schmutzige Riten. Betrachtungen zwischen Weltbildern. Berlin: Wagenbach 1991, S. 7-29.

Greiner, Bernd: 9/11 – Der Tag, die Angst, die Folgen. München: Beck 2011.

Greiner, Bernhard: San Francisco im Osten und Ramses im Westen. Deterritorialisierung exilischer Existenz in Kafkas Verschollenem. In: Bischoff, Doerte /

Komfort-Hein, Susanne (Hg.): Literatur und Exil. Neue Perspektiven. Berlin, Boston: DeGruyter 2013, S. 129-146.

Greiner, Ulrich: Im Abgrund der Bilder. Kleine Verteidigung des neuen Romans von Thomas Hettche gegen seine großen Kritiker. In: Die Zeit 41/2006, abrufbar unter: http://www.zeit.de/2006/41/L-Hettche (zuletzt abgerufen am 12. September 2015).

Groddeck, Wolfram: Reden über Rhetorik. Zu einer Stilistik des Lesens. Frankfurt am Main: Stroemfeld 1995.

Hage, Volker: Literatur: Vorbeben der Angst. In: Der Spiegel 41/2001. (http://www.spiegel.de/spiegel/print/d-20289368.html, zuletzt abgerufen am 12. März 2015).

Haider, Frithjof: Verkörperungen des Selbst. Das bucklige Männlein als Übergangsphänomen bei Clemens Brentano, Thomas Mann, Walter Benjamin. Frankfurt am Main u.a.: Peter Lang 2003.

Harari, Yuval Noah: Eine kurze Geschichte der Menschheit. München: Pantheon 2015.

Harrar, Konrad: Die neueste Topographie des Schreckens. Zu Katharina Hackers Roman *Die Habenichtse.* In: Hanenberg, Peter / Gil, Isabel Capeloa u.a. (Hg.): Kulturbau. Aufräumen – Ausräumen – Einräumen. Frankfurt am Main: Peter Lang 2010, S. 429-442

Hartman, Geoffrey: Die Wunde lesen. Holocaust-Zeugenschaft, Kunst und Trauma. In: Zill, Rüdiger (Red.): Zeugnis und Zeugenschaft. Berlin: Akademie Verlag 2000, S. 83-108.

Hecken, Thomas: Avantgarde und Terrorismus. Rhetorik der Intensität und Programme der Revolte von den Futuristen bis zur RAF. Bielefeld: transcript 2006.

Henke-Bockschatz, Gerhard: Der Erste Weltkrieg. Eine kurze Geschichte. Stuttgart: Reclam 2015.

Hennigfeld, Ursula / Packard, Stephan: Abschied von 9/11? Distanznahmen zur Katastrophe. In: Dies. (Hg.): Abschied von 9/11? Distanznahmen zur Katastrophe. Frank & Timme: Berlin 2013, S. 7-12.

Hess, Henner: Terrorismus und Terrorismus-Diskurs. In: ders./ Moerings, Martin / Paas, Dieter / Scheerer, Sebastian / Steinert, Heinz (Hg.): Angriff auf das Herz des Staates. Soziale Entwicklung und Terrorismus, Band 1, Frankfurt am Main: Suhrkamp 1988, S. 55-74.

Hoeps, Thomas: Arbeit am Widerspruch. ›Terrorismus‹ in deutschen Romanen und Erzählungen (1837-1992). Dresden: Thelem 2001.

Hilberg, Raul: Die Vernichtung der europäischen Juden, Band 1. Frankfurt am Main 1990.

Hirschmann, Kai: Terrorismus. Hamburg: Europäische Verlagsanstalt 2003.

Hoffman, Bruce: Terrorismus – der unerklärte Krieg. Neue Gefahren politischer Gewalt. Frankfurt am Main: S. Fischer 2006.

Horn, Eva / Hagemeister, Michael: Ein Stoff für Bestseller. In: Dies. (Hg.): Die Fiktion von der jüdischen Weltverschwörung. Zu Text und Kontext der »Protokolle der Weisen von Zion«. Göttingen: Wallstein 2012, S. VII-XXI.

Horn, Eva: Das Gespenst der Arkana. Verschwörungsfiktion und Textstruktur der »Protokolle der Weisen von Zion«. In: Dies. / Hagemeister (Hg.): Die Fiktion von der jüdischen Weltverschwörung, a. a. O., S. 1-25.

Horn, Eva: Der geheime Krieg. Verrat, Spionage und moderne Fiktion. Frankfurt am Main: Fischer 2007.

Husserl, Edmund: Zur Phänomenologie des inneren Zeitbewußtseins. Husserliana, Band 10, hg. von Rudolf Boehm. Dordrecht: Springer 1966.

Huster, Stefan / Rudolph, Karsten: Einleitung. Vom Rechtsstaat zum Präventionsstaat. In: Dies. (Hg.): Vom Rechtsstaat zum Präventionsstaat. Frankfurt am Main: Suhrkamp 2008, S. 9-22.

Iser, Wolfgang: Der Akt des Lesens. Theorie ästhetischer Wirkung. München: Fink 1994.

Ivanovic, Christine: »Bewegliche Katastrophe, stagnierende Bilder. Mediale Verschiebungen in Kathrin Rögglas really ground zero. In: Kultur & Gespenster, Heft 2/2006, S. 108-117.

Jaecker, Tobias: Antisemitische Verschwörungstheorien nach dem 11. September. Neue Varianten eines alten Deutungsmusters. Münster: LIT Verlag 2004.

Jakobson, Roman: Linguistik und Poetik. In: ders.: Poetik. Ausgewählte Aufsätze 1921-1971, hg. von Elmar Hohenstein und Tarcisius Schelbert. Frankfurt am Main: Suhrkamp 1979, S. 83-121.

Jameson, Fredric: Cognitive Mapping. In: Nelson, Cary / Grossberg, Lawrence (Hg.): Marxism and the Interpretation of Culture. Urbana: University of Illinois Press 1988, S. 347-60.

Kafka, Franz: Der Verschollene, hg. von Jost Schillemeit. Frankfurt am Main: Fischer 1983. In: Ders.: Schriften, Tagebücher, Briefe. Kritische Ausgabe, hg. von Jürgen Born, Gerhard Neumann, Malcolm Pasley und Jost Schillemeit. Frankfurt am Main: Fischer 1983.

Kafka, Franz: Tagebücher, hg. von Hans-Gerd Koch/Michael Müller/Malcolm Pasley. Frankfurt am Main: Fischer 2002, S. 543.

Kantorowicz, Ernst: Die zwei Körper des Königs. Eine Studie zur politischen Theologie des Mittelalters. München: dtv 1990.

Kaulen, Heinrich: Vom Scheitern des Dialogs mit dem Täter. Überlegungen zu Christoph Peters' Ein Zimmer im Haus des Krieges. In: Hennigfeld, Ursula (Hg.): Poetiken des Terrors, a. a. O., S. 137-157.

Klein, Naomi: Die Schock-Strategie. Der Aufstieg des Katastrophen-Kapitalismus. Frankfurt am Main: Fischer 2009.

Kluge – Etymologisches Wörterbuch der deutschen Sprache. Berlin / Boston: de Gruyter 2011. (Darin die Einträge: fliegen, galoppieren, Wallstatt)

Klüger, Ruth: weiter leben. Eine Jugend. München 1995: dtv 1995.

Knipphals, Dirk: Auf dem Adrenalin-Teppich. In: taz, 24.12.2001. Abrufbar unter: http://www.taz.de/1/archiv/?dig=2001/12/24/a0086, zuletzt abgerufen am 9. Februar 2016).

König, Michael: https://poetikdesterrors.wordpress.com/911-literatur/, zuletzt abgerufen am 9. Februar 2016.

König, Michael: Poetik des Terrors. Politisch motivierte Gewalt in der deutschen Gegenwartsliteratur. Bielefeld: transcript 2015

Komfort-Hein, Susanne: »Flaschenposten und kein Ende des Endes.« 1968: kritische Korrespondenzen um den Nullpunkt von Geschichte und Literatur. Freiburg i. Br.: Rombach 2001.

Koschorke, Albrecht: Codes und Narrative. Überlegungen zur Poetik der funktionalen Differenzierung. In: Walter Erhart (Hg.): Grenzen der Germanistik. Rephilologisierung oder Erweiterung? DFG-Symposion 2003. Stuttgart: Metzler 2004, S. 174-185.

Koschorke, Albrecht: Staaten und ihre Feinde. Ein Versuch über das Imaginäre der Politik. In: Huber, Jörg (Hg.): Einbildungen. Wien, New York: Springer 2005, S. 93-115.

Koschorke, Albrecht / Frank, Thomas / Matala de Mazza, Ethel / Lüdemann, Susanne: Der fiktive Staat. Konstruktionen des politischen Körpers in der Geschichte Europas. Frankfurt am Main: Fischer 2007.

Koselleck, Reinhart: Vergangene Zukunft. Zur Semantik geschichtlicher Zeiten. Frankfurt am Main: Suhrkamp 1988.

Krämer, Sybille: Medium, Bote, Übertragung. Kleine Metaphysik der Medialität. Frankfurt am Main: Suhrkamp 2008.

Krämer, Sibylle: Vertrauen schenken. Über Ambivalenzen der Zeugenschaft. In: Dies. / Voges, Ramon (Hg.): Politik der Zeugenschaft. Kritik einer Wissenspraxis. Bielefeld: transcript 2011, S. 117-139.

Krämer, Sybille / Weigel, Sigrid: Projektskizze Forschungsprojekt Zeugenschaft: http://userpage.fu-berlin.de/~zeugenschaft/?page_id=63 (zuletzt abgerufen am 4. Mai 2015)

Kraushaar, Wolfgang (Hg.): Die RAF und der linke Terrorismus. Zwei Bände. Hamburg: Hamburger Edition 2006.

Kristeva, Julia: Powers of Horror. An Essay on Abjection. New York: Columbia University Press 1982.

Kühner, Angela: Kollektive Traumata – Annahmen, Argumente, Konzepte. Eine Bestandsaufnahme nach dem 11. September. Berlin: Berghof-Forschungszentrum für Konstruktive Konfliktbearbeitung 2003.

Lacan, Jacques: Schriften 1. Weinheim/Berlin: Quadriga 1991.

Lachmann, Renate: »Die Unlöschbarkeit der Zeichen. Das semiotische Unglück des Mnemonisten.« In: Haverkamp, Anselm /dies. (Hg.): Gedächtniskunst: Raum – Bild – Schrift. Studien zur Mnemotechnik. Frankfurt am Main: Suhrkamp 1991, S. 111-141.

Lachmann, Renate: Gedächtnis und Literatur. Intertextualität in der russischen Moderne. Frankfurt am Main: Suhrkamp 1990.

Laclau, Ernesto / Mouffe, Chantal: Hegemonie und radikale Demokratie. Zur Dekonstruktion des Marxismus, hg. und übersetzt von Michael Hintz und Gerd Vorwallner. Wien: Passagen 1991.

Laclau, Ernesto: The Politics of Rhetoric. In: Cohen, Tom / Cohen, Barbara / Miller, J. Hillis / Warminski, Andrzej (Hg.): Material Events. Paul de Man and the Afterlife of Theory. Minneapolis/London: University of Minnesota Press 2001, S. 229-253.

Laqueur, Walter: Terrorismus. Die globale Herausforderung. Frankfurt am Main / Berlin: Ullstein 1987, S. 95.

Laub, Dori: Zeugnis ablegen oder Die Schwierigkeiten des Zuhörens. In: Ulrich Baer (Hg.): »Niemand zeugt für den Zeugen«. Erinnerungskultur und historische Verantwortung nach der Shoah. Frankfurt/Main 2000, S. 68-83.

Lemke, Anja: Gedächtnisräume des Selbst. Walter Benjamins Berliner Kindheit um neunzehnhundert. Würzburg: Königshausen & Neumann 2008.

Lethen, Helmuth: Bildarchiv und Traumaphilie. Schrecksekunden der Kulturwissenschaften nach dem 11.9.2001. In: Scherpe, Klaus R. / Weitin, Thomas (Hg.): Eskalationen. Die Gewalt von Kultur, Recht und Politik. Tübingen, Basel: Francke 2003, S. 3-14.

Libeskind, Daniel: trauma/void. In: Bronfen, Elisabeth / Erdle, Brigit R. / Weigel, Sigrid (Hg.): Trauma, a.a.O., S. 3-26.

Lorenz, Matthias N. (Hg.): Narrative des Entsetzens. Künslerische, mediale und intellektuelle Deutungen des 11. September 2001. Würzburg: Königshausen & Neumann 2004.

Lüscher, Jonas: Frühling der Barbaren. Novelle. München: btb 2015.

Marchart, Oliver: Einleitung. Undarstellbarkeit und ›ontologische Differenz‹. In: Butler, Judith / Critchley, Simon / Laclau, Ernesto / Žižek, Slavoj u.a.: Das Undarstellbare der Politik. Zur Hegemonietheorie Ernesto Laclaus, hg. von Oliver Marchart. Wien: Turia und Kant 1998, S. 7-20.

Martínez, Matías / Scheffel, Michael: Einführung in die Erzähltheorie. 9., erweiterte und aktualisierte Auflage. München: Beck 2012.

McCann, Colum: Gesang der Kojoten, 2. Auflage. Reinbek bei Hamburg: Rowohlt 2003.

März, Ursula: 5 vor 12. Ulrich Peltzer schreibt über New York und gerät in den 11. September – ein Glücksfall für die Literatur. In: Frankfurter Rundschau vom 20. März 2002. Beilage: LiteraturRundschau, S. 2.

Menke, Bettine: Rhetorik der Echo. Echo-Trope, Figur des Nachlebens. In: Bischoff, Doerte / Wagner-Egelhaaf, Martina (Hg.): Weibliche Rede – Rhetorik der Weiblichkeit. Studien zum Verhältnis von Rhetorik und Geschlechterdifferenz. Freiburg i. Br.: Romach 2003, S. 135-159.

Mensing, Kolja: Idyll am Wörthersee. In: die tageszeitung vom 30. Juni 2002. Zitiert nach: Schindel, Peter (Hg.): Die Besten 2002. Klagenfurter Texte. Die 26. Tage der deutschsprachigen Literatur in Klagenfurt. München, Zürich: Piper 2002, S. 193.

Mergenthaler, Volker: »Bitte keine Politik« am 11. September. Paulus Hochgatterers Eine kurze Geschichte vom Fliegenfischen. In: Kunicki, Wojciech / Szafarz, Jolanta / Swiatlowska-Predota, Irena (Hg.): Literaturwissenschaft – Raum und Medialität. Wroclaw-Dresden: Neisse Verlag 2013, S. 189-202.

Mergenthaler, Volker: Celan wieder(ge)holt. Zur poetischen Produktivmachung kultureller Tradition in Max Goldts ›Tagebuch-Buch‹ Wenn man einen weißen Anzug anhat. Abrufbar unter: http://www.inst.at/trans/16Nr/02_1/mergenthaler16.htm, zuletzt abgerufen am 9. Februar 2016.

Mergenthaler, Volker: Katastrophenpoetik. Max Goldts und Ulrich Peltzers literarische Auseinandersetzungen mit ›Nine-Eleven‹. In: Wirkendes Wort, Jg. 55, 2005, Heft 2, S. 281-294.

Mergenthaler, Volker: ›Nichts‹ ist größer als der 11. September. Peter Glasers Geschichte von Nichts. In: Wirkendes Wort, Jg. 61, 2011, Heft 2, S. 273-291.

Mergenthaler, Volker: Warum die Frage »Wie reagieren Schriftsteller auf die Terroranschläge?« auf dem Feld der deutschsprachigen Literatur die falsche Frage ist. In: Hennigfeld, Ursula (Hg.): Poetiken des Terrors. Narrative des 11. September 2001 im interkulturellen Vergleich. Heidelberg: Winter 2014, S. 179-196.

Metz, Christian: Die Narratologie der Liebe. Achim von Arnims Gräfin Dolores. Berlin/Boston: de Gruyter 2012.

Metz, Christian: Grundzüge einer „Poetik der Unschärfe“. Bertolt Brechts Rudern, Gespräche. Unveröffentlichtes Manuskript, 2011.

Metz, Christian: Verwerfungen einer Unsicherheitsgesellschaft. In: Frankfurter Allgemeine Zeitung vom 23. September 2011. Abrufbar unter: http://www.faz.net/aktuell/feuilleton/buecher/rezensionen/belletristik/marlene-streeruwitz-die-schmerzmacherin-verwerfungen-einer-unsicherheitsgesellschaft-1368568.html (zuletzt abgerufen am 31. August 2015).

Meyer, Franziska: German writers remember 9/11. Katharina Hacker's *The Have-Nots*. In: Bond, Lucy / Rapson, Jessica (Hg.): The transcultural turn. Interrogating Memory between and Beyond Borders. Berlin/Boston: de Gruyter 2014, S. 209-223.

Meyhoff, Karsten Wind: Kontrafaktische Kartierungen. Verschwörungstheorien und der 11. September. In: Poppe, Sandra / Schüller, Thorsten / Seiler, Sascha (Hg.): 9/11 als kulturelle Zäsur. Repräsentationen des 11. September 2001 in kulturellen Diskursen, Literatur und visuellen Medien. Bielefeld: transcript 2009, S. 61-79.

Minkmar, Nils: Sektenlogik. Warum die Rede über die RAF immer wieder in moralisch unterbelichtete Sackgassen führt. In: Frankfurter Allgemeine Sonntagszeitung, 28. Januar 2007, S. 27.

Mitchell, W. J. T.: Das Klonen und der Terror. Der Krieg der Bilder seit 9/11. Frankfurt am Main: Suhrkamp 2011.

Mitscherlich, Alexander / Mitscherlich, Margarete: Die Unfähigkeit zu trauern. Grundlagen kollektiven Verhaltens. München: Piper 2007.

Morgenroth, Claas: Erinnerungspolitik und Gegenwartsliteratur. Das unbesetzte Gebiet, The Church of John F. Kennedy, Really ground zero, Der Vorleser. Berlin: Erich Schmidt Verlag 2014.

Moser, Samuel: Angler an der Angel. Paulus Hochgatterers *Kurze Geschichte vom Fliegenfischen*. In: Neue Züricher Zeitung vom 30.12.2003.

Müller-Funk, Wolfgang: Die Kultur und ihre Narrative. Eine Einführung. Wien, New York: Springer 2008.

Münkler, Herfried: Die neuen Kriege. Reinbek bei Hamburg 2004.

Nemitz, Rolf: Metapher und Metonymie. Jakobson über Freud und wie Lacan daran anschließt. Abrufbar unter: http://lacan-entziffern.de/metapher/roman-jakobson-ueber-den-traum-psychoanalyse-metapher/, zuletzt abgerufen am 9. Februar 2016.

New York Times: A nation challenged; President Bush's Address on Terrorism Before a Joint Meeting of Congress. New York Times vom 21. September

2001. Abrufbar unter: http://query.nytimes.com/gst/fullpage.html?res=9405 EEDC1E3BF932A1575AC0A9679C8B63&sec=&spon=&pagewanted=1, zuletzt abgerufen am 9. Februar 2016.

Pagel, Gerda: Jacques Lacan zur Einführung. Hamburg: Junius 2012.

Peters, Butz: Die Legenden der RAF. In: Frankfurter Allgemeine Sonntagszeitung, 7. Mai 2007, S. 57.

Plath, Jörg: Nun trifft es auch dich und dein Buch. Nine-eleven und die deutschen Schriftsteller: Warum es so schwer ist, aus dem Trauma Literatur zu machen. In: Der Tagesspiegel vom 11.9.2002, S. 31.

Poppe, Sandra / Schüller, Thorsten / Seiler, Sascha (Hg.): 9/11 als kulturelle Zäsur. Repräsentationen des 11. September 2001 in kulturellen Diskursen, Literatur und visuellen Medien. Bielefeld: transcript 2009.

Poppe/Schüller/Seiler: Vorwort. In: Dies. (Hg.): 9/11 als kulturelle Zäsur, a.a.O., S. 7.

Poppe, Sandra: Einleitung. In: Dies. (Hg.): 9/11 als kulturelle Zäsur, a.a.O., S. 9-17.

Preußer, Heinz-Peter: Warum Mythos Terrorismus? Versuch einer Begriffsklärung. In: Galli, Matteo /Ders. (Hg.): Mythos Terrorismus. Vom Deutschen Herbst zum 11. September. Heidelberg: Winter 2006, S. 69-83.

Quindeau, Ilka: Spur und Umschrift. Die konstitutive Bedeutung von Erinnerung in der Psychoanalyse. München: Fink 2004.

RAF: Die Rote Armee aufbauen. Erklärung zur Befreiung Andreas Baaders vom 5. Juni 1970. In: Rote Armee Fraktion. Texte und Materialien zur Geschichte der RAF, bearbeitet von Martin Hoffmann. Berlin: ID Verlag 1997, S. 24-26.

Reinhäckel, Heide: Traumatische Texturen. Der 11. September in der deutschen Gegenwartsliteratur. Bielefeld: transcript 2012.

Reiter, Margit / Embacher, Helga (Hg.): Europa und der 11. September 2001. Wien: Böhlau 2011.

Ricoeur, Paul: Critique and Conviction. Conversations with François Azouvi and Marc de Launay. London: Politiy Press 1998.

Riechelmann, Cord: Die Bilder sagen, das war doch erst gestern, und trotzdem ist es schon zehn Jahre her. In: Jungle World Nr. 42, 21. Oktober 2010. Abrufbar unter: http://jungle-world.com/artikel/2010/42/41931.html, zuletzt abgerufen am 9. Februar 2016.

Rödder, Andreas: 21.0. Eine kurze Geschichte der Gegenwart. München: C.H. Beck 2015.

Ryn, Zdzisław / Kłodziński, Stanisław: An der Grenze zwischen Leben und Tod. Eine Studie über die Erscheinung des Muselmanns im Konzentrationslager. In: Die Auschwitz-Hefte, Band 1. Texte der polnischen Zeitschrift Przegląd

Lekarski über historische, psychische und medizinische Aspekte des Lebens und Sterbens in Auschwitz, hg. vom Hamburger Institut für Sozialforschung. Weinheim / Basel: Beltz 1987, S. 89-154.

Sabrow, Martin: Zäsuren in der Zeitgeschichte. In: Docupedia-Zeitgeschichte. Abrufbar unter: http://docupedia.de/zg/Zaesuren, zuletzt abgerufen am 9. Februar 2016.

Sander, Julia C.: Konturen des Pathischen in Katharina Hackers Roman *Die Habenichtse*. In: von Hoff, Dagmar / Seruya, Teresa (Hg.): Zwischen Medien/Zwischen Kulturen. Poetiken des Übergangs in philologischer, filmischer und kulturwissenschaftlicher Perspektive. München: Meidenbauer 2011, S. 47-59.

Sander, Julia Catherine: Zuschauer des Lebens. Subjektivitätsentwürfe in der deutschsprachigen Gegenwartsliteratur. Bielefeld: transcript 2015.

Santner, Eric: Miracles Happen. Benjamin, Rosenzweig, Freud, and the Matter of the Neighbor. Abrufbar unter: http://www.lukeford.net/Images/photos/Santner.pdf, zuletzt abgerufen am 9. Februar 2016.

Sarasin, Philipp: »Anthrax« – Bioterror als Phantasma. Frankfurt am Main: Suhrkamp 2004.

Schiller, Friedrich: Über die ästhetische Erziehung des Menschen in einer Reihe von Briefen. In: ders.: Sämtliche Werke, Band V, hg. von Wolfgang Riedel. München: Hanser 2004, S. 570-669.

Schloemann, Johan: Zielpunkt Grauzone. In: Süddeutsche Zeitung, 16. November 2015. Abrufbar unter: http://www.sueddeutsche.de/kultur/is-propaganda-zielpunkt-grauzone-1.2739305, zuletzt abgerufen am 9. Februar 2016.

Schmidtgall, Thomas: Traumatische Erfahrung im Mediengedächtnis. Zur Struktur und interkulturellen Rezeption fiktionaler Darstellungen des 11. September 2001 in Deutschland, Frankreich und Spanien. Würzburg: Königshausen & Neumann 2014.

Schneckener, Ulrich: Warum lässt sich Terrorismus nicht ›besiegen‹? Herausforderungen und Leitlinien für die Terrorismusbekämpfung. In: Huster/Rudolph (Hg.): Vom Rechtsstaat zum Präventionsstaat, a. a. O., S. 25-44.

Schneider, Christian: Trauma und Zeugenschaft. Probleme des erinnernden Umgangs mit Gewaltgeschichte. In: Elm, Michael / Kößler, Gottfried (Hg.): Zeugenschaft des Holocaust. Zwischen Trauma, Tradierung und Ermittlung. Frankfurt/New York: Campus 2007, S. 157-175.

Schüller, Thorsten: Modern Talking – Die Konjunktur der Krise in anderen und neuen Modernen. In: Ders./ Seiler, Sascha (Hg.): Von Zäsuren und Ereignissen. Historische Einschnitte und ihre mediale Verarbeitung. Bielefeld: transcript 2010, S. 13-27.

Schütte, Uwe: Die Poetik des Extremen. Ausschreitungen einer Sprache des Radikalen. Göttingen: Vandenhoeck & Ruprecht 2006.

Schuller, Marianne: Ent-Zweit. Zur Arbeit des bucklicht Männlein in Walter Benjamins Berliner Kindheit um neunzehnhundert. In: Lemke, Anja / Schierbaum, Martin (Hg.): »In die Höhe fallen.« Grenzgänge zwischen Literatur und Philosophie. Würzburg: Königshausen & Neumann 2000, S. 141-150.

Schwerfel, Heinz Peter (Hg.): Kunst nach Ground-Zero. Köln: Dumont 2002.

Seel, Martin: Ästhetik des Erscheinens. Frankfurt am Main: Suhrkamp 2003.

Seel, Martin: Ereignis. Eine kleine Phänomenologie. In: Müller-Schöll, Nikolaus (Hg.): Ereignis. Eine fundamentale Kategorie der Zeiterfahrung. Anspruch und Aporien. Bielefeld: transcript 2003, S. 37-47.

Setz, Clemens: Das grelle Herz der Finsternis. In: Die Zeit, Nr. 40/2014, 25. September 2014. Abrufbar unter: http://www.zeit.de/2014/40/is-enthauptung svideo-verbreitung-internet/komplettansicht, zuletzt abgerufen am 9. Februar 2016.

Seeßlen, Georg: You only die once. In: Konkret 2/2016, S. 56-59.

Silberstein, Sandra: War of Words. Language, Politics and 9/11. London, New York: Routledge 2004.

de Simoni, Christian: »Es war aber auch ein Angriff auf uns selbst.« Betroffenheitsgesten in der Literatur nach 9/11. Marburg: Tectum 2009.

Stephan, Inge / Tacke, Alexandra: Einleitung. In: Dies. (Hg.): NachBilder des Holocaust. Köln, Weimar, Wien: Böhlau 2007, S. 7-17.

Strunz, Christopher: Irritierend produktive Offenheit. In: Textem. Texte und Rezensionen. Abrufbar unter http://www.textem.de/index.php?id=2123, zuletzt abgerufen am 9. Februar 2016.

Szondi, Peter: Über philologische Erkenntnis. In: ders.: Schriften, Band 1, hg. von Jean Bollack u.a. Berlin: Suhrkamp 2011, S. 263-286.

Takeda, Arata: Inkorporierte Kulturkonflikte. Interaktion der Kulturen im Körper des Terroristen am Beispiel von Christoph Peters' Ein Zimmer im Haus des Krieges. In: Zeitschrift für interkulturelle Germanistik 3 (2012), Heft 1, S. 25-38.

Theweleit, Klaus: Das Lachen der Täter: Breivik u.a. – Psychogramm der Tötungslust. St. Pölten / Salzburg / Wien: Residenz-Verlag 2015

Theweleit, Klaus: Der Knall. 11. September, das Verschwinden der Realität und ein Kriegsmodell. Frankfurt am Main: Stroemfeld/Roter Stern 2002.

Theweleit, Klaus: Ghosts. Drei leicht inkorrekte Vorträge. Frankfurt am Main: Stroemfeld 1998.

Thurnher, Armin: Äschen und Asche. In: Falter Nr. 32 (2003), S. 52.

Townshend, Charles: Terrorismus. Eine kurze Einführung. Stuttgart: Reclam 2005.

Ueding, Gerd: Klassik und Romantik. Deutsche Literatur im Zeitalter der Französischen Revolution 1789-1815, S. 507. München, Wien 1987. [Hansers Sozialgeschichte der deutschen Literatur vom 16. Jahrhundert bis zur Gegenwart, hg. von Rolf Grimminger, Band 4.]

Ullrich, Wolfgang: Die Geschichte der Unschärfe. Berlin: Wagenbach 2009.

Usborne, Simon: ›Jihadi John‹ – Why do we give notorious criminals nicknames? In: The Independent, 2. März 2015. Abrufbar unter: www.independent.co.uk/news/world/jihadi-john-why-do-we-give-criminals-nicknames-10081199.html, zuletzt abgerufen am 9. Februar 2016.

Vogl, Joseph: Ort der Gewalt. Kafkas literarische Ethik. München: Fink 1990.

Vowinckel, Annette: Flugzeugentführungen. Eine Kulturgeschichte. Göttingen: Wallstein 2011.

Waldmann, Peter: Terrorismus. Provokation der Macht. München 1998.

Waldenfels, Bernhard: Bruchlinien der Erfahrung. Phänomenologie, Psychoanalyse, Phänomenotechnik. Frankfurt am Main: Suhrkamp 2002.

Walther, Rudolph: Terrorismus. In: Geschichtliche Grundbegriffe. Historisches Lexikon zur politisch-sozialen Sprache in Deutschland, Band 6, hg. von Otto Brunner, Werner Conze, Reinhart Koselleck. Stuttgart: Klett-Cotta 1990, S. 323-444.

Weigel, Sigrid: Die ›Generation‹ als symbolische Form. Zum genealogischen Diskurs im Gedächtnis nach 1945. In: figurationen 0 (1999).

Weigel, Sigrid: Shylocks Wiederkehr. Die Verwandlung von Schuld in Schulden oder: Zum symbolischen Tausch der Wiedergutmachung. In: Weigel, Sigrid / Erdle, Birgit R. (Hg.): Fünfzig Jahre danach. Zur Nachgeschichte des Nationalsozialismus. Zürich 1996, S. 165-192.

Weigel, Sigrid: Zeugnis und Zeugenschaft, Klage und Anklage. In: Zill, Jürgen (Red.): Zeugnis und Zeugenschaft. Jahrbuch des Einstein-Forums 1999. Berlin: Akademie-Verlag 2000, S. 111-135.

Weiss, Peter: Laokoon oder Über die Grenzen der Sprache. In: Ders.: Rapporte. Frankfurt am Main: Suhrkamp 1968, S. 170-187.

Werber, Niels: Vom Glück im Kampf. Krieg und Terror in der Popkultur. Abrufbar unter: http://homepage.ruhr-uni-bochum.de/niels.werber/Antrittsvorlesung.htm (zuletzt abgerufen am 3. November 2015).

Widmaier, Tobias: Will ich in mein Gärtlein gehn. In: Populäre und traditionelle Lieder. Historisch-kritisches Liederlexikon. http://www.liederlexikon.de /lieder/will_ich_in_mein_gaertlein_gehn/. (zuletzt abgerufen am 7. Dezember 2015).

Winslow, Don: Die offene und die geballte Hand. Volksfeste und Enthauptungen: Was Terroristen und Drogenkartelle voneinander gelernt haben. In: Frankfurter Allgemeine Sonntagszeitung, 20. Dezember 2015, S. 49.

Wirth, Hans-Jürgen: 9/11 as a Collective Trauma. And other Essays on Psychoanalysis and Society. Gießen: Psychosozial-Verlag 2004.

Wohlfahrt, Irving: Märchen für Dialektiker. Walter Benjamin und sein »bucklicht Männlein«. In: Doderer, Klaus (Hg.): Walter Benjamin und die Kinderliteratur. Aspekte der Kinderkultur in den zwanziger Jahren. Weinheim/München: Juventa 1988, S. 121-176.

Zelle, Carsten: Die doppelte Ästhetik der Moderne. Revisionen des Schönen von Boileau bis Nietzsche. Stuttgart, Weimar: Metzler 1995

Zimmer, Anna E.: Abschied von typischen 9/11-(Satz-)Zeichen. Multidirektionale Erinnerungen aus New York und Bagdad in Thomas Lehrs September. Fata Morgana. In: Hennigfeld, Ursula / Packard, Stephan (Hg.): Abschied von 9/11? Distanznahmen zur Katastrophe. Frank & Timme: Berlin 2013, S. 87-107.

Žižek, Slavoj: Jenseits der Diskursanalyse. In: Butler u.a.: Das Undarstellbare der Politik, a.a.O., S. 123/131.

Žižek, Slavoj: Lacan. Eine Einführung. Frankfurt am Main: Fischer 2008.

Žižek, Slavoj: Liebe dein Symptom wie dich selbst! Jacques Lacans Psychoanalyse und die Medien. Berlin: Merve 1991.

Žižek, Slavoj: Violence. Six sideway reflections. New York: Picandor 2008.

Žižek, Slavoj: Welcome to the desert of the Real. Five Essays on September 11 and related Dates. New York 2002.

Žižek, Slavoj: Willkommen in der Wüste des Realen. Wien: Passagen 2004.

Dank

Eigentlich sollte diese Arbeit viel früher fertig geschrieben sein. Aber dann kam Kolja auf die Welt. Und warum sollte man sich mit Terror befassen, wenn man sich mit dem Leben befassen kann?

Die Arbeit an dem vorliegenden Buch hat mich und uns natürlich dennoch begleitet. Für die großartige Unterstützung, den stetigen Zuspruch, die vielen inhaltlichen Gespräche und für die Hinweise auf Literatur außerhalb des germanistischen Radars danke ich Anne Jung.

Christian Metz ist der konstruktivste, akribischste und strengste Gesprächspartner, den man sich nur wünschen kann. Danke!

Susanne Komfort-Hein danke ich für die versierte Betreuung der Arbeit. Sie hat dem Projekt alle Freiheiten gegeben und war zugleich immer ansprechbar. Einzelne Teile der Arbeit konnte ich im von ihr und Heinz Drügh geleiteten Kolloquium vorstellen und diskutieren. Beiden – und natürlich den Teilnehmerinnen und Teilnehmern des Kolloquiums – möchte ich herzlich für dieses kollegiale Diskussionsforum danken, Heinz Drügh zudem dafür, dass er die Arbeit als Zweitgutachter bewertet hat.

Malte Kleinjung danke ich für seinen genauen Blick, auf den immer Verlass ist.

Der Studienstiftung des deutschen Volkes danke ich für ein Promotionsstipendium, ohne das insbesondere die Anfangsphase der Arbeit nicht möglich gewesen wäre.

Meiner Mutter hätte es ungemein viel bedeutet, dieses Buch in den Händen zu halten. Ihrem Andenken und meinem Vater ist es gewidmet.